教育部百所重点研究基地
中国政法大学诉讼法学研究院

CSSCI集刊

第18卷

诉讼法学研究

Procedural Law Research

卞建林　主编

中国检察出版社

诉讼法学研究

（第十八卷）

顾　　问　　陈光中　　樊崇义

主　　任　　卞建林

副 主 任　　杨宇冠　　顾永忠

主　　编　　卞建林

副 主 编　　高家伟　　肖建华

编　　辑　　栗　峥　　张　璐

主编絮语

经过编辑部工作人员的共同努力，多方组稿，尤其是承蒙中国检察出版社鼎力相助，第十八卷终于可以付梓了，这里首先表示衷心的感谢！

过去的 2012 年是刑事诉讼法学研究活跃、成果丰硕的一年。2012 年 3 月 14 日第十一届全国人民代表大会第五次会议通过了《关于修改〈中华人民共和国刑事诉讼法〉的决定》。修改后的刑事诉讼法以及相关的司法解释对我国刑事证据制度、辩护制度、强制措施、侦查程序、审判程序、执行程序等方面进行了完善。这是 1996 年以来对我国刑事诉讼法的又一次重大修改，是对中国特色刑事司法制度和诉讼程序的重大发展。

围绕着刑事诉讼法的修改完善与贯彻实施，本卷特设立了"聚焦新刑事诉讼法"专栏，邀请诉讼法学研究院的刑事诉讼法专家学者建言献策。其中，陈光中教授通过对指定居所监视居住问题、凭"三证"会见问题、辩护律师会见时不被监听问题、侦查阶段辩护人是否享有取证权问题、证人出庭作证问题、非法证据排除问题、因特殊情况延长审理期限问题和加强检察法律监督问题等的深入探讨，论证了如何解决新刑事诉讼法贯彻实施中的若干疑难问题。樊崇义教授通过对刑事证据制度、刑事辩护制度、刑事强制措施制度、侦查程序、诉讼中的法律监督职能与提起公诉程序、一审和二审程序、死刑复核程序、执行程序以及特别程序的分析，论证了我国刑事诉讼制度的进步与发展。卞建林教授则从刑事诉讼监督的立法发展谈起，指出：作为调整刑事诉讼活动的基本法律，我国刑事诉讼法关于检察机关法律监督职能的规定经历了一个逐步发展和强化的过程。本次刑事诉讼法修改，扩展了诉讼监督的范围，增添了诉讼监督的内容；丰富了诉讼监督的手段，明确了诉讼监督的效力；强化了诉讼监督的责任，健全了诉讼监督的程序。当然，检察机关的法律监督工作在迎来新机遇的同时更是面临着新的问题和挑战，需要加强理论研究和制度创新。杨宇冠教授和郭旭博士重点论述了监视居住制度的改革情况，在监视居住的性质、我国刑事诉讼法修改前的制度缺陷、立法修改模式和具体完善的对策建议等几个方面作了详细阐释。顾永忠教授则从刑事审判程序着手，对全面移送案卷材料、庭前会议和简易程序作了深入分析。此外，吴宏耀教授分析了宪政视野中的逮捕制度，罗海敏副教授分析了刑事诉讼羁押理由。

"诉讼实务研究"栏目刊登了七篇力作。栗峥副教授分析了我国司法鉴定体制的体系化建设等问题。苏琳伟博士以刑事政策为主线，从"宽严相济"印象之辨析、社区矫正制度之完善、社会管理创新之推进等几个方面分析了社会矛盾化解的刑事对策。王丹博士论证了公司派生诉讼的理论基础，分析了公司人格理论的演变及其对派生诉讼的影响。刘红兵、陈宇对优化人民法院审判绩效考核机制进行了思考，对为什么要开展审判绩效考核、审判绩效考核机制目标与原则、科学设置审判绩效指标体系、审判绩效考核实施保障与结果转化等方面展开了细致分析。闫尔宝博士论证了行政诉讼期间加处罚款应否计算问题，指出行政机关在诉讼中并未失去全部执行权。郭烁博士从立法到实践的再定位角度，再次论证了监视居住改革，对监视居住制度的历史与现状、完善而非废除的可能理由、进一步改革的方向作了精辟阐释。刘宁博士则分析了司法腐败的程序法问题，对司法腐败的深层危害、司法腐败的复杂成因、我国司法腐败的严重现状及其原因、司法腐败防治机制的立体构建等方面作了论证。

"外国诉讼制度"栏目刊载了两篇很有资料价值的文章。刘玫教授和郑曦博士合作的《美国传闻证据规则的理论和实践：以刑事诉讼为视角》，对美国的传闻证据规则进行了深入细致的分析，为新刑事诉讼法的完善提供了宝贵的域外经验。秦勤博士则撰写了《论美国民事诉讼争点排除规则》，对美国民事诉讼争点排除规则进行了阐述，为新民事诉讼法的贯彻与落实建言献策。

"博士生论坛"栏目刊载了三篇优秀博士生的学术论文。一篇是安婧博士生撰写的《论网络民意对刑事审判的影响》，对网络民意形成的原因、网络民意对刑事审判的影响、网络民意与司法公正的冲突作了独特的诠释与评论。另外两篇分别是高原博士生的《判例法、判例制度与案例指导制度辨析——以刑事司法为视角》和褚宁博士生的《侦查阶段律师权利论略》。

"外国法译评"栏目刊载了一篇学术论文，由张中副教授翻译的美国学者瓦莱莉·P. 汉斯的作品《法官、陪审团与科学证据》。该文对法官、陪审团与科学证据的真实关系作了全面阐释，具有积极的域外启发意义。

"学术资料建设"栏目刊载了何锋女士撰写的《重点研究基地专业文献资源建设原则与实施策略》，具有很强的资料价值。

"学术回顾与展望"栏目则刊载了陈光中教授与罗海敏副教授为庆祝中国法学会恢复重建30周年而作的《刑事诉讼法学研究的回顾与展望》，全面总结了我国刑事诉讼法学研究的丰硕成果、突出理论成就、研究组织和研究队伍建设，具有较高的学术总结价值。

卞建林

2013 年 4 月 6 日于北京

主编絮语

目 录

● 聚焦新刑事诉讼法

如何解决新刑事诉讼法
贯彻实施中的若干疑难问题

陈光中*

2012 年 3 月 14 日第十一届人大第五次会议通过的修改后的刑事诉讼法（以下简称新刑事诉讼法），在加强人权保障、完善追究犯罪机制、保障司法公正、提高诉讼效率等方面，都取得了重大进步。但是，"金无足赤，人无完人"，此次刑事诉讼法的修订，由于种种原因难免存在一些问题和不足，如有的规定不太合适，有的规定含糊不清，有的规定互相不协调等，对于这些问题，不能回避，只能正视，必须通过司法解释和具体实施，尽量加以破解和弥补，以使新刑事诉讼法的实施达到法律效果和社会效果的最大化。以下择其中若干疑点难点问题，略陈己见，供立法部门和政法实务部门参考，并与法学界同人商讨。①

一、指定居所监视居住问题

自刑事诉讼法修改草案发布之日起，第 73 条有关指定居所监视居住的规定就受到了学界乃至全社会的关注。笔者认为，对于指定居所的监视居住应当严格控制，理由主要有三：一是监视居住的期限较长，可达 6 个月，这对被监视居住人的人身自由等权利影响很大。二是采取指定居所监视居所不同于正式逮捕由法院决定、检察院决定或批准，而是由作出指定居所监视居住决定的公安机关或检

---

* 中国政法大学终身教授，诉讼法学研究院名誉院长。

① 以下部分内容曾在《人民法院报》2012 年 7 月 18 日发表，特此说明。

察院的上一级机关批准，考虑到二者的垂直领导体制及追诉倾向，其公正性难以保证。三是指定居所监视居住的执行场所是羁押场所、专门的办案场所之外的其他居所，这种居所的设备条件及执行情况，远不如看守所完善、规范，容易导致执行上的混乱和违法行为的发生。

有鉴于此，对指定居所监视居住问题的司法解释应注意以下两个问题：

（一）从严控制指定居所监视居住的适用对象

根据新《刑事诉讼法》第73条规定，指定居所监视居住的适用对象被限定为两大类：一是无固定住处的犯罪嫌疑人、被告人；二是虽有固定住处，但因涉嫌危害国家安全犯罪、恐怖活动犯罪、特别重大贿赂犯罪，在住处执行可能有碍侦查的犯罪嫌疑人、被告人。本着从严控制指定居所监视居住适用对象的精神，笔者认为：首先，危害国家安全的罪名很多，其中部分罪名的构成要求具有暴力性质，有的并无此项要求。对于没有实施暴力行为的危害国家安全犯罪，应当从严控制采取指定居所监视居住。其次，对特别重大贿赂犯罪也应严格解释。无论在犯罪性质、社会危害程度上，还是在侦查破案、打击犯罪的紧迫性上，贿赂犯罪都不能与前两类案件相提并论；而且条文中明确用"特别重大"这一措辞，本身就要求进行窄化解释。就案件数额而言，《刑法》第383条将情节严重的标准定为10万元，因此"特别重大"的数额标准必须要明显高于10万元，例如50万元以上或者更多；此外，还要结合考虑其他情节如为集体贿赂等，而后决定是否采取这种强制措施。

（二）对指定居所监视居住的执行加强规范

在1996年刑事诉讼法施行的过程中，存在办案机关较长时间将犯罪嫌疑人关押在办案场所的现象，由于缺乏必要的程序控制和外部监督，大大增加了刑讯逼供的可能性。为此，新《刑事诉讼法》第83条及第91条分别规定，拘留、逮捕后应当立即将被拘留人、被逮捕人送看守所羁押。第116条第2款进一步规定，犯罪嫌疑人被送交看守所以后，侦查人员对其进行讯问，应当在看守所内进行；第121条则规定了讯问录音、录像制度。这一系列规定，旨在遏制司法实践中屡禁不止的刑讯逼供现象。但新《刑事诉讼法》第73条关于指定居所监视居住的规定，使得指定的居所成为看守所之外的准羁押场所，对于这种场所内的执行却规范得很不够。在此情况下，在这种居所内进行的讯问活动必然隐存着刑讯逼供的重大风险。因此笔者建议，司法解释应当明确规定，在指定居所内对犯罪嫌疑人的讯问应当参照上述看守所有关规定进行。

二、凭"三证"会见问题

为进一步落实会见权，新《刑事诉讼法》第 37 条第 2 款规定辩护律师持律师执业证书等"三证"可以直接到看守所会见在押的犯罪嫌疑人、被告人，该条第 3 款还规定了不能凭"三证"会见的危害国家安全、恐怖活动犯罪和特别重大贿赂犯罪三种案件例外情形，既然法律已明确规定了例外情形，那么在这三种情形之外，辩护律师有权凭"三证"畅通地行使会见权。问题在于，新《刑事诉讼法》的有关规定，可能导致律师会见权无法顺利实现。1996 年《刑事诉讼法》规定，拘留、逮捕之后，除有碍侦查或者无法通知的情形外，应当把拘留、逮捕的原因和羁押的处所通知被拘留人、被逮捕人的家属或其所在单位。而新《刑事诉讼法》第 83 条、第 91 条只规定拘留、逮捕后应通知其家属，删除了原法规定的通知中包括拘留、逮捕的原因和羁押处所的内容。律师会见犯罪嫌疑人、被告人的地点是看守所，原来由侦查机关安排会见，现在则规定由看守所安排。但在拘留、逮捕后不告知羁押场所的情况下，律师根本不知道其会见人关押在何处，回过头来只得向侦查机关了解羁押场所，而侦查机关则可借法律无规定而加以推脱。可见，新《刑事诉讼法》第 83 条、第 91 条规定与第 37 条规定存在着不衔接、不协调之处，导致会见权难以顺利实现。因此，需要在司法解释中明确规定一般情况下拘留、逮捕后通知家属应当写明羁押的处所；至少要规定，辩护律师向侦查机关了解犯罪嫌疑人被羁押场所时，侦查人员应当告知。

律师无法会见犯罪嫌疑人、被告人的问题同样存在于指定居所的监视居住中。依新《刑事诉讼法》第 73 条规定，执行指定居所监视居住后对家属的通知也没有居所所在地的内容，律师有权同被指定居所监视居住的犯罪嫌疑人、被告人会见、通信的规定也势必流为具文，需要通过司法解释加以解决。

三、辩护律师会见时不被监听问题

为进一步保障辩护律师会见权，新《刑事诉讼法》第 37 条第 4

款规定："辩护律师会见犯罪嫌疑人、被告人时不被监听。"这一规定也是联合国刑事司法准则的要求。联合国《关于律师作用的基本原则》第8条规定："遭逮捕、拘留或者监禁的所有人应有充分机会、时间和便利条件，毫不迟延地在不被窃听、不经检查和完全保密的情况下接受律师来访和与律师联系协商。这种协商可在执法人员能看见但听不见的范围内进行。"

但是，对于"不被监听"的解读，意见不尽一致。有论者认为"不被监听"仅指不得利用技术手段对辩护律师与犯罪嫌疑人的谈话进行监听。笔者认为，"不被监听"既包括不得利用技术手段进行监听，也包括侦查人员不得在场。首先，新刑事诉讼法删除了1996年《刑事诉讼法》第96条"律师会见在押的犯罪嫌疑人，侦查机关根据案件情况和需要可以派员在场"的规定，换言之，取消了侦查机关派员在场的权力。其次，将"不被监听"仅限于不得通过技术手段监听谈话的解读不符合这一规定的立法精神。因为规定"不被监听"是为了保障辩护律师与犯罪嫌疑人、被告人会见的单独性和秘密性，有利于他们建立相互信任关系，有利于排除外来因素对他们会见的干扰。如果对会见不允许监听却可以派员在场，那么"不被监听"又有何意义？

为了保证此项规定得到切实执行，相关司法解释除了要明确"不被监听"的含义外，还要明确规定违反"不被监听"规定的消极性后果，即以监听方式获得的证据材料应当根据非法证据排除规则依法予以排除。

四、侦查阶段辩护人是否享有取证权问题

按照新刑事诉讼法的规定，侦查阶段律师具有辩护人地位，权利也有所扩大，但对其是否有主动收集证据的权利，法律规定得比较模糊。新《刑事诉讼法》第36条规定："辩护律师在侦查期间可以为犯罪嫌疑人提供法律帮助；代理申诉、控告；申请变更强制措施；向侦查机关了解犯罪嫌疑人涉嫌的罪名和案件有关情况，提出意见。"这是对侦查阶段辩护律师权利的列举式规定，其中没有明确规定有取证的权利。但是如果对"法律帮助"作广义的解释，也可以包含收集证据。另外，新《刑事诉讼法》第40条规定："辩护人收集的有关犯罪嫌疑人不在犯罪现场、未达到刑事责任年龄、属于依法不负刑事责任的精神病人的证据，应当及时告知公安机关、人

民检察院。"如果律师在侦查阶段不能取证，显然不可能获得这三种证据并告知公、检机关。第41条规定："辩护律师经证人或者其他有关单位和个人同意，可以向他们收集与本案有关的材料，也可以申请人民检察院、人民法院收集、调取证据。"如果按照第41条的前面规定来看，辩护律师在侦查阶段似乎可以收集证据；但结合后面规定"也可以申请人民检察院、人民法院收集、调取证据"而未提及向公安机关申请，这又似乎只限于审查起诉阶段和审判阶段。如何解释以上这些模棱两可的规定，在学界和实务界存在一些不同的看法。

笔者认为，按国际惯例，侦查阶段的律师是有取证权的。无论在英美法系或大陆法系国家，律师在侦查阶段都有此权利。如在德国，辩护人有权自行调查，只不过他们没有强制取证权，只能以公民身份收集信息。在法国，虽然法律没有明确规定侦查阶段律师是否有调查取证权，但是在实践中，律师可以行使此权利。① 应当看到，侦查阶段是侦查人员收集证据、证明犯罪嫌疑人是否实施犯罪的关键时刻，辩护律师如果随意取证，确实会对侦查人员带来一定的干扰。本着惩罚犯罪与保障人权并重的理念，应在司法解释中明确，一方面辩护律师在侦查阶段有主动收集证据的权利，另一方面侦查阶段的律师取证权应该与审查起诉、审判阶段有所不同，要有所限制。考虑到侦查阶段的特殊性，律师收集证据的权利可设定在其会见犯罪嫌疑人之后。因为在会见过程中犯罪嫌疑人会向辩护律师提供一些对其有利的证据的线索，如果律师不及时收集，会丧失有利时机，影响其辩护活动的开展；同时，规定律师在会见之后才能开始收集证据，也留给侦查机关一个短期的时间单独开展证据调查、收集工作。

五、证人出庭作证问题

刑事诉讼中证人出庭率极低的问题由来已久，新刑事诉讼法有针对性地作了一些规定，试图对此加以解决，但问题依然存在，目前来看至少有以下两个问题需要通过司法解释加以解决。

---

① 陈光中、汪海燕：《侦查阶段律师辩护问题研究——兼论修订后的〈律师法〉实施问题》，载《中国法学》2010年第1期。

（一）证人出庭的条件

新《刑事诉讼法》第 187 条规定了通知证人出庭需要同时具备三个条件：一是公诉人、当事人或者辩护人、诉讼代理人对证人证言有异议；二是该证人证言对案件定罪量刑有重大影响；三是人民法院认为证人有必要出庭作证。这一规定缩小了证人出庭的范围，实际上是将证人出庭与否的决定权委诸法院自由裁量。只要法院认为证人没有出庭必要，那么即使控辩双方存在异议且证人证言重要也无法使证人出庭，这不仅影响查明案件事实真相，而且是对被告人程序权利的严重侵犯。联合国《公民权利和政治权利国际公约》第 14 条第 3 款（戊）明确规定，"受到刑事指控的人有权讯问或业已讯问对他不利的证人，并使对他有利的证人在与对他不利的证人相同的条件下出庭和受讯问"。本着"两个并重"的指导理念，应当对法院在证人出庭问题上的裁量权加以限制。可以考虑在司法解释中明确规定，只要符合前两个条件，原则上法院就应通知证人出庭作证；只有在少数情形下，法院认为确无必要才可以不通知证人出庭。

（二）证人出庭的补助

对证人因作证而支付的费用的补助问题，过去没有规定，新刑事诉讼法则规定由同级政府财政予以保障。这较之以往有所进步，但问题是规定仍有含混之处，没有明确在哪一个阶段由哪一具体机关发给证人补助。按照刑事诉讼法规定，证人作证贯穿于侦查、起诉、审判各个环节，在侦查阶段和审查起诉阶段，办案的机关只有一家，因而不存在这一问题；但在审判阶段，是由作为控方的检察机关还是由庭审组织者的法院承担支付费用则存在争议。在 1996 年刑事诉讼法修改时也曾试图规定证人出庭补助问题，但因法、检两家争执不下最后不了了之，此次修法虽规定了证人有权获得补偿，但对具体的义务机关仍未明确。笔者认为，在司法解释中应当明确在审判阶段由中立、独立的法庭负责对证人支付补助，以保证审判的公正进行。

六、非法证据排除问题

此番刑事诉讼法修改的一大亮点是规定了比较完善的非法证据排除规则，不仅明确了排除非法证据的范围，而且规定了排除非法证据的程序。在肯定这一规定的进步意义的前提下，我们也看到有些问题仍需进一步推敲。

（一）非法言词证据的标准的把握问题

按照新《刑事诉讼法》第 54 条规定，非法言词证据包括两类：一是采用刑讯逼供等非法方法收集的犯罪嫌疑人、被告人供述；二是采用暴力、威胁等非法方法收集的证人证言、被害人陈述。对于非法言词证据标准如何进行司法解释，主要涉及以下三个问题。

1. "刑讯逼供"的理解问题。按照联合国《禁止酷刑公约》第 1 条的规定，"'酷刑'是指……蓄意使某人在肉体或精神上遭受剧烈疼痛或痛苦的任何行为……"但依我们的传统理解，刑讯仅指针对肉体的拷打，不包括精神上的痛苦。

2. "刑讯逼供等"中之"等"字的理解问题。笔者认为，针对犯罪嫌疑人、被告人的"刑讯逼供等非法方法"的"等"是指在肉体上造成的痛苦相当或近似于刑讯的讯问方法，是一种变相的刑讯，其典型表现如冻、饿、晒、长久蹲站、服用药物、疲劳讯问等。对前几项比较容易认定，难以界定的是何为疲劳讯问。新《刑事诉讼法》第 117 条规定，传唤、拘传持续的时间不得超过 12 小时；案情特别重大、复杂，需要采取拘留、逮捕措施的，传唤、拘传持续的时间不得超过 24 小时。据此笔者认为在司法解释中应明确，在任何案件中连续讯问超过 24 小时即可认定为疲劳讯问。

3. 对证人、被害人采用"暴力、威胁"等方法取证的理解问题。笔者认为，暴力是指"一种激烈而强制性的力量"，其与"刑讯"近似，而"威胁"是指对被询问人在心理上造成很大压力和痛苦。威胁方法不包括在对犯罪嫌疑人、被告人讯问的非法排除范围，说明这是从中国实际出发所采取的一种现实主义的非法证据排除方法。

（二）证明证据非法须达到的标准问题

在法庭启动非法证据排除调查程序之后，控方即承担证明其取证手段合法的责任。新《刑事诉讼法》第 58 条规定："对于经过法庭审理，确认或者不能排除存在本法第五十四条规定的以非法方法收集证据情形的，对有关证据应当予以排除。"据此，排除非法证据的证明标准有两种：一是"确认"；二是不能排除存在以非法方法收集证据情形。前者比较容易理解，即已有确实、充分的证据证明有关证据系非法所得。但到底何为不能排除存在非法取证情形，实践中很难把握，这必然会成为非法证据能否排除的一个难题。"不能排除"这一标准弹性很大，在概率上已经证明到百分之二三十当然明显属于不能排除，但证明到百分之八九十是否仍然属于不能排除？在这个问题上，一些国家或地区采用了低于有罪判决的证明标准。如美国联邦最高法院曾在一个判例中作出解释："在排除聆讯的证明中，不应施加大于优势证据的负担。"① 换言之，采用的是优势证据证明标准。日本对此也不采取适用于实体事实的严格证明标准，而采取低于严格证明的适用于程序事实的自由证明标准。② 笔者认为，采用优势证据标准客观上难以把握，也不利于维护控辩平等。司法解释时应将证明证据合法取得的标准定为明显证据优势即百分之七十以上，这样既有利于实现发现案件真实与坚持程序正义之间的平衡，又有利于实务部门具体操作。

七、因特殊情况延长审理期限问题

1996 年《刑事诉讼法》第 168 条第 1 款规定："人民法院审理公诉案件，应当在受理后一个月以内宣判，至迟不得超过一个半月。有本法第一百二十六条规定情形之一的，经省、自治区、直辖市高级人民法院批准或者决定，可以再延长一个月。"这是人民法院适用普通程序审理第一审公诉案件的期限。新《刑事诉讼法》第 196 条对二审程序的审判期限作了大致相同的规定。规范刑事案件审理期限，既是维护诉讼效率的要求，也有利于保障被告人的诉讼权利。但随着犯罪活动的日益复杂化、有组织化，以及对审判公正质量要求的提高，这一规定已无法适应司法实践的需求。在实践中，不仅一审审判期限的延长成为常态，二审程序中的审限不够也已成为其首当其冲的问题。为此，新刑事诉讼法延长了一审、二审程序的审理期限。第 202 条第 1 款规定："人民法院审理公诉案件，应当在受理后二个月以内宣判，至迟不得超过三个月。对于可能判处死刑的案件或者附带民事诉讼的案件，以及有本法第一百五十六条规定情

---

① United States v. Matlock, 415 U. S. 164, 94 S. Ct. 988, 39 L. Ed. 2d 242 (1974).

② 参见［日］田口守一：《刑事诉讼法》，刘迪等译，法律出版社 2000 年版，第 220—221 页。

形之一的，经上一级人民法院批准，可以延长三个月；因特殊情况还需要延长的，报请最高人民法院批准。"第232条第1款规定："第二审人民法院受理上诉、抗诉案件，应当在二个月以内审结。对于可能判处死刑的案件或者附带民事诉讼的案件，以及有本法第一百五十六条规定情形之一的，经省、自治区、直辖市高级人民法院批准或者决定，可以延长二个月；因特殊情况还需要延长的，报请最高人民法院批准。"这两条关于一审、二审期限的规定被学界公式化为："3 + 3 + N"和"2 + 2 + N"。

笔者认为，允许一、二审审理期限在一定情况下分别延长3个月、2个月是有必要的，既符合我国的司法实际，也有利于保证审判质量。但"因特殊情况还需要延长的，报请最高人民法院批准"的规定存在着明显问题。第一，对于法庭审判中因案情复杂、事实不清、证据不足或者其他情况无法在规定期限内审结的案件，新《刑事诉讼法》第198条、第200条已规定有延期审理、中止审理的缓解办法。第二，我国羁押期限依附于办案期限，审判时间的延长也就意味着被告人被羁押状态的延续，这种几无控制的审限延长方式及其可能带来的无限延长的结果，不仅严重侵犯到被告人的诉讼权利，也不利于及时打击犯罪。第三，特殊情况下报请最高人民法院批准延长审限的规定过于原则，不仅未规定最高人民法院可以在多长时间内作出是否批准的决定，也没有规定延长后的最终时限，这就为无限延长审判期限开了绿灯。全国人大常委会法工委刑法室认为，"对于这类案件，法律并未对最高人民法院批准延长的期限作出规定，主要是考虑这种案件的数量极少，实践中的情况比较复杂，由最高人民法院依案件具体情况处理更为有利"。[①] 但问题在于"特殊情况"的表述措辞模糊、可宽可窄，如果从严把握尚可限定在极个别情况下，倘若从宽解释就可能导致这一"特殊情况"的非特殊适用。放眼域外，其他国家的刑事诉讼法通常未规定具体的审理期限，但明确规定了羁押期限以及集中审理原则、迅速审判原则，速审权作为被追诉人的一项诉讼权利加以确立。《公民权利和政治权利国际公约》第9条第3款规定被拘禁的刑事被告人有"合理时间内

---

① 王尚新、李寿伟主编，全国人大常委会法制工作委员会刑法室编著：《〈关于修改刑事诉讼法的决定〉释解与适用》，人民法院出版社2012年版，第228页。

受审的权利"；第 14 条第 3 款（丙）规定被告人"不被无故拖延受审的权利"，无论是否处于羁押之中。美国宪法第六修正案规定："被公认应当享有……迅速和公开审判的权利。"[1] 在德国，"快速原则，被视为是《基本法》第 20 条规定中体现出的法制国家原则的效果，被《欧洲人权公约》第 6 条第 1 款第（1）项明确地作了规定。"[2]

鉴于新刑事诉讼法已明文规定了这一特殊的审判期限延长方式，我们只能通过司法解释加以弥补，以减少其可能带来的副作用。笔者认为需要在司法解释中明确以下几点：第一，应当对"特殊情况"进行严格界定。全国人大常委会法工委刑法室解释称，"'因特殊情况'是指案情特别重大、复杂或者涉及国家安全、重大利益需格外慎重等情况"。[3] 笔者基本同意这种解释，但可解释得更加严格。"特殊情况"应特指案情特别重大、特别复杂且处理结果可能直接影响国家或社会重大利益的案件，这样才能将"特殊情况"限制在极个别范围之内。第二，需要在司法解释中明确规定，最高人民法院应当在一个月内作出批准与否的决定；批准延长的期限，一般不超过一年，并应规定同一案件只能批准一次。第三，人民检察院有权对人民法院延长审限的情形进行监督。新《刑事诉讼法》在第 8 条规定："人民检察院依法对刑事诉讼实行法律监督。"第 203 条规定"人民检察院发现人民法院审理案件违反法律规定的诉讼程序，有权向人民法院提出纠正意见。"根据前两条规定，各级人民检察院，特别是最高人民检察院发现各级人民法院特别是最高人民法院作出的违法或显然不公的审限延长情形，应当提出纠正意见。

八、加强检察法律监督问题

按照新刑事诉讼法的规定，我国检察机关在刑事诉讼中的职能大体分为两个方面：追诉职能和诉讼监督职能。前者主要体现在侦

---

[1]　陈光中主编：《〈中华人民共和国刑事诉讼法〉修改条文释义与点评》，人民法院出版社 2012 年版，第 289 页。

[2]　[德] 约阿希姆·赫尔曼：《德国刑事诉讼法典》（中译本）引言，李昌珂译，中国政法大学出版社 1995 年版，第 14 页。

[3]　王尚新、李寿伟主编，全国人大常委会法制工作委员会刑法室编著：《〈关于修改刑事诉讼法的决定〉释解与适用》，人民法院出版社 2012 年版，第 228 页。

查（职务犯罪案件）、提起公诉和支持公诉等具体诉讼职能上，明显具有刚性的法律效果特征；而后者除了审查批准逮捕、提起抗诉等少数具体职能具有刚性法律效果外，大多数为纠错式的建议性质，只具有柔性法律效果。

此次刑事诉讼法修改，一个重要特点是强化检察机关的诉讼监督，以加强人权保障，促进司法公正。在修改的条文中，涉及强化诉讼监督的达十多处，其中多数是"有权"或"可以"向侦查机关、人民法院提出"意见"或"纠正意见"，不具有刚性法律效果；而有的监督效力则非常强力，如根据新《刑事诉讼法》第54条、第55条的规定，对于发现侦查人员以非法方法收集证据情形的，其一，应当提出纠正意见；其二，构成犯罪的依法追究刑事责任；其三，对非法证据应当予以排除。

但是新刑事诉讼法中有的规定，既非"提出纠正意见"又非"应当纠正"，其措辞暗藏玄机，引人关注，又颇难透解。新《刑事诉讼法》第47条、第115条就是这样的条文。第47条规定："辩护人、诉讼代理人认为公安机关、人民检察院、人民法院及其工作人员阻碍其依法行使诉讼权利的，有权向同级或者上一级人民检察院申诉或控告。人民检察院对申诉或控告应当及时进行审查，情况属实的，通知有关机关予以纠正。"第115条规定："当事人和辩护人、诉讼代理人、利害关系人对于司法机关及其工作人员有下列行为之一，有权向该机关申诉或者控告：（一）采取强制措施法定期限届满，不予以释放、解除或者变更的；（二）应当退还取保候审保证金不退还的；（三）对与案件无关的财物采取查封、扣押、冻结措施的；（四）应当解除查封、扣押、冻结不解除的；（五）贪污、挪用、私分、调换、违反规定使用查封、扣押、冻结的财物。受理申诉或者控告的机关应当及时处理。对处理不服的，可以向同级人民检察院申诉；人民检察院直接受理的案件，可以向上一级人民检察院申诉。人民检察院对申诉应当及时进行审查，情况属实的，通知有关机关予以纠正。"这两条规定都是辩护人、诉讼代理人或当事人因公、检、法机关在刑事诉讼法中侵犯其诉讼权利或其他合法权利向人民检察院提出的申诉，而检察院经审查后"情况属实的，通知有关机关予以纠正"。请大家注意，这里的措辞是：在情况审查属实后"通知予以纠正"明显有别于"提出意见"或"提出纠正意见"。那么，受法律监督的单位，收到"予以纠正"的通知后，如果在事实认定或法律适用上与通知意见相左，当然可以与监督机关交流意见，协商合理解决。问题是最终谁服从谁？"通知予以纠正"是否有强制效力？笔者认为，不论从立法措辞的本意、加强人权的需要、抑或从维护法律监督的权威性来考量，都应当把"通知予以纠正"定格为"应当纠正"为宜，引申言之，通过司法解释可明确为，如果被监督单位坚持不纠正，检察机关有权直接予以纠正。

我国刑事诉讼制度的进步与发展
——2012 年刑事诉讼法修正案评介

樊崇义*

《中华人民共和国刑事诉讼法修正案（草案）》于 2011 年 8 月 25 日在第十一届全国人民代表大会常务委员会第二十二次会上进行了初审，并公布于众，在全国范围内征求意见。向社会公开征集修改意见，这种立法方式在我国刑事诉讼法立法史上尚属首次。社会各界对修正案草案高度关注，许多条文引起了热烈的讨论，甚至是争议。公众对许多条文提出了中肯的修改意见，这充分显示了人民群众的法律意识越来越走向成熟和理性，作为一名诉讼法学工作者，心渐起伏，十分喜悦。在综合考量多方的修改意见之后，2012 年 3 月 14 日第十一届全国人民代表大会第五次会议通过了《关于修改〈中华人民共和国刑事诉讼法〉的决定》。这部多达 100 多条的修正案在公众的热烈讨论中，也遇到了一个十分尖锐而又敏感的问题，就是这次刑事诉讼法修正案是进步了还是倒退了，甚至个别人在微博中抓住一点，否定全盘，认为"修正案是历史的倒退"，等等。笔者认为这种看法是片面的，甚至是不符合事实的。作为一名多次参与修正案论证的学者，笔者认为修正案集中反映了"我国刑事诉讼制度的进步与发展"，"倒退说"是没有根据的。本文拟从修正案各个部分的具体内容说明其进步与发展。

一、刑事证据制度的进步与发展

（一）证据概念和种类的发展和完善

1. 证据的概念。1996 年《刑事诉讼法》第 42 条第 1 款规定，"证明案件真实情况的一切事实都是证据"。对于这一规定普遍认为

---

* 中国政法大学诉讼法学研究院名誉院长，教授，博士生导师。

缺陷有二：一是关于"真实"二字的称谓，证据材料进入诉讼，有真有假，所以第42条最后一项还规定："以上证据必须经过查证属实，才能作为定案的根据"。因此，把证据笼统定义为"真实"，与客观情况不符，所以这次刑事诉讼法修改已达成共识，把"真实"二字从概念中删去。二是证据说成是"一切事实"，也已落后于时代的发展了，社会之进步，科学技术水平之提高，尤其是电子数据证据的出现，各类各种信息资料在诉讼中的运用，修正案把"一切事实"修订为"案件事实的材料"。基于以上两点变化，把证据的概念修订为"可以用于证明案件事实的材料，都是证据"。

2. 证据的种类。鉴于科学技术的发展，各种信息资料在诉讼中的运用，证据的表现形式及种类呈不断扩大之势，将电子数据证据列为一种证据，把刑事证据的八种形式增至九种。另外还考虑到，辨认笔录、勘验、检查笔录、侦查实验笔录等诉讼进程中现成的各种材料，起到明显的证据作用，因此，在证据种类中明确加以规定。关于"鉴定结论"证据的称谓，鉴于司法实务中，鉴定人怎么说就怎么定，重鉴定结论轻其他证据的适用，把鉴定结论神秘化、绝对化，还鉴于鉴定结论的科学性、准确性受到科学技术发展和设备的制约，因此将鉴定结论的名称修订为"鉴定意见"或曰"鉴定人的意见"。综上，关于证据的概念和种类的修订意见，使我国刑事证据的概念更加科学，种类更加齐全而又完备，这是我国刑事证据制度的一大发展。

（二）证明标准更加明确、完善

1996年《刑事诉讼法》第46条规定："对一切案件的判处都要重证据，重调查研究，不轻信口供。只有被告人供述，没有其他证据的，不能认定被告人有罪和处以刑罚；没有被告人供述，证据确实充分的，可以认定被告人有罪和处以刑罚。"至于何谓"确实"，何谓"充分"，全案证据的综合运用标准是什么，办案人员的自由裁量权与全案证据的关系是什么，这些问题一直是公、检、法办案人员的一大难题。即使理论研究方面，也未能破解。在这一次修改中，在第53条中，把上述规定"确实、充分"列为以下几条："（一）定罪量刑的事实都有证据证明；（二）据以定案的证据均经法定程序查证属实；（三）综合全案证据，对所认定事实已排除合理怀疑。"

这一规定破解了三大难点：第一，明确了用证据加以证明的范围和对象，即定罪量刑的事实，不仅包括定罪事实，还包括量刑事实，一改过去实际工作中重定罪轻量刑的习惯做法，强调定罪与量刑都有证据加以证明。这一规定，不仅凸显了证据裁判原则，而且对"充分"的标准更加细化了。所谓定罪量刑的事实范围，应当包括"何人、何事、何时、何地、何方、何因、何果"定罪事实的"七何要素"，以及有关量刑的法定从重从轻和酌定的事实情节，都要有证据加以证明。第二，强调作为定案根据的证据，必须经法定程序调查属实。这就是说证据问题也是程序问题，凸显程序的价值，凸显庭审的价值，凸显证据的本质属性，即客观性，也就是"确实"这一标准的注解。第三，对全案证据的运用和认定，有了一个明确的标准——已排除合理怀疑。也就是本案证据与证据之间，全案证据与案件事实之间必须具备有关联性，必须互相印证，排除了矛盾，就法官的认定案件事实的过程必须符合经验和逻辑规则，要达到排除合理怀疑的程度。

我们认为，修正案关于诉讼证明标准的上述规定和要求，在我国刑事诉讼证据的发展史上还是第一次，它不仅总结了我们自己的经验，而且吸收了人类证据历史发展中的先进文明的成果，把"排除合理怀疑"的证明标准，第一次写进我国的刑事诉讼法典，应当认为这是一个历史性进步！

（三）非法证据排除规则的确立

世界上任何一个法治国家，确立非法证据排除规则，严格依法办案，都是必须做的一件事，是依法治国的一个重要的条件和里程，只是时间早晚而已。我国在建国 60 年后确立这一规则，已经是比较快的国家之一。

同美国相比，美国 1776 年 7 月 4 日发表独立宣言，1914 年通过威克斯案正式在联邦确立了非法证据排除规则，认为通过违反第四修正案的不合理的搜查扣押所取得的证据不能在联邦法庭上使用去反对被告人。这一规定直至 1961 年的马普案中，美国最高法院将违反宪法第四修正案而导致的非法证据排除规则全面适用于联邦和各州。

1964 年通过马修案明确，在对抗诉讼中，未经被告人同意在律师不在场下进行讯问所取得的口供，侵犯了律师帮助权，为非法证据，要予以排除。

1966 年，美国最高法院审理了米兰达诉亚利桑案，创建了米兰达警告，也可称之为米兰达规则。该规则确认了非法证据排除规则也适用于非法取证的言词证据。1966 年 6 月 13 日，宣布了对米兰达案的判决。美国最高法院撤销了原判，开创了对犯罪嫌疑人在第一次讯问时必须明确给米兰达警告的先例，即明确告诉被逮捕人：(1) 你有权保持沉默；(2) 你所讲的一切都可在法庭上作为不利于你的证据；(3) 你有权获得律师帮助，讯问时律师可以在场；(4) 如果没有钱委托律师，我们将为你指定一名律师。违背以上四条之一的，均为非法证据。美国的非法证据排除规则，从 1914 年产生到真正推广执行，经历了 100 多年的历史，真正执行也是近 50 年的事情，即从 20 世纪 50 年代的"正当程序革命"开始，重申了"人权保障原则"而展开的。

非法证据排除规则并非美国所独有，1984 年 12 月 10 日，第 39 届联合国第 93 次全体会议通过了《禁止酷刑和其他残忍、不人道或有辱人格的待遇或处罚公约》。第 15 条要求："每一缔约国应确保在任何诉讼程序中，不得援引任何业经确定系依酷刑取得的口供为证据，但这类口供可用作被控施行酷刑者刑讯逼供的证据。"但在美国的定义和要求有所不同，2003 年美国《乔治敦大学法律杂志》第 32 版刑事诉讼年度评论认为，排除规则的具体要求是：通过直接或间接违反第四、第五或者第六修正案而获得的证据，控方不得在审理中用来证明被告人有罪。当法庭不恰当地采纳了违反排除规则的证据，将会导致判决的撤销，除非能够排除合理怀疑的证明该错误属于无害错误。根据这一定义，美国非法证据排除的法律依据是美国联邦宪法第四、第五和第六修正案，其适用范围仅限于刑事诉讼，并且在刑事诉讼中也只是"不得在审理中"作为"用来证明被告人有罪"的实体依据，但是这一规则不仅适用于违反宪法权利所直接获得的证据，也适用于通过违法证据得到的其他证据。

由此可以看出，任何一个法治国家，在刑事诉讼法中确立非法证据排除规则，势在必行。非法证据排除规则的确立，标志着民主与法治的进程与进步，更是诉讼民主、诉讼文明的必然要求。

就我国民主与法治的进程而言，确立非法证据排除规则，其历史意义和现实意义更为显著。人民群众关心的刑讯逼供问题屡禁不止，导致冤假错案时有发生，从云南的杜培武到河南的赵作海、湖北的佘祥林案等近十年来出现的错案，一个根本的原因就是侦查讯问时的刑讯逼供引起的，刑事诉讼中的刑讯逼供问题已经形成一种顽症，已经关系到公安司法机关的公信力问题，关系到执政党的公信力问题。因此，近年来伴随着非法证据排除规则的确立，在新刑事诉讼法中已经形成治理刑讯逼供这一顽疾的证据科学体系。其内容有三：一是在刑事诉讼法修正案中确立了"不得强迫任何一个公民自证其罪"的原则；二是确立非法证据排除规则；三是实施侦查讯问时的全程同步全面录音、录像。总之，伴随着非法证据排除规则的确立和实施，我国刑事证据制度可以称之谓"有了一个跨越式"的发展，其历史意义不可低估。

诚然，已经确立的非法证据排除规则，尚存多处不尽人意、不很完善的地方，如非法证据排除的范围有限，排除的方法措施还不太完善，排除非法证据的配套措施还未出台，等等。但是，笔者认为，瑕不掩瑜，任何一个国家对非法证据排除问题，都经历了一个从"确立到完善"的发展过程。我们应当首先肯定确立非法证据排除规则的历史意义，然后再通过实践针对问题，找出不断完善的方法与措施，包括各种配套措施的出台。那种全盘否定的态度和做法是不符时宜的。

（四）完善证人、鉴定人出庭制度

全国人大常委会法制工作委员会副主任郎胜在关于《中华人民共和国刑事诉讼法修正案（草案）》的说明中指出："证人出庭作证对于查明案情、核实证据、正确判决具有重要意义。在司法实践中，证人、鉴定人应当出庭作证而不出庭的问题比较突出，影响审判的公正性，需要进一步予以规范。"

关于证人出庭作证制度，新刑事诉讼法从三个方面进行规定：一是明确证人出庭作证的范围。第187条第1款明确规定："公诉人、当事人或者辩护人、诉讼代理人对证人证言有异议，且该证人证言对案件定罪量刑有重大影响，人民法院认为证人有必要出庭作证的，证人应当出庭作证。"二是规定了强制出庭的制度。第188条第1款规定："经人民法院依法通知，证人没有正当理由不出庭作证的，人民法院可以强制其到庭，但是被告人的配偶、父母、子女除外。"关于强制出庭作证制度中，立法免除了被告人的配偶、父母、子女的强制到庭作证的义务，这一规定只是对传统的免证特权制度有所吸收，不是对"大义灭亲"制度彻底废除，作证仍是每一个公民的义务，只是免除了被告人配偶、父母、子女的强制到庭的义务。三是规定了对证人作证的保护制度，以及没有正当理由拒绝作证的惩罚措施。第62条规定："对于危害国家安全犯罪、恐怖活动犯罪、黑社会性质的组织犯罪、毒品犯罪等案件，证人、鉴定人、被害人因在诉讼中作证，本人或者其近亲属的人身安全面临危险的，人民法院、人民检察院和公安机关应当采取以下一项或者多项保护措施：（一）不公开真实姓名、住址和工作单位等个人信息；（二）采取不暴露外貌、真实声音等出庭作证措施；（三）禁止特定的人员接触证人、鉴定人、被害人及其近亲属；（四）对人身和住宅采取专门性保护措施；（五）其他必要的保护措施。证人、鉴定人、被害人认为因在诉讼中作证，本人或者其近亲属的人身安全面临危险的，可以向人民法院、人民检察院、公安机关请求予以保护。"同时，第 62 条规定，"证人因履行作证义务而支出的交通、住宿、就餐等费用，应当给予补助。对证人作证的补助，列入司法机关业务经费，由同级政府财政予以保障。有工作单位的证人作证，所在单位不得克扣或者变相克扣其工资、奖金及其他福利待遇"。这些规定都是为了解除证人作证的后顾之忧，以保证证人出庭作证。在解除其后顾之忧的同时，对于应当出庭而拒不到庭作证的，新刑事诉讼法除了规定强制到庭外，还在第 188 条第 2 款进一步规定，"证人没有正当理由拒绝出庭或者出庭后拒绝作证的，予以训诫，情节严重的，经院长批准，处以十日以下的拘留。被处罚人对拘留决定不服的，可以向上一级人民法院申请复议。复议期间不停止执行"。从以上三个方面规定的内容可以看出，新刑事诉讼法根据我国当前证人作证难、出庭难的情况，有针对性地对证人作证制度作出了比较完善的规定，这些规定已形成了一套科学、完善的证人作证的机制。

关于鉴定人出庭问题，新《刑事诉讼法》第 187 条第 3 款明确规定："公诉人、当事人或者辩护人、诉讼代理人对鉴定意见有异议，人民法院认为鉴定人有必要出庭的，鉴定人应当出庭作证。经人民法院通知，鉴定人拒不出庭作证的，鉴定意见不得作为定案的根据。"这就是说关于鉴定人出庭难的问题，这一次也作了比较完善的解决。值得一提的是，我国鉴定制度的改革，在这次刑事诉讼法的修改中，不仅完善了鉴定人出庭制度，还吸收和引进了专家证人制度，在第 192 条第 2 款规定："公诉人、当事人和辩护人、诉讼代理人可以申请法庭通知有专门知识的人出庭，就鉴定人作出的鉴定意见提出意见。"这一规定，也是我国鉴定制度的一个历史性的进步。

二、刑事辩护制度的进步与发展

近现代刑事诉讼是由三大诉讼职能构成，即控诉职能、辩护职能和审判职能。由此可见辩护职能的完善和加强已经成为一个国家诉讼制度进步与民主的重要标志。因此，刑事诉讼法修正案关于完善我国的辩护制度迈出了新步伐。

（一）规定在侦查阶段可以委托律师作辩护人

我国的辩护律师介入诉讼的时间问题，第一部刑事诉讼法典即1979年刑事诉讼法规定在开庭前七天介入，1996年修正后提前到审查起诉阶段，在侦查阶段只能聘请律师提供法律帮助，这一次又将其提前到侦查阶段可以委托律师作为辩护人为其提供法律帮助，把律师从一般的法律咨询变为实实在在的辩护人，充分肯定了律师在侦查阶段的辩护人的地位。新《刑事诉讼法》第33条明确规定："犯罪嫌疑人自被侦查机关第一次讯问后或者采取强制措施之日起，有权委托辩护人；在侦查期间，只能委托律师作为辩护人。侦查机关在第一次讯问犯罪嫌疑人或者对犯罪嫌疑人采取强制措施的时候，应当告知犯罪嫌疑人有权委托辩护人。"第36条还明确规定："辩护律师在侦查期间可以为犯罪嫌疑人提供法律帮助；代理申诉、控告；申请变更强制措施；向侦查机关了解犯罪嫌疑人涉嫌的罪名和案件有关情况，提出意见。"

（二）完善辩护律师会见权

1996年《刑事诉讼法》第96条规定，在侦查阶段，对于涉及国家秘密的案件，犯罪嫌疑人聘请律师和律师会见在押的犯罪嫌疑人，均应经侦查机关批准。修订后的律师法作了不同的规定，规定律师凭律师执业证书、律师事务所证明和委托书或者法律援助公函，有权会见犯罪嫌疑人、被告人。律师会见犯罪嫌疑人、被告人，不被监听。新《刑事诉讼法》第37条吸收了新律师法的内容增加规定，"辩护律师持律师执业证书、律师事务所证明和委托书或者法律援助公函要求会见在押的犯罪嫌疑人、被告人的，看守所应当及时安排会见，至迟不得超过四十八小时。""辩护律师会见在押的犯罪嫌疑人、被告人，可以了解案件有关情况，提供法律咨询等；自案件移送审查起诉之日起，可以向犯罪嫌疑人、被告人核实有关证据。辩护律师会见犯罪嫌疑人、被告人时不被监听。"

至于完善会见权的同时，又考虑到对于少数涉及国家安全和重大利益的案件，律师的会见，事先还要经过侦查机关同意，其主要理由是当前实际斗争的需要。少数涉及国家重大利益的案件性质严重，加上侦查手段的缺失，以口供为本的侦查模式仍很盛行，对涉及国家重大利益的少数案件加以限制，各个方面也达成了共识。因此，新《刑事诉讼法》第 37 条第 3 款规定："危害国家安全犯罪、恐怖活动犯罪、特别重大贿赂犯罪案件，在侦查期间辩护律师会见在押的犯罪嫌疑人，应当经侦查机关许可。上述案件，侦查机关应当事先通知看守所。"

（三）完善律师的阅卷权

1996 年《刑事诉讼法》第 36 条规定，辩护律师在审查起诉阶段可以查阅、摘抄、复制本案的诉讼文书、技术性鉴定材料，在审判阶段可以查阅、摘抄、复制本案所指控的犯罪事实的材料。修订后的律师法扩大了律师阅卷的范围。新《刑事诉讼法》第 38 条规定："辩护律师自人民检察院对案件审查起诉之日起，可以查阅、摘抄、复制本案的案卷材料。"这一规定对新律师法的规定基本上加以吸收，把阅卷的范围限定在本案的案卷材料，基本上满足了辩护职责的需要。但是，其不足之处在于根据 1996 年《刑事诉讼法》第 35 条的规定，"辩护人的责任是根据事实和法律，提出证明犯罪嫌疑人、被告人无罪、罪轻或者减轻、免除其刑事责任的材料和意见"。显然，这一规定有明显不足之处，不应只限制在所指控的犯罪事实材料。因此，新《刑事诉讼法》第 39 条增加规定："辩护人认为在侦查、审查起诉期间公安机关、人民检察院收集的证明犯罪嫌疑人、被告人无罪或者罪轻的证据材料未提交的，有权申请人民检察院、人民法院调取。"这一申请调取证据的规定，对以上不足是一个补充。

（四）扩大了法律援助的范围

新《刑事诉讼法》第 34 条明确规定："犯罪嫌疑人、被告人因经济困难或者其他原因没有委托辩护人的，本人及其近亲属可以向法律援助机构提出申请。对于符合法律援助条件的，法律援助机构应当指派律师为其提供辩护。犯罪嫌疑人、被告人是盲、聋、哑人，或者是尚未完全丧失辨认或者控制自己行为能力的精神病人，而没有委托辩护人的，人民法院、人民检察院和公安机关应当通知法律援助机构指派律师为其提供辩护。犯罪嫌疑人、被告人可能被判处无期徒刑、死刑，没有委托辩护人的，人民法院、人民检察院和公安机关应当通知法律援助机构指派律师为其提供辩护。"按照这一规定，同 1996 年刑事诉讼法相比，法律援助的范围已经扩大到犯罪嫌疑人、被告人可能判处无期徒刑、死刑的案件均可以为其提供法律援助。这对保护犯罪嫌疑人、被告人的辩护权，扩大司法民主的意义极其深远，也是一个历史性的进步。

（五）完善律师的执业保障权

为了完善律师的执业保障权，新刑事诉讼法除了继续保留加强律师自身的执业要求外，在第 47 条明确规定了"辩护人、诉讼代理人认为公安机关、人民检察院、人民法院及其工作人员阻碍其依法行使诉讼权利的，有权向同级或者上一级人民检察院申诉或者控告"，并规定"人民检察院对申诉或者控告应当及时进行审查，情况属实的，通知有关机关予以纠正"。

三、刑事强制措施制度的完善和发展

刑事诉讼中的强制措施关系到刑事诉讼的顺利进行，关系到诉讼中的人权保障，关系到宽严相济的刑事改革的贯彻执行等一系列重大问题。它是诉讼民主、诉讼文明、进步水平的直接体现。因此，这次刑事诉讼法的修改中，备受立法机关和广大群众的关注。

（一）逮捕条件的完善与细化

1996 年《刑事诉讼法》第 60 条规定，对有证据证明有犯罪事实，可能判处徒刑以上刑罚的犯罪嫌疑人、被告人，采取取保候审、监视居住等方法，尚不足以防止发生社会危险性，而有逮捕必要的，应即依法逮捕。为解决司法实践中对逮捕条件理解不一致和不易操作的问题，将"发生社会危险性，而有逮捕必要"的原则规定，进一步细化。新《刑事诉讼法》第 79 条在原第 60 条关于逮捕规定的基础上，进一步增加规定："尚不足以防止发生下列社会危险性的，应当予以逮捕：（一）可能实施新的犯罪的；（二）有危害国家安全、公共安全或者社会秩序的现实危险的；（三）可能毁灭、伪造证据，干扰证人作证或者串供的；（四）可能对被害人、举报人、控告人实施打击报复的；（五）企图自杀或者逃跑的。对有证据证明有犯罪事实，可能判处十年有期徒刑以上刑罚的，或者有证据证明有犯罪事实，可能判处徒刑以上刑罚，曾经故意犯罪或者身份不明的，应当予以逮捕。被取保候审、监视居住的犯罪嫌疑人、被告人违反取保候审、监视居住规定，情节严重的，可以予以逮捕。"

（二）进一步完善审查批捕程序

由于逮捕是最严厉的强制措施，它直接关系到人身自由的限制问题。因此在诉讼程序上必须严格加以规定。新刑事诉讼法对审查批准程序从三个方面加以强化：一是增加讯问犯罪嫌疑人程序；二是听取辩护律师的意见；三是加强检察机关对羁押必要性的审查程序。新《刑事诉讼法》第86条规定："人民检察院审查批准逮捕，可以讯问犯罪嫌疑人；有下列情形之一的，应当讯问犯罪嫌疑人：（一）对是否符合逮捕条件有疑问的；（二）犯罪嫌疑人要求向检察人员当面陈述的；（三）侦查活动可能有重大违法行为的。人民检察院审查批准逮捕，可以询问证人等诉讼参与人，听取辩护律师的意见；辩护律师提出要求的，应当听取辩护律师的意见。"第93条规定："犯罪嫌疑人、被告人被逮捕后，人民检察院仍应当对羁押的必要性进行审查。对不需要继续羁押的，应当建议予以释放或者变更强制措施，有关机关应当在十日以内将处理情况通知人民检察院。"

（三）完善监视居住措施

监视居住和取保候审都是限制人身自由的措施，但限制的性质不同。1979年以及1996年刑事诉讼法对此未加区分而规定了相同的条件，这次修正中对二者适用条件加以区别，把监视居住定位于减少羁押的替代措施，并规定了不同于取保候审的条件。在新《刑事诉讼法》第72条规定："人民法院、人民检察院和公安机关对于符合逮捕条件，有下列情形之一的犯罪嫌疑人、被告人，可以监视居住：（一）患有严重疾病、生活不能自理的；（二）怀孕或者正在哺乳自己婴儿的妇女；（三）系生活不能自理的人的唯一扶养人；（四）因为案件的特殊情况或者办理案件的需要，采取监视居住措施更为适宜的；（五）羁押期限届满，案件尚未办结，需要采取监视居住措施的。对于符合取保候审条件，但犯罪嫌疑人、被告人不能提出保证人，也不交纳保证金的，可以监视居住。"

新《刑事诉讼法》第73条对监视居住的地点问题也作了详细规定，以体现对监视居住的定位："监视居住应当在犯罪嫌疑人、被告人的住处执行；无固定住处的，可以在指定的居所执行。对于涉嫌危害国家安全犯罪、恐怖活动犯罪、特别重大贿赂犯罪，在住处执行可能有碍侦查的，经上一级人民检察院或者公安机关批准，也可以在指定的居所执行。但是，不得指定在羁押场所、专门的办案场所执行。指定居所监视居住的，除无法通知的以外，应当在执行监视居住后二十四小时以内，通知被监视居住人的家属。"在这一条的规定中，关于在指定居所执行问题，主要考虑到此三类犯罪在其住处执行可能有碍侦查，规定经上一级司法机关批准，可以在指定的居所执行，以保证案件的侦查。但同时规定了严格的执行措施：一是规定检察机关的监督；二是规定的指定居所不得在羁押场所和专门的办案场所执行；三是规定了通知家属、律师会见等救济措施；四是还明确规定监视居住的期限应当折抵刑期，等等。

（四）强化取保候审措施的监管与执行

取保候审作为刑事诉讼中的强制措施之一，在司法实践中突出的问题是监管不严、执行不力，尤其是羁押期限届满，案件尚未办结，需要采取保候审的，变更了强制措施，而采用了取保候审措施后，基本上等于无人监管、执行不力，导致案件久拖不决，甚至是重新犯罪，给社会治安带来严重的危害。针对这种情况，新《刑事诉讼法》第69条中在原来规定的基础上，增加规定了强制执行令的措施，即"人民法院、人民检察院和公安机关可以根据案件情况，责令被取保候审的犯罪嫌疑人、被告人遵守以下一项或者多项规定：（一）不得进入特定的场所；（二）不得与特定的人员会见或者通信；（三）不得从事特定的活动；（四）将护照等出入境证件、驾驶证件交执行机关保存。被取保候审的犯罪嫌疑人、被告人违反前两款规定，已交纳保证金的，没收部分或者全部保证金，并且区别情形，责令犯罪嫌疑人、被告人具结悔过，重新交纳保证金、提出保证人，或者监视居住、予以逮捕。对违反取保候审规定，需要予以逮捕的，可以对犯罪嫌疑人、被告人先行拘留"。

另外，鉴于实际工作的复杂性，新刑事诉讼法也进一步作了补充规定，在第70条中规定："取保候审的决定机关应当综合考虑保证诉讼活动正常进行的需要，被取保候审人的社会危险性，案件的性质、情节，可能判处刑罚的轻重，被取保候审人的经济状况等情况，确定保证金的数额。提供保证金的人应当将保证金存入执行机关指定银行的专门账户。"在第71条规定："犯罪嫌疑人、被告人在取保候审期间未违反本法第六十九条规定的，取保候审结束的时候，凭解除取保候审的通知或者有关法律文书到银行领取退还的保证金。"

（五）适当延长拘传（包括传唤）的时间，严格规定拘留、逮捕羁押场所

1996 年《刑事诉讼法》第 92 条规定"传唤、拘传的时间最长不得超过十二个小时"。经过多年的实践，侦查机关普遍认为时间太短，难以完成侦查讯问任务。针对各方面意见对 12 小时的讯问时间有限制地适当延长，并规定应当保证其必要的饮食、休息时间。新《刑事诉讼法》第 117 条第 2 款、第 3 款规定："传唤、拘传持续的时间不得超过十二小时；案情重大、复杂，需要采取拘留、逮捕措施的，传唤、拘传持续的时间不得超过二十四小时。不得以连续传唤、拘传的形式变相拘禁犯罪嫌疑人。传唤、拘传犯罪嫌疑人，应当保证犯罪嫌疑人的饮食和必要的休息时间。"针对拘捕后对犯罪嫌疑人在非羁押场所讯问所发生的一些刑讯现象，本次修正明确规定了拘留或逮捕后的羁押场所，以及严格规定了押送的期间。第 116 条第 2 款规定："犯罪嫌疑人被送交看守所羁押以后，侦查人员对其进行讯问，应当在看守所内进行。"第 83 条规定："公安机关拘留人的时候，必须出示拘留证。拘留后，应当立即将被拘留人送看守所羁押，至迟不得超过二十四小时。除无法通知或者涉嫌危害国家安全犯罪、恐怖活动犯罪通知可能有碍侦查的情形以外，应当在拘留后二十四小时以内，通知被拘留人的家属。"第 91 条规定："公安机关逮捕人的时候，必须出示逮捕证。逮捕后，应当立即将被逮捕人送看守所羁押。除无法通知的以外，应当在逮捕后二十四小时以内，通知被逮捕人的家属。"关于以上两条中规定的有碍于侦查 24 小时内不通知家属的问题，与 1996 年刑事诉讼法规定的适用范围相比，缩小到涉嫌国家安全犯罪、恐怖活动犯罪等严重的犯罪，不能不说是一个进步。但是，笔者认为 24 小时后的通知家属问题，也应当有个底限，至迟到什么时间。这在进一步修正中应予重视。

四、侦查程序的完善与发展

全国人大常委会法制工作委员会副主任郎胜于 2011 年 8 月 24 日在第十一届全国人民代表大会常务委员会第二十二次会议上，关于《中华人民共和国刑事诉讼法修正案（草案）》的说明中指出："随着经济社会的发展和犯罪情况的变化，一方面，要完善侦查措施，赋予侦查机关必要的侦查手段，加强打击犯罪的力度；另一方面，也要强化对侦查措施的规范、制约和监督，防止滥用。"经济社

会的发展，科学技术的发展，刑事犯罪的攀升与犯罪手段的智能化、技术化，已经成为不可争议的现实。这一现实告诉我们，不仅侦查观念要更新，而且侦查模式、技术手段更要更新；另外，在侦查行为方面，由于不规范导致的冤假错案也时有发生，收集证据中的违法乱纪现象，滥用侦查权的问题，一直比较突出，侦查权运行的现状急须加强制约和监督。针对以上两个方面的问题，刑事诉讼法修正案在侦查程序方面，作了如下修改与完善。

（一）赋予侦查机关技术侦查、秘密侦查手段

1. 根据侦查犯罪的需要，经过严格批准，可以采取技术侦查措施。新《刑事诉讼法》第148条规定："公安机关在立案后，对于危害国家安全犯罪、恐怖活动犯罪、黑社会性质的组织犯罪、重大毒品犯罪或者其他严重危害社会的犯罪案件，根据侦查犯罪的需要，经过严格的批准手续，可以采取技术侦查措施。人民检察院在立案后，对于重大的贪污、贿赂犯罪案件以及利用职权实施的严重侵犯公民人身权利的重大犯罪案件，根据侦查犯罪的需要，经过严格的批准手续，可以采取技术侦查措施，按照规定交有关机关执行。追捕被通缉或者被批准、决定逮捕的在逃的犯罪嫌疑人、被告人，经过批准，可以采取追捕所必需的技术侦查措施。"这些规定，明确了采用技术手段侦查犯罪案件的范围，决定的权限，批准的程序和执行机关。新《刑事诉讼法》第149条还进一步规定了批准决定应当确定采用技术侦查措施的种类和适用对象，还规定适用的期限，至迟每次不得超过三个月。

2. 规定公安机关可以决定由特定人员实施秘密侦查，可以依照规定实施控制下的交付。新《刑事诉讼法》第151条规定："为了查明案情，在必要的时候，经公安机关负责人决定，可以由有关人员隐匿其身份实施侦查。但是，不得诱使他人犯罪，不得采用可能危害公共安全或者发生重大人身危险的方法。对涉及给付毒品等违禁品或者财物的犯罪活动，公安机关根据侦查犯罪的需要，可以依照规定实施控制下交付。"

3. 明确规定，采用技术侦查、秘密侦查措施和控制下交付收集的材料可以作为证据适用。但是，"如果使用该证据可能危及有关人员的人身安全，或者可能产生其他严重后果的，应当采取不暴露有关人员真实身份、技术方法等保护措施，必要的时候，可以由审判人员在庭外对证据进行核实。"（新《刑事诉讼法》第152条）

对于采用技术侦查、秘密侦查手段与公民个人隐私的矛盾和冲突问题，公众极为关心。对此，新《刑事诉讼法》第150条已作出明确规定："采取技术侦查措施，必须严格按照批准的措施种类、适用对象和期限执行。侦查人员对于采取技术侦查措施过程中知悉的国家秘密、商业秘密和个人隐私，应当保密；对于采取技术侦查措施获取的与案件无关的材料，必须及时销毁。采取技术侦查措施获取的材料，只能用于对犯罪的侦查、起诉和审判，不得用于其他用途。公安机关依法采取技术侦查措施，有关单位和个人应当配合，并对有关情况予以保密。"这一规定表明：其一，采用技术侦查手段要严格批准，严格依法进行；其二，使用这种手段过程中涉及的国家、商业、个人的秘密必须保密；其三，收集到的材料只能用于本案诉讼，不得用于其他用途。

（二）完善了侦查监督的规定

1. 进一步加强人民检察院对侦查活动的监督。新《刑事诉讼法》第55条明确规定："人民检察院接到报案、控告、举报或者发现侦查人员以非法方法收集证据的，应当进行调查核实。对于确有以非法方法收集证据情形的，应当提出纠正意见；构成犯罪的，依法追究刑事责任。"

2. 赋予诉讼中所有利害关系人对违法侦查行为的申诉、控告权，并由人民检察院依法查处。新《刑事诉讼法》第115条规定："当事人和辩护人、诉讼代理人、利害关系人对于司法机关及其工作人员有下列行为之一的，有权向该司法机关申诉或者控告：（一）采取强制措施法定期限届满，不依法予以释放、解除或者变更的；（二）应当退还取保候审保证金不退还的；（三）对与案件无关的财物采取查封、扣押、冻结侦查措施的；（四）应当解除查封、扣押、冻结不解除的；（五）贪污、挪用、私分、调换、违反规定使用查封、扣押、冻结的财物。受理申诉或者控告的机关应当及时处理。对处理不服的，可以向同级人民检察院申诉；人民检察院直接受理的案件，可以向上一级人民检察院申诉。人民检察院对申诉应当及时进行审查，情况属实的，通知有关机关予以纠正。"这一规定，对侦查活动中强制措施的适用与解除，保证金的退还，涉案财物的搜查、查封、扣押与解除，辩护人的执业保障等一系列权力的行使，均采用以权利制约权力的法律措施，尤其是加强了人民检察院的法律监督，赋予检察机关受理申诉和控告，并进行调查核实，对情况属实的，依法予以纠正。

3. 为了规范侦查中讯问犯罪嫌疑人的行为，推出了一系列举措。一是侦查讯问时全程录音录像。新《刑事诉讼法》第 121 条规定："侦查人员在讯问犯罪嫌疑人的时候，可以对讯问过程进行录音或者录像；对于可能判处无期徒刑、死刑的案件或者其他重大犯罪案件，应当对讯问过程进行录音或者录像。录音或者录像应当全程进行，保持完整性。"二是严格讯问的时间和地点。新《刑事诉讼法》第 117 条第 2 款、第 3 款规定："传唤、拘传持续的时间不得超过十二小时；案情重大、复杂，需要采取拘留、逮捕措施的，传唤、拘传持续的时间不得超过二十四小时。不得以连续传唤、拘传的形式变相拘禁犯罪嫌疑人。传唤、拘传犯罪嫌疑人，应当保证犯罪嫌疑人必要的饮食、休息时间。"第 116 条第 2 款规定："犯罪嫌疑人被送交看守所羁押以后，侦查人员对其进行讯问，应当在看守所内进行。"新刑事诉讼法不仅严格规定了讯问地点，对犯罪嫌疑人羁押的场所也作比较严格的规定和要求。如前文所述，必须立即送给看守所羁押，不得在非羁押的办案场所。

4. 侦查终结要听取辩护律师的意见。新《刑事诉讼法》第 159 条规定："侦查机关在案件侦查终结前，辩护律师提出要求的，侦查机关应当听取辩护律师的意见，并记录在案。辩护律师提出书面意见的，应当附卷。"这一规定同辩护律师介入侦查阶段的规定一起，可以证明我国刑事诉讼制度，尤其是侦查结构的一个历史性的变化，它是在不断完善控、辩、审三种职能对诉讼进程的介入，以逐步地消除一元化的，或一家说了算的诉讼模式。

五、加强诉讼中的法律监督职能与提起公诉程序的完善和发展

新刑事诉讼法根据党中央司法改革关于加强权力的制约、制衡和监督的指示精神，在司法职权的优化配置方面，采取了一系列措施，加强检察机关的法律监督职能，把 1996 年《刑事诉讼法》第 8 条规定的"依法对刑事诉讼实行法律监督"这一抽象而原则的规定，转变为具体的监督措施。如前文所述，新《刑事诉讼法》第 86 条、第 94 条关于审查批捕中的监督程序，第 140 条关于涉案财产的处理监督，第 54 条关于对证据的收集过程中违法事实的查处程序，第 256 条关于对监狱、看守所暂予监外执行程序的监督。还有刑事诉讼法在"特别程序"中规定的检察机关职权的行使等，均体现了法律

监督的加强，体现了以权力制约权力制衡与监督。

除此之外，在提起公诉程序中，新《刑事诉讼法》第170条增加了听取辩护人及被害人与诉讼代理人的意见，并将他们的意见附卷的规定，体现了起诉程序的民主性的加强。

六、第一审、第二审程序和死刑复核程序的完善和发展

（一）完善开庭前准备程序

新《刑事诉讼法》第182条第2款增加规定："在开庭以前，审判人员可以召集公诉人、当事人和辩护人、诉讼代理人，对回避、出庭证人名单、非法证据排除等与审判相关的问题，了解情况，听取意见。"对于这一规定，由审判人员召集控、辩双方参加，解决出庭证人名单等问题，属于开庭前的一项重要的准备活动。但这一准备活动的名称值得研究，有人称"庭前会议"，有人称"预备庭"，有的国家叫"处理庭"，等等。笔者认为，其不是一个一般的行政会议，既然增加这一内容，其程序设置，尤其要否设法律文书、适用什么样的文书、这一文书的法律效力等，均应解决。

（二）进一步解决了证人、鉴定人和警察出庭难的问题

这在本文"刑事证据制度的进步与发展"部分已论述。

（三）规定了诉讼中止制度

新《刑事诉讼法》第200条规定："在审判过程中，有下列情形之一，致使案件在较长时间内无法继续审理的，可以中止审理：（一）被告人患有严重疾病，无法出庭的；（二）被告人脱逃的；（三）自诉人患有严重疾病，无法出庭，未委托诉讼代理人出庭的；（四）由于不能抗拒的原因。中止审理的原因消失后，应当恢复审理。中止审理的期间不计入审理期限。"

（四）完善了简易程序

对刑事简易程序的规定，是刑事诉讼法修改的一个亮点。它体现了提高诉讼效率，节约诉讼成本的价值追求，也适应了当前诉讼"爆炸"，案件急速增多的要求，更是诉讼分流原理在诉讼程序中的体现。新刑事诉讼法关于刑事简易程序规定的内容包括：一是扩大了简易程序的适用范围。新《刑事诉讼法》第208条规定："基层人民法院管辖的案件，符合下列条件的，可以适用简易程序审判：（一）案件事实清楚、证据充分的；（二）被告人承认自己所犯罪

行，对起诉书指控的犯罪事实没有异议的；（三）被告人对适用简易程序没有异议的。人民检察院在提起公诉的时候，可以建议人民法院适用简易程序。"同时在 209 条规定了不能适用简易程序的案件："有下列情形之一的，不适用简易程序：（一）被告人是盲、聋、哑人的，或者是尚未完全丧失辨认或者控制自己行为能力的精神病人的；（二）有重大社会影响的；（三）共同犯罪案件中部分被告人不认罪或者对适用简易程序有异议的；（四）其他不宜适用简易程序审理的。"从这些规定中可以看出，我国的简易程序的适用范围已经从1996 年刑事诉讼法规定的可能判处 3 年以下有期徒刑，拘役、管制，单处罚金的公诉案件，已经扩大到无期徒刑（不含）以下的所有案件，当然还要符合第 208 条和第 209 条的条件。二是由于适用简易程序的案件范围较大，在审判组织方面，又进一步作了区分。即第210 条的规定："适用简易程序审理案件，对可能判处三年有期徒刑以下刑罚的，可以组成合议庭进行审判，也可以由审判员一人独任审判；对可能判处三年以上有期徒刑的，应当组成合议庭进行审判。"三是对审理程序作了一些有别于普通程序的规定，第 211 条规定了审理的重点："适用简易程序审理案件，审判人员应当询问被告人对指控的犯罪事实的意见，告知被告人适用简易程序审理的法律规定，确认被告人是否同意适用简易程序审理。"第 213 条和第 214条规定了简易程序审理的案件的送达和审理期限："适用简易程序审理案件，不受本章第一节关于送达期限、讯问被告人、询问证人、鉴定人、出示证据、法庭辩论程序规定的限制。但在判决宣告前应当听取被告人的最后陈述意见。""适用简易程序审理案件，人民法院应当在受理后二十日以内审结；对可能判处的有期徒刑超过三年的，可以延长至一个半月。"

（五）明确二审发回重审的条件

对于第二审程序，为了保证案件的公正审理，针对其开庭审判的范围，反复发回重审的现象，作出了明确规定。新《刑事诉讼法》第 223 条："第二审人民法院对于下列案件，应当组成合议庭，开庭审理：（一）被告人、自诉人及其法定代理人对第一审认定的事实、证据提出异议，可能影响定罪量刑的上诉案件；（二）被告人被判处死刑的上诉案件；（三）人民检察院抗诉的案件；（四）其他应当开庭审理的案件。第二审人民法院决定不开庭审理的，应当讯问被告人，听取其他当事人、辩护人、诉讼代理人的意见。"在第 225 条第

2 款针对反复发回重审的问题增加规定："原审人民法院对于依照前款第三项规定发回重新审判的案件作出判决后，被告人提出上诉或者人民检察院提出抗诉，第二审人民法院应当依法作出判决或者裁定，不得再发回原审人民法院重新审判。"

（六）关于审理期限的延长

针对实践中一些重大复杂案件审限不足，影响办案质量的问题，适当地延长了第一审、第二审审理期限。新《刑事诉讼法》第 202 条增加规定，因案件特殊情况还需要延长审理期限的，报请最高人民法院批准。第 232 条将第二审审限修改为："第二审人民法院受理上诉、抗诉案件，应当在二个月以内审结。对于可能判处死刑的案件或者附带民事诉讼的案件，以及有本法第一百五十六条规定情形之一的，经省、自治区、直辖市高级人民法院批准或者决定，可以延长二个月；因特殊情况还需要延长的，报请最高人民法院批准。"

（七）关于死刑复核程序的修改

对于死刑复核程序的修改，鉴于死刑的严厉性，为进一步保证死刑复核案件的质量，从以下三个方面进行了修改。

1. 最高法院对于不核准死刑的案件，可以发回重新审判或提审改判。（第 239 条）

2. 死刑复核程序增加讯问被告人和听取辩护人的意见。（第 240 条）

3. 加强检察监督，在复核死刑案件过程中，最高人民检察院可以向最高人民法院提出意见。（第 240 条）

七、执行程序的完善

根据执行中出现的问题，尤其公众对执行程序所关心的监外执行问题，以及公众如何参与执行，改善社会管理的新举措，执行程序着重从以下三个方面进行了修改：

（一）进一步完善监外执行程序

将监外执行的对象扩大到被判无期徒刑罪犯中怀孕或正在哺乳自己婴儿的妇女；进一步明确监外执行的批准程序；增加规定通过不正当手段被监外执行的制约措施。新《刑事诉讼法》第 254 条规定："对罪犯确有严重疾病，必须保外就医的，由省级人民政府指定的医院诊断并开具证明文件。在交付执行前，暂予监外执行由交付执行的人民法院决定；在交付执行后，暂予监外执行由监狱或者看守所提出书面意见，报省级以上监狱管理机关或者设区的市一级以上公安机关批准。"第257条规定："对暂予监外执行的罪犯，有下列情形之一的，应当及时收监：（一）发现不符合暂予监外执行条件的；（二）严重违反有关暂予监外执行监督管理规定的；（三）暂予监外执行的情形消失后，罪犯刑期未满的。对于人民法院决定暂予监外执行的罪犯应当予以收监的，由人民法院作出决定，将有关的法律文书送达公安机关、监狱或者其他执行机关。不符合暂予监外执行条件的罪犯通过贿赂等非法手段被暂予监外执行的，在监外执行的期间不计入执行刑期。罪犯在暂予监外执行期间脱逃的，脱逃的期间不计入执行刑期。罪犯在暂予监外执行期间死亡的，执行机关应当及时通知监狱或者看守所。"

（二）加强检察机关对监外执行、减刑、假释的监督

新《刑事诉讼法》第255条和第262条进一步规定："监狱、看守所提出暂予监外执行的书面意见的，应当将书面意见的副本抄送人民检察院。人民检察院可以向决定或者批准机关提出书面意见。""被判处管制、拘役、有期徒刑或者无期徒刑的罪犯，在执行期间确有悔改或者立功表现，应当依法予以减刑、假释的时候，由执行机关提出建议书，报请人民法院审核裁定，并将建议书副本抄送人民检察院。人民检察院可以向人民法院提出书面意见。"

（三）明确规定社区矫正

新《刑事诉讼法》第258条规定："对被判处管制、宣告缓刑、假释或者暂予监外执行的罪犯，依法实行社区矫正，由社区矫正机构负责执行。"社区矫正成为刑罚的执行主体，这是我国刑罚执行依靠人民群众的一项重要的原则，体现了专门机关与群众相结合的刑罚执行方法，这一创新性的规定具有深远的历史意义。

八、增设特别程序

刑事犯罪情况复杂，刑事诉讼法律关系呈多元态势，反映在诉讼程序的设置上，必须区别对待。例如，未成年人案件处理程序与成年人犯罪案件处理程序的区别，公诉案件引进和解程序如何处理，反腐斗争中贪官逃匿或死亡后违法财产如何处理，实施暴力行为的精神病人要否强制医疗等，许多国家的立法都按照有别于普通程序

和简易程序而设置特别程序。我国刑事诉讼立法第一次将这些问题的处理，在刑事诉讼法中单设一编，称"特别程序"，其主要内容有以下几个方面：

（一）未成年人犯罪案件的诉讼程序

针对未成年人犯罪案件的特点，对办理未成人犯罪案件的方针、原则、各个诉讼环节均作出有别于成年人犯罪案件的程序规定。新《刑事诉讼法》第266条对未成年人犯罪案件的处理方针、原则、权利保障作出了明确规定；第267条规定了对未成年人犯罪案件的法律援助；第269条规定了对未成年人犯罪案件严格适用逮捕以及捕后与成年人分管、分押、分别教育；第270条规定了对未成年人案件的特别讯问程序，即必须通知其法定代理人到场，也可以通知其成年近亲属、所在学校、单位或者其他未成年人保护组织的代表到场等；第271条规定了对未成年人犯罪案件可以适用附条件不起诉的决定，详细地规定了适用附条件不起诉决定的范围，条件和程序；第275条还规定了对未成年人犯罪案件犯罪记录封存制度。这些规定充分地体现了我国刑事诉讼的人文精神。

（二）当事人和解的公诉案件处理程序

刑事和解程序是贯彻"诉讼分流"节约成本的重要措施，更为重要的是通过和解程序对构建和谐社会，创建平和、文明司法有着十分深远的意义。新刑事诉讼法详细规定了刑事和解程序适用的条件和案件范围（第277条），第278条规定了和解程序由公、检、法机关主持进行；第279条规定了达成和解协议后的案件从宽从轻处理程序。

（三）犯罪嫌疑人、被告人逃匿、死亡案件违法所得的没收程序

为了严厉打击腐败犯罪和恐怖活动犯罪，对犯罪所得及时采取冻结和追缴措施，同我国已加入《联合国反腐败公约》以及有关反恐怖问题的决议相衔接，按照公约和决议的要求，对于贪污贿赂犯罪、恐怖活动犯罪等重大犯罪案件的违法所得必须作出相应处理，设置这一程序对加大反腐反恐力度，以及贯彻我国已签署的国际公约，是有非常重要的意义。

新《刑事诉讼法》第280条规定了这一程序适用的条件和提起程序，以及查封、扣押、冻结申请没收程序，即"对于贪污贿赂犯

罪、恐怖活动犯罪等重大犯罪案件，犯罪嫌疑人、被告人逃匿，在通缉一年后不能到案，或者犯罪嫌疑人、被告人死亡，依照刑法规定应当追缴其违法所得及其他涉案财产的，人民检察院可以向人民法院提出没收违法所得的申请。……没收违法所得的申请应当提供与犯罪事实、违法所得相关的证据材料，并列明财产的种类、数量、所在地及查封、扣押、冻结的情况。人民法院在必要的时候，可以查封、扣押、冻结申请没收的财产"。第281条规定了违法所得的法院审理程序，即"没收违法所得的申请，由犯罪地或者犯罪嫌疑人、被告人居住地的中级人民法院组成合议庭进行审理。人民法院受理没收违法所得的申请后，应当发出公告。公告期间为六个月。犯罪嫌疑人、被告人的近亲属和其他利害关系人有权申请参加诉讼，也可以委托诉讼代理人参加诉讼。人民法院在公告期满后对没收违法所得的申请进行审理。利害关系人参加诉讼的，人民法院应当开庭审理"。第282条和第283条规定了法院经过审理对违法所得的处理程序以及诉讼终止程序，即"人民法院经审理，对经查证属于违法所得及其他涉案财产，除依法返还被害人的以外，应当裁定予以没收；对于不属于应当追缴的财产的，应当裁定驳回申请，解除查封、扣押、冻结措施。对于人民法院依照前款规定作出的裁定，犯罪嫌疑人、被告人的近亲属和其他利害关系人或者人民检察院可以提出上诉、抗诉"；"在法庭审理过程中，在逃的犯罪嫌疑人、被告人自动投案或者被抓获的，人民法院应当终止审理。没收犯罪嫌疑人、被告人财产确有错误的，应当予以返还、赔偿"。

（四）对实施暴力行为的精神病人的强制医疗程序

由于对实施暴力行为的精神病人进行强制医疗，涉及人身自由、人权保障这一重大原则问题，立法必须严格认真对待。所以，刑事诉讼法修正案规定了严格的鉴定确认程序和审理裁决程序。

新《刑事诉讼法》第284条规定了严格的鉴定程序，即"实施暴力行为，危害公共安全或者严重危害公民人身安全，经法定程序鉴定依法不负刑事责任的精神病人，有继续危害社会可能的，可以予以强制医疗"。新《刑事诉讼法》第285条规定了人民法院的审理程序，规定："公安机关发现精神病人符合强制医疗条件的，应当写出强制医疗意见书，移送人民检察院。对于公安机关移送的或者在审查起诉过程中发现的精神病人符合强制医疗条件的，人民检察院应当向人民法院提出强制医疗的申请。人民法院在审理案件过程中发现被告人符合强制医疗条件的，可以作出强制医疗的决定。对实施暴力行为的精神病人，在人民法院决定强制医疗前，公安机关可以采取临时的保护性约束措施。"第 288 条规定了严格的执行、评估和解除程序，即"强制医疗机构应当定期对被强制医疗的人进行诊断评估。对于已不具有人身危险性，不需要继续强制医疗的，应当及时提出解除意见，报决定强制医疗的人民法院批准。被强制医疗的人及其近亲属有权申请解除强制医疗"。最后在第 289 条还规定了对这一程序的执行活动是否合法的检察监督程序。

综上所述，笔者认为，新刑事诉讼法以吸收和巩固我国司法改革成果为重点，进行了比较全面的修改，所涉诉讼程序包括上述八个方面，在 1996 年刑事诉讼法规定的基础上，有了比较大的进步和发展。尽管一些程序的细节规定得比较粗或需要进一步补充，但笔者认为瑕不掩瑜，应该在充分肯定其进步与发展的前提下，再作必要的修改或补充。

刑事诉讼监督的立法发展

卞建林*

在我国，检察机关是国家的法律监督机关，这是由宪法和相关法律确定的。对刑事诉讼实行法律监督，是检察机关履行法律监督职能的重要内容和集中体现。2012 年 3 月 14 日，第十一届全国人民代表大会第五次会议通过《关于修改〈中华人民共和国刑事诉讼法〉的决定》。其中，改善和强化检察机关对刑事诉讼活动的法律监督是立法修改的重要内容。如何准确理解和把握刑事诉讼立法修改的要义，充分履行立法修改所赋予和强化的诉讼监督职能，是检察机关面临的新形势和新任务。

一、刑事诉讼监督的立法回顾

作为调整刑事诉讼活动的基本法律，我国刑事诉讼法关于检察机关法律监督职能的规定经历了一个逐步发展和强化的过程。1979 年 7 月 1 日通过、1980 年 1 月 1 日施行的《中华人民共和国刑事诉讼法》是新中国第一部刑事诉讼法，该法第 3 条和第 5 条确定了公安司法机关在刑事诉讼中的职权分工与相互关系，即"对刑事案件的侦查、拘留、预审，由公安机关负责。批准逮捕和检察（包括侦查）、提起公诉，由人民检察院负责。审判由人民法院负责"；"人民法院、人民检察院和公安机关进行刑事诉讼，应当分工负责，互相配合，互相制约，以保证准确有效地执行法律"。据此，检察机关在刑事诉讼行使的职权中并未明确有诉讼监督的内容，而"分工负责，互相配合，互相制约"成为指导和处理人民法院、人民检察院和公安机关相互之间关系的一项基本原则。按照立法者的理念，在这一原则中，分工是前提，公、检、法三机关进行刑事诉讼要严格

* 中国政法大学诉讼法学研究院院长，教授，博士生导师，中国刑事诉讼法学研究会会长。

按照刑诉法的分工，"各尽其职，各负其责。彼此之间，既不能互相代替，更不允许由其中任何一个部门独自包办"。① 与此同时，"在有明确分工的条件下，实行互相配合和互相制约。所谓互相配合，就是要互通情况，互相支援和协作。所谓互相制约，就是要互相监督，互相防止和纠正在诉讼过程中可能发生和已经出现的错误"。② 根据当时的理解，制约就是监督，而且这种制约和监督是双向的，即"三机关互相存在制约与被制约、监督与被监督的关系"。③ "所谓相互制约，也就是相互监督，即相互监察与相互督促"。④

1982年《宪法》第129条明确规定："中华人民共和国人民检察院是国家的法律监督机关。"其后出台的民事诉讼法（试行）（1982年颁布）、民事诉讼法（1991年颁布）和行政诉讼法（1989年颁布）均在总则部分规定检察机关对民事审判以及行政诉讼进行法律监督，但是先于宪法颁布的刑事诉讼法却一直没有对此作出回应。1996年刑事诉讼法修改时，"如何加强对公、检、法机关的监督和互相制约，保证法律的严格执行，是这次修改刑诉法的重点问题之一"。⑤ 同时，如何根据检察机关的宪法定位，合理配置和调整检察机关在刑事诉讼中的职权，以充分发挥检察机关的法律监督职能，也是立法者认真思考的问题。通过立法修改，检察机关在刑事诉讼中的法律监督职能得到了明确和强化，加强检察机关对刑事诉讼各个环节的监督成为立法修改的主要内容之一，具体分述如下：

第一，在总则基本原则部分增加规定"人民检察院依法对刑事诉讼实行法律监督"。一方面，这从立法技术上保证了我国法律体系的配套与协调，使得刑事诉讼法与宪法这一根本大法以及与民事诉讼法、行政诉讼法等相关部门法在检察机关实行法律监督方面保持一致；另一方面，检察机关在刑事诉讼中的法律监督地位得到了明确和加强，检察机关对刑事诉讼活动进行监督有了充分的法律依据。

---

① 王国枢：《刑事诉讼法概论》，北京大学出版社1981年版，第80页。

② 王国枢：《刑事诉讼法概论》，北京大学出版社1981年版，第80页。

③ 张子培：《刑事诉讼法教程》，群众出版社1982年版，第83页。

④ 中国法学会诉讼法研究会编：《刑事诉讼法的修改与完善》，中国政法大学出版社1992年版，第220页。

⑤ 顾昂然：《关于〈中华人民共和国刑事诉讼法修正案（草案）〉修改情况的汇报》，载胡康生、李福成主编：《〈中华人民共和国刑事诉讼法〉释义》，法律出版社1996年版，第350页。

第二，增加和修改了检察机关进行诉讼监督的具体规定，加强了检察机关对刑事诉讼各个环节的监督。具体说来，在立案监督方面，增加规定人民检察院认为或者被害人向人民检察院提出公安机关应当立案侦查的案件而不立案侦查的，人民检察院应当要求公安机关说明不立案的理由，人民检察院认为不立案理由不能成立的，应当通知公安机关立案，公安机关接到通知后应当立案。在侦查监督方面，增加了检察机关对逮捕的执行以及强制措施的变更进行监督的规定，要求公安机关应当将执行情况以及变更情况通知检察机关，以便于检察机关进行监督。在审判监督方面，增加规定检察机关有权对法院违反法定程序的审判活动提出纠正意见以及法院对检察机关提起抗诉的案件应当开庭审理等。在刑罚执行监督方面，增加规定检察机关在发现减刑、假释裁定以及暂予监外执行决定不当后有权向裁定或者决定机关提出书面意见并要求重新审核。

第三，对检察机关在刑事诉讼中的职权作了调整，适当缩小了检察机关自侦案件的范围。为保证检察机关集中力量履行好诉讼监督职能，刑诉法对检察机关自侦案件的范围进行了适当调整，将其主要限于国家工作人员利用职务的犯罪，其他案件则由公安机关侦查、检察机关审查起诉。"这样规定，一是有利于检察机关集中力量，对贪污贿赂犯罪、国家工作人员的渎职等犯罪案件进行侦查，这对加强反腐败斗争有重要意义；二是检察机关可以对公安机关的侦查加强监督，发挥检察机关的监督职能作用。"①

二、刑事诉讼监督的立法完善

通过 1996 年刑事诉讼法的修改，检察机关在刑事诉讼中的法律监督地位得到明确和强化，先前检察机关进行刑事诉讼监督时依据不足、措施不力的局面得到一定缓解和改善。近年来，随着诉讼监督在维护司法公正、保障基本人权等方面的重要性日益凸显，检察机关对刑事诉讼活动的监督力度也逐步加强。但与此同时，由于方方面面的因素，检察机关的监督工作依然面临着不少问题，其中法律规定不够明确、制度设计不够精细、监督措施不够到位，成为影

---

① 顾昂然：《关于〈中华人民共和国刑事诉讼法修正案（草案）〉的说明》，载胡康生、李福成主编：《〈中华人民共和国刑事诉讼法〉释义》，法律出版社 1996 年版，第 356 页。

响检察机关监督职能行使的重要原因。基于此，强化法律监督依然成为本次刑事诉讼法修改的重要内容，主要在如下方面取得进展。

（一）扩展诉讼监督的范围，增添诉讼监督的内容

根据现行法律规定，检察机关对刑事诉讼的法律监督主要体现在四个方面，即刑事立案监督、刑事侦查监督、刑事审判监督、刑事执行监督。此次刑事诉讼法修改，为强化检察机关的诉讼监督职能，扩展了诉讼监督的范围，增添了诉讼监督的内容。

死刑复核程序是刑事诉讼程序的重要内容，其特别适用于死刑案件，包括判处死刑立即执行和死刑缓期执行的核准程序。设置死刑复核程序的目的就是确保死刑案件的审判质量，防止错杀、误杀，实现少杀、慎杀。但长期以来，司法实践中的死刑复核程序却只是法院内部的报批核准程序，既不对诉讼当事人和辩护人、诉讼代理人公开，也不接受检察机关的法律监督，故而受到理论和实务界的诟病。改造和完善死刑复核程序，加强检察机关对死刑复核程序以及复核结果的监督，是中央确定的关于深化司法体制工作机制改革的重要任务，也是刑事诉讼法修改的重要方面。新《刑事诉讼法》第240条第2款规定："在复核死刑案件过程中，最高人民检察院可以向最高人民法院提出意见。最高人民法院应当将死刑复核结果通报最高人民检察院。"除此之外，此次刑事诉讼法修改还增设了"依法不负刑事责任的精神病人的强制医疗程序"。适用强制医疗程序，尽管并不追究相关行为人的刑事责任，但强制医疗其实质是剥夺了相对人的人身自由。为了保证强制医疗程序的正确适用，保护被申请人或者被告人的合法权利，必须充分发挥检察机关的法律监督职能。修正后的刑诉法除却在强制医疗程序的设置方面规定法律援助和法律救济程序外，更是明确指出"人民检察院对强制医疗的决定和执行实行监督"。

除了因应我国刑事程序法治的发展而扩展检察机关诉讼监督的范围之外，此次刑事诉讼法修改还在现行监督范围的基础上新增了诉讼监督的内容。例如，为了贯彻刑事强制措施适用中的比例原则，控制和减少审前羁押，在保留检察机关审查批准逮捕的职权外，赋予检察机关在逮捕后对羁押必要性的审查权。又如，为了保证指定居所监视居住这一强制措施的正确适用，新《刑事诉讼法》第73条第4款规定："人民检察院对指定居所监视居住的决定和执行是否合法实行监督。"

（二）丰富诉讼监督的手段，明确诉讼监督的效力

长期以来，检察机关行使诉讼监督职能时，往往由于监督手段的缺乏或者监督效力的薄弱而影响监督实效。此次刑事诉讼法修改，注意总结司法实践经验和理论研究成果，适当增加了诉讼监督的手段，明确了诉讼监督的效力。例如，在贯彻非法证据排除规则、强化侦查监督方面，新《刑事诉讼法》第55条规定："人民检察院接到报案、控告、举报或者发现侦查人员以非法方法收集证据的，应当进行调查核实。对于确有以非法方法收集证据情形的，应当提出纠正意见；构成犯罪的，依法追究刑事责任。"显然，发现违法行为是纠正违法行为的前提，欲要强化检察机关的侦查监督，首先就要保证检察机关的知情权和调查权，因此授权检察机关对侦查机关非法取证行为进行调查核实，实属必要和有效之举。

同时，为了改变实践中监督滞后的状况，保障检察机关及时知悉有关诉讼活动以便适时开展监督，本次立法修改着重强调有关机关在采取某种诉讼行为或者作出某种诉讼决定时，要将相关行为或者决定同时告知检察机关。例如，新《刑事诉讼法》第255条规定："监狱、看守所提出暂予监外执行的书面意见的，应当将书面意见的副本抄送人民检察院。人民检察院可以向决定或者批准机关提出书面意见。"第256条规定："决定或者批准暂予监外执行的机关应当将暂予监外执行决定抄送人民检察院……"第262条第2款规定："被判处管制、拘役、有期徒刑或者无期徒刑的罪犯，在执行期间确有悔改或者立功表现，应当依法予以减刑、假释的时候，由执行机关提出建议书，报请人民法院审核裁定，并将建议书副本抄送人民检察院。人民检察院可以向人民法院提出书面意见。"此外，针对司法实践中监督乏力、监督效果不明确等问题，本次立法修改亦作了一些补充性、强制性规定。例如，为了减少不必要的审前羁押，新刑事诉讼法规定，犯罪嫌疑人、被告人被逮捕后，人民检察院仍应当对羁押的必要性进行审查；对于不需要羁押的，应当建议予以释放或者变更强制措施；检察机关提出释放或者变更强制措施的建议后，有关机关应当在10日以内将处理情况通知人民检察院。

（三）强化诉讼监督的责任，健全诉讼监督的程序

在我国，检察机关在刑事诉讼中不仅是国家公诉机关，更是国家法律监督机关，依法对刑事诉讼实行法律监督。因此，检察机关

要正确认识法律所赋予的使命和职责，妥善处理好诉讼职能和诉讼监督职能的相互关系，不能仅仅将自身定位于追诉机关或者控告一方。检察机关要着力保证法律的正确实施，实现司法的公平正义，维护诉讼参与人特别是犯罪嫌疑人、被告人及其辩护人的合法权益。正是基于上述考虑，此次立法修改注意强化了检察机关履行诉讼监督职能方面的责任。例如，为维护辩护人的合法权益，保证辩护人依法履行职务，新《刑事诉讼法》第47条规定："辩护人、诉讼代理人认为公安机关、人民检察院、人民法院及其工作人员阻碍其依法行使诉讼权利的，有权向同级或者上一级人民检察院申诉或者控告。人民检察院对申诉或者控告应当及时进行审查，情况属实的，通知有关机关予以纠正。"又如，为了维护诉讼参与人的合法权益，监督专门机关及其工作人员依法办案，实现程序正义，新刑事诉讼法在第115条规定当事人和辩护人、诉讼代理人、利害关系人针对司法机关及其工作人员诉讼中有违法行为侵犯其合法权益的，有权向该机关申诉或者控告。对受理申诉或者控告的机关的处理不服的，可以向同级或者上一级人民检察院申诉。人民检察院对申诉应当及时进行审查，情况属实的，通知有关机关予以纠正。

此外，为了切实加强检察机关对刑事诉讼活动的法律监督，本次立法修改还吸收了司法改革的成功经验和理论成果，改善和健全了检察机关诉讼监督的程序，特别是检察机关实行侦查监督、审查批准逮捕的程序。新《刑事诉讼法》第86条规定："人民检察院审查批准逮捕，可以讯问犯罪嫌疑人；有下列情形之一的，应当讯问犯罪嫌疑人：（一）对是否符合逮捕条件有疑问的；（二）犯罪嫌疑人要求向检察人员当面陈述的；（三）侦查活动可能有重大违法行为的。人民检察院审查批准逮捕，可以询问证人等诉讼参与人，听取辩护律师的意见；辩护律师提出要求的，应当听取辩护律师的意见。"

三、刑事诉讼监督的若干问题

法律的生命在于实施。伴随着刑事诉讼法的成功修改，检察机关的法律监督工作在迎来新机遇的同时更是面临着新的问题和挑战，需要进一步加强理论研究和制度创新，以保证法律所赋予和强化的诉讼监督职能能够得到切实贯彻履行。因篇幅所限，在此仅就若干问题作些初步的探讨。

（一）关于羁押必要性审查

审前羁押制度既是一种通过在一定期限内剥夺被追诉人人身自

由以保障诉讼顺利进行的诉讼保障制度，更是一种保障公民人身自由免受国家权力不当侵犯的人权保障制度。修正后的刑事诉讼法对审前羁押制度进行了较大调整和完善，明确细化了逮捕的条件，改革完善了审查批准逮捕的程序，增加规定了检察机关在逮捕后对羁押必要性的审查，以保证审前羁押措施的准确适用和减少适用。从修法内容来看，立法试图从条件与程序两个方面来强化对羁押适用的规制，以防范不应当或不必要的羁押。但如何在批准逮捕后开展对羁押必要性的审查工作，对检察机关而言是个新的课题。在此谈一些初步的意见。首先，关于羁押必要性审查的意义。逮捕是法律规定的最为严厉的强制措施，且逮捕后羁押时间较长，如果采取逮捕措施不当，会给公民造成难以弥补的损害。因此，刑诉法对逮捕的条件和程序作了严格规定。少捕慎捕的立法精神，不仅应当体现在审查批准逮捕上。在批捕以后，如果情况发生变化，羁押的必要性不复存在时，还应当及时解除羁押措施。增加对羁押必要性的审查，既体现了国家对公民人身权利的保护，也强化了检察机关对逮捕执行活动的监督。其次，关于羁押必要性审查的主体。根据检察机关内部职权分工，对羁押必要性的审查可以由侦查监督部门或者监所检察部门进行。从刑诉法第93条的现行规定来看，目前可以由监所检察部门承担此项任务。但长远来看，由侦查监督即审查批捕部门进行更为适宜。因为在批捕以后对羁押的必要性进行审查，实质上是批捕职能的延伸和继续。从域外有关经验来看，负责对审查羁押措施进行司法审查的官员通常进行双重审查甚至三重审查。[1] 因

---

[1] 第一是对逮捕措施的审查批准，即审查批准逮捕的部门在收到侦查机关的提请批准逮捕申请后，应当对犯罪嫌疑人是否符合逮捕要件进行审查。经审查批准逮捕的，应当签发逮捕令状并交由侦查机关执行，逮捕的令状应当明确被逮捕人、逮捕事由和执行时间等。第二是逮捕后对被逮捕人是否予以羁押的审查。侦查机关逮捕犯罪嫌疑人之后，认为需要对其予以羁押的，应当在逮捕之后的法定时间内（例如24小时或者48小时）向批准逮捕的部门提出羁押申请。后者应当对羁押的事实依据、法律依据和羁押必要性进行审查。羁押审查以聆讯的方式进行，审查人员应当讯问犯罪嫌疑人并听取其辩护律师的意见，可以要求办理案件的侦查人员到场说明情况，陈述羁押的理由与必要性。审查后，根据案件和犯罪嫌疑人个人情况作出批准羁押或者允许保释甚至无保释放等决定。第三是羁押后对羁押必要性的持续审查。批准羁押后，仍可以或应当定期对羁押的必要性进行审查，对于因情况变化而不需要继续羁押的，应当及时解除羁押措施；需要采取其他强制措施的，亦应作出相应决定。

此，由检察机关审查批捕的部门从事对羁押必要性的审查，是顺理成章的职责延伸。再次，关于羁押必要性审查的方式。笔者认为，检察机关在批准逮捕后对羁押必要性的审查，可以定期审查，也可以不定期审查；可以主动审查，也可以应犯罪嫌疑人、被告人及其法定代理人、近亲属或者辩护人的申请或要求进行审查。最后，关于羁押必要性审查后的处理。新《刑事诉讼法》第 93 条规定："对不需要羁押的，应当建议予以释放或者变更强制措施。有关机关应当在十日以内将处理情况通知人民检察院。"按此规定，检察机关进行监督的方式是"建议予以释放或者变更强制措施"。规定为"建议"而非"决定"，按照有关解释主要是从监督角度考虑的，人民检察院在审查中发现被羁押人没有必要继续羁押的，提出建议，由有关机关做出处理，既考虑了监督的性质、特点，不代替其他机关作决定，又体现了对于解除、变更羁押措施的慎重。[1] 但笔者以为，这样的做法未必符合宪法规定的本意和职权配置的要求。将来进一步完善审前羁押制度时，应当同时赋予检察机关批准逮捕和决定释放的职权，以保证逮捕措施的正确适用和发挥检察机关的监督职能。

（二）关于非法证据排除

作为司法改革的重要成果，"两院三部"于 2010 年联合发布《关于办理刑事案件排除非法证据若干问题的规定》，对刑事案件非法证据排除的范围和进行法庭调查的程序进行了详细规定，在实践层面确立了非法证据排除规则。本次刑事诉讼法修改充分吸收了上述司法改革的成果，从立法层面进一步确立和完善了非法证据排除制度。新刑事诉讼法界定了在刑事诉讼中应当排除的非法证据的范围，明确了侦查机关、检察机关、审判机关排除非法证据的义务，增加了人民检察院对侦查人员非法收集证据的行为进行调查核实和处理的规定，强化了检察机关对证据收集合法性的举证责任。对于检察机关而言，需要从公诉机关和诉讼监督机关双重维度去理解和贯彻非法证据排除规则。

审查起诉是检察机关对侦查结论进行审查以决定是否提起公诉的重要程序，效果如何既关系到提起公诉的质量，又关系到对侦查活动的监督。如果在此过程中能够及时发现并且排除以非法手段获

① 参见王尚新、李寿伟主编：《〈关于修改刑事诉讼法的决定〉释解与适用》，人民法院出版社 2012 年版，第 108 页。

取的证据，既能保证公诉质量，避免无辜的人遭受错误追诉的危险，又能及时发现侦查活动的问题并加以纠正，履行法律监督。因此，在审查起诉活动中，既要注意审查甄别证据的真实性、充分性，以确定是否符合提起公诉的事实条件，又要注意审查判断证据的合法性，注意发现和排除非法证据。法律明确规定，在审查起诉时发现有应当排除的证据的，应当依法予以排除，不得作为起诉决定的依据。为了能够及时发现和排除非法证据，在审查起诉过程中，要认真对待犯罪嫌疑人的辩解和对侦查机关非法取证的反映，注意听取辩护律师的意见，要求侦查机关提供讯问时的同步录音录像等资料，发现存在非法取证的线索或材料时要认真核查。经过调查核实，如果检察机关认为侦查机关（部门）移送审查起诉的证据确系违法取得的，或者认为侦查机关（部门）移送审查起诉的证据不能排除刑讯逼供或者暴力、威胁等非法取证行为嫌疑的，应当依法予以排除。如果排除非法证据后其他证据不能证明犯罪嫌疑人实施犯罪行为的，应当依法作出不起诉的决定。此外，检察机关在调查核实后发现侦查人员存在刑讯逼供或者暴力、威胁等非法取证行为的，应当及时提出纠正意见，同时要求侦查机关（部门）另行指派侦查人员重新调查取证，必要时也可以自行调查取证。

除了注意在审查起诉程序中对非法证据的发现和排除外，检察机关还要重视在审判程序中对证据合法性的证明。对于审前供述的合法性证明，在当前缺乏律师或者其他见证人有效介入讯问的前提下，讯问笔录的制作很大程度上仍由讯问人员单方掌控，即使是讯问人员出庭作证在短期内恐怕摆脱不了"走过场"的命运，所以真正具有实际意义和说服力的还是提供讯问时全程录音录像，检察机关应当对此予以重视和落实，与侦查机关探讨建立侦查讯问同步录音录像随案移送机制，将审查侦查讯问同步录音录像资料作为发现、排除非法证据及补强合法证据的重要手段和方法。

侦查监督是检察机关承担的一项重要使命。在侦查过程中，检察机关作为法律监督机关，必须注意对侦查活动合法性的监督。新《刑事诉讼法》第 55 条规定："人民检察院接到报案、控告、举报或者发现侦查人员以非法方法收集证据的，应当进行调查核实。对于确有以非法方法收集证据情形的，应当提出纠正意见；构成犯罪的，依法追究刑事责任。"据此，检察机关负有对侦查人员非法取证行为进行调查和处理的责任。为履行好对侦查活动进行监督的职能，检察机关要认真对待犯罪嫌疑人的辩解、申诉甚至翻供，认真听取辩护律师的意见和反映。发现存在非法取证嫌疑时，要高度重视，坚决核查，不能简单听信侦查机关关于证据合法收集的证明。检察机关经审查认为存在刑讯逼供或者暴力、威胁等非法取证行为嫌疑的，应当要求侦查机关（部门）提供全部讯问笔录、原始的全程同步录音录像或者犯罪嫌疑人出入看守所的健康检查表等其他证据，必要时可以询问其他证人或者其他在场人员、看守管教人员以及检察机关驻看守所人员等。如果仍然不能排除嫌疑的，检察机关可以以听证方式对证据合法性进行调查核实，通知犯罪嫌疑人及其聘请的律师以及侦查人员出席听证，要求侦查人员对存疑证据的合法性进行说明，允许犯罪嫌疑人及其聘请的律师对证据合法性进行质证并与侦查人员辩论。

需要指出的是，检察机关履行侦查监督的职能部门主要是审查批捕部门，尽管刑事诉讼法并未明确在审查批捕过程中适用非法证据排除。但从法理和立法确立非法证据排除程序的出发点考虑，在审查批捕环节是可以或者应当适用非法证据排除的。从时间上来看，审查批捕环节距离非法取证行为的发生时间最近，比较而言也更容易发现存在非法取证行为。从法理上来看，凡是违法法定程序的诉讼行为都是无效的，既然非法获取的证据不能作为起诉意见、起诉决定和判决书的依据，同理，经查证属实以非法手段获取的证据，也不能作为批准逮捕的依据。从监督主体来看，在检察机关内部，主要由审查批捕部门履行侦查监督职能，而进行侦查监督的主要方式是进行审查批准逮捕，因此在审查批捕环节注意对非法证据的发现和排除，是实行侦查监督的重要任务，也有利于在刑事诉讼过程尽早发现和排除非法证据，以免对以后的诉讼活动造成消极影响。在审查批捕程序中，如果检察机关认为侦查机关（部门）提请逮捕的证据确系违法取得的，或者认为侦查机关（部门）提请逮捕的证据不能排除刑讯逼供或者暴力、威胁等非法取证行为嫌疑的，应当依法予以排除。如果排除非法证据后其他证据不能证明犯罪嫌疑人实施犯罪行为的，应当依法作出不予批准或者决定逮捕的决定。

（三）关于简易程序派员出庭

为了在诉讼程序上更好地贯彻和体现宽严相济的刑事政策，实现刑事案件的繁简分流以提高诉讼效率，本次刑诉法修改扩大了简易程序的适用范围，规定凡基层人民法院管辖的案件，如果案件事实清楚和证据充分、被告人承认自己所犯罪行且对指控犯罪事实以及适用简易程序没有异议的，则可以适用简易程序进行审判。但与此同时，新《刑事诉讼法》第210条第2款强调："适用简易程序审理公诉案件，人民检察院应当派员出席法庭。"这一修改对于检察机关而言关系重大。关于检察机关派员出席简易程序审判的意义和必要性，可以从以下几方面理解。

首先，公诉人出庭是履行控诉职能的需要。在公诉案件中，检察机关代表国家提出控诉，公诉人出庭的任务就是支持公诉，通过当庭出示证据，参与法庭调查，进行法庭辩论来履行控诉职能。公诉人如果不出庭，其控诉和举证职能则不能充分履行，亦无法与被告方开展相互质证和辩论程序。

其次，公诉人出庭是庭审构造的需要。在审判过程中，控、辩、审三方应当总体呈现出控辩平等对抗、法官居中裁断的等腰三角形结构，通过诉讼过程正当性的实现来最大限度保证裁判结果的公正性。公诉人不出庭，而由法官代替其诉讼职能，宣读起诉书、出示证据、宣读量刑建议等，法官身兼控诉和审判二任，其中立地位荡然无存，不符合"控审分离"的诉讼原理。对于被告方而言，公诉人不出庭则导致其无法在法庭上就案件事实和证据问题与公诉方展开有效辩论，是对其辩护权与质证权的严重侵犯。庭审结构的失衡，阻断了审判公正的实现路径，进而影响了案件的审判质量以及法律和社会效果。

再次，公诉人出庭是进行审判监督的需要。检察机关是国家的法律监督机关，在法庭审理过程中履行公诉职能的同时亦肩负诉讼监督职能。检察机关发现人民法院审理案件违反法律规定的诉讼程序，有权向人民法院提出纠正意见。在简易程序中，检察机关对法院的诉讼监督表现为对不宜适用简易程序的向人民法院提出意见以及对一般程序违法的纠正等。公诉人不出庭，显然会导致检察机关对公诉案件简易程序诉讼监督的缺位。

最后，公诉人出庭支持公诉是履行控诉职能的重要诉讼行为。即使在简易程序中，公诉人仍应当出席法庭，以实现法庭审理的实体公正与程序公正。同时应该注意到，在简易程序中，公诉人出庭支持公诉需要与简易程序的特点相适应和相符合，如在讯问被告人、出示证据、法庭辩论等方面不一定完全等同于普通程序。客观地讲，检察机关对适用简易程序审理公诉案件一律派员出庭，对公诉工作是个严峻挑战，如何协调好简易程序出庭的办案力量、提高简易程序出庭的实际效果，真正使得简易程序中公诉人员出庭能够实现审判公正和诉讼效率的双重目标，是检察机关需要认真加以对待的现实问题。①

①　参见吕伟、王沿琰：《简易审公诉人出庭　成都早是"死命令"》，载《检察日报》2012年4月18日第5版。

论监视居住改革

杨宇冠　郭　旭*

2012 年 3 月 14 日，第十一届全国人民代表大会第五次会议审议通过了《关于修改〈中华人民共和国刑事诉讼法〉的决定》。本次刑事诉讼法的修改，是近些年来我国刑事司法改革和理论研究经验与成果的总结，符合我国现阶段国情，适应新形势下惩罚犯罪和保障人权的需要。此次修改幅度很大，涉及面较广，其中，对我国强制措施制度的完善是重点内容之一。

1996 年刑事诉讼法关于强制措施的规定共有 27 条，修改后增至 35 条。依据对人身自由的限制程度，我国强制措施从轻到重依次为拘传、取保候审、监视居住、拘留和逮捕。本次修改和增加的条文集中体现在对监视居住制度的完善，因此，有必要对监视居住制度及其修改情况予以特别关注。

一、监视居住的性质

监视居住作为我国众多强制措施之一，对人身自由的"侵犯"程度介于取保候审和逮捕之间，是一种暂时性限制犯罪嫌疑人、被告人人身自由的强制性手段。相较于取保候审，法律为被监视居住人设定的义务更多，对人身自由的限制程度更重，在适用条件上就应该有所区别；相较于逮捕，监视居住又仅仅是限制并没有剥夺被追诉人的人身自由，不能在专门的羁押场所或办案场所执行。在取保候审、监视居住和逮捕这三类限制人身自由程度依次增强的强制措施中，法律有必要设定不同的条件和证明标准，根据案情采用不同的强制措施，并随着诉讼的进程的推移，及时地变更或者撤销强制措施，确保比例原则和罪罚一致原则的适用，保障被追诉者的合

---

* 杨宇冠，中国政法大学诉讼法学研究院教授，博士生导师；郭旭，中国政法大学刑事司法学院诉讼法专业博士生。

法权利。

我国司法实务中突出存在的问题就是审前羁押率高[①]，超期羁押现象比较严重。究其原因，一是"有罪推定"的残余仍旧存在，犯罪嫌疑人、被告人一旦进入了刑事诉讼程序，就被定义为应受刑罚惩罚的人，因此对于审前羁押的适用，并不会受到太多的限制；二是羁押期限的规定相对混乱，在侦查阶段的羁押时间依附于侦查期限，而对于审查起诉和审判阶段的羁押，却没有任何规定，在实务中被认为可以等同于办案期限；三是被追诉人缺乏相应的救济，其诉讼权利和人身权利容易受到侵犯而无法得到法律及时有效的保障。因此，规定若干审前羁押替代措施，不仅是合理的，也是势在必行的。一方面可以保障国家刑事司法追诉权的正常行使；另一方面采取相对和缓的措施可以降低被追诉人的合法权益受损的可能性，实现刑事诉讼"尊重和保障人权"的任务。

（一）基于法条的分析

中华人民共和国成立后制定的第一部刑事诉讼法，1979 年刑事诉讼法就对监视居住制度进行了规定，即使在当时"宜粗不宜细"的立法指导思想和历史局限性下，第 40 条第 2 款也规定了"对应当逮捕的人犯，如果患有严重疾病，或者是正在怀孕、哺乳自己婴儿的妇女，可以采用取保候审或者监视居住的办法"，这从法律上明确了取保候审和监视居住的羁押替代性。当然，1979 年刑事诉讼法设立的替代范围十分有限，仅在两个极其特殊的情况下方可适用，而1996 年刑事诉讼法又维持了该项规定，这就成为了取保候审和监视居住虽然是审前羁押的替代措施，但很少发挥替代作用的重要原因之一。

本次刑事诉讼法对监视居住的适用条件进行了重大修改，第 72 条规定：人民法院、人民检察院和公安机关对符合逮捕条件，有五

---

① 2009 年我国检察机关决定、批准逮捕的犯罪嫌疑人共有 958364 人，提起公诉的被告人有 1168909 人，审前逮捕率高达 81.9%；2008 年我国检察机关决定、批准逮捕的犯罪嫌疑人共有 970181 人，提起公诉的被告人有 1177850 人，审前逮捕率高达 82.3%；2007 年我国检察机关决定、批准逮捕的犯罪嫌疑人共有 937284 人，提起公诉的被告人有 1113319 人，审前逮捕率高达 84.1%。虽然近年来我国审前逮捕率呈逐年下降的趋势，但是逮捕率仍旧很高。以上数据分别摘录自《中国法律年鉴》2008 年版、2009 年版和 2010 年版。

种情形之一的犯罪嫌疑人、被告人，可以监视居住，使得监视居住正式同取保候审相分离，成为符合逮捕条件而又存有可以不予羁押情形下的替代措施。

（二）基于理论的分析

随着去犯罪化、轻刑化等思潮的兴起和传播，羁押措施的采用不得不更加的细致和谨慎。即便是对被法庭裁定有罪的被告人，也有判决暂缓执行的制度；在犯罪嫌疑人、被告人是否有罪、应否承担刑事责任还未确定的情形下，就剥夺其人身自由，应该是特例而非常态。对此，《公民权利和政治权利国际公约》第9条第3款明确指出"任何因刑事指控被逮捕或拘禁的人，应被迅速带见审判官或其他经法律授权行使司法权力的官员，并有权在合理的时间内受审判或被释放。等候审判的人受监禁不应作为一般规则"。

综览各主要国家刑事诉讼立法例，均采取了相应的措施以减少审前羁押，如加拿大的"保释可能性审查"，要求在采取审前羁押后一段时间内自动对被追诉人是否存有保释可能进行审查判断；在德国，审前羁押超过3个月必须由预审法官主动审查，超过6个月由上诉法院进行审查，以及时变更或撤销不合适的羁押措施。我国的刑事诉讼法虽然也规定了关于拘留、逮捕等羁押性强制措施①的变更，但通常情况下是由于法律规定的"期限届满"，退而求其次地采取监视居住或取保候审。较国外羁押替代的权利性救济而言，我国的替代措施呈现出权利限制性的特点，监视居住并不被认为是犯罪嫌疑人、被告人的一项权利，而主要作为诉讼保障的手段，继续限制被追诉者的人身自由。

（三）监视居住的价值定位

无论是对监视居住制度的评价还是对其进行完善或改革，出发点和落脚点应该放在它的价值定位上。监视居住作为强制措施也作为一种羁押替代措施，这就决定了它在刑事法律的位置和司法实务中的作用。

首先，作为能够对公民人身自由进行合法限制的强制措施，它必须由全国人大制定的基本法律，即在刑事诉讼法中予以规定。其

---

① 我国的拘留、逮捕同时意味着对犯罪嫌疑人、被告人的羁押，但在国外，羁押是与拘留、逮捕相分离的独立程序，通常需要由司法官对拘留、逮捕后的可羁押性进行审查。

次，法律对其规定必须完备，适用条件、方式、决定程序和权利救济等核心内容必须涵括在内。再次，在刑事追诉过程中必须严格加以适用，即便是作为羁押替代性措施，也必须及时根据犯罪嫌疑人和被告人以及案件的具体情况进行综合考察选择采用，进行区别对待。对于有逮捕可能的，应该优先考虑监视居住制度的适用，对于可能被采取监视居住的，就必须依据法定条件严格作出判断，一旦发现有不需要或不应该采取该措施的情况，应该立即作出变更或撤销的决定。最后，对司法行政人员的渎职行为或者违法行为，必须加大查处力度和惩罚力度，从权力的源头确保监视居住制度不被异化。

二、我国刑事诉讼法修改前监视居住制度的缺陷

监视居住制度在立法和司法中凸显的种种问题，成为了该制度备受诟病的主要原因，也有学者主张对其予以废除①。对修改前的监视居住制度的立法和司法实务缺陷进行深入分析，能够全面理解本次修改的内在原因，同时也可以发现不足，提出进一步完善的建议。

（一）立法缺陷

法定程序原则是贯穿刑事诉讼程序的基本原则之一。从理论上来讲，法定程序原则有两个要求：第一是代表国家进行刑事诉讼的机关必须严格按照法律的规定行使权力；第二是遵循的法律必须是权威和公正的"良法"。因此，立法内容的详略、立法技术的熟练程度、立法水平的高低，无论是对于司法行政机关的权力行使或者权力限制，都起着至关重要的作用。修改前的刑事诉讼法②对监视居住的规定，主要存在以下几方面的不足：

1. 适用条件模糊

修改前的《刑事诉讼法》第51条规定，对于可能判处管制、拘役或者独立适用附加刑；可能判处有期徒刑以上刑罚，采取取保候审、监视居住不致发生社会危险性的犯罪嫌疑人、被告人，可以取

---

① 事实上，早在1996年刑事诉讼法修改之前，监视居住就曾经有过存废之争，最后立法保留了该措施。参见樊崇义主编：《刑事诉讼法学研究综述与评价》，中国政法大学出版社1991年版，第128页。

② 如无特别说明，本文中"修改前的刑事诉讼法"指我国1996年刑事诉讼法。

保候审或者监视居住。在其他条文中，取保候审和监视居住也通常成对出现，可见，在立法上我国并未区分监视居住和取保候审的适用条件。

刑事法律基于其自身的严厉性和谦抑性，在刑罚领域要求"罪罚一致"，在强制措施的适用中也应该依照比例原则，即根据犯罪嫌疑人、被告人的行为及人身危险性，对其自由进行相应的限制，或取保候审，或监视居住，或拘留逮捕。自由权是一项如此重要的权利，我国宪法明文禁止非法限制公民的人身自由，然而作为基本法的刑事诉讼法没有对监视居住与取保候审的条件进行区分，将两者的选择权交给了公安机关、检察机关和法院，这是我国刑事诉讼法中的一个重大缺陷。法律的权威性在于其稳定性和可预见性，在刑事诉讼领域的反映就是"相同情况相同对待"，而对监视居住与取保候审的适用不作明确区别而交由公安、司法机关自由裁量的做法，必然会对司法行为的可预见性造成破坏，也难以使被监视居住人信服。

2. 执行方式不明

修改前的刑事诉讼法为被监视居住人设立了若干义务，但仅规定了公安机关作为执行机关，对于具体义务的遵守情况，该如何进行监督、采取何种方式进行监督、是不定期检查还是定期检查的方式，没有涉及。这种语焉不详导致的后果就是，公安机关可能避开该项措施的使用，降低了监视居住制度的适用率，或者出于方便，直接将犯罪嫌疑人监视在专门的地点，如宾馆、招待所、办公室等，被监视居住者所受的限制几乎接近于羁押。如此，监视居住作为强制措施和羁押替代措施的作用并不明显。

3. 行政性色彩浓厚

被监视居住者对监视居住决定的作出没有任何参与的权利，甚至也没有事后救济的权利，这无疑是对犯罪嫌疑人、被告人刑事诉讼主体地位的否认。我国法律将作出监视居住决定的权力授予了人民法院、人民检察院和公安机关，其中公安机关是对犯罪嫌疑人及刑事案件进行侦查的主要力量，在权力的行使中必然带有职权倾向性，当事人无法积极参与到监视居住的决定程序中，这种单方面决定的方式，带有浓厚的行政性色彩。对于监视居住决定的监督，也仅存于检察机关审查起诉和法院审前审查的寥寥几处，主要限于合法性监督，不利于人权的保障。在我国公、检、法三家"互相分工、相互配合"的"流水线"式的诉讼结构下，相当于架空了诉讼程序中程序制衡机制。

（二）司法实务缺陷

在司法实践中，监视居住适用率极低，[①] 或者成为变相羁押。司法实务缺陷不仅是立法不足在司法中的反映，也体现出我国在刑事诉讼过程亟须加大对被追诉者的人权保障的客观要求。

1. 适用率不高

监视居住在司法实务中的适用率并不高，主要有以下几个原因：第一，较其他强制措施而言，立法上对监视居住的规定太过笼统，在适用条件、执行方式等主要问题上缺乏具体规范。第二，公安机关作为监视居住的执行机关，对执行过程也没有可操作性的规范指南，如果过于放任则无法起到监视的效果，如果严格监视又会消耗本就不多的司法资源。第三，在取保候审和监视居住的选择中，通常选择前者，因为取保候审中的"保证人"和"保证金"制度至少有法可依，也易于执行；在监视居住与逮捕的选择中，通常选择后者，因为逮捕是"传统措施"，完全剥夺被追诉者的人身自由便于对其监管和查明"犯罪事实"。

2. 变相羁押

修改前的《刑事诉讼法》第 57 条规定，被监视居住人"未经执行机关批准不得离开住处，无固定住处的，未经批准不得离开指定的居所"。法律并没有对"住处"作出明文规定，在实务中，公安机关和检察机关往往出于执行的便利性，极少将嫌疑人监视居住在家中，[②] 而是专门指定地点，如宾馆、招待所、办公室等，同时法律也为被监视居住人设定了义务，第 57 条规定，被监视居住人"不得离开指定的居所及会见他人"，在人身自由的限制上与拘留、逮捕等羁押措施无异。

---

① 笔者通过对湖南省 A 市检察院的调查了解到，该市 2011 年受理刑事案件 3383 件 4984 人，审结 2790 件 4060 人，起诉 2602 件 3769 人。其中，受理反贪自侦案件 75 件 98 人，审结 75 件 95 人，起诉 64 件 80 人，被采取强制措施 62 件 8 人，5 件 8 人被决定采用监视居住，监视居住的适用率仅为 8.1%；反渎受理 21 件 26 人，审结 17 件 22 人，被采用强制措施 19 件 23 人，2 件 3 人被决定采取监视居住，适用率为 11.5%。

② 笔者在对湖南省 A 市检察院的自侦案件强制措施采取情况的调查中得知，该市 2011 年受理自侦案件 96 起 124 人，其中仅有 7 件 11 人被采用监视居住，且上述监视居住均在招待所或宾馆执行。

3. 期限不明

修改前的《刑事诉讼法》第58条规定，人民法院、人民检察院和公安机关对犯罪嫌疑人、被告人"监视居住最长不得超过六个月"。至于这"六个月"是人民法院、人民检察院和公安机关单个决定适用期限或是总和期限，刑事诉讼法本身并没有作出规定，但是在司法实务中，三机关各自出台了相关规定，将该条解释为每个机关都可以对犯罪嫌疑人、被告人决定6个月的监视居住期，被追诉人被监视居住18个月被合法化。尤其当在监视居住成为变相羁押的情况下，对犯罪嫌疑人、被告人的权利影响极其严重。

三、我国监视居住制度的立法修改

基于监视居住制度在立法和司法实务中存在的问题，本次刑事诉讼法在保留该制度的基础上对其进行了相应修改，明确了适用条件，完善了指定居所监视居住，保障了辩护权的行使，修正了被决定监视居住人的义务，规定了监视方法和权利救济等相关内容，体现出我国刑事诉讼法的重大进步。

（一）适用条件

针对1996年刑事诉讼法对于适用取保候审和监视居住条件不分的情况，立法再次明确了监视居住作为逮捕的羁押替代手段的性质，对其适用条件进行了详细的规定，同时，也对其作为强制措施所应该发挥的程序保障效果进行了格外关注。

1. 作为逮捕的替代措施

新《刑事诉讼法》第72条第1款："人民法院、人民检察院和公安机关对符合逮捕条件，有下列情形之一的犯罪嫌疑人、被告人，可以监视居住：（一）患有严重疾病、生活不能自理的；（二）怀孕或者正在哺乳自己婴儿的妇女；（三）系生活不能自理的人的唯一扶养人；（四）因为案件的特殊情况或者办理案件的需要，采取监视居住措施更为适宜的；（五）羁押期限届满，案件尚未办结，需要采取监视居住措施的。"

刑事诉讼法修改后的监视居住作为逮捕的替代措施，主要表现在以下几个方面：

第一，监视居住制度的适用前提是"符合逮捕条件"。而根据第79条，逮捕条件是对有证据证明有犯罪事实，可能判处徒刑以上刑罚的犯罪嫌疑人、被告人，采取取保候审、监视居住等方法，尚不足以防止发生社会危险性的。可以看出，采用监视居住不仅必须有相应的证据支撑并达相应的证明标准，还需要达到一定的刑罚标准，并在五种情况下成为逮捕的替代措施。

第二，对"患有严重疾病、生活不能自理，怀孕或者正在哺乳自己婴儿的妇女"的特殊规定不仅存在于监视居住的适用条件中，也是取保候审的适用情形之一。新《刑事诉讼法》第 65 条第 1 款第 3 项规定：对"患有严重疾病、生活不能自理，怀孕或者正在哺乳自己婴儿的妇女，采取取保候审不致发生社会危险性的"，可以采取取保候审的措施。在此处，是否具有"社会危险性"就成为采取监视居住还是取保候审的区分标准。

第三，"系生活不能自理的人的唯一扶养人"，体现出我国刑事诉讼法的人道主义精神，诉讼人权保障，不仅仅是保护犯罪嫌疑人、被告人的合法权益，也需要考虑对与被追诉者相关之人的人权保障。被决定监视居住人作为唯一扶养人，可以在住处照顾生活不能自理的亲人，顺应当代法律人文关怀的要求，也利于被扶养人的权利保障和社会的稳定。

第四，"羁押期限届满，案件尚未办结，需要采取监视居住措施的"，一方面是基于监视居住的人权保障功能，以减少审前羁押；另一方面也是通过对犯罪嫌疑人、被告人人身自由予以限制的方式，以继续查明案件，是其程序保障功能的要求。不过，强制措施临时性的特点决定了其适用必须要有一定的期限，否则就构成了对被追诉人无休止的"危险"，不符合无罪推定原则的要求。

第五，"因为案件的特殊情况或者办理案件的需要，采取监视居住措施更为适宜的"则赋予了人民法院、人民检察院和公安机关一定的自由裁量的权力，通过一个"兜底"条款来扩大监视居住作为羁押替代措施的适用范围，以保证诉讼活动的顺利进行，保障司法程序的权威性。

2. 作为取保候审的补充措施

新《刑事诉讼法》第 72 条第 2 款："对符合取保候审条件，但犯罪嫌疑人、被告人不能提出保证人，也不交纳保证金的，可以监视居住。"这就使得监视居住作为了取保候审的补充措施。

根据我国法律规定，取保候审必须要求提供保证金或保证人，以确保刑事诉讼活动的顺利进行。但是，在以往的司法实践中，出于便于管理、方便执行的考虑，不能提出保证人或者交纳保证金之人往往就被执行逮捕，这不仅加大了我国的审前羁押率，同时也是对其中一部分不具有"逮捕必要性"之人的权益侵犯。此次修改，在取保候审和逮捕之间设立了第三种选择，将监视居住作为既无保证人又没保证金同时也不具有逮捕必要性之人的替代措施，一方面使得该类人免受羁押之虞，另一方面由于监视居住对人身自由的限制程度大于取保候审，能够实现强制措施诉讼保障诉讼性的基本要求。

（二）监视居住中辩护权的行使

辩护权是犯罪嫌疑人、被告人享有的最核心的权利，贯穿刑事诉讼程序始终。但是囿于被追诉人自身水平或能力，很大程度上需要依靠律师和其他辩护人代为行使辩护权。新刑事诉讼法在保障被监视居住人辩护权的行使上，作了如下改进：

首先，第33条第1款规定"犯罪嫌疑人自被侦查机关第一次讯问或者采取强制措施之日起，有权委托辩护人；在侦查期间，只能委托律师作为辩护人"，赋予了侦查阶段律师的辩护人地位和资格，也明确规定了在侦查阶段被决定采取监视居住之人能够委托辩护律师，并通过行使会见权、通信权，为犯罪嫌疑人提供法律帮助，代理申诉、控告，申请变更强制措施，向侦查机关了解犯罪嫌疑人涉嫌的罪名和案件有关情况，提出意见。

其次，该条第2款规定"侦查机关在第一次讯问犯罪嫌疑人或者对犯罪嫌疑人采取强制措施的时候，应当告知犯罪嫌疑人有权委托辩护人……人民法院、人民检察院和公安机关应当及时转达其要求"，不仅指明了侦查机关的告知义务，还从法律上敦促以上三机关必须积极地转达被监视居住人委托辩护人的要求，以保障其辩护权的实现。

（三）被监视居住人的义务

"宽严相济"是当前我国的刑事政策，要求在刑事诉讼过程中实现对犯罪嫌疑人、被告人"宽有度、严有节"。本次刑事诉讼法修改中也贯彻了该项政策，对被监视居住人义务的调整就充分反映了这一内容。

第75条第1款规定："被监视居住的犯罪嫌疑人、被告人应当遵守以下规定：（一）未经执行机关批准不得离开执行监视居住的处所；（二）未经执行机关批准不得会见他人或者通信；（三）在传讯的时候及时到案；（四）不得以任何形式干扰证人作证；（五）不得毁灭、伪造证据或者串供；（六）将护照等出入境证件、身份证件、驾驶证件交执行机关保存。"

较修改前的法条，新《刑事诉讼法》第75条第10款第1项将"住处"和"指定的居所"统称为"执行监视居住的处所"，在概念的表述上更加简洁；第2项"未经执行机关批准不得会见他人或通信"增加了"通信"一词，体现了宽严相济中"严"的要求。随着科学技术的发展，通信手段的提高，被监视居住人完全能够以"通信"的方式达到"与他人会见"的目的，对通信进行限制，是确保诉讼顺利进行的要求；第6项也是新增加的内容，使得被监视居住人承担了更重的义务，通过将出入境证件、身份证件和驾驶证件交执行机关保存的方式，能够防止犯罪嫌疑人、被告人擅自离开监视居住处所，降低其逃避诉讼的风险。

同条第2款规定："被监视居住的犯罪嫌疑人、被告人违反前款规定，情节严重的，可以予以逮捕；需要予以逮捕的，可以对犯罪嫌疑人、被告人先行拘留。"在违反监视居住义务的情况下，1996年刑事诉讼法规定的是"情节严重的，予以逮捕"，而此次修改，逮捕只是可能的选择之一，在逮捕之前提供了"先行拘留"的环节。虽然两者同为剥夺人身自由的强制措施，但在严重程度上仍有所差别，体现了"严中之宽"。

（四）监视方法

基于人身权利的重要程度，对于公民的人身自由进行限制的手段和方法应该通过法律予以说明，因为从刑事诉讼法制定的另一个角度的目的来讲，是为了给掌握国家权力的部门在打击犯罪行使国家追诉权的同时划定权力行使的界限。在立法的缺失、各地的法制发展水平参差不齐的局面下，司法实务当中存在大量的不一致情况，需要对执行的方式进行统一，以确保"同等情况同等对待"，对基本的监督方式予以立法确认。

新《刑事诉讼法》第76条规定："执行机关对被监视居住的犯罪嫌疑人、被告人，可以采取电子监控、不定期检查等监视方法对其遵守监视居住规定的情况进行监督；在侦查期间，可以对被监视居住的犯罪嫌疑人的通信进行监控。"

将"电子监控"和"不定期检查"作为监视方法而进行示明，除了鼓励执行机关在实务操作中积极采取这两种方式之外，还暗含了其他未能列举的监视方法对被监视居住人的限制，诸如生活的干扰程度等，应该与前述两者相一致。电子监控意味着虽然对被追诉者的人身自由进行限制但采用的是一种至少在表面上看来是悄无声息的监控方式，对其日常生活进行最小限度干涉，"不定期检查"相对于前者来说干扰的程度有所加深，但落脚点在于"不定期"上，一方面这种"突击性"的检查能够较为真实的反映出被监视居住人对于义务的遵守情况，有利于执行机关的裁量与把握；另一方面也明确了这种检查不应该是持续、长期、普遍的。

理论通说认为，广义的强制措施包括对人的强制、物的强制和隐私的强制，而我国的强制措施从来都只是狭义概念范畴，即对人的强制。该条关于："在侦查期间，可以对被监视居住的犯罪嫌疑人的通信进行监控"的规定能够完善我国强制措施体系中对隐私的强制这一长时间被忽视的部分。"通信"的含义，从字面上理解，就是信息的交流与互换，在现代社会能够采取的方式包括但不限于电话、电脑、电邮和信件等，执行机关可以对通信的内容进行监控，而这些信息的交流涉及公民的个人隐私。从这个角度上来讲，这条规定已经在我国确立侦查阶段监视居住时能够对犯罪嫌疑人采取"对隐私的强制"措施。需要指出的另外一个问题是，侦查机关本来就有扣押信件的权利，这也是法律赋予侦查机关的侦查措施，在此处对通信做出特别强调，意在严格区分作为强制措施的监视居住中的通信监控与作为侦查方式之一的扣押，以保障被追诉人的隐私权利不被随意侵犯。

（五）监视居住的变更

鉴于当事人无法参与到监视居住决定的做出程序之中，法律就应该赋予其对决定的事后救济的权利。监视居住的变更，可能是由于不符合监视居住的适用条件，也可以因为期限届满而解除或者变更。

新刑事诉讼法增加的第 95 条规定："犯罪嫌疑人、被告人及其法定代理人、近亲属或者辩护人有权申请变更强制措施。人民法院、人民检察院和公安机关收到申请后，应当在三日以内作出决定；不同意变更强制措施的，应当告知申请人，并说明不同意的理由。"较之前相比，赋予了被追诉方提出异议的权利，并由决定机关在一定期限内进行审查，如果不同意变更的，还必须提供理由。这就使得包括监视居住在内的强制措施的法定适用条件真正成为公权力行使的界限和范围，一旦不符合条件，就能够申请变更。

新《刑事诉讼法》第 97 条还保留了人民法院、人民检察院和公安机关依职权或依申请解除或变更法定期限届满的犯罪嫌疑人、被告人的强制措施的权力，这符合强制措施临时性的特点。修改前的第 75 条为"对于被采取强制措施超过法定期限的犯罪嫌疑人、被告人应当予以释放、解除取保候审、监视居住或者依法变更强制措施"，修改后的第 97 条为"对被采取强制措施法定期限届满的犯罪嫌疑人、被告人，应当予以释放、解除取保候审、监视居住或者依法变更强制措施"，在依职权对监视居住进行变更的情况下，将"超过法定期限"改为"法定期限届满"，充分体现出我国刑事诉讼对于期限，尤其是涉及对犯罪嫌疑人、被告人人身自由进行限制的期限等程序性问题的重点关注，要求在监视居住等强制措施期限届满时立即采取相应的手段，而不能拖延。此外，本次修改对该法条的表述顺序进行了调整，将人民法院、人民检察院和公安机关依职权变更放置于当事人申请之前，体现了我国刑事法律为公权力机关设定义务，要求其主动保护被追诉者合法权益，是人权保障原则的重要体现。

（六）对指定居所监视居住的特别规定

依据居住场所的不同，监视居住可以被划分为固定住所监视居住和指定居所监视居住。指定居所监视居住因在实务中容易被滥用成为变相羁押而备受诟病，本次刑事诉讼法进行了重点关注，从指定居所监视居住的适用情形、通知义务、检察监督和折抵刑期等方面予以修改和完善，以确保在操作过程中不被异化，保障被追诉者的合法权益。

1. 适用情形

新《刑事诉讼法》第 73 条第 1 款规定："监视居住应当在犯罪嫌疑人、被告人的住处执行；无固定住处的，可以在指定的居所执行。对于涉嫌危害国家安全犯罪、恐怖活动犯罪、特别重大贿赂犯罪，在住处执行可能有碍侦查的，经上一级人民检察院或者公安机关批准，也可以在指定的居所执行。但是，不得指定在羁押场所、专门的办案场所执行。"

法律对指定居住规定了两种适用情形。一种是无固定住处；另一种则相对复杂，需要满足三个条件：第一，罪行要件，即涉嫌危害国家安全犯罪、恐怖活动犯罪和特别重大贿赂犯罪；第二，有住处且在住处执行有碍侦查；第三，需经过上一级人民检察院或公安机关批准。如此规定，能够限制指定居所决定作出的随意性，特别在第二种情况下，通过提高程序复杂程度的方式来确保决定的合法性，限制权力行使的恣意。指定居所监视居住对被监视居住人而言，虽然在法定义务上与在住处执行监视居住并无不同，但是环境的变化会对被追诉人心理造成更大的影响，对其人身自由的限制程度更大，因此，在作出指定居所决定时应该更加谨慎。

另外，在选定指定居所的问题上，采取的是反面列举法，即除了在羁押场所或专门办案场所之外，执行机关可以根据警力分布、被监视居住人的自身状况以及其他因素等综合考虑，选定指定的居所。

2. 通知义务

新《刑事诉讼法》第73条第2款："指定居所监视居住的，除无法通知的以外，应当在执行监视居住后二十四小时以内，通知被监视居住人的家属。"①

指定居住型监视居住决定作出之后的24小时内，必须将指定的地点告知被采取强制措施人的亲属，这种权利不能被国家权力任意剥夺，否则就可能导致"人为失踪"的风险。监视居住强制措施的作用，既不是惩罚犯罪，也不是进行教育感化，其本质任务是在限制公权力、保障公民权利的基础上，确保刑事追诉活动的顺利进行。

通过分析监视居住的适用条件可以看出，适用监视居住措施的人对社会的危险性并不大，否则就应该采取逮捕等剥夺人身自由的措施了。在这种情况下，通知其家属并不会妨碍诉讼活动的正常进行，相反可能会起到劝导的作用。另外，犯罪嫌疑人自被侦查机关采取强制措施之日起有权委托辩护人，及时告知指定监视居住的地点，更加有利于辩护律师积极地参与到诉讼过程中，为被追诉人提供法律咨询和代理控告申诉，提高被追诉人的辩护能力，符合其诉

---

① 该条与2011年《刑事诉讼法修正案（草案）》第73条第2款作出了截然不同的规定，草案第73条第2款以反面列举的形式规定"指定居所监视居住的，除无法通知或者涉嫌危害国家安全犯罪、恐怖活动犯罪，通知可能有碍侦查的情形以外，应当把监视居住的原因和执行的处所，在实行监视居住后二十四小时以内，通知被监视居住人的家属"。该条被许多刑事诉讼法学者乃至广大网民指责为此次修改中的"大倒退"，如果生效，那么被监视居住人就有面临"人为失踪"6个月的风险，这在法治社会是难以想象的。

讼主体地位。

3. 检察监督

新《刑事诉讼法》第 73 条第 4 款规定："人民检察院对指定居所监视居住的决定和执行是否合法实行监督。"

上文中曾提到，修改前的刑事诉讼法对监视居住的决定和执行的监督主要表现在检察机关和法院在审查起诉和审前审查的阶段中。我国宪法明文规定检察机关是法律监督机关，能够对刑事诉讼整个过程进行监督；法院在庭审前必须先解决包括强制措施是否合法在内的相关程序问题，以确保实体问题的正确处理。本次刑事诉讼法修改，进一步明确了检察机关在指定居所监视居住的决定和执行中的合法性监督作用，这既是权利（力）也是一种义务。强化检察机关的法律监督职能，最为紧要的是转变法律监督的模式，即由外在式监督转变为参与式监督，让检察机关积极参与到指定居所监视居住的决定程序中去，以便实现更加全面的监督，防止侦查机关权力的滥用。

4. 折抵刑期

新《刑事诉讼法》第 74 条规定："指定居所监视居住的期限应当折抵刑期。被判处管制的，监视居住一日折抵刑期一日；被判处拘役、有期徒刑的，监视居住二日折抵刑期一日。"

将指定居住型监视居住的期间纳入了折抵刑期的范围之内，究其原因，一是监视居住的适用时间相对较长，二是指定居所监视居住使被追诉人的人身自由受到了极大的限制，不仅仅是行为上的，也表现在心理层面上。我国《刑法》第 41 条规定："管制的刑期，从判决执行之日起计算；判决执行以前先行羁押的，羁押一日折抵刑期二日。"第 44 条、第 47 条也做了类似规定，判决以前先行羁押的，羁押一日折抵拘役、有期徒刑刑期一日。指定居所监视居住并非是对犯罪嫌疑人、被告人的先行羁押，至少在法律上是将其视为羁押的一种替代措施，因此，在刑期折抵上就与拘留、逮捕等剥夺人身自由的强制措施有所区别。至于对应的折抵对象和折抵刑期，则可根据相关的刑罚手段对犯罪分子的惩罚程度来确定。在管制刑的执行中，对罪犯不予关押，但限制其一定自由，这与法律设立的被监视居住人应该遵循的法定义务有类似之处，因此可以进行折抵。另外，刑期的折抵还是对审前限制或剥夺犯罪嫌疑人人身自由情况的补救措施，如果犯罪行为人在有罪判决作出前已经遭受到了某些类似于刑罚措施的限制，就应该在判决的执行中予以减免。但折抵刑期并不是无限延长审前自由限制期间的合法化理由，折抵也不应该成为一种常态，强制措施的适用应该有严格的限制。

四、进一步完善我国监视居住制度的若干建议

修改后的刑事诉讼法关于监视居住的规定，是在总结近些年我国刑事司法改革实践经验的基础上，对1996年刑事诉讼法监视居住制度的部分修正，反映出我国诉讼理念的变迁在惩罚犯罪和保障人权这两大诉讼功能上的权衡。但是，在理论和司法实务中备受争议的监视居住，不可能仅凭借一次法律修正就解决其存在的所有问题。

（一）"住处"的理解

指定居所监视居住较在住处执行的监视居住而言，对人身自由的限制程度更高，根据法律规定，是否有固定"住处"是能否采用指定居所的判断依据之一，对于"住处"的不同理解，可能导致监视居住适用结果的不同。因此有必要进行深入探讨。

《公安机关办理刑事案件程序规定》第108条指出："固定住处，是指被监视居住人在办案机关所在的市、县内生活的合法住处；指定的居所，是指公安机关根据案件情况，在办案机关所在的市、县内为被监视居住人指定的生活居所。"公安部颁布的规定从办案机关所在地的角度对住处进行了说明，要求相对简单，即"办案机关所在的市、县内生活的合法住处"。将住处的地点限制在办案机关所在的市、县是妥当的，这便于对被监视居住人的义务履行情况进行监视，也能够保证犯罪嫌疑人、被告人及时到案的要求；住处应当有用于"生活"的目的，否则就是一个临时暂住地，不宜用作监视居住的执行场所。至于如何对"用于生活的目的"进行判断，则可以参考民事诉讼法的有关标准，通常应该为被监视居住人户口所在地市、县，或者连续居住满一年的地方，可以被推定是"生活的住处"。

（二）监视居住决定程序的完善

无论是修改前还是修改后的刑事诉讼法，当事人及其辩护律师并不能够参与到监视居住决定的作出程序之中，仅由人民法院、人民检察院和公安机关单方面予以决定，容易导致权力的滥用。

这个问题可以通过在审前阶段也确定"诉讼结构"加以解决，

监视居住由预审法官或者中立第三方事先审批。发布相应限制或者剥夺犯罪嫌疑人人身自由的令状的方式，在国外的立法例中大量存在，也较为成熟。世界刑法协会第十五届代表大会《关于刑事诉讼法中的人权问题的决议》第8条宣称："影响被告人基本权利的任何政府措施，包括警察所采取的措施，必须有法官授权，并且可受司法审查"；有的国家甚至将司法审查原则提升至宪法层面加以保障，将其视为公民的一项基本权利，如《联邦德国基本法》第19条第4款规定："无论何人，其权利受到公共权力侵害的，均可提起诉讼。"所有涉及限制公民自由、财产权、隐私权的强制措施一般都必须接受法院的司法审查，由法院来作出决定。

但是，就目前我国的司法实践情况而言，司法令状主义却难以实现。我国法院并没有预审法官或者类似预审法官的机构设置，法官的主要工作是依据事实和法律，对被告人罪行的有无及刑罚的轻重进行裁判，并不存在监督审前司法、行政机关诉讼行为的权力。如果强行引入该种制度，需要的变革较为剧烈，甚至需要对宪法进行修正，在现阶段我国对公民人身自由予以暂时性剥夺的拘留、逮捕决定的作出都没有实现这种司法令状主义模式，监视居住就更加难以实现了。

建立有效的司法审查机制必将是我国未来刑事司法改革的目标之一，但改革必须结合国情，循序渐进，对于监视居住决定程序的完善，可以参考现行法律对逮捕决定作出程序的有关规定进行。可采取如下程序设计：在审前阶段，由公安机关或者检察机关的侦查部门提出对犯罪嫌疑人的监视居住申请，由检察机关的审批部门作出决定；在审判阶段，则由审判法院以决定的形式作出即可。之所以作出上述论断，理由在于修改后的监视居住作为逮捕的替代措施，在适用条件上与逮捕相类似，可以认为是逮捕的五种情形下的例外，既然逮捕的决定作出必须按照一定的程序而为之，那么监视居住就没有理由不能效仿并纳入该程序之内。我国检察机关审批部门积累了多年的办案经验，可以完成该项任务，并且如此安排还有两个好处：其一，将监视居住的决定纳入监督审查的范畴避免权力滥用，实现法律适用统一，也能够防止指定居所监视居住成为变相羁押；其二，在申请批准逮捕的时候，检察机关能够根据案件的情况，将逮捕这一剥夺人身自由的强制措施适当变更为对人身自由予以限制的监视居住，有利于缓解审前羁押畸高的现状，与宽严相济的刑事政策相契合。

本次刑事诉讼法保留了监视居住制度并对之进行了较大幅度的修改，针对立法和实务中存在的种种问题，对监视居住的适用条件、执行方式、被监视居住人的义务，特别是指定居所监视居住等内容予以完善，是刑事诉讼程序法定原则和人权保障原则客观要求，体现了我国刑事诉讼法的重大进步。

但是，修改后的刑事诉讼法中关于监视居住条文仍然相对有限，无法涵盖司法实践中出现的各种情况，有进一步完善的空间。新刑事诉讼法正式生效之后，在具体的执行过程中可能也会遇到种种困难或问题，还需要在司法实践中进一步探索解决。

关于刑事审判程序若干修改的思考

顾永忠*

第十一届全国人大第五次会议对 1996 年刑事诉讼法的修改（以下称新刑事诉讼法）是一次大范围、深层次的修改。其中仅关于审判程序的修改就涉及诸多问题，包括庭前会议的设置、案卷材料的移送、简易程序的扩大、证人出庭制度的构建、非法证据排除规则的确立、定罪程序与量刑程序的兼顾，如此等等。在笔者看来，这些修改比较充分地体现了保障公正，兼顾效率的改革精神，应当予以肯定。但是，对于其中若干问题，理论界还存在不同认识和看法，本文就其进行考察、分析，提出笔者的思考。

一、关于全面移送案卷材料

检察机关向人民法院提起公诉，是否应当向法院移送案卷材料，曾是 1996 年刑事诉讼法修改的焦点问题之一。占主导地位的观点认为，按照 1979 年刑事诉讼法的有关规定，检察机关向法院提起公诉时实行卷宗移送主义，向法院全面移送案卷材料，导致法官在开庭审判前就已对案件进行全面、实质性的审查，从而形成先定后审的弊端。为此，主张应当切断法官先定后审、形成预断的外部条件，在提起公诉时实行起诉状一本主义，不向法院移送案卷材料或只移送部分案卷材料，以实现开庭审判的实质化目标。于是，1996 年 3 月对刑事诉讼法正式修改时，将原来法官在开庭前对案件的"实质性审查"改为"程序性审查"，与此相适应检察机关向法院提起公诉时，不再移送全部卷宗材料，代之以只移送"主要证据复印件或者照片"以及证据目录和证人名单。只要这三项材料齐备并且"起诉书中有明确的指控犯罪事实"，人民法院对提起公诉的案件"应当

---

* 中国政法大学诉讼法学研究院副院长，教授，博士生导师。

决定开庭审判"。①

但是，16 年后的新刑事诉讼法在这个问题上似乎又恢复了原来的做法，第 172 条规定："人民检察院认为犯罪嫌疑人的犯罪事实已经查清，证据确实、充分，依法应当追究刑事责任的，应当作出起诉决定，按照审判管辖的规定，向人民法院提起公诉，并将案卷材料、证据移送人民法院。"于是，有人质疑：这是不是一种倒退？

仅从案卷移送制度的现象来看，这一规定确实退回到了 1996 年刑事诉讼法修改前的全案移送制度，但这是否意味着将"倒退"至当时存在的"先定后审"？笔者认为，这种担心是可以理解的，但这种结果是绝不会发生的。

对此，先看看参与这次刑事诉讼法修改的有关人员是怎样解释的："本条（指新《刑事诉讼法》第 172 条）和本法第 181 条的规定共同构成了对 1996 年刑事诉讼法规定的案卷移送制度的重大修改。1996 年刑事诉讼法第 150 条规定，人民法院对提起公诉的案件进行审查后，对于起诉书中有明确的指控犯罪事实并且附有证据目录、证人名单和主要证据复印件或者照片的，应当决定开庭审判。这样修改主要是为了解决当时审判实践中比较突出的'先定后审'、'先入为主'的问题，庭前审查由实体性审查改为主要是程序性审查。但这一改革在司法实践中的效果并不好，主要是法官在庭前对大部分案卷材料并不熟悉，不了解案件主要争议的问题，难以更好地主持、把握庭审活动，而且由于检察机关不在庭前移送全部案卷材料，辩护律师也无法通过法院阅卷了解全案证据，特别是对被告人有利的证据。因此，本次刑事诉讼法修改时在本条中明确规定，人民检察院提起公诉，应当将案卷材料和证据移送人民法院，并在本法第 181 条对人民法院开庭的规定也作了相应修改。"②

在笔者看来，新刑事诉讼法如此修改非但不是"倒退"，不会引起"先定后审"弊端的重视，而且有着积极的意义。

首先，以往导致"先定后审"的根本原因并不是全案移送制度

---

① 关于开庭前法官对案件的实质性审查改变为程序性审查的原委参见郎胜主编的《关于修改刑事诉讼法的决定释义》，中国法制出版社 1996 年版，第 183—184 页。

② 郎胜主编：《中华人民共和国刑事诉讼法修改与适用》，新华出版社 2012 年 4 月出版，第 310 页。

本身，而是 1979 年《刑事诉讼法》第 108 条所要求的开庭前的"实体性"或"实质性"的审查制度。该条规定："人民法院对提起公诉的案件进行审查后，对于犯罪事实清楚证据充分的，应当决定开庭审判；对于主要事实不清、证据不足的，可以退回人民检察院补充侦查；对于不需要判刑的，可以要求人民检察院撤回起诉。"可以看出，这项规定不仅要求法院在开庭前就要对案件中被告人的行为是否构成犯罪、应否判处刑罚进行实体性的审查，更有甚者，还要分别不同情况，作出三种实质性的处理决定，即构成犯罪的决定开庭；事实不清、证据不足的，退回补充侦查；不需要判刑的，要求检察机关撤回起诉。这是显而易见的"先定后审"。

但是，新刑事诉讼法并没有恢复 1979 年《刑事诉讼法》第 108 条的规定，第 181 条对法院开庭审判案件的要求是，"人民法院对提起公诉的案件进行审查后，对于起诉书中有明确的指控犯罪事实的，应当决定开庭审判"。可见，法院"应当决定开庭审判"的唯一条件是"起诉书中有明确的指控犯罪事实"。这表明根本不存在"先定后审"的程序基础和法律依据。

其次，新刑事诉讼法如此修改保证了被告人及其辩护人在开庭前通过阅卷全面了解案卷材料，掌握证据信息特别是对于被告人不利的证据信息，有利于他们有充分准备地针对控方的指控展开辩护，维护被告人的合法权益，维护法律的正确实施。但在此次修改之前，即使被告人及其辩护人出庭辩护时也并不完全掌握全案的证据材料特别是公诉人掌握的对被告人不利的"秘密武器"，因为开庭前辩护人只能从法院查阅到"主要证据复印件或者照片"。在此情形下，辩方何以针对检察机关指控的犯罪事实展开有效的辩护？

最后，本次刑事诉讼法修改扩大了简易程序适用范围，在审判程序分流问题上迈出一大步。按照新规定，基层人民法院管辖的案件除法律规定的四种情形外，如果案件事实清楚、证据确实充分的；被告人承认自己所犯罪行，对指控的犯罪事实没有异议的；被告人对适用简易程序没有异议的，可以适用简易程序审判。为此，在审判组织、审理程序、被告人的诉讼权利以及审判时限等诸多方面都做出了不同于普通程序的规定，目的在于在保证审判程序基本公正的基础上，提高审判效率。这就要求审判人员在庭前应当了解案件事实和掌握证据材料，从而才能正确判断有关案件是否符合适用简易程序审判的条件。如果检察机关提起公诉时，不将案卷材料、证据移送至人民法院，人民法院是无法判断并决定有关案件可否适用简易程序进行审判。

二、关于庭前会议

审判程序是决定被告人是否有罪的最重要的程序，为了使该程序充分实现司法公正的要求，又能在此基础上最大限度地提高审判效率，就需要诉讼各方在开庭前就庭审活动所涉及的有关事项进行沟通、安排，以使庭审活动能够顺利进行。但是，在现行刑事诉讼法上，缺乏这方面的规定，只是要求人民法院在开庭前单方面做好哪些准备工作，新《刑事诉讼法》第182条第2款则填补了这一空白："在开庭以前，审判人员可以召集公诉人、当事人和辩护人、诉讼代理人，对回避、出庭证人名单、非法证据排除等与审判相关的问题，了解情况，听取意见。"目前，理论界对于该规定尚有不同认识。有的人将其理解为一种预审程序，认为在此程序中应当对非法证据问题进行预审听证，进而由法官作出裁断，对非法证据作出认定并加以排除，不得进入正式庭审程序。

笔者认为，庭前会议实质上是在正式开庭前设置了一个"庭审预备会议"制度，而不是庭前预审程序。"庭前预备会议"的功能主要是为正式庭审做好各项准备，以保证正式庭审能够顺利进行而不致在正式庭审时由于控辩双方提出某种诉讼要求或行使某种诉讼权利而不得不中断审理或延期审理，造成司法资源的浪费和诉讼效率的降低。因为所涉及的都是"与审判相关的问题"，如果在开庭前不提出来直到正式审判时才提出，势必造成庭审的中断或延期。反之，如果在正式庭审前法官通过庭前合议能够"了解情况，听取意见"并作出相应处理或相关安排，就完全可以避免正式庭审过程中发生中断或延期的情况。比如"回避"事项，如果庭前听取了当事人及有关诉讼参与人的意见，确有需要回避事由的，就可以在庭前加以处理。又如"出庭证人名单"事项，如果通过庭前听取控辩双方的意见，就可以确定出庭作证人员的名单，并在开庭前通知有关人员届时出庭作证。

至于"非法证据排除"事项，在庭前预备会议上也只是了解当事人及其辩护人、诉讼代理人是否有排除非法证据的申请向法院提出。如果他们提出申请，则要求他们就所提出的申请提供有关线索或者材料，并听取相关说明或意见。然后针对上述申请，要求控方表明态度，发表意见。在此基础上，法官可就正式庭审中如何对涉嫌非法的证据进行调查作出安排，要求各方做好相关准备，包括"人民检察院可以提请人民法院通知有关侦查人员或者其他人员出庭说明情况"等。总之，庭前会议并不对非法证据问题展开调查，从而也不可能对非法证据作出认定并加以排除。否则，新刑事诉讼法就不会作出"在对证据收集的合法性进行法庭调查的过程中，人民检察院应当对证据收集的合法性加以证明"（第57条）以及"对于经过法庭审理，确认或不能排除存在本法第五十四条规定的以非法方法收集证据情形的，对有关证据应当予以排除"（第58条）的规定。

此外，庭前会议还可对正式开庭的其他有关事项听取各方意见，做出相应安排，比如召集各方协商确定开庭的日期。

总之，庭前会议是为正式庭审做准备的，可称之为庭前预备会议。由全国人大常委会法制工作委员会参加刑事诉讼法修改工作的有关人员撰写出版的有关著作对此有明确的定位："（第182条）第二款是关于开庭前听取有关程序问题的意见的规定。……这样规定有利于确定庭审重点，便于法官把握庭审重点，有助于提高庭审效率，保证庭审质量。"其中特别指出："这里规定的非法证据排除，只是听取意见，具体如何排除要根据本法第五十四条、第五十六条、第五十八条等的规定依法进行。"[①]

三、关于简易程序

多年前，笔者曾针对不同对象调查过审判阶段被告人认罪的比例，一般为80％以上。据此，主张我国应当在"普通程序简化审"的基础上，在简易程序与普通程序之间构建"被告人认罪案件审判程序"。其与刑事诉讼法当时规定的简易程序的主要区别有四：其一，被告人认罪且同意适用该程序，而不是被告人没有程序选择权；其二，审判组织为由3名审判人员（含人民陪审员）组成的合议庭，而不是由一名法官独任审判；其三，人民检察院应当派员出庭，而不是人民检察院可以不派员出庭；其四，人民法院可以判处3年以

---

① 郎胜主编：《中华人民共和国刑事诉讼法修改与适用》，新华出版社2012年版，第327页。

上有期徒刑，而不是只能判处 3 年有期徒刑以下的刑罚。[①]

应该说笔者的上述主张在这次刑事诉讼法修改中实质上已经实现。修改后的刑事诉讼法扩大了简易程序适用范围，基层人民法院管辖的案件只要符合有关条件的，都可以适用简易程序，其中要求：（1）被告人认罪且同意适用该程序；（2）人民检察院应当派员出席法庭；（3）对可能判处 3 年有期徒刑以下刑罚的，可以组成合议庭审判也可以由审判员一人独任审判；但对可能判处的有期徒刑超过 3 年的，应当组成合议庭进行。笔者认为，这表明审判程序中的分流机制正式建立，它是刑事诉讼法对司法公正与司法效率科学平衡的产物，也是根据我国刑事审判的实际情况将有限的司法资源进行优化配置的结果，应当给予充分肯定。

但是，有的人对扩大后的简易程序尚有不同的认识，其中主要是认为既然是简易程序，为何还要求人民检察院应当派员出席法庭，并且对可能判处 3 年以上有期徒刑的案件要求必须组成合议庭进行审判。这样一来，"简"在何处？

笔者认为，简易程序并非一切都应当"简易"。从诉讼原理和诉讼结构上讲，没有起诉就没有审判。就公诉案件而言，它是由人民检察院代表国家发动的起诉，如果人民检察员不派员出庭支持公诉，就使公诉案件的诉讼结构发生问题，失去基础。此外，我国的人民检察院不单纯是控诉机关，还是法律监督机关，对于审判程序是否合法负有法律监督职责。如果人民检察院不派员出席法庭，就无法履行这一法定职责。特别是扩大后的简易程序可以适用于基层法院管辖的大多数案件。如果人民检察院不派员出席法庭，在履行控诉职能和法律监督职能两个方面都是失职的。因此，以前规定简易程序案件人民检察院可以不派员出庭本身就是不当的。不能以此为据质疑修改后的简易程序要求人民检察院应当派员出庭的规定，后者实际上是一种理性的回归。

当然，所有公诉简易程序案件要求人民检察院派员出庭后，人民检察院公诉部门的人力资源可能会发生一定的紧张，但矛盾并不是非常突出。据了解，全国检察系统公诉部门的检察人员有 2 万多人，而每年的刑事案件数为 100 万件左右，人均不足 50 件。应该说

---

① 参见顾永忠：《刑事案件繁简分流的新视角》，载《中外法学》2007 年第 6 期。

压力并不是很大。存在的问题主要是各地不平衡。对于这一问题可以通过挖掘潜力，优化办案程序，适当增员来解决。

此外，对于判处超过 3 年以上有期徒刑的案件要求必须由合议庭进行审判，是非常必要和重要的。首先，根据《刑法修正案（八）》的有关规定，在数罪并罚情况下，有期徒刑可能已达到 25 年。简易程序案件中"可以判处超过三年以上有期徒刑"就意味着可以判处 4—25 年的有期徒刑。如此重的刑罚如果交由一名法官裁量决定，会有很大的风险。世界主要国家简易程序中法官的量刑权都比较低，一般为 1—2 年以下。因此，不宜将长达 4—25 年的量刑权交给一名法官行使。其次，要求由合议庭裁量决定 4—25 年有期徒刑的刑罚，对承办法官也是一种保护。我国的社会风气、司法环境并不是很好，干预司法及司法腐败现象还在相当程度上普遍存在。如果把长达 4—25 年有期徒刑的量刑决定权交由一名法官裁量决定，一方面可能缺乏制约而易发生司法不公甚至司法腐败，另一方面即使审判法官坚持原则，但因处于各种压力和不正之风包围之下，个人难以承受。而由 3 名审判人员（含人民陪审员）组成合议庭，一方面可以相互制约，另一方面也可以形成抵抗外来不正之风、不当压力的重要力量。

宪政视野中的逮捕制度：背离与矫治

吴宏耀 *

在现代刑事法律制度中，逮捕制度是一项与公民人身自由息息相关的制度。因此，关于逮捕制度是否完善的评判标准应当重在正当性，而非有效性。换句话说，逮捕制度的核心不在于是否能够更有效、更便捷地剥夺犯罪嫌疑人、被告人的人身自由，而在于对犯罪嫌疑人、被告人人身自由的剥夺是否具有正当性、是否必要。故此，本文首先从逮捕制度的宪法定位入手，澄清我国逮捕制度面临的现实问题；进而，针对新刑事诉讼法有关逮捕制度的具体变革予以扼要的介绍；最后，本文将结合降低羁押率这一立法目的对上述改革措施予以评论。

一、逮捕制度的理念与实践

（一）逮捕制度的宪法定位：保障个人的人身自由不受不合理的侵犯

在现代法律体系中，刑事诉讼法具有"应用的宪法"、"宪法的测震仪"、"法治国的大宪章"等桂冠和美誉。[①] 在我国，《刑事诉讼法》第 1 条亦明确规定，宪法是制定刑事诉讼法的"根据"。而且，为了贯彻 2004 年宪法修正案确立的"尊重和保障人权"的时代精神，新《刑事诉讼法》第 2 条进一步在刑事诉讼法的任务中明确增

---

* 中国政法大学诉讼法学研究院副教授，硕士研究生导师。

① 林钰雄：《刑事诉讼法》（上），中国人民大学出版社 2005 年版，第 18 页。

加了"尊重和保障人权"的内容。①

刑事诉讼法是"宪法的测震仪",这意味着"刑事诉讼法蕴含了特殊的宪法关联"（Besondere Verfassungs relevanz）。也即"刑事诉讼法与宪法——尤其是基本权——之合致性问题,远远比其他法律领域急切而严重。其实,刑事诉讼之立法及实务如何反映、实践宪法的抽象规范,才是检验一国宪法施行实情的关键标准。国家机关在刑事诉讼程序的滥权,可能使得宪法保障的基本权规范成为具文"。② 因此,只有将具体刑事诉讼制度置于宪法视野之下、置于与公民宪法基本权利保障的关系之中,才可以更准确地洞察该项制度的法治内涵。

其中,作为一项与公民宪法基本权利紧密相连的法律制度,逮捕制度自始就是现代法治国家宪法性文件的必要内容之一。例如,被誉为英国宪政基石的《自由大宪章》第 39 条规定,"任何自由人,如未经其同级贵族之依法裁判,或经国法判决,皆不得被逮捕、监禁"。法国大革命胜利后,1789 年《人权和公民权宣言》第 7 条亦明确规定了逮捕制度的内容:"除非在法律所规定的情况下并按照法律所指示的手续,不得控告、逮捕或拘留任何人。凡动议、发布、执行或令人执行专断命令者,应受处罚;但根据法律而被传唤或被扣押的公民应当立即服从;抗拒则构成犯罪。"③ 在美国宪政史上,尽管许多联邦宪法条文都曾经引发激烈的争论,但是,对于詹姆

---

① 在第十一届全国人大第五次会议 2012 年 3 月 4 日新闻发布会上,大会发言人李肇星对此解释说,"尊重和保障人权是我国宪法确立的一项重要原则,体现了社会主义制度的本质要求。刑事诉讼法在程序设置和具体规定中都贯彻了这一宪法原则。这次修改刑事诉讼法,坚持统筹处理好惩治犯罪与保障人权的关系,要有利于保证准确及时地查明犯罪事实,正确应用法律惩罚犯罪分子,又要保障无罪的人不受刑事追究,尊重和保障人权,保证公民的诉讼权利和其他合法权利。""考虑到刑事诉讼制度关系公民的人身自由等基本权利,修正案将'尊重和保障人权'写入刑事诉讼法总则第 2 条,既有利于更充分地体现我国司法制度的社会主义性质,也有利于司法机关在刑事诉讼程序中更好地遵循和贯彻这一宪法原则。"载 http://www.people.com.cn/h/2012/0304/c25408 - 1679385809. html,2012 年 2 月 4 日浏览。

② 林钰雄:《刑事诉讼法》（上）,中国人民大学出版社 2005 年版,第 18 页。

③ 董云虎、刘武萍编著:《世界人权约法总览》,四川人民出版社 1991 年版,第 296 页。

士·麦迪逊提交的、以保护个人不受不合理搜查、扣押为己任的美国联邦宪法第四修正案草案，却几乎没有作任何修改，就获得了各州的批准。① 而且，在美国 20 世纪 60 年代沃伦法院领导的"正当程序革命"中，具有标志性意义的经典判例也多与美国联邦宪法第四修正案有关。②

在我国现代法制史上，逮捕制度的法律渊源也呈现出类似的特点：逮捕首先是作为一项与公民宪法基本权利紧密相连的制度出现在宪法性文件之中。在清末法律改制过程中，光绪三十四年八月颁布的《宪法大纲》极不情愿地列举了"臣民权利义务"的具体内容。其中，第 3 项即与逮捕有关："臣民非按照法律所定，不得加以逮捕、监禁、处罚。"③ 辛亥革命胜利后，《中华民国临时约法》第 6 条则明确将"人民之身体，非依法律，不得逮捕、拘禁、审问、处罚"规定为"人民得享有之自由权"的第一项内容。④ 新中国成立后，先后颁布了四部宪法。尽管受时代条件的影响，这四部宪法的编制体例和内容存在着明显差别，但是，就逮捕制度的定位而言，却基本上没有太大的变化。⑤

总之，在现代法治国家，逮捕首先是一项与公民人身自由权利紧密相连的宪法制度，而后才是一项保障刑事诉讼顺利进行的强制措施。因此，只有透过宪法之维，只有将逮捕制度置于与"人身自由不受侵犯"的宪法定位之下，才可以更准确地洞察我国逮捕实践存在的问题与改革的方向。

从宪法规定来看，我国逮捕的宪法定位具有以下基本特点：

第一，逮捕制度是一项直接关系到"公民基本权利"的法律制度。对此，需要特别提醒的是，尽管逮捕权是一项公、检、法机关

① Kris E. Palmer Ed. , Constitutional Amendments: 1789 to the Present, Gale Group, Inc. （2000），p. 72.

② 《探寻宪法规制下的搜查扣押制度》，载《美国联邦宪法第四修正案：搜查与扣押》，吴宏耀等译，中国人民公安大学出版社 2010 年版，第 7 页。

③ 董云虎、刘武萍编著：《世界人权约法总览》，四川人民出版社 1991 年版，第 739 页。

④ 董云虎、刘武萍编著：《世界人权约法总览》，四川人民出版社 1991 年版，第 740 页。

⑤ 参见 1954 年《宪法》第 89 条；1975 年《宪法》第 28 条第 2 款；1978 年《宪法》第 47 条；1982 年《宪法》第 37 条。

享有的重要的刑事诉讼职权，但是，在宪法规定中，有关"人民检察院批准或决定或人民法院决定的"宪法授权，却并非出现在第三章"国家机构"之中，而是作为第二章"公民的基本权利和义务"的内容之一列于第 37 条第 2 款。而且，不唯中国宪法如此，综观世界各国宪法，有关逮捕的宪法规定也概莫能外，这一现象颇耐人寻味。很显然，其目的之一旨在强调，在现代法治国家，逮捕制度是一项与个人人身自由紧密相连的制度。

第二，逮捕制度是一项旨在防止个人人身自由不受任意侵犯的法律制度。就刑事诉讼层面而言，逮捕措施固然意味着依法剥夺犯罪嫌疑人、被告人的人身自由，但是，作为一项现代法律制度，逮捕制度却必须肩负起防止个人人身自由不受任意侵犯的重任。恰如美国学者所言，"美国联邦宪法第四修正案是对美国宪法规定的个人自由最强有力的保障之一"。① 我国《宪法》第 37 条关于逮捕的规定也鲜明地体现了这一价值取向。该条共有 2 款，第 1 款规定"中华人民共和国公民的人身自由不受侵犯"，第 2 款进一步明确规定，"任何公民，非经人民检察院批准或者决定或者人民法院决定，并由公安机关执行，不受逮捕"。很显然，从该条规定的上下文语境来看，该条旨在强调逮捕制度仅仅是"人身自由不受侵犯"的例外。换句话说，"经人民检察院批准或者决定或者人民法院决定，并由公安机关执行"，固然可以合法剥夺一个人的宪法基本权利，但是，这种剥夺只能是一种迫不得已的选择，是一种例外之举。用心体察我国新《刑事诉讼法》第 79 条关于逮捕条件的规定，亦可以印证这一点。我国新《刑事诉讼法》第 79 条规定："对有证据证明有犯罪事实，可能判处徒刑以上刑罚的犯罪嫌疑人、被告人，采取取保候审尚不足以防止发生下列社会危险性的，应当予以逮捕……"据此，我国刑事诉讼法学一般认为，逮捕条件包括三项内容：证据要件、刑罚要件和必要性要件。其中，就必要性要件而言，该条表述的落脚点很显然不是犯罪嫌疑人、被告人是否具有"社会危险性"，而旨在强调是否具有"逮捕必要"。或者说，在强制措施体系中，立法鼓励优先使用"取保候审、监视居住等方法"，当且仅当这些方法

① "The fourth amendment offers one of the greatest protections of individual liberty found in the US constitution." Kris E. Palmer Ed., Constitutional Amendments: 1789 to the present, Gale Group, Inc. (2000), p.67.

"尚不足以防止发生社会危险性而有逮捕必要"时，才允许依法逮捕。也即《公民权利和政治权利国际公约》第 9 条所谓的"在羁押状态下等待审判，不应当是一般原则"。[1]

在此，需要特别强调的是，逮捕制度保护的是"每一个公民的人身自由"。在这里，宪法并没有区分"受到指控的公民"应该怎么样、"没有受到指控的公民"应该怎么样。更重要的是，从《宪法》第 37 条第 2 款的规定来看，逮捕制度恰恰是为了保护那些"受到指控的公民"的人身自由不会受到任意侵犯。

（二）司法实践：逮捕手段的异化

逮捕是一项与公民宪法基本权利紧密相连的法律手段。因此，逮捕制度的实践表现形式直接影响、决定着公民宪法基本权利的实际样态。然而，一旦将研究的视野转向活生生的司法实践，我们很明显地感受到一种制度理念与执法活动之间的巨大差距。以下数据鲜明地揭示了这一点。

1. 有关逮捕实践的统计数据

（1）逮捕率基本上维持在 80% 左右。

S 省 Y 市 2007 年至 2011 年统计数据表明，在这 5 年期间，批捕率一直保持在 80% 左右。

表 1 2007—2011 年批捕率统计

年份	侦查机关 提请逮捕数	批准逮捕 和决定逮捕数	逮捕率
2007	1547 人	1339 人	86.55%
2008	1585 人	1343 人	84.73%
2009	1500 人	1182 人	78.80%
2010	1320 人	1060 人	80.30%
2011	1372 人	1125 人	82.00%

（2）审前羁押羁押率大体维持在 70% 以上，但呈现明显下降趋势。

审前羁押率是指人民检察院提起公诉的被告人中被采取逮捕措施的人数所占的比例。据 S 省 Y 市 2007—2011 年统计数据，在此期间，

---

① 《公民权利和政治权利国际公约》第 9 条。

审前羁押率依次是 82.07%、76.69%、75.92%、70.53% 和 70.44%。

表 2　2007—2011 年审前羁押率统计

年份	公诉机关提起公诉数	适用逮捕措施的被告人数	羁押率
2007	1629 人	1337 人	82.07%
2008	1750 人	1342 人	76.69%
2009	1557 人	1182 人	75.92%
2010	1500 人	1058 人	70.53%
2011	1597 人	1125 人	70.44%

（3）批准或决定逮捕后，变更为非羁押措施的人数甚少，不足 1%。

S 省 Y 市 2007—2011 年统计数据显示，在过去 5 年间，批准或决定逮捕后变更强制措施的人数依次是 5 人、1 人、4 人、2 人、3 人，分别占当年逮捕总人数的 0.37%、0.10%、0.33%、0.19%、0.27%。

表 3　2007—2011 年捕后变更强制措施率统计

年份	批准逮捕和决定逮捕数	捕后变更强制措施数	捕后变更强制措施率
2007	1339 人	5 人	0.37%
2008	1343 人	1 人	0.10%
2009	1182 人	4 人	0.33%
2010	1060 人	2 人	0.19%
2011	1125 人	3 人	0.27%

（4）就程序处理而言，对于已经批准或决定逮捕的犯罪嫌疑人，基本上不会再对其作不起诉处理。但是，却有 1/3 强的犯罪嫌疑人会被判处免予刑事处罚、单处罚金、管制、拘役、缓刑等非监禁刑。

数据表明，在过去 5 年间，捕后作不起诉处理的犯罪嫌疑人人数分别是 2 人、1 人、0 人、2 人、0 人。然而，与此不成比例的是，捕后被判处非监禁性的被告人人数却高达 1/3 以上。

其中，2007 年至 2011 年间，捕后判处免予刑事处罚的人数占逮捕总人数的比例依次是 1.57%、2.61%、2.03%、2.64%、3.29%；单处附加刑的人数比例是 1.12%、1.27%、0.68%、0.67%、

1.16%；判处管制的人数比例是 0.97%、1.04%、0.85%、0.38%、1.24%；判处拘役的人数比例是 2.61%、1.71%、1.52%、2.17%、4.62%；判处缓刑的人数比例是 32.41%、27.02%、24.11%、38.58%、29.96%。

此外，在逮捕总人数中，还有 50% 左右的被告人判处的是 3 年以下有期徒刑。其中，2007 年至 2011 年间，被逮捕的被告人中，判处 3 年以下有期徒刑的人数比例依次是 57.13%、46.01%、49.83%、66.51%、56.53%。

至于逮捕后判处重刑的被告人人数，尤其是，判处 10 年以上有期徒刑的被告人人数所占的比例，则相对稳定，基本上，徘徊在 10% 左右。其中，2007 年至 2011 年间，逮捕后判处 10 年以上有期徒刑的被告人人数比例依次是 17.70%、7.45%、10.24%、14.15%、6.58%。

表4　2007—2011 年捕后不起诉率统计

年份	批准逮捕和决定逮捕数	捕后不起诉数	捕后不起诉率
2007	1339 人	2 人	0.15%
2008	1343 人	1 人	0.10%
2009	1182 人	无	0.00%
2010	1060 人	2 人	0.19%
2011	1125 人	无	0.00%

表5　2007—2011 年捕后判无罪率统计

年份	批准逮捕和决定逮捕数	捕后判无罪数	捕后判无罪率
2007	1339 人	无	0.00%
2008	1343 人	无	0.00%
2009	1182 人	无	0.00%
2010	1060 人	无	0.00%
2011	1125 人	无	0.00%

表 6　2007—2011 年捕后判处缓刑率统计

年份	批准逮捕 和决定逮捕数	捕后判缓刑数	捕后判缓刑率
2007	1339 人	434 人	32.41%
2008	1343 人	363 人	27.02%
2009	1182 人	285 人	24.11%
2010	1060 人	409 人	38.58%
2011	1125 人	337 人	29.96%

表 7　2007—2011 年捕后判处免除刑罚率统计

年份	批准逮捕 和决定逮捕数	捕后免除刑罚数	捕后免刑率
2007	1339 人	21 人	1.57%
2008	1343 人	35 人	2.61%
2009	1182 人	24 人	2.03%
2010	1060 人	28 人	2.64%
2011	1125 人	37 人	3.29%

表 8　2007—2011 年捕后判处管制率统计

年份	批准逮捕 和决定逮捕数	捕后判处管制数	捕后判处管制率
2007	1339 人	13 人	0.97%
2008	1343 人	14 人	1.04%
2009	1182 人	10 人	0.85%
2010	1060 人	4 人	0.38%
2011	1125 人	14 人	1.24%

表 9　2007—2011 年捕后判处拘役率统计

年份	批准逮捕和决定逮捕数	捕后判拘役数	捕后判拘役率
2007	1339 人	35 人	2.61%
2008	1343 人	23 人	1.71%
2009	1182 人	18 人	1.52%
2010	1060 人	23 人	2.17%
2011	1125 人	52 人	4.62%

表 10　2007—2011 年捕后单处附加刑率统计

年份	批准逮捕和决定逮捕数	捕后单处附加刑数	捕后单处附加刑率
2007	1339 人	15 人	1.12%
2008	1343 人	17 人	1.27%
2009	1182 人	8 人	0.68%
2010	1060 人	7 人	0.67%
2011	1125 人	13 人	1.16%

表 11　2007—2011 年捕后判处 3 年以下有期徒刑率统计

年份	批准逮捕和决定逮捕数	捕后判处 3 年以下有期徒刑数	捕后判处 3 年以下有期徒刑率
2007	1339 人	765 人	57.13%
2008	1343 人	618 人	46.01%
2009	1182 人	589 人	49.83%
2010	1060 人	705 人	66.51%
2011	1125 人	636 人	56.53%

聚焦新刑事诉讼法

表 12 2007—2011 年捕后判处 3 年至 10 年有期徒刑率统计

年份	批准逮捕和决定逮捕数	捕后判处 3 年至 10 年有期徒刑数	捕后判处 3 年至 10 年有期徒刑率
2007	1339 人	624 人	46.61%
2008	1343 人	421 人	31.35%
2009	1182 人	403 人	34.10%
2010	1060 人	666 人	62.83%
2011	1125 人	616 人	54.76%

表 13 2007—2011 年捕后判处 10 年以上有期徒刑率统计

年份	批准逮捕和决定逮捕数	捕后判处 10 年以上有期徒刑数	捕后判处 10 年以上有期徒刑率
2007	1339 人	237 人	17.70%
2008	1343 人	100 人	7.45%
2009	1182 人	121 人	10.24%
2010	1060 人	150 人	14.15%
2011	1125 人	74 人	6.58%

（以上数据均含 3 年和 10 年）

（5）就不批准逮捕的原因而言，因不构成犯罪、不具有逮捕必要性而不批准逮捕的案件所占比例较大。其中，近年来，随着最高人民检察院对逮捕必要性要件的重视程度越来越大，^①因缺乏逮捕必要性而不批准逮捕的案件比例已经有明显提高。

表14 2007—2011年因不构成犯罪不批准逮捕情况统计

年份	侦查机关提请逮捕数	因不构成犯罪不捕数	因不构成犯罪不捕率
2007	1547 人	80 人	5.17%
2008	1585 人	36 人	2.27%
2009	1500 人	78 人	5.20%
2010	1320 人	41 人	3.11%
2011	1372 人	19 人	1.38%

聚焦新刑事诉讼法

① 2001年颁布的《最高人民检察院、公安部关于依法适用逮捕措施有关问题的规定》第1条第2项将"有逮捕必要"细化为以下六种情形：（1）可能继续实施犯罪行为，危害社会的；（2）可能毁灭、伪造证据、干扰证人作证或者串供的；（3）可能自杀或逃跑的；（4）可能实施打击报复行为的；（5）可能有碍其他案件侦查的；（6）其他可能发生社会危险性的情形。该条同时规定，对有组织犯罪、黑社会性质组织犯罪、暴力犯罪等严重危害社会治安和社会秩序以及可能有碍侦查的犯罪嫌疑人，一般应予逮捕。

之后，最高人民检察院又于2006年8月颁布了《人民检察院审查逮捕质量标准（试行）》。该标准第6条规定："采取取保候审、监视居住等方法，尚不足以防止发生社会危险性，而有逮捕必要，是指犯罪嫌疑人具有以下情形之一的：（一）可能继续实施犯罪行为，危害社会的；（二）可能毁灭、伪造、转移、隐匿证据，干扰证人作证或者串供的；（三）可能自杀或者逃跑的；（四）可能实施打击报复行为的；（五）可能有碍本案或者其他案件侦查的；（六）犯罪嫌疑人居无定所、流窜作案、异地作案，不具备取保候审、监视居住条件的；（七）对犯罪嫌疑人不羁押可能发生社会危险性的其他情形。"此外，该标准第7条进一步明确列举了"没有逮捕必要"的九种情形。即"犯罪嫌疑人罪行较轻，且没有其他重大犯罪嫌疑，具有以下情形之一的，可以认为没有逮捕必要：（一）属于预备犯、中止犯，或者防卫过当、避险过当的；（二）主观恶性较小的初犯、偶犯，共同犯罪中的从犯、胁从犯，犯罪后自首、有立功表现或者积极退赃、赔偿损失、确有悔罪表现的；（三）过失犯罪的嫌疑人，犯罪后有悔罪表现，有效控制损失或者积极赔偿损失的；（四）因邻里、亲友纠纷引发的伤害等案件，犯罪嫌疑人在犯罪后向被害人赔礼道歉、赔偿损失，取得被害人谅解的；（五）犯罪嫌疑人系已满十四周岁未满十八周岁的未成年人或者在校学生，本人有悔罪表现，其家庭、学校或者所在社区以及居民委员会、村民委员会具备监护、帮教条件的；（六）犯罪嫌疑人系老年人或者残疾人，身体状况不适宜羁押的；（七）应当逮捕，但患有严重疾病，或者是正在怀孕、哺乳自己婴儿的妇女的；（八）可能判处三年以下有期徒刑、不予羁押确实不致再危害社会或者妨碍刑事诉讼正常进行的；（九）其他无逮捕必要的情形"。

表 15　2007—2011 年因证据不足不予批准逮捕情况统计

年份	侦查机关提请逮捕数	因证据不足不捕数	因证据不足不捕率
2007	1547 人	43 人	2.78%
2008	1585 人	52 人	3.28%
2009	1500 人	74 人	4.93%
2010	1320 人	24 人	1.82%
2011	1372 人	45 人	2.92%

表 16　2007—2011 年因无逮捕必要不予批准逮捕情况统计

年份	侦查机关提请逮捕数	因无逮捕必要不捕数	因无逮捕必要不捕率
2007	1547 人	83 人	5.36%
2008	1585 人	154 人	9.72%
2009	1500 人	166 人	11.07%
2010	1320 人	153 人	11.59%
2011	1372 人	155 人	11.30%

2. 我国逮捕制度在实施中的异化

通过数据，我们可以直观地看到：在我国司法实践中，逮捕手段已经异化并严重背离了立法的初衷。具体而言，逮捕手段的异化主要表现在两个方面。第一，逮捕手段的功能萎缩。在现代刑事诉讼法律体系中，逮捕具有两方面的功能：一是抓捕功能；二是羁押功能。然而，在我国司法实践中，逮捕的抓捕功能已经严重萎缩并逐渐由拘留取而代之。① 很显然，从宪法意义上看，拘留的常规化、普遍化适用，事实上是对宪法赋予人民检察院的逮捕批准权的侵夺；而从个人角度而言，则意味着侦查机关可以在欠缺《宪法》第 37 条

---

① 侦查阶段的讯问笔录表明，在我国司法实践中，绝大多数犯罪嫌疑人的逮捕是在看守所进行的。也就是说，在人民检察院批准逮捕以前，犯罪嫌疑人往往已经被公安机关拘留了相当长的时间（最长可达 37 日）。因此，在某种意义上，逮捕已经不是逐渐丧失了其应有的"逮"、"捕"含义，而几乎等同于"长期羁押"的代名词。

正当保护的情形下，较长时间地剥夺个人的人身自由。第二，逮捕制度价值取向的扭曲。就逮捕的羁押功能而言，逮捕已经从一种保障公民人身自由的制度保障蜕变成为一种对犯罪嫌疑人、被告人人身自由的常规化剥夺。

具体而言，根据上述数据，我们可以直观地得出如下结论：①

第一，绝大多数被告人是在羁押状态下等待审判的。从统计数据可以看出，在我国刑事公诉案件中，在羁押状态下等待审判的人数约占被告人的75%。这一点也得到了全国数据的印证。据最高人民检察院年度工作报告统计，2003年至2007年5年间，全国检察机关批准逮捕人数与提起公诉人数的平均比率为90.2%。其中，2008年是83.3%，2009年是83.0%，2011年是73.9%。这些数据反映了一个不争的事实：在我国司法实践中，羁押是常态，非羁押是例外。这显然有悖于《公民权利和政治权利国际公约》第9条关于"等候审判的人受监禁不应作为一般规则"的规定。

第二，因逮捕而受到羁押的犯罪嫌疑人、被告人中，多数涉嫌的只是轻微犯罪。根据上述统计数据，因批捕而受到羁押的犯罪嫌疑人、被告人中，大约有50%的人涉嫌的只是轻罪（即判处3年有期徒刑以下刑罚）。其中，受到逮捕而最终判处缓刑、拘役、管制、单处附加刑以及免予刑事处罚的犯罪嫌疑人占全部被逮捕人数的35%左右。很显然，对涉嫌轻罪的犯罪嫌疑人实施逮捕，不仅违背了比例原则的要求，而且，也是造成我国羁押率高的重要原因之一。

根据新《刑事诉讼法》第79条的规定，逮捕条件包括三个方面：证据条件；刑罚条件；必要性条件。其中，就刑罚条件而言，只有"可能判处徒刑以上刑罚"的犯罪嫌疑人才能予以逮捕。但是，在司法实践中，由于长期以来把这里的"可能判处徒刑"理解为一种刑罚预期，致使该条件事实上等同于"是否构成犯罪"：只要构成犯罪，就可以实施逮捕；至于究竟属于轻微犯罪还是轻罪、重罪，则在所不问。就此而言，我国现行逮捕条件根本不具有防止轻罪逮捕的功能。

---

① 以一地的数据作为分析依据，或许会招致"以偏概全"的责难。但是，数据本身是一种无可辩驳的事实。因此，即使有缺陷的数据，依然展示了一种活生生的实践。而且，如果考虑到我国司法实践的高度一致性，透过一地的数据，或许可以"窥一斑而见全豹"。

第三，逮捕已经变成了"长期羁押"的代名词。在我国司法实践中，犯罪嫌疑人、被告人一旦被逮捕，几乎不会再变更为取保候审或监视居住。而且，一旦被逮捕，基本上都会被起诉到人民法院。在此意义上，我国的逮捕更接近于西方的"羁押"。而且，在时间上，因需要经历侦查、审查起诉、审判三个诉讼环节，往往会持续相当长的时间。

第四，在批准逮捕活动中，逮捕的必要性要件逐步得到了重视和应用。在我国司法实践中，批捕率相对稳定，基本上一直徘徊在80%左右。但就总体趋势而言，批捕率似乎呈现逐步下降的态势。其中，检察机关近年来对逮捕必要性要件的重视和运用①是导致我国批捕率下降的主要原因。

二、刑事诉讼法修正案与逮捕制度的完善

2012 年 3 月 14 日，第十一届全国人民代表大会审议通过了《关于修改〈中华人民共和国刑事诉讼法〉的决定》（以下简称刑事诉讼法修正案）。其中，逮捕制度的修改与完善是此次修法的主要亮点之一。根据全国人大关于修正案草案的说明，② 关于逮捕制度的修改主要包含两项内容：第一，进一步明确了逮捕的条件。即"将刑事诉讼法关于逮捕条件中'发生社会危险性，而有逮捕必要'的规定细化"。第二，完善审查批准逮捕的程序。即"为了保证人民检察院正确行使批准逮捕权，防止错误逮捕，修正案草案增加规定了人民检察院审查批准逮捕时讯问犯罪嫌疑人和听取辩护律师意见的程序，以及在逮捕后对羁押必要性继续进行审查的程序"。

细心体察我国此次刑事诉讼法修正案关于强制措施制度的改革，我们可以明确地感受到，立法者为降低羁押率所作的种种努力。其实，无论是立法者对取保候审人法定义务的强化，还是对逮捕必要

---

① 例如，2006 年最高人民检察院第十届检察委员会第五十九次会议通过的《人民检察院审查逮捕质量标准（试行）》第 6 条、第 7 条具体列举了"有逮捕必要"的相关情形；2007 年，《最高人民检察院关于在检察工作中贯彻宽严相济刑事司法政策的若干意见》第 7 条明确规定："注重对有逮捕必要条件的正确理解和把握"，并具体列举了可以综合考虑的各项因素。

② 王兆国：《关于〈中华人民共和国刑事诉讼法修正案（草案）的说明〉》，载《中华人民共和国刑事诉讼法》，法律出版社 2012 年版，第 146—147 页。

性条件的具体罗列；无论是对监视居住的重新定位，还是逮捕后要求对羁押必要性进行定期审查；有关强制措施的一系列改革措施背后，均贯穿着一条红线，即立法者试图通过强制措施制度的完善来降低刑事案件羁押率。故此，本文以下将先对此次逮捕制度的修改完善予以扼要说明，然后，再结合降低羁押率这一立法目的，对此次刑事诉讼法修改的相关内容予以梳理和评论。

（一）明确了逮捕的条件

根据 1996 年《刑事诉讼法》第 60 条的规定，一般认为，我国逮捕条件包含三方面的内容：第一，证据条件；第二，罪责条件；第三，社会危险性条件。[①] 刑事诉讼法修正案以上述规定为基础，针对不同案件类型，进一步完善了逮捕的条件。

1. 根据罪责轻重，明确了"重罪"的逮捕条件

关于罪责条件，我国现行逮捕条件只有一个标准，即"可能判处徒刑以上刑罚的"。然而，由于有期徒刑是我国刑法中的最基本刑罚种类，因此，该项罪责条件根本无法区分轻罪、重罪，以加以区别对待。鉴于此，新刑事诉讼法根据刑罚轻重，以是否"可能判处十年以上有期徒刑"为标准，将刑事案件分为两大类并设置了不同的逮捕条件。其中，对于"可能判处十年以上有期徒刑"的案件，根据新《刑事诉讼法》第 79 条第 2 款的规定，只需具备证据条件即可；而对于其他刑事案件，则必须同时具备传统的三要件，才可以批准逮捕。换句话说，与其他刑事案件不同，对于"可能判处十年以上有期徒刑罚的"犯罪案件，可能判处重刑本身已经表明涉案的犯罪嫌疑人、被告人具有逮捕的必要。

关于"可能判处十年以上有期徒刑"的解读，我国司法实践的习惯是将其理解为一种刑罚预期。但是，值得注意的是，审查逮捕往往发生在侦查阶段。因此，与审查起诉阶段不同，此时往往还无法形成一个明确、具体的刑罚预期。在此意义上，如果采取刑罚预期的解释方式，该项规定不仅不能为司法实践提供一个明确的、可预测的判断标准，反而会为办案人员留下太大的模糊空间。因此，在解释上，不妨借鉴我国台湾地区的经验，将其解读为"最轻法定

[①] 陈光中主编：《刑事诉讼法》，北京大学出版社、高等教育出版社 2009 年版，第 228 页。

刑为十年以上有期徒刑的案件"。①

2. 明确列举了"有逮捕必要的"的各种法定情形

在立法体例上，1996 年刑事诉讼法将是否具有逮捕必要的判断权授予了负责审查批准逮捕的检察官。即由检察机关根据个案的具体情形，确定对犯罪嫌疑人、被告人采取取保候审、监视居住等方法，是否"尚不足以防止发生社会危险性"、是否"具有逮捕必要"。就此，当时的立法除就"患有严重疾病"和"正在哺乳自己婴儿的妇女"两类特殊主体，明确表示"原则上应当"采取取保候审或监视居住外，再无具体的指示性规定。

在此，首先需要说明的是，我国刑事诉讼法学理论通常将逮捕的第三个条件概括为"社会危险性条件"。② 其实，细读刑事诉讼法的上述条文表述，我们不难发现，立法的本意并不在于犯罪嫌疑人、被告人是否具有社会危险性，而在于强调采取取保候审、监视居住等方法"尚不足以防止发生社会危险性而有逮捕必要"。也即立法者这里所强调的是"逮捕必要"，而非是否具有"社会危险性"。而且，在比例原则观念下，③ 这里的"必要"二字，其实意味着"逮捕应当是一种最后的、迫不得已的选择"。因此，在比例原则约束下，"逮捕必要性"条件原本可以，而且如前所述事实上也正在成为降低批捕率的有效手段。

基于此，新刑事诉讼法在总结司法实践经验基础上，明确列举了"具有逮捕必要"的各种法定情形。根据新《刑事诉讼法》第 79 条第 1 款、第 2 款后段的规定，具有逮捕必要的法定情形有七：（1）可能实施新的犯罪的；（2）有危害国家安全、公共安全或者社会秩序的现实危险的；（3）可能毁灭、伪造证据，干扰证人作证或者串供的；（4）可能对被害人、举报人、控告人实施打击报复的；（5）企图自杀或者逃跑的；（6）曾经故意犯罪的；（7）身份不明的。

---

① 我国台湾地区"刑事诉讼法"第 101 条规定："被告经法官讯问后，认为犯罪嫌疑重大，而有左列情形之一，非予羁押，显难进行追诉、审判或执行者，得羁押之：…… 三、所犯为死刑、无期徒刑或最轻本刑为五年以上有期徒刑之罪者。"

② 陈光中主编：《刑事诉讼法》，北京大学出版社、高等教育出版社 2009 年版，第 228 页。

③ 姜昕：《比例原则研究》，法律出版社 2008 年版，第 16 页。

3. 针对严重违反取保候审、监视居住义务的案件，规定了特殊的逮捕条件

在强制措施体系中，取保候审、监视居住具有"附条件释放"的性质。因此，根据 1996 年《刑事诉讼法》第 56 条第 2 款、第 57 条第 2 款的规定，犯罪嫌疑人、被告人在取保候审、监视居住期间严重违背法定义务的，可以予以逮捕。但是，通说认为，对于此类情形，在决定是否批准逮捕时，仍应当适用逮捕条件的一般规定。

但是，根据新《刑事诉讼法》第 79 条的条文结构，立法者似乎试图将"犯罪嫌疑人、被告人违反取保候审、监视居住规定，情节严重的"规定为一项独立的逮捕条件。从立法条文结构来看，该条共计三款，依次规定了逮捕的一般条件、特殊案件的逮捕条件以及严重违反取保候审、监视居住义务的处理。因此，根据该条第 3 款的规定，似乎可以稳妥地说："可以予以逮捕"事实上是一种与前两款逮捕条件平行的特殊授权性规定。而且，在性质上，该条与第 54 条关于非法证据排除规则的规定、第 115 条关于侦查程序严重违法的规定一样，均体现了此次立法对程序性制裁手段的强化。

其实，在我国 1996 年刑事诉讼法实施过程中，检察机关已经就犯罪嫌疑人、被告人严重违反取保候审、监视居住是否可以批准逮捕进行了有益探索。例如，《人民检察院审查逮捕质量标准（试行）》第 9 条、第 10 条明确列举了何种情形下，可以予以逮捕。①

---

① 《人民检察院审查逮捕质量标准（试行）》第 9 条规定："犯罪嫌疑人在被取保候审期间违反刑事诉讼法第五十六条第一款的规定，侦查机关提请批准逮捕的，人民检察院应当审查原适用取保候审是否符合法定条件。符合法定条件的，应当根据其违反规定的情节决定是否批准逮捕，情节一般的，应当建议侦查机关适用刑事诉讼法第五十六条第二款规定的非逮捕措施；具有以下情形之一的，应当批准逮捕：

（一）企图自杀、逃跑，逃避侦查、审查起诉的；

（二）实施毁灭、伪造、转移、隐匿证据或者串供、干扰证人作证行为，足以影响侦查、审查起诉工作正常进行的；

（三）未经批准，擅自离开所居住的市、县，造成严重后果，或者两次未经批准，擅自离开所居住的市、县的；

（四）经传讯不到案，造成严重后果，或者经两次传讯不到案的。

对在取保候审期间故意实施新的犯罪行为的犯罪嫌疑人，应当批准逮捕。"

该标准第 10 条规定："犯罪嫌疑人在被监视居住期间违反刑事诉讼法第五十七条第一款的规定，侦查机关提请批准逮捕的，人民检察院应当审查原适用监视居住是否符合合法条件。符合监视居住条件的犯罪嫌疑人违反（转下页）

总而言之，新刑事诉讼法关于逮捕条件的规定基本上完成了从自由裁量模式向严格规则主义的转型。无论是"可能判处十年有期徒刑以上刑罚"，还是具体罗列具有逮捕必要的各种法定情形，均有助于增强逮捕标准的可操作性和可预测性。就此而言，这无疑是一种立法上的进步。

此外，需要特别说明的是，根据新《刑事诉讼法》第72条的规定，在强制措施体系中，逮捕条件不仅决定着是否应当批准或决定逮捕，同时，还构成了是否可以适用监视居住的前提条件。

（二）明确了审查逮捕的程序

关于审查逮捕应当遵循何种程序，1979年刑事诉讼法、1996年刑事诉讼法均失之阙如。因此，在我国司法实践中，审查逮捕基本上是一种检察机关内部的卷宗审查活动。然而，逮捕意味着对宪法赋予个人的人身自由的剥夺。在未听取相对人意见的情形下，径行做出剥夺其人身自由的决定，即便正确无误，亦因不合乎程序正义最基本要求而欠缺正当性。因此，为了提高逮捕决定的正当性，新刑事诉讼法借鉴审查起诉的相关规定，明确了审查逮捕必须遵循的法定程序。具体而言，审查逮捕时，人民检察院可以讯问犯罪嫌疑人、询问证人等诉讼参与人；在法定情形下，必须讯问犯罪嫌疑人。人民检察院还应当听取辩护人的意见。

同时，为了强化辩护方在审查逮捕中的作用，新刑事诉讼法特别强调犯罪嫌疑人、辩护人的参与权。即犯罪嫌疑人要求向检察人员当面陈述的，检察人员必须讯问犯罪嫌疑人；辩护律师提出要求的，应当听取辩护律师的意见。监视居住是否符合法定条件。

（接上页）规定，具有以下情形之一的，属于刑事诉讼法第五十七条第二款规定的'情节严重'，应当批准逮捕：

（一）故意实施新的犯罪行为的；

（二）企图自杀、逃跑，逃避侦查、审查起诉的；

（三）实施毁灭、伪造、转移、隐匿证据或者串供、干扰证人作证行为，足以影响侦查、审查起诉工作正常进行的；

（四）未经批准，擅自离开住处或者指定的居所，造成严重后果，或者两次未经批准，擅自离开住处或者指定的居所的；

（五）未经批准，擅自会见他人，造成严重后果，或者两次未经批准，擅自会见他人的；

（六）经传讯不到案，造成严重后果，或者经两次传讯不到案的。"

（三）赋予了检察机关就是否具有羁押必要的审查权

在我国司法实践中，逮捕事实上意味着对被逮捕人的长期羁押。由于逮捕后的羁押期限可能持续相当长的时间，新刑事诉讼法赋予了检察机关对羁押的必要性进行审查的权力。换句话说，检察机关所享有的逮捕批准权或决定权，不仅仅限于审查逮捕之时，而且，同时覆盖被逮捕人在押期间。对于在押的被逮捕人，人民检察院应当定期对其是否具有羁押必要进行审查；对于不需要继续羁押的，人民检察院应当建议予以释放或变更强制措施。可以预见，羁押必要性的审查将为减少不必要的长期羁押、遏制超期羁押的现象提供了制度性契机。

三、强制措施体系与逮捕制度改革

新刑事诉讼法关于逮捕条件与逮捕程序的规定，毫无疑问将会大大提高逮捕决定的正当性。但是，新的逮捕制度将在何种程度上实现保障公民宪法基本权利的重任，则必须将其置于强制措施体系之中，才能获得一个较为清晰的答案。

（一）逮捕制度与取保候审

在刑事强制措施体系中，取保候审是一种附条件释放的手段。因此，就具体犯罪嫌疑人、被告人而言，取保候审与逮捕之间的关系犹如硬币的两面：或者自由（附条件释放），或者不自由（予以羁押）。因此，取保候审适用条件、适用范围的设置，必然直接影响着逮捕的适用比率。

就取保候审而言，新刑事诉讼法主要修改了三处内容：第一，完善了取保候审的适用条件（第65条）；第二，增加了被取保候审人应当遵守的义务类型（第69条）；第三，明确了确定保证金数额时应当考虑的因素。其中，就第二项修改而言，立法者的意图非常明显，即通过强化被取保候审人的法定义务，试图消解执法机关对被取保候审人逃匿的担心，以鼓励执法机关多采用取保候审、少诉诸逮捕。

但是，如果以减少不必要羁押作为评判的标准，我们不难发现，刑事诉讼法修正案似乎并没有找准问题的症结所在。如前所述，我国的羁押率之所以高，其真正原因在于轻罪羁押问题。在我国立法、司法习惯中，一般将可能判处3年以下有期徒刑作为轻罪的判断标准。因此，如果在立法中明确规定，对于最高法定刑为 3 年以下有期徒刑的轻罪案件，除非具有新《刑事诉讼法》第 79 条第 1 款、第 2 款列举的法定情形之一的，一律应当取保候审，那么，不仅有助于贯彻比例原则的要求，避免对可能判处缓刑甚至更轻刑罚的犯罪嫌疑人、被告人实施逮捕，而且可以行之有效地改变我国羁押率高的现状，从而逐步切合《公民权利和政治权利国际公约》的要求。

此外，还有一个问题值得讨论。根据新《刑事诉讼法》第 79 条规定，实施逮捕后，是否可以再转化为取保候审呢？在我国现行司法实践中，执行逮捕后，辩护方往往会提出取保候审的申请；对此，尽管申请成功地概率并不高，但是，至少在理论上并不存在障碍。但是，根据新刑事诉讼法，凡符合第 79 条第 1 款、第 2 款规定的案件，法律明确规定"应当逮捕"；而且就该条规定的逮捕条件而言，对于这些案件应当逮捕，归根结底在于采取取保候审已不足以防止其社会危险性。因此，除非实施逮捕后，因案件情形发生变化不再具备法定的逮捕条件，否则，似乎应当以不允许取保候审为宜。

至于根据第 79 条第 3 款实施的逮捕，由于此类逮捕原本就是对于严重违背取保候审、监视居住义务的程序性制裁，因此，不允许再取保候审似乎也是当然之论。

（二）逮捕制度与监视居住

新刑事诉讼法对监视居住进行了重新定位。① 具体而言，重新定位后的监视居住制度呈现以下的特点：第一，在强制措施体系中，监视居住不再是一种与取保候审平行的、"附条件释放的"羁押替代性措施，而成为一种与逮捕平行的"准羁押措施"。第二，在适用条件上，监视居住以符合逮捕条件为适用前提（第 72 条）。换句话说，只有符合逮捕条件的案件，才有适用监视居住的可能性。第三，立法明确承认了"指定居所的监视居住"具有与逮捕类似的、折抵刑期的法律效力（第 74 条）。

基于上述分析可知，尽管立法者"将监视居住定位于减少羁押的替代措施"，但是，"为减少羁押"而监视居住却存在着两种截然

① 立法说明认为，"考虑到监视居住的特点和实际执行情况，将监视居住定位于减少羁押的替代措施，并规定与取保候审不同的适用条件比较妥当"。王兆国：《关于〈中华人民共和国刑事诉讼法修正案（草案）的说明〉》，载《中华人民共和国刑事诉讼法》，法律出版社 2012 年版，第 148 页。

不同的可能性：如果执行地点是被监视居住人的住处，那么，在性质上，监视居住与取保候审并无本质区别，都是一种"附条件的自由"；但是，如果采取指定居所的方式，此时，监视居住事实上已经成为一种"准羁押措施"。

因此，就与逮捕的关系而言，监视居住也呈现出两种迥然不同的侧面：一方面，就指定居所的监视居住而言，事实上意味着无须经过检察机关批准，公安机关即可自行决定是否剥夺犯罪嫌疑人、被告人的人身自由。换句话说，此时，公安机关无疑于悄无声息地"架空"了检察机关的逮捕批准权。就此而言，所谓指定居所的监视居住，已经公然违背了《宪法》第 37 条为保障公民人身自由不受不合理侵犯而设定的分权机制：在侦查阶段，除非经过检察机关批准，否则，侦查机关根本不享有剥夺公民人身自由的权力。

另一方面，就在犯罪嫌疑人、被告人住处执行的监视居住而言，事实上意味着原本应当予以逮捕、羁押的案件，却可以由公安机关自行决定予以"附条件释放"。就此而言，被监视居住人固然应当遵守比取保候审更为严格的法定义务，但是，与羁押相比，却无疑是一种更为宽松的处理。在司法实践中，此类监视居住是否会沦为权力者"寻租"的筹码，也值得深思。

简言之，立法者试图通过监视居住的重新定位，将一部分原本应当予以羁押的犯罪嫌疑人、被告人分流出来。这种为减少羁押而努力的立法初衷无疑是值得肯定的。但是，以牺牲宪法设定的人身自由保障机制为代价，似乎并不可取。在此意义上，从保障公民的人身自由不受任意侵犯的角度，有必要重新审视监视居住的制度设计。

刑事诉讼羁押理由之思考[*]
——兼论我国新刑事诉讼法相关规定

罗海敏[**]

刑事诉讼中的羁押，又称未决羁押，是指在法院作出生效裁判之前剥夺犯罪嫌疑人、被告人人身自由的一项强制措施。"在确保诉讼程序的措施中，羁押是对个人自由影响最严重、深远的侵害。"[①]严格规制羁押的适用以使其限定在最必要的范围内，是多数国家和地区的共通做法。在限制羁押适用的各项措施中，除了规定司法审查原则、设置充分的权利救济途径等程序性制约措施以外，以法定羁押理由为主的实质性要件限制也是其中不可或缺的重要组成部分。

一、羁押理由之界定：羁押适用的实质要件解读

所谓羁押理由，可以从狭义、广义两个角度予以理解。狭义的羁押理由，是指法律明确规定的允许适用羁押的具体原因或情形，它是与羁押条件、羁押必要性并列的概念，共同构成羁押适用的实质要件。其中，羁押条件一般是指法律明确规定的适用羁押的前提要件。例如，有些国家对允许适用羁押的罪名、罪行的严重程度以及可能判处的刑罚等先决条件有所要求，这些都属于羁押条件的范畴。而羁押的必要性，是指羁押适用的适当性、合理性，是关于是否适用羁押的最后考量，往往通过个案裁量、评估的方式予以确定，体现了强制措施适用中比例原则的具体要求。"似乎有逮捕的理由，

---

* 本文系 2009 年度国家社会科学基金项目"反恐怖主义犯罪诉讼程序研究"（项目批准号 09CFX061）的阶段性成果之一。
** 法学博士，中国政法大学诉讼法学研究院专职研究人员。
① ［德］克劳思·罗科信：《刑事诉讼法》，吴丽琪译，法律出版社 2003 年版，第 281 页。

但又似乎不属于必须逮捕的事情时，就是没有逮捕的必要。"[①] 大体而言，三者的适用顺序可以排列如下：羁押条件—法定羁押理由—羁押必要性。也就是说，必须先符合羁押的条件，然后再检视是否具备羁押理由；在具备法律规定的羁押理由的情况下，再最后评估是否具有羁押的必要性。只有经过上述三个步骤，才能最后决定适用羁押。

可以说，在限制羁押适用的整个体系中，羁押条件、羁押理由和羁押必要性共同构成了一道完整的防线，三者中的任何一个缺乏或者设置不合理，都有可能导致滥用羁押侵犯人权的后果。不过，在多数情况下，羁押理由与羁押条件、羁押必要性是规定在一起的，难以截然分开。从广义上说，羁押理由涵盖上述三者，泛指刑事诉讼中适用羁押的各项要件、原因。

本文有关羁押理由的论述，主要是从狭义的角度展开的，但在个别情况下也涉及羁押条件及必要性的相关内容。

二、羁押理由之设定：域外相关法律规定总结

羁押作为最严厉的强制措施，必须具备法定的理由。多个国家和地区的刑事诉讼法律中都有关于羁押理由明确而具体的规定，这些规定既有各自特色，也有共通之处。概括而言，域外有关羁押理由规定的一致之处主要包括：

（一）将羁押理由与逮捕理由相分离

在两大法系多个国家和地区，逮捕的主要作用是强制被追诉人到案或出庭，只能附带较短时间的人身监禁。在逮捕附带的羁押时间到期之前，侦查人员必须毫不迟疑地将被逮捕者带至司法官面前接受是否符合羁押理由的审查。除非符合法定理由，被逮捕者才会被继续羁押，否则应当予以释放。也就是说，逮捕与羁押处于实质分离的状态，符合逮捕理由并不必然导致被羁押的后果。这种逮捕前置主义或者逮捕先行主义的制度设计，保证了对犯罪嫌疑人、被告人的逮捕和羁押将受到双重的司法审查，并使得剥夺公民人身自

---

① ［日］田口守一：《刑事诉讼法》（第5版），张凌、于秀峰译，中国政法大学出版社2010年版，第61页。

由的强制措施始终掌握在司法机关的控制之下。①

（二）明确列举羁押理由，并在羁押理由的表述上体现羁押适用的例外性

多个国家和地区的刑事诉讼法律都明确列出了可以适用羁押的各项具体理由，这样既保障立法规定的实践操作性，也通过排除模棱两可的适用情形而发挥限制羁押适用的作用。同时，在域外有关羁押理由的立法表述中，也都包含了"只有在例外情况下才能适用羁押"、"羁押措施只能作为最后手段予以采用"类似的理念，以此强调羁押适用应该严格限制在必要范围内。例如，《美国法典》第3142 条第 5 款规定："司法官在认定没有什么条件能够合理地保证被捕人按照要求出庭以及任何其他人和社会的安全时，应当命令在审判前将他羁押。"《俄罗斯联邦刑事诉讼法典》第 108 条规定："羁押这一强制处分根据法院的决定对实施刑事法律规定的刑罚超过 2 年有期徒刑的犯罪，而且又不可能适用其他更宽缓的强制处分时对犯罪嫌疑人、刑事被告人适用。"我国台湾地区"刑事诉讼法"第101 条更是明确规定："被告经法官讯问后，认为犯罪嫌疑重大，而有下列情形之一，非予羁押，显难进行追诉、审判或执行者，得羁押之……"

（三）区分预防性与一般性的羁押理由，将预防性羁押限制在更严格的范围内

"预防性羁押"是与"一般性羁押"相对应的概念，两者根据羁押目的的不同而作划分。其中，预防性羁押是以预防被追诉者再犯罪为目的的羁押，而一般性羁押是为了"确保被告于侦查及审判中出庭、确保判决确定后接受执行、确保其不会串证或湮灭证据"②而设置的。由于存在违反无罪推定原则、有违强制措施程序保障属性、违反正当程序原则乃至缺乏科学的再犯罪统计依据、不利于被追诉者再社会化等诸多负面评价，预防性羁押的适用一直饱受各界批评与质疑。鉴于预防性羁押的特殊性，多个国家和地区虽然在立法上确立了预防性羁押制度，但都对其适用设置了更严格的条件限制。例如，我国台湾地区在 1997 年"刑事诉讼法"修订中，在第

① 陈瑞华：《审前羁押的法律控制——比较法角度的分析》，载《政法论坛》2001 年第 4 期。

② 王兆鹏：《刑事诉讼讲义》，元照出版公司 2009 年版，第 281 页。

101条之一有关羁押理由的规定中增加了第一项，规定："被告经法官讯问后，认为犯有下列各罪，其嫌疑重大，有事实足以认为有反复实施同一犯罪之虞，而有羁押之必要者，得羁押之……"根据该条规定，犯罪嫌疑人涉嫌实施特定犯罪，又有事实足以认为其有反复实施同一犯罪可能的，才可以对其适用预防性羁押。在德国，其刑事诉讼法典也将预防性羁押的适用限制在特定重大的性犯罪等有限范围内，并强调其只有在严格限制的例外情况下才能适用。

（四）要求对羁押理由的证明达到法定程度

对被追诉者适用羁押措施，不仅需要案件本身具备必要的罪疑要件，对具有某项羁押理由的证明也应当达到法律规定的程度。也就是说，决定依据某项羁押理由对被追诉者适用羁押时，办案机关必须提供证明该项羁押理由成立的必要证据。例如，在美国，要求法官在判断被告人是否具备某一羁押理由时，必须有"清楚而又令人信服的证据"。日本《刑事诉讼法》第60条则明确规定："法院有相当的理由足以怀疑被告人有犯罪行为并符合下列各项规定的情形之一时，可以羁押被告人：一、被告人没有一定的住居时；二、有相当的理由足以怀疑被告人将隐灭罪证时；三、被告人有逃亡行为或者有相当的理由足以怀疑被告人有逃亡可能时。"

（五）确立与羁押理由相关的程序要求

仅仅在立法中规定详细的羁押理由及其证明程度，并不足以起到限制羁押适用的目的，还需要确立与之相配套的程序规则，如有关是否符合法定羁押理由的听审、讯问程序，羁押理由的说明程序以及羁押理由的告知程序等。为了明确是否具备羁押理由等实质要件，两大法系多个国家和地区普遍要求司法官在命令羁押之前必须举行听审或讯问犯罪嫌疑人、被告人。通过这种听审或讯问，犯罪嫌疑人、被告人及其辩护人等有机会就羁押理由提出反对意见。例如，在美国，司法官在命令羁押之前必须举行听审，以便确定被告人是否具备羁押理由。在这种听审过程中，被告人有权获得委托律师或指定律师的帮助。在德国，根据其《刑事诉讼法》第115条规定，法官应毫不迟延地对被逮捕的被指控人进行讯问，讯问时要给予被指控人消除嫌疑、逮捕理由以及提出对自己有利事实的机会。通过听审或讯问，司法官如果最终作出了羁押的命令，就涉及羁押理由的说明与告知义务。在日本，确立了羁押理由开示制度，允许被逮捕人请求法官开示羁押理由并根据被开示的内容行使提出撤销羁押的请求、对羁押提起准抗告等权利。① 法国在 2000 年刑事诉讼法重大修改中也要求自由与羁押法官在作出羁押决定时必须附具理由。在我国台湾地区，规定羁押被告应使用押票，"羁押之理由及其所依据之事实"是押票中必须记载的事项之一，同时规定应将羁押被告所依据的事实告知被告及其辩护人并记载于笔录，而羁押的押票还应送交辩护人、被告及其指定的亲友。

域外有关羁押理由的上述共同做法，使羁押适用过程更具操作性，更加透明化，有利于保障犯罪嫌疑人、被告人的基本权利，也有利于减少不必要的羁押。

三、羁押理由之缺失：我国实践状况分析

在我国，并不存在独立的羁押制度，羁押是作为拘留与逮捕的必然结果与后续状态而存在的。"无论是在适用理由还是适用程序上，未决羁押都基本上依附于整个刑事追诉活动，而没有形成独立、封闭的司法控制系统。"② 因此，在我国，所谓羁押理由事实上就是拘留和逮捕的理由。拘留主要适用于现行犯，其所附带的羁押时间相对较短，而且多数情况下被拘留人最终会被适用逮捕。为了突出重点，下文主要就逮捕所附带的羁押展开论述。

在我国司法实践中，高逮捕率、超期羁押等问题长期存在，逮捕作为最严厉强制措施应当有节制适用、谨慎适用的理念并未得到有效贯彻。近年来，逮捕率虽有所下降，但仍保持高位运行。根据最高人民检察院检察长每年向两会所作工作报告中的数据，我国各级检察机关批准逮捕的各类刑事犯罪嫌疑人人数与提起公诉的人数之间的比率 2007 年为 84.2%，2008 年为 83.3%，2009 年为 82.9%，2010 年为 79.8%，2011 年为 75.7%。可见，我国司法实践中对犯罪嫌疑人、被告人适用逮捕仍处于相当普遍的状况。与此同时，根据最高人民法院发布的 2008 年、2009 年刑事案件被告人判决

---

① ［日］田口守一：《刑事诉讼法》，张凌、于秀峰译，中国政法大学出版社 2010 年版，第 63 页。

② 陈瑞华：《未决羁押制度的理论反思》，载《法学研究》2002 年第 5 期。

生效情况统计表来看，[①] 这两年被判处拘役、拘役及有期徒刑缓刑、管制、单处附加刑、免于刑事处罚、无罪的被告人数占被告人总数的比率分别是 37.6% 和 38.3%，判处 5 年以下有期徒刑的被告人数占被告人总数的比率分别是 45.9% 和 46.1%。因此，相当一部分被逮捕的犯罪嫌疑人、被告人最终被判处的是较轻的刑罚，这也说明被检察机关批准逮捕的很多犯罪嫌疑人的罪行严重程度、社会危险性程度事实上是较低的。

　　羁押是刑事诉讼中"必要的恶"，"羁押对有效的刑事司法而言，在许多情形下也是不可缺少的措施"。[②] 但羁押的适用应当严格限制在最必要的范围内，羁押适用的普遍化将会导致诸多方面的不利后果。首先，对公民而言，一旦处于被刑事追诉的地位，就很有可能受到羁押的处分而失去相当长时间的人身自由。在羁押状态下，不仅被羁押者的生理、心理将承受巨大压力，人身自由的丧失也将进一步弱化其防御能力，不利于辩护权的有效行使。同时，普遍羁押犯罪嫌疑人、被告人，也极易造成被羁押者交叉感染、犯罪心理强化等负面效应。其次，对社会而言，对罪行轻微且不存在妨碍诉讼、危害社会危险的犯罪嫌疑人、被告人一律予以羁押，很可能制造新的社会矛盾、树立新的对立面，从而影响社会稳定与和谐。再次，对国家而言，高羁押率就意味着司法资源的高消耗率。面对大量的待羁押人员，国家需要投入大量的物力、人力来提高监所收纳水平和监管能力，势必占用原本已十分紧缺的司法资源。在设施落后、监管力量有限而又超负荷运转的看守所中，被羁押人员的基本权利难以得到有效保障，近年来被羁押者猝死事件也频现报端，这也经常成为国际社会批评我国人权状况的一个说辞。最后，羁押的普遍适用也极易导致羁押目的的异化。对于一些轻微的犯罪行为，在侦查、起诉部门已经较长时间羁押被追诉者的情况下，法院经常屈从于压力而对被告人判处一定时间的监禁刑，从而使逮捕、羁押在一定程度上变成了"刑罚的预支"。

---

　　① http://www.court.gov.cn/qwfb/sfsj/201002/t20100221_1409.htm，http://www.court.gov.cn/qwfb/sfsj/201004/t20100408_3854.htm，最后访问日期：2012 年 3 月 22 日。

　　② ［德］克劳思·罗科信：《刑事诉讼法》，吴丽琪译，法律出版社 2003 年版，第 281 页。

我国司法实践中的高逮捕率问题是诸多因素综合作用的结果，而逮捕理由的立法缺失是其中的一个重要原因。关于逮捕的适用，我国1996年《刑事诉讼法》第60条第1款作了原则性规定："对有证据证明有犯罪事实，可能判处徒刑以上刑罚的犯罪嫌疑人、被告人，采取取保候审、监视居住等方法，尚不足以防止发生社会危险性，而有逮捕必要的，应即依法逮捕。"依据该款规定，我国逮捕适用的实质要件主要体现在逮捕适用条件上，包括罪疑条件与刑罚条件两个方面，而并没有对适用逮捕的具体原因作出规定，也没有明确哪些具体情形属于"有逮捕必要"。从限制逮捕适用的实质要件体系来看，1996年刑事诉讼法缺乏逮捕理由和逮捕必要性的应有规定，以致在决定是否适用逮捕时只需判断逮捕条件是否具备这一个方面。但是，由于我国刑法规定的所有罪名的法定刑几乎都包含有期徒刑，"有证据证明有犯罪事实，可能判处徒刑以上刑罚"这样模糊而笼统的条件设置无法对逮捕适用起到有效的规范与限制作用。在逮捕理由缺失且逮捕条件约束性极为有限的情况下，限制逮捕适用的实质要件体系难以形成，办案机关在自身办案需要的支配下往往倾向于适用逮捕措施，司法实践中出现犯罪嫌疑人、被告人普遍被逮捕的情况也就不足为奇了。可以说，刑诉法规定中有关逮捕理由的缺失，使逮捕适用的限制性门槛失掉了重要的一块，为司法实践中逮捕的广泛适用打开了方便之门，也为追诉机关滥用逮捕权力留下了巨大隐患。

为了弥补1996年刑事诉讼法的上述缺失，2001年颁布的最高人民检察院、公安部《关于依法适用逮捕措施有关问题的规定》第1条第2项对何谓"有逮捕必要"进行了界定，包括：（1）可能继续实施犯罪行为，危害社会的；（2）可能毁灭、伪造证据、干扰证人作证或者串供的；（3）可能自杀或逃跑的；（4）可能实施打击报复行为的；（5）可能有碍其他案件侦查的；（6）其他可能发生社会危险性的情形。虽然该规定对1996年刑事诉讼法相关内容进行了细化，但仍存在以下几方面缺憾：

首先，混淆了逮捕理由与羁押必要性之间的关系。该项规定本意是为了详细阐释何谓"逮捕必要性"，但上述所列各项内容实际上都只关涉逮捕理由的具体设置，而并非必要性的相关内容。如上文所述，即使存在可能逃跑、可能毁灭证据等羁押理由，也并不一定就具有逮捕必要性，很可能采取一些非羁押性的强制措施就可以保障诉讼顺利进行。在司法解释将逮捕理由与羁押必要性相混同的情况下，事实上掩盖了对羁押必要性予以独立考量这一必要环节，从而形成只要具备逮捕理由就会导致羁押后果这样的普遍适用倾向。

其次，关于逮捕理由的规定过于宽泛。"可能有碍其他案件侦查的"、"其他可能发生社会危险性的情形"这样笼统、宽松的表述，并不能对限制羁押适用有所帮助，办案人员完全可以把所有案件都归入这样的逮捕理由之中。在缺乏羁押必要性的进一步限制的情况下，如此宽泛的逮捕理由显然不利于逮捕的限制适用。

再次，在逮捕理由的设置上，没有对不同类别的逮捕理由加以区分。在上述规定列举的各项理由中，事实上包含了两大类逮捕理由：第（1）项"可能继续实施犯罪行为，危害社会的"以及第（6）项"其他可能发生社会危险性的情形"是属于实施预防性羁押方面的理由，而（2）、（3）、（4）、（5）则是属于一般性羁押方面的理由。从强制措施的程序保障属性而言，逮捕的适用目的应当是程序的而不是实体的，而预防性羁押显然是以实体目的为指向的，它对被适用者的基本权利保障之间存在更为紧张、对立的关系。鉴于预防性羁押与一般性羁押的显著差异，对两者在逮捕理由乃至适用条件、适用必要性等方面不作任何区别地予以混同规定，很可能导致扩大羁押适用、侵犯公民基本权利的不利后果。

最后，没有确立与逮捕理由相配套的程序性规则。根据该规定，公安机关提请批准逮捕的材料中并不需要就逮捕理由作出明确说明，人民检察院作出批准逮捕决定时也不需要说明理由，只有在作出不予批准逮捕决定时才需要说明理由。此外，根据1996年《刑事诉讼法》规定，除有碍侦查或者无法通知的情形以外，在逮捕后的24小时内应当把逮捕的原因和羁押的处所通知被逮捕人的家属或者他的所在单位。但是，立法并未具体规定哪些属于"有碍侦查或无法通知的情形"，也没有明确要求采用何种通知形式，而且也没有确定违反该规定会导致怎样的法律后果，从而使逮捕理由的告知义务实际上处于可有可无的境地。

由于1996年《刑事诉讼法》及相关司法解释在羁押理由方面规定不足，难以满足司法实践需要，近年来，多个地区的实务部门围绕如何完善羁押理由进行了自主探索，取得了较好效果。例如，江苏省南京市人民检察院侦查监督处下发了《审查逮捕案件加强对逮捕必要性审查的意见》，并在建邺区人民检察院专门开展了建立逮捕必要性证明机制的探索实验，要求对不符合法定条件的人不逮捕，该逮捕的坚决逮捕，而且必须说明逮捕理由。此后，南京市检察机关不捕案件以每年 35% 以上的比例递增，无逮捕必要不捕的人数每年成倍增加，批捕率则从 2004 年的 91.9% 逐年下降，2005 年为 88.2%，2006 年为 83.7%，2007 年更是低至 78%。① 江西省鄱阳县人民检察院、公安局也通过探索证明，对判处 3 年以下有期徒刑的案件在报捕时就犯罪嫌疑人是否"有逮捕必要"进行书面说理并附相应证据予以佐证是可行的，有利于降低羁押率，也有利于更好地维护犯罪嫌疑人合法权益。② 这些实践探索，也为我国刑事诉讼法律在羁押理由方面的进一步完善提供了必要参考。

四、羁押理由之完善：我国新刑事诉讼法相关规定述评

2012 年 3 月，十一届全国人大五次会议审议通过了《关于修改〈中华人民共和国刑事诉讼法〉的决定》（以下简称刑事诉讼法修正案），对我国刑事诉讼程序与相关制度进行了较大幅度的修改，其中也包括对逮捕适用问题的改革与完善。围绕逮捕理由，刑事诉讼法修正案作了以下修改：

首先，增设了有关逮捕理由的具体规定。新《刑事诉讼法》第 79 条规定："对有证据证明有犯罪事实，可能判处徒刑以上刑罚的犯罪嫌疑人、被告人，采取取保候审尚不足以防止发生下列社会危险性的，应当予以逮捕：（一）可能实施新的犯罪的；（二）有危害国家安全、公共安全或者社会秩序的现实危险的；（三）可能毁灭、伪造证据，干扰证人作证或者串供的；（四）可能对被害人、举报人、控告人实施打击报复的；（五）企图自杀或者逃跑的。对有证据证明有犯罪事实，可能判处十年有期徒刑以上刑罚的，或者有证据证明有犯罪事实，可能判处徒刑以上刑罚，曾经故意犯罪或者身份不明的，应当予以逮捕。被取保候审、监视居住的犯罪嫌疑人、被告人违反取保候审、监视居住规定，情节严重的，可以予以逮捕。"该条规定事实上将逮捕理由划分为三大类。其中，第一类是通常情

---

① 参见崔洁等：《逮捕有无必要，请亮出"理由"》，载《检察日报》2009 年 6 月 1 日第 2 版。

② 参见欧阳晶等：《有无逮捕必要，说明理由很重要》，载《检察日报》2010 年 7 月 21 日第 8 版。

形下的逮捕理由，包括上述第（一）项至第（五）项共 5 种情形。第二类是针对危险犯的特殊逮捕理由，包括有证据证明有犯罪事实，可能判处十年有期徒刑以上刑罚的和有证据证明有犯罪事实，可能判处徒刑以上刑罚且曾经故意犯罪或者身份不明的两种情形。只要具备其中任一项特殊逮捕理由，即使不存在可能实施新的犯罪，可能毁灭、伪造证据、可能逃跑等通常情形下的逮捕理由，也应当适用逮捕。第三类是针对被取保候审、监视居住者的逮捕理由，要求必须具备被取保候审、监视居住者违反取保候审、监视居住规定且情节严重这一要件。从适用顺序上来说，只要符合特殊逮捕理由之一的，就应当适用逮捕；如果不符合特殊逮捕理由但符合通常情形下的 5 种逮捕理由之一的，也应当适用逮捕；如果不符合前两种逮捕理由，不能适用逮捕而只能予以释放或采取取保候审、监视居住，但被取保候审、监视居住者违反取保候审、监视居住情节严重的，也可以予以逮捕。

该条规定对逮捕理由的细化，有助于增强逮捕适用中的可操作性，有利于进一步限制逮捕的适用范围，其进步之处值得肯定。但是与其他国家和地区有关羁押理由的设置相比较，该条规定仍有美中不足之处，例如，在第一类通常情形的逮捕理由中，并没有对逮捕理由与逮捕必要性作必要的区分，而且采用"应当予以逮捕"这样的表述并没有充分体现逮捕作为最严厉的强制措施应当限制适用、作为最后手段适用的基本理念；该条规定没有对逮捕理由的证明程度作出要求，很可能导致实践中办案机关随意套用某项逮捕理由而适用逮捕的情况出现；该条规定没有区分预防性羁押与一般性羁押两种不同的逮捕理由，在对是否可能实施新的犯罪缺乏明确证明要求的情况下，仍难避免实践中普遍适用逮捕的可能。

其次，增加了人民检察院审查批准逮捕时讯问犯罪嫌疑人的要求。新《刑事诉讼法》第 86 条规定："人民检察院审查批准逮捕，可以讯问犯罪嫌疑人；有下列情形之一的，应当讯问犯罪嫌疑人：（一）对是否符合逮捕条件有疑问的；（二）犯罪嫌疑人要求向检察人员当面陈述的；（三）侦查活动可能有重大违法行为的。人民检察院审查批准逮捕，可以询问证人等诉讼参与人，听取辩护律师的意见；辩护律师提出要求的，应当听取辩护律师的意见。"

与 1996 年刑事诉讼法相比，上述规定增加了人民检察院审查批准逮捕时讯问犯罪嫌疑人的程序要求，有助于检察机关在审查批捕阶段听取犯罪嫌疑人、辩护律师有关逮捕理由是否具备等问题的意见，有利于保障检察机关作出正确的审查批准逮捕决定，因而具有非常积极的意义。但是，该条规定并未明确检察机关在审查批准逮捕时应当讯问而没有讯问的法律后果，也没有针对犯罪嫌疑人设置必要的权利告知及事后救济机制，这些缺憾很可能影响其应有功效的发挥。

再次，取消了有碍侦查情况下可以不通知被逮捕人家属的规定，同时取消了对通知内容的明确要求，缩小了通知对象范围。新《刑事诉讼法》第 91 条第 2 款规定："逮捕后，应当立即将被逮捕人送看守所羁押。除无法通知的以外，应当在逮捕后二十四小时以内，通知被逮捕人的家属。"该款规定缩减了 1996 年刑事诉讼法规定的逮捕后不予通知的例外情形范围，取消了有碍侦查情况下可以不通知被逮捕人家属的规定。但与此同时，该款规定取消了对通知内容的明确规定，不再要求必须将"逮捕的原因与羁押的处所"予以通知，而且在通知对象上也取消了通知被逮捕人所在单位的规定。

新刑事诉讼法缩减逮捕后可不予通知的例外情形，有利于保障被逮捕人家属的知情权，也有利于保护被逮捕人的辩护权等合法权益，具有积极的修法意义。但是，该条规定在通知的内容方面删除了应将"逮捕的原因与羁押的处所"予以通知的要求，不仅可能导致实践中办案机关恶意限缩通知内容而侵害被逮捕人家属知情权的情况出现，而且很可能影响细化逮捕理由、增强逮捕适用程序性以限制逮捕适用的修法意图在实践中的落实效果。从通知对象来看，被逮捕人的家属并不一定是被逮捕人所信任的人，而且被通知对象过于单一也容易出现无法通知的情况，因此新刑事诉讼法缩小逮捕后通知对象范围的做法值得进一步商榷。

最后，增设了要求人民检察院对羁押必要性进行审查的规定。新《刑事诉讼法》第 93 条规定："犯罪嫌疑人、被告人被逮捕后，人民检察院仍应当对羁押的必要性进行审查。对不需要继续羁押的，应当建议予以释放或者变更强制措施。有关机关应当在十日以内将处理情况通知人民检察院。"该条规定，事实上体现了立法机关对逮捕理由与羁押必要性之间区别的肯认。从限制羁押适用的实质要件体系来说，对于具备逮捕条件和逮捕理由的犯罪嫌疑人、被告人，仍然应当对其羁押必要性予以考虑，以此甄别、剔除没有羁押必要的情形。而且，即使犯罪嫌疑人、被告人已经被逮捕，也不意味着就要"一押到底"。随着案件情况的不断发展以及对犯罪嫌疑人、被告人人身危险性、社会危害性、悔罪情况以及家庭情况等内容的进一步了解，一旦没有必要对其继续羁押，就应该及时变更为其他非羁押性强制措施或予以释放。

在我国司法实践中，检察机关往往只重视批捕前的审查，并且只重视审查案件证据情况和犯罪嫌疑人是否可能被判处刑罚的情况，而对逮捕后是否需要变更或取消强制措施关注很少。新刑事诉讼法增加人民检察院在逮捕后对羁押必要性进行审查的上述规定，对于进一步强化检察机关对逮捕的法律监督，减少不必要的羁押以及对于保障被羁押人员的正当权益都有非常重要的意义。但是该条规定并未明确检察机关进行羁押必要性审查的具体程序，包括审查的时间要求、审查的具体方式等都没有作出规定，同时也没有赋予检察机关复审意见必要的强制力，这些问题很可能影响羁押必要性审查在实践中的落实程度。

总体而言，新刑事诉讼法围绕逮捕理由所作的上述修正，体现了进一步限制逮捕适用、加强权利保障的立法意图，有利于解决实践中存在的突出问题，其进步意义值得充分肯定。但是同其他国家与地区的通例相比较，我国刑事诉讼法有关逮捕理由的修正仍存在法律规范过于原则，操作性不强，程序制裁不足乃至权利保障不够充分等问题。从长远角度来看，将羁押与刑事拘留、逮捕相分离，使羁押成为刑事拘留、逮捕后的专门诉讼阶段，由专门的司法官在司法审查程序中就是否具备羁押理由及羁押期限等问题予以审查和裁判，是较为理想的选择。但立足于现实，从更好地实施刑事诉讼法有关逮捕理由的新规定，更好地实现逮捕适用中的权利保障目的来看，有必要通过制定司法解释或规范性文件的方式尽可能解决目前法律规定中的不足与缺憾之处。具体而言，可以采取以下措施：

首先，应当对是否具备逮捕理由设定相应的证明要求。新《刑事诉讼法》第79条中规定的"有证据证明"有犯罪事实，是关于犯罪嫌疑人涉嫌的犯罪事实是否存在的证明要求，并不是针对其逮捕理由是否具备的证明要求。为了避免实践中随意套用逮捕理由的情况发生，也应当明确逮捕理由是否具备的证明程度要求。借鉴其他国家和地区在这方面的有益做法，可以将相应规定表述为"有事实足以认为存在下列社会危险性时才能适用逮捕"，这样既规定了逮捕理由的证明要求，也强调了严格限制逮捕适用的理念。

其次，应严格限定预防性羁押的适用范围。作为一种刑事强制措施，羁押的适用应当以排除妨碍诉讼顺利进行的障碍这一程序指向目标为主，预防性的羁押适用理由应当予以严格限定。因此，有必要对新《刑事诉讼法》第79条第1款前两项预防性羁押理由予以严格限制，例如可将其限定于"有事实足以认为有反复实施性犯罪、严重暴力犯罪、毒品犯罪、恐怖活动犯罪可能的"范围之内。

再次，应进一步完善与逮捕理由相关的程序要求。为了落实新《刑事诉讼法》第86条相关规定，应当要求侦查机关在作出提请批准逮捕决定时书面告知犯罪嫌疑人享有要求向检察人员当面陈述的权利。如果侦查机关不履行告知义务，犯罪嫌疑人有权获得相应救济。检察机关作出适用逮捕决定时必须列明逮捕理由，并书面告知被逮捕的犯罪嫌疑人及其辩护人。被逮捕人对逮捕理由不理解或者不服的，可以申请检察机关予以解释。对于犯罪嫌疑人被逮捕后的通知事项与通知对象，在实践中应当尽量从有利于权利保障的角度予以理解和适用。例如，在通知事项上，应要求通知时必须告知逮捕的理由、处所以及有权代为委托辩护人等事宜；在通知对象上，除了通知被逮捕人的家属外，如果被逮捕人要求通知其他人员并提供了必要联系方式的，也应当予以通知。

最后，应进一步完善羁押必要性审查制度。为了增强检察机关羁押必要性审查制度的操作性，应当明确规定这种审查的开始时间、间隔时间以及具体审查方式等内容。在具体的审查时间设置上，在侦查阶段可以与侦查羁押期限相衔接。在两个月的一般侦查羁押期限届满，侦查机关认为案情复杂、期限届满不能终结而报请上一级人民检察院批准延长羁押期限时，检察机关应当对羁押必要性进行审查；对于侦查机关依据新《刑事诉讼法》第156条、第157条和第158条规定向省、自治区、直辖市人民检察院申请延长侦查羁押期限或重新计算侦查羁押期限时，检察机关也应当对羁押必要性进行审查。在起诉阶段，检察机关有必要在接到移送审查起诉案件、作出起诉决定这两个诉讼环节对羁押必要性进行审查。在羁押必要性审查的方式上，可以比照审查批准逮捕阶段有关讯问犯罪嫌疑人的要求，规定检察机关审查羁押必要性时可以讯问犯罪嫌疑人、被告人，如果检察机关对是否仍具有羁押必要性有疑问的、犯罪嫌疑人或被告人对羁押必要性提出异议的，应当讯问犯罪嫌疑人、被告人。同时，检察机关在审查羁押必要性时也可以询问证人等诉讼参与人，听取辩护律师的意见；如果辩护律师提出要求的，应当听取辩护律师的意见。

● 诉讼实务研究

我国司法鉴定体制的体系化建设[*]

栗　峥[**]

　　全国人大常委会颁布的《关于司法鉴定管理问题的决定》（以下简称《决定》）自 2005 年 10 月 1 日实施以来已 5 年有余。它是在新形势下对我国司法产生了重要指导作用和实践价值的里程碑式的规范。它既促进了中国司法向现代化迈进的脚步，又顺应了社会发展的需要。可以说，是中国司法迈向成熟的一个重要标志。由这一决定的出台与实施，我们可以发觉，司法鉴定制度已经从单纯的文本阐释转变成为可操作的技术规范。笔者希望借对《决定》的相关问题的阐释，说明司法鉴定体制的内在结构与逻辑体系。

　　当面对司法鉴定问题而制定规范时，可以说，世界上的大多数国家都面临着对所建立的规范予以检讨与反思，都不得不在多种价值标准下来回反复、矫枉过正。一段时间可能偏重于对体系的完善，加大司法鉴定立法力度；另一段时间可能强调实践操作的宽松而放松诸多限制。可见，在面对司法鉴定问题时，不得不在各种相互冲突甚至对立的价值、观念与规范中不断偏移、来回摇摆，反复寻找一种最佳的契合点与平衡点，由此而动态地修正规范。这一现象可以说在全球司法范围内是司空见惯的。为此，我国必须寻找一些灵活而模糊的做法使《决定》适用有灵活的余地和可变通的空间。这是建立司法鉴定体系必须面对的。

＊ 本文获得中国政法大学青年教师创新团队项目资助，系国家社科基金"科学化司法证明中的逻辑与经验"的阶段性成果。

＊＊ 中国政法大学诉讼法学研究院副教授，硕士生导师。

一、体系化建设对当下中国司法鉴定体制的深远意义

（一）时代趋势

在当代司法现代化与全球化的背景下，建立对司法鉴定的一系列规范的完善是时代趋势，是保障人权与维护公民权益的全民呼声。在这一片呼声中，司法鉴定体制的体系化是无可回避的，也是我国司法亟待解决的。① 因此，司法鉴定体制的体系化建设是适应时代需求和发展的历史决策。

（二）现实需求

在近几年发生的一系列有影响性诉讼案件中，人们发现，有不少涉及司法鉴定适用混乱的现象。正是对中国司法制度的反思与检讨，使我们意识到建立司法鉴定规范，细化、明确司法鉴定程序是必然之路。

（三）学理铺垫

在经过了 30 多年的学术探索之后，我国法学界已经充分了解了西方司法鉴定的理论、制度和规范。司法鉴定体制的体系化建设已经不再是学术上的一个陌生话题，而成为不言而喻的公众话题，甚至在法学界也达成了相当程度的共识，即使存在争论，也是在学术知识和理论相对成熟之后的深入探讨，并不是对是否建立这样的体系、如何落实这个体系的立场之争。这说明，法学界为司法鉴定体制的体系化建设提供了足够的智力支持和学术推荐，使司法鉴定体制的体系化建设不再是一个陌生的、不知所措的反应，而成为理性选择的结果。这也是实务界与理论界相互沟通与支持的表现。

（四）舆论影响

一系列有影响性案件中，有关公正的核心话题往往是司法鉴定的准确性问题，这些问题使公众直接产生了对司法公正性与合理性的强烈关注。一些质疑开始成为司法鉴定体制不得不面对的现象。传媒的压力、舆论的导向已经表达出了民众希望完善中国司法鉴定体系的强烈呼声，也体现出了追求现代司法正义的大众趋势。在此情形下，为了纠正司法与传媒的偏差，为了舒缓大众舆论的情势变

---

① 霍宪丹、郭华：《司法鉴定制度改革的逻辑反思与路径探究》，载《法律科学》2010 年第 1 期。

化，司法鉴定体制的体系化建设也是必然之举。

二、我国司法鉴定体制的体系化：从立法到司法的转向

（一）司法鉴定体制的体系化体现立法技艺

司法鉴定体制的体系化是我国立法技艺迈向成熟的表现。能够在面对司法鉴定的诸多困境中建立起系统化的结构，将体现出中国立法者在制定规范过程中原则性与灵活性兼容的优势与智慧。司法鉴定体制的体系化既考虑到了司法鉴定实践的需要，也考虑到维护司法秩序的社会效果，是动态规约的一种全新尝试。

（二）司法鉴定体制的体系化顺应中国国情

司法鉴定体制的体系化考虑到中国地域差异明显、各地经济政治文化参差不齐、司法环境现代化程度迥然不同的情形，对各地如何运行司法鉴定机制给予宽松空间，以便因时、因地制定相应规范。这体现出作为地域辽阔的大国在制定法律规范时必须考虑的不同于欧洲小国或美国这样经济地域差异不大的国家的特殊性。

（三）司法鉴定体制的体系化符合目前的司法格局

司法鉴定体制的体系化符合当下的司法格局，是对公、检、法各机关权力的重新调整，这其中隐约可见各机关权力的微调与妥善处理司法鉴定问题的各机关的配合。可以说是我国政法机构对司法鉴定问题作出的集体回应，体现出我国司法机关相互制约、相互配合的既定格局。

（四）司法鉴定体制的体系化具有"纲领性"的法律寓意

司法鉴定体制的体系化可以使当下中国司法鉴定从立法转向司法，《决定》的出台对如何制定规范和规范建立的论证已经形成共识，未来的重点将放在如何将已经制定的规范落实在中国大地的真实土壤上的法律寓意。为此，规范的弹性、灵活性和柔软性将会发挥出纲领性的作用而不断激发司法实践中的成功经验。

三、我国司法鉴定体制的体系化困境

从文本到实践的转变过程中最重要的是建立一种怎样的体系，使司法鉴定规范与制度在多种困境之中能够有效而灵动地发挥作用。目前，我国司法鉴定体制的体系化建设面临三种困境：

（一）规范无法"求全"

所谓规范"求全"就是指目前我国司法鉴定规范过于稀疏[①]，《决定》也仅有 18 条，况且无论怎样扩充规范都不可能穷尽司法鉴定的各种现象，也不可能包容各种特殊情形。而为了追求全面涵盖各种情形所导致的结果也必然是"事倍功半"。

（二）"说不准"

司法鉴定制度是建立在多元价值基础上的，坚持单一主张和立场都有可能在特定的情境中站不住脚。因此，各种对立的立场使得司法鉴定问题在很多方面是"说不准"的，也就是说精确的界定是建立司法鉴定规范的"大忌"之一。其中的模糊与含混之处正是司法鉴定问题不可改变的一个本质问题。

（三）"有冲突"

司法鉴定规范涵盖了对真实性与合法性的双重要求，在特定情形下，真实性与合法性的冲突经常是困扰鉴定主体的一个典型现象。无论是原则还是规范，很难对真实性与合法性的权重给出明确的答复。因此，即使是细化司法鉴定规范也有可能无法排除多种解释。这既为鉴定主体提供了宽泛适用司法鉴定规范的机会，也使鉴定主体在面对规范时不知所措。

上述三种质疑触及司法鉴定制度的本质问题，可以说，并不是通过某些规范的建立可以完全消除的。无论是规范发达的美国还是依赖法官经验的德国，上述三种质疑与批评都长期存在。在这种情形下，一个国家如果想要建立全新的司法鉴定规范就必须从体系化的角度注重司法鉴定体制的整体效应。

"体系的强化，大致要采取这样几种形式：定性描述的假说体系、概念推论的公理体系、形式化和符号化的演绎体系等。"[②] 在笔者看来，"体系化建设"要求使我国司法鉴定体制从文本落实到实践。这种落实需要建立起一种不同于西方的、独具中国特色的规范结构。笔者将之称为"互动型"开放结构（以下简称互动结构）。

---

① 顾永忠：《论司法鉴定体制建立的依据及进一步改革的重点》，载《中国司法鉴定》2011 年第 1 期。

② 孙显元：《自然科学和社会科学合流的基本趋势》，贵州社会科学出版社 1986 年版，第 2 页。

互动结构是指在司法鉴定的体制建立框架兼顾鉴定规范的匹配性与协调性,强调对既有司法鉴定规范的充分调配与经营平衡,以凸显整体效应。互动意味着规范之间需要相互配合、相互牵制,形成一种内在的均衡。同时,互动引发的是一连串的司法鉴定机制的动态变化。建立互动结构是处理和解决司法鉴定疑难问题的具有开创性的做法。在笔者看来,司法鉴定体制体系化建设的核心即搭建一个互动性的框架结构,为处理司法鉴定问题,使其不陷入困境提供了良好的平台。

互动结构实际上是我国司法鉴定规范的一个方向,它不同于美国"规范复规范"的叠加,也不同于德国依赖法官的自由裁量,而是在繁复的规范与一般的精神理念之间,建立起一种"框架结构"的中间状态。这种"框架结构"如此灵动而具有弹性,使司法鉴定的上述困境能够有效化解。在笔者看来,虽然仅仅18条的《决定》有很多方面并未涉及,但是这并不是如某些学者所说的"空白",而是立法者有意为之的"留白"。所谓"留白"就是考虑到司法鉴定问题的诸多难处和不确定因素而特意留出为司法鉴定实践提供更广阔的空间以提炼中国特色司法鉴定制度经验的一种智慧表达。"留白"表明,既需要对司法鉴定予以整体的框架布局与宏大描述,也需要在涉及过于细致的问题时给出大胆而宽泛的适应空间,以保障在司法鉴定实践中有理有据的创新制度。可见,《决定》已经为我们提供了一个良好的开端,我们理应参考这一"开放互动结构"的"雏形",继续探索出中国特色的司法鉴定制度。

四、我国司法鉴定体制体系化建设的未来方向

"体系化"强调对自身司法问题的深入洞察,对建立怎样的规范体系能够有效改变司法状况的透彻分析,在对系统科学的基础上形成的独具特色的规范体系。[①] 这是中国司法鉴定独立自觉的一个重要标征,也是我国司法鉴定迈向成熟的显著标志。体系化建设对中国司法鉴定体制发展指明了方向。

(一)表明态度与立场

只有通过对一系列规范的系统架构,而不是对一两个规范的建

---

① 霍宪丹:《中国司法鉴定体制改革的实践探索与系统思考》,载《法学》2010年第3期。

立，我们才能把握司法鉴定的真谛。

（二）指明细化方向

体系化建设为今后我国司法鉴定体制的发展提供了标准的参照系，也为司法机关作出进一步的司法解释、各地区作出相关地方规范提供了法律参考，它将调整甚至改变中国司法鉴定体制的整体格局。

（三）吸收经验

体系化建设的另一大优势在于可以吸收更多的可资借鉴的经验。一方面，我们可以在地域差异颇大的中国逐渐摸索哪些值得进一步细化、哪些需要进一步补充完善、哪些有可能影响鉴定人员等问题。司法鉴定体制的体系化建设可以搭建起一个理性的结构框架，并没有形成"血肉"。而"血肉"的增加、整个机能的良性运转还需要将具体规范落实到司法鉴定实践的层面予以进一步地检验。没有框架，就没有指导实践的基本思路，而如果过于细致烦琐的规范，也有可能与不同地域的司法环境"水土不服"从而形成抵制和冲突。

（四）过滤意见

司法鉴定体制的体系化建设使各种有价值的意见有可能被吸收到未来的进一步细化规范之中，成为立法逐步推进的有意识的步骤。它为过滤意见、筛选有价值的建议提供了一种渠道和契机。

（五）制度创新

司法鉴定体制的体系化建设使得从理论上和实践上都有可能产生基于我国本土司法鉴定实践经验的有意义的制度创新。司法鉴定体制的体系化建设的另一优势在于，并没有对各地、各机关的司法人员的司法行为提出过分死板的规范制约，而是提供了一种制度指导，这种指导能够促进和指导司法鉴定主体寻求有利于自己的更为明确的做法和方式。

五、我国司法鉴定体制体系化建设的举措

为了实现司法鉴定体制的体系化，我们应当采取以下措施：

第一，落脚于《决定》，适时跟踪司法鉴定规范的落实情况，加强社会调研。

第二，全面评估《决定》的实施。可以通过社会调研和统计的方法，全面评估《决定》在实际落实过程中出现的种种问题与价值，

诉讼实务研究

为中国司法鉴定制度发展提供最具价值的对策。

第三，发掘新问题、提出新对策。通过对《决定》的跟踪，可以掌握其中诸多问题，也可以为实务界提供更多的技术支持与经验总结，以形成理论界与实践界的良性互动。

总之，司法鉴定体制的体系化建设必将成为中国司法鉴定发展中的一个标志性的里程碑。它对未来中国司法鉴定的意义绝对并不仅仅是规范的建立和制度的完善。更重要的是，它的互动性、开放式结构是依据本土情境的充分总结和经验教训的提炼，中国司法鉴定由此走出了一条不同于其他国家的独特路径——带有中国特色的"体系化"的探索之路，它必将成为未来中国司法鉴定制度迈向成熟的必然路径。

社会矛盾化解之刑事对策论
——以刑事政策为主线的研究

苏琳伟[*]

社会矛盾本身具有多元性和多变性等特点，矛盾激化到一定程度需经由刑事领域解决时，其更具破坏性。当刑事工作未能及时化解矛盾，甚至激化矛盾或增加矛盾，由此引发的涉法上访问题对于社会稳定的消极影响更为突出。因此，对刑事犯罪的处理和预防应当成为化解社会矛盾系统工程中的最重要一环。在研究化解社会矛盾的刑事对策中，刑事政策首当其冲，这一根本问题影响着全局。

一、"宽严相济"印象之辨析

"宽严相济"是当前我国刑事领域里较热门的词，不仅理论界频繁探讨，实务界也在积极推行，检察院和法院都分别出台文件，规范相关工作。而且，似乎"宽"正成为一种"潮流"，大有取代原有的"严打"政策的意味，由此让人们产生了宽严相济将成为我国基本刑事政策的印象，这是值得探讨的。

（一）"宽严相济"的发展脉络——围绕政策本身的考察

作为一种政策，从正式来源上查找，"宽严相济"最早出现之处应是在 2004 年 12 月，时任中共中央政治局常委、中央政法委员会书记的罗干同志在中央政法工作会议上指出："正确运用宽严相济的刑事政策，对严重危害社会治安的犯罪活动严厉打击，绝不手软，同时要坚持惩办与宽大相结合，才能取得更好的法律和社会效果。"[①] 时隔一年，在 2005 年 12 月召开的全国政法工作会议上，罗

---

* 福建省漳州市芗城区人民检察院检察委员会委员，法律政策研究室主任。

① 卢建平、翁小平：《论宽严相济刑事政策的法典化》，载《人民检察》2010 年第 17 期。

干同志要求政法机关更加注重贯彻宽严相济的刑事政策，促进社会和谐稳定，并明确指出宽严相济是指"对刑事犯罪区别对待，做到既要有力打击和震慑犯罪，维护法制的严肃性，又要尽可能减少社会对抗，化消极因素为积极因素，实现法律效果与社会效果的统一"。[①]

如果把以上理解为政法系统内部的提法，那正式以中央的名义对宽严相济进行确认则出现在 2006 年 10 月 11 日通过的《中共中央关于构建社会主义和谐社会若干重大问题的决定》中，该《决定》明确提出"实施宽严相济的刑事司法政策，改革未成年人司法制度，积极推行社区矫正"。根据这一文件精神，最高人民检察院于 2006 年 12 月 28 日发布了《最高人民检察院关于在检察工作中贯彻宽严相济刑事司法政策的若干意见》，率先在检察环节正式确认并推进这一政策。最高人民法院于 2007 年 1 月 15 日出台《关于为构建社会主义和谐社会提供司法保障的若干意见》，提出了坚持宽严相济的意见，但真正为宽严相济作为一项刑事政策在审判环节的推行确认"名分"是在 2010 年 2 月 8 日印发的《关于贯彻宽严相济刑事政策的若干意见》。

仔细考察"宽严相济"的确立过程，不难发现有两个名称交叉出现，即刑事政策和刑事司法政策。政法工作会议里把宽严相济称为刑事政策，而中央的正式文件则改为刑事司法政策，最高人民检察院沿用了中央文件的称呼，然而到了最高人民法院时又回到了最初的提法。可能就实务操作方面，深究名称上的变化不一定有多大意义，毕竟贯彻政策是以适用法律为前提的，也即政策主要通过影响法律制定实现其意图。但是就宏观上把握宽严相济的理论体系，这种文字表面上的冲突却蕴含着对其认识上的分歧。

从一般语义上看，刑事政策应为刑事司法政策的上位概念，后者的范畴小于前者，仅涉及司法领域。因为刑事政策是一个涉及面比较宽的概念，如同刘沛谞博士所界定的，"刑事政策是国家基于对刑事安全态势的判断，以各类（已然抑或未然）犯罪行为、严重越轨行为及其行为人为主要治理对象，运用刑事权指导刑事立法、刑事司法和刑事执法等刑事法治的基本环节，从而实现人权保障、正

① 刘沛谞：《宽严相济刑事政策系统论》，中国人民公安大学出版社 2010 年版，第 45 页。

义维护与秩序维持等价值诉求的行动过程以及相应的方法、策略与措施的总和"。① 以此为标准，刑事政策似可按照立法、司法、执法等环节划分为几个并列的下位概念。实际上，从"两高"先后出台关于宽严相济的文件也可以看出，宽严相济为主是在司法领域内推行的，中央的正式文件里把其称为刑事司法政策还是比较妥当的。

由此，严格意义上，刑事司法政策是不应与刑事政策混同的。宽严相济应是刑事司法领域内的一项明确的政策，应界定为刑事司法政策，其自身所承载或蕴含的理念不能仅从其自身找寻，而应从作为其上位概念的刑事政策上着眼。

（二）"宽严相济"的正确定位——基于宏观体系的把握

刑事政策是刑事法领域常用的概念，两大法系都在使用。在许多国家，包括德、日、法等，公认现代意义上的刑事政策是教育刑主义的产物，是实证学派的产物。现代刑事政策的核心是合理而有效地组织对犯罪的反应。② 这种反应是宏观意义上的，体现的是一种指导理念，同时这种反应又是全面的，体现的是一种综合应对，包含对犯罪的预防与惩罚，囊括国家权力的各个环节，所以针对刑事犯罪的对策必须具备宏观与全面的特性，才有可能被界定为国家的刑事政策。基于此，刑事政策本质上是一种决策理论，其主要价值不在于反犯罪活动的操作层面，而在于根据组合型价值观念的诉求，对全社会反犯罪活动的基本方向、基本路径、基本形式和主要手段进行规划和指导，在于对反犯罪活动的主要环节的资源配置进行调节。③ 以这样的理解来审视我国刑事领域里的相关政策，可以发现，不论是"严打"抑或"宽严相济"都不符合刑事政策对于宏观性与全面性的要求，二者都具有较强的具体操作性，也未能体现社会整体联动的全面性，很难将二者定位到国家层面的刑事政策范畴内。

新中国成立后，法制建设的道路曾经经历了坎坷的阶段，刑事政策的发展模式也不同于西方，应当说具有较为强烈的本土化特点。

---

① 卢建平、翁小平：《论宽严相济刑事政策的法典化》，载《人民检察》2010 年第 17 期。

② 陈兴良主编：《中国刑事政策检讨——以"严打"刑事政策为视角》，中国检察出版社 2004 年版，第 29 页。

③ 刘慧明：《经验与逻辑：宽严相济刑事政策之进境》，载《兰州大学学报》（社会科学版）2010 年第 5 期。

以 1979 年的刑法颁布为坐标，之前的很长一段时间没有刑法典，对于刑事犯罪主要依靠政策，其中最为广泛运用的是惩办与宽大相结合，虽然这一带有一定政治色彩的原则主要针对犯罪的处理，而未涉及预防，但其曾经支配着国家应对刑事犯罪的所有国家公权力资源，从这一层面上，把它界定为刑法典颁布之前的国家刑事政策是合理的。当然，纯粹以打击犯罪为取向的刑事政策是无法满足一个开始逐步朝现代化前进的国家的需要的。在 1979 年刑法颁布后，其实惩办与宽大相结合政策的弊端已逐渐显露，20 世纪 80 年代初的社会治安形势严峻即与重打击、轻预防的政策偏好不无关系。此时的中央受到原有政策阶级斗争政治色彩的影响，出于维护人民利益和社会秩序的考虑，选择进一步加大"惩办"的力度，1983 年开展了全国范围内的"严打"活动。"严打"即从重从快地严厉打击严重刑事犯罪。这次活动是必要的，成效明显，有效地净化了当时的社会治安环境。但由于"严打"政策的提出是在刑法典颁布后，其对打击犯罪的强调甚至还超越了之前的惩办和宽大相结合的政策，对预防犯罪的忽视注定了其效应无法长期保持，而且诚如上文分析，严打并不具有宏观性和全面性，其突出打击的一面甚至还与原有政策中的"宽大"存在冲突，这使得国家在刑事政策方面不得不及时应对调整。

新的刑事政策以两个决定的出台为标志。1991 年 2 月 19 日，中共中央、国务院作出了《关于加强社会治安综合治理的决定》，对加强社会治安综合治理的重要性，都作了详细规定。同年 3 月 2 日，第七届全国人民代表大会常务委员会第十八次会议通过了《关于加强社会治安综合治理的决定》，以国家最高权力机关的名义，把社会治安综合治理的有关问题用法律形式固定下来。这两个决定显然是在发现原有政策弊端的基础上做出的，开始重视对犯罪的预防工作，确定了打防结合、预防为主的原则。社会治安综合治理具有宏观性，确立了打击和预防犯罪并重的理念，也具有全面性，涉及国家管理的诸多环节，符合了刑事政策的特征。应当说，两个决定标志着我国刑事政策的转变。然而，对新政策的理解把握和贯彻执行却不一定顺利，毕竟打击犯罪的成效显然比较容易看到，而预防犯罪则相反，甚至没有衡量的标准，二者之间是"标"与"本"的关系。实务部门似乎更愿意以"治标"来体现对刑事政策的贯彻，于是 1996 年、2001 年又分别开展了全国范围内的"严打"活动，真正在实务上着手"治本"反而是在宽严相济刑事司法政策提出以来，这造成了一种假象，即宽严相济的出台废除并取代了"严打"而成为国家刑事政策。① 实则不然，二者均非刑事政策层面上的概念，宽严相济刑事司法政策并非废除了"严打"，而只是把"严打"拉回理性的轨道上，重新彰显综合治理对于预防犯罪的根本需求。

（三）"宽严相济"的属性辨识——凭借比较方法而实现

通过以上分析，我们似乎可以理出这样一条脉络，即我国刑事政策经历了由带有浓厚阶级斗争色彩的"惩办与宽大相结合"到相对成熟系统的"社会治安综合治理"的发展与转变。而"严打"出现在这一转变过程的中间阶段，实际上也推动了这一转变，但由于惯性作用，其在之后继续被过度强调和利用，导致与新的刑事政策之间产生摩擦与冲突，带来了对"严打"的反思与调整，促成了今天我们所看到的"宽严相济"，这一刑事司法政策恰好与综合治理的刑事政策相呼应。"宽严相济"并非废除或取代"严打"，否则其应直接确定为"宽缓政策"之类的称呼。

然而，现如今，我们可以经常看到"宽严相济"的字眼在立法、行政等诸多环节出现，这是否意味着刑事政策实现了第三次转变呢？笔者认为答案是否定的。首先，宽严相济在中央正式文件里的提法已经明确为刑事司法政策，而这并不会因此而限制"宽严相济"作为一个普通词汇在其他场合下的运用，抑或这个词在其他场合里可能已经成为预防犯罪甚或综合治理的"替身"。其次，把宽严相济以政策名义予以正式规定也仅出现在检察院和法院的文件里，也说明了其作为政策主要还是在于指导刑事司法工作。最后，宽严相济政策对犯罪的预防主要是通过对已然犯罪的宽缓处理来实现，作用范围有限，如果把宽严相济上升为国家刑事政策则相对于综合治理政策反倒是退步。而且，如果真是这样，也就无法理解当下社会管理创新为何会成为政法工作三项重点内容之一，因为社会管理创新属于综合治理范畴而非宽严相济领域。诚如学者严励所说，从刑事政策的结构体系看，我国刑事政策体系已经初步形成，即社会治安综合治理的总的刑事政策、"打防结合、预防为主"的基本刑事政策和以刑事惩罚和社会预防为主要内容的各种具体刑事政策，宽严相济

---

① 刘根、龙小林：《论"宽严相济"与三个刑事政策的关系》，载《求索》2010 年第 4 期。

即属于刑事惩罚政策的重要方面。①

　　相较"严打"政策，宽严相济刑事司法政策的核心特征在于区别对待，这一原则可以从我国检察院和法院的文件规定里看到。这种"区别对待"是对（犯罪性质）轻重不同的犯罪类型分别采取不同的刑事处遇措施，是较少考虑犯罪人个人情况的。② 区别对待既彰显了无罪化的理念，让一些轻微罪行的人得以避免带上罪犯的标签而难以回归社会，减少了社会矛盾，也相对解决了司法资源稀缺的问题，一定程度上缓解了刑事案件激增的态势。同样建立在区别对待基础上的"惩办与宽大相结合"和"两极化"看似与宽严相济有相通之处，实则还是有本质差别的。"惩办与宽大相结合"的区别对待目的在于分化犯罪分子，所以更为注重对罪犯个人情况的考虑，这一政策实质上是由革命斗争的策略演变而来的，所以灵活性较宽严相济更强。而西方国家"两极化"政策的产生背景是与宽严相济相反的，其是为了纠正矫正刑在刑罚方面过分宽缓化而提出来的，不但不要求轻重协调、平衡，相反，在政策设计上有意扩大两者之间的差距，造成量刑轻重之强烈对比，以达到控制、预防犯罪、促使犯罪人改过自新之目的。③

　　宽严相济刑事司法政策除了在刑事处遇上区别对待，实体方面实现宽有节、严有度外，在程序方面的发展趋势也值得关注。笔者认为，在程序上，宽严相济的"严"带动了刑事诉讼法律的进一步规范，如 2010 年 7 月 1 日生效的《关于办理刑事案件排除非法证据若干问题的规定》和《关于办理死刑案件审查判断证据若干问题的规定》即对刑事案件的证据审查提出了更为严格的要求；而宽严相济的"宽"则引入了程序宽容的理念，其最为突出的表现是刑事和解制度的推行，刑事案件的犯罪嫌疑人和被害人之间就犯罪造成的损害达成经济赔偿协议，并进而要求公诉、审判机关在处理上体现从宽。这在宽严相济政策推行之前是不可思议的，因为按照原有理念，刑事犯罪的处理是国家的事，被害人在刑事诉讼中的地位仅是

① 严励：《问题意识与立场方法——中国刑事政策研究之反思》，载《中国法学》2010 年第 1 期。

② 陆诗忠：《宽严相济刑事政策之基本问题研究——对相关传统话语的批判性考察》，载《安徽大学学报》（哲学社会科学版）2010 年第 3 期。

③ 刘根、龙小林：《论"宽严相济"与三个刑事政策的关系》，载《求索》2010 年第 4 期。

以自己的陈述作为证据，一般情况下是不能参与处理程序的。

（四）"宽严相济"的价值面相——经由刑事和解之探析

自 2006 年中央正式确定宽严相济刑事司法政策以来，实务部门陆续以工作规定等形式细化并推行该政策，这一政策正通过潜移默化的方式逐步地改造着大陆地区的刑事司法模式。首先，打破了对"严打"过度膜拜的心理，把对严打控制犯罪作用的认识拉回正确的轨道内，当前我国已较少开展大范围、运动式的"严打"活动，而是把严打作为一种方式，有针对性地以专项斗争形式打击某一领域或类型的严重犯罪，在适度范围内体现刑事打击的威慑作用。其次，以"相济"的方式体现了综合治理的根本要求，宽严相济政策不再推崇单一化的做法，相反鼓励区别对待、宽严互补，把刑事处理的视野提升到社会防卫的更高层面上。最后，以"宽"带动刑事诉讼模式的发展，在强调刑事诉讼打击犯罪和保障人权双重目的的基础上，以被害人为考虑对象逐步发展出了合作协商诉讼模式，成为了"独立于正当程序和控制犯罪之外的第三种价值理念"。[1] 因此，体现合作协商价值理念的刑事和解或许能成为深入研究宽严相济刑事司法政策的一个十分有用的"实验切片"。

当前，刑事和解是一个既陌生又亲切的概念。说其陌生，因为刑事和解目前尚未形成正式制度，仅在实务操作中被提及且依附于诸如相对不起诉等制度，真正以刑事和解作为核心对象的正式文件或许应以 2010 年 12 月 2 日发布的《最高人民检察院关于办理当事人达成和解的轻微刑事案件的若干意见》（以下简称《刑事和解意见》）为标志；说其亲切，因为自从宽严相济刑事司法政策确立以来，刑事和解就一直是理论和实务的热点课题。如《最高人民检察院关于在检察工作中贯彻宽严相济刑事司法政策的若干意见》第 26 条明确要求加强研究的内容，刑事和解是排在首位的。

虽然宽严相济政策对刑事和解持肯定态度，但毕竟未确立制度，因此自 2006 年以来，刑事和解一直处于改革尝试阶段，检察院、法院对于刑事被害人和被告人之间的和解协议一般会予以承认，但并没有法定义务必须在诉讼结果上体现，由此可能出现同样的刑事和解案件，最后得到不同的刑事处理。当然，《刑事和解意见》的出台

---

[1] 陈瑞华：《司法过程中的对抗与合作———一种新的刑事诉讼模式理论》，载《法学研究》2007 年第 3 期。

也预示着刑事和解制度化迈出了实质性的一步。

对于刑事和解内涵的理解仁者见仁、智者见智，在法律体系的语境下，刑事和解是指通过犯罪人、被害人及其他主体之间的沟通、交流，确定犯罪后的解决方案，犯罪人通过向被害人道歉、赔偿被害人的损失、进行社区服务等非监禁行为，使被害人因犯罪造成的物质、精神损失得到补偿，并求得被害人及其家属的谅解而终止刑事诉讼的过程。[①] 这一理论上的阐释实际上赋予了刑事和解较强的法律效力，即达成和解可以产生终止刑事诉讼的结果。然而，这种设计可能弱化公诉权的地位，其效力应否有边界是值得思考的。

而《刑事和解意见》可视为对一段时间以来的改革尝试的总结和巩固，该意见并未对刑事和解的内涵作定义式的解读，而是通过对刑事和解的内容进行限定来体现的。根据该意见，当事人双方可以就赔偿损失、恢复原状、赔礼道歉、精神抚慰等民事责任事项进行和解，并且可以就被害人及其法定代理人或者近亲属是否要求或者同意公安机关、司法机关对犯罪嫌疑人、被告人依法从宽处理达成一致，但不得对案件的事实认定、证据和法律适用、定罪量刑等依法属于公安、司法机关职权范围的事宜进行协商。由此意见，可以管窥我国刑事和解的大体趋势：一是刑事和解内容基本限定在民事责任方面，不包含非监禁措施的适用决定，即被害人的决定权限仅为于民事责任范畴内获得赔偿，而没有直接干涉刑事处理的权利；二是被害人可以对刑事处理提出宽泛性的意见供办案单位决定时参考；三是被害人也不得因为和解而协商变更案件事实，干扰办案部门认定工作，和解以刑事为前提，首先必须成立刑事案件才能启动和解程序；四是刑事和解具有多样化的形式，但强调自愿原则。

我国刑事和解的制度化是明确的趋势，是宽严相济刑事司法政策的具体制度之一。这一制度改革不仅顺应了综合治理刑事政策的根本要求，而且也是刑事法治进步的一种体现，即对被害人的重视与保护。新中国成立后一段时期，刑事诉讼立法停滞不前，未建立系统的刑事诉讼法律体系，且阶级斗争理论占据主导地位，遑论被害人诉讼地位的考量。1979 年通过的刑事诉讼法确立了自诉制度，为被害人行使诉权提供了立法上的保障。1996 年修订的刑事诉讼法

---

① 卞建林、李兰英、韩阳：《刑事诉讼法专题研究》，科学出版社 2007 年版，第 183 页。

"提高了被害人在刑事诉讼中的地位，不仅继续确认了自诉人的当事人地位，而且首次将公诉案件的被害人确定为刑事诉讼的当事人之一"。[1] 但在实务中，被害人并未完全如立法所确定的享有诉讼当事人的地位，尤其在公诉案件中，被害人除了提起附带民事诉讼权利外，地位几乎等同于证人。[2] 而刑事和解为被害人在诉讼程序中维护自身权益提供了一个十分有益的渠道。同时，刑事和解也为非犯罪化提供了良好的平台，刑事加害人不一定需要通过接受刑事处罚来承担刑事责任，只要其积极与被害人协商，达成和解，完全可能获得司法机关非犯罪化的处理，为其回归社会创造了较好的环境。

二、社区矫正制度之完善

从对"宽严相济"印象的辨析可以推论，我国当前的刑事政策正处于转型巩固期，由原有的"惩办与宽大相结合"向"社会治安综合治理"转变，这一过程如同其他制度改革一样，是在摸索中前进的。从新政策提出以来的近 20 年间，由于特定的历史条件等因素的共同作用，综合治理并未得到正确理解和全面贯彻，直至宽严相济刑事司法政策在中央文件中得以规定，综合治理的政策在刑事诉讼环节才得以全面铺开。然而，综合治理是全面性的，作为受到社会防卫理念影响的政策，其最终的意图势必落在对犯罪的预防上，而仅凭刑事诉讼环节的宽严相济尚不足以完全满足这种"大预防"的需求。通过"严"，我们可以有力打击犯罪，并在刑罚执行环节加大改造力度，毕竟这一过程中，罪犯始终未脱离刑事诉讼的视野；而通过"宽"，虽然以矛盾化解为前提，然而由此产生的诉讼结果则是原本的罪犯可能轻易地脱离了刑事诉讼的掌控，监外执行由于没有既定的管理模式而往往最后成为实际上的释放，而被相对不起诉的罪犯也因为仅以和解作为考察其悔罪态度，更是容易因被滥用而造成以钱赎刑的社会印象。由此，综合治理不能仅停留在刑事环节的宽严相济上，而应适当往后延伸至刑事矫正的环节，真正意义上把已然犯罪的"病根"治好。这一工作目前也已通过改革尝试而得

---

① 周伟、万毅：《刑事被告人、被害人权利保障研究》，中国人民大学出版社 2009 年版，第 211 页。

② 刘军：《被害人参与量刑的理论与实践》，载《法学论坛》2009 年第 11 期。

以创设，目前尚在逐步完善之中，即社区矫正制度。

（一）我国社区矫正的发展

社区矫正是伴随着 19 世纪末兴起的刑事实证学派的兴起而发展起来的，这一学派以龙勃罗梭为代表，把犯罪视为一种社会病态，"立足于对犯罪之病理性的理解，否定了刑罚的惩罚性"。[1] 而与之差不多同时期的刑事社会学派则让这种矫治理念得到进一步的理论支撑，让犯罪矫治逐步走向实践并在 20 世纪下半叶成为西方国家刑事处遇的普遍做法。而我国社区矫治工作的发展则似乎与西方模式有所不同，严格意义上，我国并非在犯罪学发达的基础上构建起社区矫正理论体系，即这一概念的产生本身存在着理论准备方面的"先天缺陷"。同时，这种理论准备的不足还在其执行主体的弱势上得到体现，触发了"体质羸弱"的"后天不足"，实务中社区矫正一般是由三部分主体组成：一是以司法所为代表的专门国家机关；二是相关社会团体和民间组织；三是社会志愿者。[2] 其中，专门国家机关在试行社区矫正前既未担任过刑罚执行主体，也不是有关犯罪问题的研究机构，其能否胜任矫正任务是值得担忧的。

考察我国社区矫正的发展脉络，大致可以分为三个阶段，以三份文件为分界点：第一阶段从 2003 年 7 月开始，由最高人民法院、最高人民检察院、公安部和司法部（以下简称"两高两部"）联合下发《关于开展社区矫正试点工作的通知》，确定北京等 6 省市为试点地区，正式启动社区矫正制度。第二阶段从 2005 年 1 月开始，由"两高两部"联合下发《关于扩大社区矫正试点范围的通知》，将社区矫正试点扩大到 18 个省（区、市），加大了试点经验积累的力度和广度，至 2007 年 6 月底，试点工作已经在全国 25 个省（区、市）的 123 个市（州）、517 个县（区、市）、4189 个街道（乡镇）展开。第三阶段从 2009 年 10 月开始，同样是由"两高两部"联合下发文件，通过《关于在全国试行社区矫正工作的意见》，社区矫正工作在全国

---

① 阮传胜：《我国社区矫正制度：缘起、问题与完善》，载《北京行政学院学报》2011 年第 1 期。

② 河北省社区矫正工作机制与规范运行研究课题组：《河北省社区矫正工作机制与规范运行研究》，载《河北法学》2010 年第 6 期。

范围内推行。① 2011 年通过的《刑法修正案（八）》再次明确了社区矫正工作，把其正式纳入刑罚执行的制度体系内。

从社区矫正开始试行的时间看，这一制度的创设应是对 2001 年"严打"成效反思的结果，或者说"严打"成效的不尽如人意推动了我国在预防犯罪方面有了这样的举动。从社区矫正三个阶段的衔接特征看，我国所走的路径是结合国情并有选择性地移植域外制度，且通过自上而下的方式短期内先把整体制度构建起来，再在总结经验教训的基础上逐步完善。这样的做法体现了决策者对运用社会防卫理念的坚定决心和改革刑罚制度的魄力，但这样的方式也让制度发展不可避免地遭到资源投入及与其他制度衔接等方面的"瓶颈"，甚至有学者对社区矫正试点的成效提出了质疑。②

（二）社区矫正的问题思考

在我国司法改革大潮中，任何制度的试点都会遭遇合宪性或合法性的质问，但这可能也是法律制度改革所无法回避的，毕竟制度改革没有经过"试验田"的论证就直接在宪法或基本法律中确认，也显得过于轻率。而除此之外，社区矫正还存在着诸多问题，其中最为关键的有三个方面：

一是主体问题。根据"两高两部"的文件规定，我国的社区矫正是指将符合社区矫正条件的罪犯置于社区内，由专门的国家机关在相关社会团体和民间组织以及社会志愿者的协助下，在判决、裁定或决定确定的期限内，矫正其犯罪心理和行为恶习，并促进其顺利回归社会的非监禁刑罚执行活动。如上所述，专门国家机关一般为司法行政机关，而根据刑法和刑事诉讼法的有关规定，非监禁刑的执法主体为公安机关，"法律文件的冲突直接造成社区矫正的执法主体与工作主体相分离"，③ 在实务中，警力不足往往让公安机关所承担的社区矫正工作流于形式，而司法行政机关由于主体地位未得到法律的真正确认，常由于没有真正的执法权而沦为类似社团的地

---

① 郝川：《社区矫正制度实施与完善机制研究——以社区矫正主体为视角》，载《西南大学学报》（社会科学版）2010 年第 4 期。

② 武玉红：《对我国社区矫正管理模式的检讨》，载《山东社会科学》2010 年第 6 期。

③ 红梅：《我国社区矫正法律制度的不足与完善》，载《前沿》2010 年第 23 期。

位，且两种主体还可能因此互相推诿，造成非监禁刑人员的管理处于"真空"状态。再看另两类辅助主体，一类为社工组织，即相关社会团体和民间组织；另一类为个人参与主体，即社会志愿者。这两类辅助主体在社区矫正试行伊始对于我国而言还算是较为陌生的事物，虽然诸如心理治疗等专业开始普及，但其本身尚不足以满足社会发展的需求，何况全面参与社区矫正工作。或许主体的法律地位问题只是试行过程中必然遇到的，也可以通过今后的立法予以解决，但主体的资源性缺陷却是今后很长一段时期需要予以关注的大问题，如同有学者所指出的，"当前的社区矫正队伍整体中，高素质的管教人才缺乏，在吸纳社会志愿者、组建专业心理矫治队伍、社区力量帮教方面尚处于起步阶段，专业化的矫正队伍还没有建立起来，在一定程度上影响了社区矫正的发展"。[①]

二是方式问题。我国的社区矫正并不是在犯罪学发达的基础上建立起来的，很大程度上依赖于对国外制度的移植，但这种移植完全不同于其他法律制度，因为社区矫正带有很强的社会化的属性，并非在法律领域内即能解决的事情。社区矫正是一项综合性的工作，不仅需要耗费大量的人力物力，而且对于工作人员的专业学历等方面的要求也很高，如在加拿大，承担社区矫正工作的假释办公室就设有高级假释官、行政经理、项目管理者、普通假释官、特别任务主任、心理学工作者、牧师、电脑技师、个案管理工作者等，社区矫正工作者一般需要具有本科学历，还必须具有犯罪学、刑事执法、心理学、社会学等专业的教育背景。[②] 而在我国，这些条件的准备似乎还在起步阶段，目前能把社区矫正制度整体构建起来已经是很不容易的事了。当然，如果社区矫正没有得到有力的专业资源支撑，其制度宗旨将可能落空，从而影响制度本身的发展完善，特别是在工作方式方面，没有专业技能内容的社区矫正无非是监禁刑的另类方式而已。如当前，我国对于矫正对象似乎更愿意以问题视角来开展工作，即社区矫正的介入理念主要是将关注点聚焦在矫正对象的

---

① 苏彩霞、邵严明：《我国社区矫正试点工作中的问题与对策——对武汉市社区矫正试点工作的实证调查》，载《暨南学报》（哲学社会科学版）2009年第6期。

② 荣容、肖君拥：《社区矫正的理论与制度》，中国民主法制出版社2007年版，第21页。转引自张凯、姚宏科：《社区矫正分析》，载《刑事法杂志》2009年第9期。

障碍、缺陷及所受到的伤害等问题上，而忽视或不愿意将关注点聚焦在案主所面临的问题和困难上，以优势视角来推进工作。[1] 矫正工作的方式问题应伴随着矫正工作队伍的建设尽快地解决，否则社区矫正制度将如同空中花园一般，虽然外表华丽，却是遥不可及。

三是环境问题。社区矫正试行至今已有 7 年多，但这一制度似乎仅仅是在国家公权力领域内运作，并未真正走向社会化，对于社区矫正的宣传普及并未深入大众。由此所谓的"社区"仅仅只是这一工作的主体层级的代名词而已，并非是矫正对象所处的环境，甚至矫正对象还必须与所在的矫正社区相对隔离，因为社会公众对社区矫正普遍存在认识偏差，缺乏广泛的认同度，一旦矫正对象的身份被公之于众之后，他们就会面临很多问题。[2] 社区矫正工作面临的环境问题也即社会排斥问题，是一个复杂的现象，有学者总结认为，身份地位是根本因素，经济限制是加深因素，面子问题是文化因素，还有其他个别因素等，这些都降低了被矫治对象社会化的效果，击破了他们的社会归属感和信任感，甚至产生对社会的抵触情绪以及反社会的行为，最终使社区矫正制度预设的功效成为泡影。[3] 作为一项兼具惩罚性与社会性的制度，社区矫正面临着定位上的难题，如何在报应性和功利性之间取得平衡成为摆在矫正制度面前的一项重大课题，如果一味强调报应性，则社区矫正无法走出当前的困境，矫正对象在这样的尴尬境遇下如何顺利回归社会是值得怀疑的；如果一味强调功利性，则势必走向另一极端，矫正似乎成了一种福利，这与我国民众的文化认同是格格不入的，将更加剧社会的排斥。如何让公众真正认识社区矫正的价值所在并认同这一制度，是社区矫正制度试行之初忽视的一大问题，离开矫正的社会环境，则矫正的最终目的将沦为空谈。

（三）社区矫正制度预期

虽然社区矫正的试行遇到了种种困难，也遭到了理论界的诟病，

---

① 付立华：《优势视角下的社区矫正介入策略研究》，载《中国社会科学院研究生院学报》2009 年第 5 期。

② 高一飞：《社区矫正对象的社会排斥分析》，载《思想战线》2010 年人文社会科学专辑第 36 卷。

③ 骆群：《社区矫正对象社会网络排斥的成因探析——以上海市为例》，载《内蒙古社会科学》（汉文版）2010 年第 2 期。

然而如果把它放置于综合治理的整体背景下审视，则不难发现，作为综合治理"大链条"中不可或缺的一环，社区矫正制度的推进势在必行，这从《刑法修正案（八）》对社区矫正的肯定也可以管窥一般。从这一制度试行以来，其价值是得到肯定的，而相关的问题存在于执行过程中。由此，笔者对这一制度是持肯定的态度，也对这一制度的发展趋势有如下之预期：

一是走向体系性。社区矫正是行刑社会化的体现，然而这并不能充分阐释这一制度在我国扎根的本质问题，还必须从综合治理的刑事政策视野来把握。作为综合治理体系中"防"的重要组成部分，社区矫正由公安机关以外的部门负责是具有逻辑上的合理性的，因为公安机关为主承担的是"打"的职责，让其再承担"防"的功能不仅不堪重负，也不符合社会分工细化的趋势，但前提是这个部门应当被纳入刑罚执行体系内。同时，作为实现"防"的目的需要，这个部门还应当拥有必要的社会工作专业资源，这需要国家的投入。由此可以想见，社区矫正的主体必将逐步明朗化，在司法行政部门，特别是基层司法所的队伍建设推进到合适的程度时，其必将成为法律所承认的社区矫正的唯一执法主体，公安机关则将调整为配合主体，即当矫正对象违反有关规定而不适宜适用非监禁刑时，由司法行政部门启动程序，由公安机关采取措施实现刑种的变更。而由于司法行政部门成为刑罚执行主体之一，其工作也将纳入检察机关法律监督的范畴，确保该项工作运行在正确合法的轨道内。

二是走向科学性。从综合治理的宏观视野看，"防"的意图的实现有赖于对犯罪产生根源的矫正。我国社区矫正是在基础建设十分薄弱的条件下建立起来的，难免存在理念、机制、技术等方面的误区。如把矫正视为单纯的心理问题的纠偏，把矫正对象视为"病人"，忽视了适当惩罚性的必要；又如对矫正对象的跟踪监控技术十分落后，仅定期了解人员流动情况是不能满足矫正需求的。由此可以判断，社区矫正在正本清源的基础上，势必在技术方面有实质性的突破，社区矫正必须建立起矫正前调查工作机制、矫正评估体系和矫正危险控制机制等，[①] 相应的科技设备也必须引入。

三是走向开放性。还原社区矫正的本义，就是意图让不具有较

---

① 胡承浩、万志前：《理念、制度、技术：三维视角下我国社区矫正的完善》，载《江汉论坛》2009 年第 8 期。

高危险性的犯罪分子在国家控制的模拟生活环境中进行改造，为回归社会做好前期准备。所以，所谓的"社区"是必备的条件之一。如上所述，我国长期以来的人文因素使得这种模拟环境的建立举步维艰，缺失了环境的支撑，社区矫正将成为"偷偷摸摸"的事情。由此可以预见，我国社区矫正的发展势必在开放性上有显著进展，国家必须引导民众在心理上接纳和宽容矫正对象，减少对其的排斥观念。同时，社区矫正的方式也应具有开放性，诸如社会服务令等矫正方式应被引进，建立起矫正的"绿色渠道"。在矫正制度完善的基础上，其适用范围也可以进一步开放，可以把相对不起诉和附条件不起诉的对象也纳入矫正的轨道内。

三、社会管理创新之推进

综合治理的目的在于预防犯罪，其通过刑事环节的"宽严相济"，通过刑事后续环节的社区矫正，是可以实现对已然犯罪的治理并预防再犯罪的，但却无法应对未然犯罪的激增问题，这一需求势必要求综合治理政策也必须把关注的目光投向刑事环节之前的领域。在这样的大背景下，我们就不难理解为何推进社会管理创新会成为政法部门三项重点工作之一，这是由社会治安综合治理的刑事政策所决定的。社会管理创新主要体现了刑事政策中"防"的取向，即从刑事工作中研究出犯罪规律，把应对犯罪的工作关口前移，在社会管理环节有效遏制犯罪的发生。

社会管理创新概念的发展是一个连续渐进的过程。2007年，党的十七大明确提出了完善社会管理的要求。2009年，中央政法委书记周永康同志在全国政法工作会议上又进一步把推进社会管理创新纳入全国政法系统三项重点工作中。2011年2月，胡锦涛总书记在省部级主要领导干部社会管理及其创新专题研讨班开班式上做了重要讲话，深刻阐述了加强和创新社会管理的重要性和紧迫性。由于社会管理创新是在和谐社会建设理论体系完善过程中提出来的，实践中人们往往更倾向于把它当成一项政治方针来贯彻，而忽略了其本身即为刑事政策的有机组成部分。由此，有必要对其进行一番重新认识，因为在刑事政策语境下，推进社会管理创新即呈现出一定的规律性和层次性。

（一）理论前提：综合治理政策的发展

要真正认识社会管理创新的概念内涵，有必要先了解作为其得以建立的理论前提，即社会治安综合治理政策的发展过程。如上所述，综合治理政策以 1991 年的两份决定的出台为标志，但这两份决定只为这一政策确定了地位，相关的制度框架并未完全明确。综合治理政策的基本任务是到 1996 年中央和国务院发布的《关于加强社会治安综合治理的决定》才定下来的，即"在各级党委和政府的统一领导下，各部门协调一致，齐抓共管，依靠广大人民群众，运用政治的、经济的、行政的、法律的、文化的、教育的等多种手段，整治社会治安，打击犯罪和预防犯罪，保障社会稳定，为社会主义现代化建设和改革开放创造良好的社会环境"。而综合治理的指导方针则是在 2001 年中央和国务院发布的《关于进一步加强社会治安综合治理的意见》中提出的，即"打防结合，预防为主"，这一方针到 2004 年时经由党的十六届四中全会通过的《中共中央关于加强党的执政能力建设的决定》修正完善为"打防结合、预防为主，专群结合、依靠群众"。① 社会治安综合治理政策是在对我国建国以来刑事政策的总结与反思基础上制定的，这一政策的提出与发展过程刚好与肇始于 20 世纪 90 年代的司法改革基本同步，新政策的制定也因此具备了相对的开放性，对于西方较为成熟的社会防卫理念采取了兼容吸收的态度。然而，理论上的进步虽然已不容易，实践中的贯彻更是困难重重，尤其是实务部门的观念转变是关键性的难题。受到原有观念的作用，实务部门在对综合治理政策的执行中仍保留了对"打"的偏好，由是我们才看到了 1996 年和 2001 年综合治理政策确定基本任务和指导方针的同时，实务部门以两次"严打"活动作为贯彻，在预防方面却没有明显斩获。当然，作为综合治理的组成部分，严打自然也不可缺失，但由于具体操作中往往为了从快而使得一些程序未能得到依法遵循，加上无论是法制建设还是政法队伍建设都尚在完善中，侵犯人权的问题也偶有发生，"防"的一面投入相对较少，这种结构性的失衡促成了"宽严相济"的提出，也促成了以社会管理创新来实现预防目的的政策性调整。

社会管理虽然归属于政治或行政领域，然而在了解了创新的理论前提后，不难发现对其进行创新实则来自刑事政策的需要。应松年教授以行政法的视角对社会管理创新进行界定，认为"社会管理

---

① 参见 http://baike.baidu.com/view/9871.htmsub9871，2011 年 4 月 24 日访问。

创新，是指在现有的社会资源和管理经验的基础上，引入新的社会管理理念、知识和方法，对传统的社会管理模式及管理方法进行完善，从而建构新的社会管理机制，更好地实现社会管理目标的活动。社会管理创新既是活动，也是活动的过程，其目的在于形成更为良好的社会秩序，产生更为理想的政治、经济和社会效益"。[①] 虽然社会管理创新的内容广泛，但其中引入的理念、知识和方法应包含从刑事工作中所总结出的犯罪规律和预防方法。也因为这种创新需要借助刑事领域对犯罪规律的研究成果，所以在政法工作的作用方式上用了"推进"一词。

（二）目标解析：以化解社会矛盾为取向

作为对犯罪现象进行预防的工作机制，社会管理创新指向的对象不仅仅是犯罪本身，更多地应是着眼于引发犯罪现象的深层次的社会矛盾问题。也因此，社会管理创新同时也成为和谐建设这一大命题的组成部分。

目标的设置总是与意图解决的问题不可分割的，基于犯罪预防需要，社会管理创新必须正确把握和分析作为犯罪根源的社会矛盾问题。胡锦涛总书记明确指出，从总体上看，我国社会管理领域存在的问题，是我国经济社会发展水平和阶段性特征的集中反映。[②] 当前我国处于发展的重要战略机遇期，也处于社会矛盾凸显期，在这一特定历史背景下，各种利益格局尚在调整中，而各种社会矛盾相对突出。虽然新中国成立以来，特别是经过改革开放以来的发展建设，我国经济实力和综合国力显著增强，但这并未改变我国仍处于并将长期处于社会主义初级阶段的基本国情，也因此，人民日益增长的物质文化需要同落后的社会生产之间的矛盾始终是当前所有社会矛盾的本源。这一本源问题进而在社会管理领域里引发利益分配格局的矛盾，即地区间发展失衡、收入差距拉大等问题。而这些问题如若处理不当，将导致新的冲突不断出现，当前个别群体出现的"仇官"、"仇富"心态是值得反思的，一些具体的矛盾未能正确稳妥地处理都可能引起群体性事件。

对于像我国这样一个拥有 13 亿人口的国家，社会管理领域存在

---

① 应松年：《社会管理创新引论》，载《法学论坛》2010 年第 6 期。

② 参见 http：//theory. people. com. cn/GB/14078286. html，2011 年 4 月 24 日访问。

的问题是不容忽视的。但其处理也需遵循规律，对症下药才能保证解决的成效。根本上解决问题必须始终围绕基本国情，其途径只有发展，当然在新形势下，发展应当是有前提的，即把握科学的发展速度和不以牺牲环境为代价。利益分配格局上的矛盾是社会管理所必须重点解决的，其根本解决涉及体制性问题，但社会管理仍可能通过机制创新来推进体制改革，主要方式在于协调，即通过减少差距来缓和矛盾。而具体矛盾的解决则是紧迫的，一旦得不到化解而失控引发冲突，对社会秩序产生的冲击和影响将是巨大的。由此，社会管理的创新发展目标也应与这样的层次性相呼应。任何机制创新的根本目标都在于服务发展，离开发展谈创新将失去其根本意义；机制创新的重要目标在于促进协调，以推动体制改革的深化；机制创新的直接目标在于化解矛盾，虽然有点以结果论英雄的意味，但如果机制创新不能解决问题甚或激化矛盾，则只会增加社会管理的成本，是不可取的。以这一前提，社会管理创新的目标应主要围绕服务经济发展、促进分配协调和化解具体矛盾三个方面设置。

政法部门推进社会管理创新也必须以这三项目标为方向。如在服务经济发展方面，在确保依法办案的前提下，对于破坏市场经济秩序犯罪的打击在司法资源的投入上适当投入是可行与必要的，专项斗争增加了犯罪成本，实际上是以刑事司法资源分担了行政管理的压力。又如在促进分配协调方面，检察机关通过实践逐步发展起来的预防职务犯罪职能即为典型，职务犯罪尤其是经济领域的职务犯罪对于社会资源的分配格局是一大冲击。以涉及民生的医疗系统为例。医务人员的腐败行为直接助推了药价虚高，使得民众承担了超过实际成本的医疗负担，这无形中也改变了资源分配的正常体系。通过检察机关开展的预防职务犯罪工作，避免或减少该类犯罪的产生，有利于医疗事业的健康发展，实际上也推动了该领域分配结构的优化完善和健康发展。再如，化解具体矛盾方面，以刑事环节的和解制度为参照，把对矛盾的化解前移至管理环节是十分有益的尝试，以人民调解等为主要形式的多元化纠纷解决机制正在我国悄然兴起，这将带动社会管理模式的转变。

（三）实证研究：对具体实务做法的评价

推进社会管理创新并不只是理论上的提法，而应当体现在实务中的具体贯彻，即犯罪处理所发现和总结出的犯罪规律和预防对策应为决策者在社会管理的制度设计中所吸收。笔者参加工作后一直在基层检察院工作，已近 10 年，对于基层实务部门推进社会管理创新也有所感悟。或许实证最能检验一项制度或机制的效用，下面将以笔者所在检察院较为典型的具体做法为对象进行分析。

一是以法律监督职能促进行政管理规范的做法。作为维护社会稳定的最后一道防线，刑事诉讼的力度和后果都是最重的，也因此，这一"利器"往往也容易被规避，尤其是在行政管理体系中，个别部门出于本位主义等因素，多采取以行政处罚代刑事处理的方式。这种做法虽然直接成本降低了，但以罚代刑却也使得犯罪成本随之减少，诱发不法分子继续冒险。以罚代刑实际上是对犯罪分子的庇护与纵容，既违反了法律规定，也给社会管理埋下了隐患。检察机关近年来以行政执法与刑事司法的衔接为基点，一直在探索法律监督职能的拓展，意图通过监督职能规范行政管理工作。以芗城区人民检察院为例，该院于 2010 年对区属十二家行政执法单位两年来查办行政处罚可能涉嫌刑事犯罪的案件进行专项监督，组织召开联席会议，促使行政执法与刑事司法实现衔接。通过与行政执法机关建立联席会议制度、联络员制度等形式，明确规定行政机关移送案件至公安机关时，也将备份移至检察机关，实现信息共享，主动介入行政执法活动，参加有关案件现场查处。该衔接机制已逐步体现出成效，一年来已督促公安机关补立刑事案件 29 件 38 人，相关行政部门移送涉嫌犯罪案件 4 件 4 人。这种监督直接目的虽然在于纠正行政机关在执法上的违法问题，根本目的却在于预防因行政管理上的不力而导致的犯罪猖獗。因为行政处罚往往以经济方面为主，且一般与违法行为的获利对比上存在差距悬殊的问题，而一旦以罚代刑成为"规则"，则犯罪分子将因犯罪的低成本大肆作案。当前，我国食品安全领域存在的种种令人担忧的问题，是与行政管理环节的缺陷不无关系的。但是，由于这种监督往往因触及部门利益而在实务中举步维艰，且长期以来形成的法律监督即为诉讼监督的观念，使得检察机关也略显底气不足，以法律监督促进行政管理规范虽然成效明显，却仍有一段相对漫长的道路需要走。

二是通过未检工作带动对未成年人帮教管理体系的完善。未成年人犯罪问题现今已不再是一个鲜见的问题了，除了犯罪数量上的激增外，涉及罪名的范围也逐步扩大，暴力性、团伙性、高科技性等成为其新特点。未成年人犯罪问题具有两面性：一方面，未成年人犯罪问题必须得到妥善处理，让其回归社会形成良性循环，否则经过刑事程序的该类人员将很可能成为再度犯罪的主体；另一方面，未成年人具有较强的可塑性，只要教育挽救措施及时得当，真正解决其心理方面的问题，预防重新犯罪是完全可能实现的。我国对于未成年人刑事问题的关注并非一时性的工程，相反是长期性的，[①] 而且借由宽严相济刑事政策的推行，未成年刑事工作已逐步突破刑事领域向前推进至社会管理范畴。以芗城区人民检察院为例，该院曾获得国家级"优秀青少年维权岗"，在未成年人检察工作方面取得了较为显著的成效。观察该检察院近几年在未成年人检察工作方面的做法，最可能触动社会管理创新的做法在于引入了心理干预机制。2007 年，芗城区人民检察院与漳州师范学院应用心理学研究所签订"共建协议书"，成立了"青少年犯罪预防心理援助合作基地"，请心理专家对涉嫌犯罪的未成年人进行教育和挽救。这一救助涉及刑事检察工作诸多环节，在审查逮捕阶段，即由心理专家参与检察人员工作，对未成年人犯罪心理进行调查评估，既把评估结果作为是否逮捕的重要依据，也通过对其品格缺陷介入干预进行初期帮教。在后续的诉讼环节中，由检察机关组织心理专家再行跟踪，通过家访式的谈话解决未成年人的心理问题。自 2008 年至 2010 年，该检察院较为成功的心理干预案例已有 8 例，这些经过帮教的未成年人均已顺利回归校园生活。同时，该检察院心理干预机制还走向了校园。2008 年开始，该检察院与所在区教育局合作，把预防未成年人犯罪的这一机制纳入教师再教育内容中，把教师队伍转化为预防未成年人犯罪的长效力量。心理干预的做法虽然发轫于刑事工作，但其机制却足以影响刑事领域外的管理工作，特别是校园管理创新、教师队伍建设、家庭教育形式等。当然，未成年人帮教管理体系的完善是一项综合性很强的工作，仍需要国家加大重视与投入。

四、结语：系统化图景的展望

社会矛盾化解是当前我国转型时期所面临的最为迫切也最为关键的课题，如上分析，从刑事工作的视野研究这一课题，可以理出三段论的思路和做法。

---

① 如上海市检察机关的未成年人刑事检察工作创建至今已有 25 年。参见 http：//www. proceduralaw. cn/xwzx/201104/t20110429＿536596. html，2011 年 4 月 30 日访问。

以刑事诉讼环节为中心，在这一场域里，宽严相济成为核心词，即刑事诉讼的理念必须与社会发展趋势相适应，单纯的专政式的刑事打击不能彻底解决问题，还可能引发"饮鸩止渴"的效应，让政法机关在刑事犯罪激增的环境下疲于奔命。宽严相济并不排斥"严"，而是讲求"宽"与"严"之间形成黄金比例，最大限度地保障刑事诉讼打击犯罪和保障人权的双重目的的实现，并在此基础上升华出了一种独立的理念，即刑事和解的价值体系。刑事诉讼的调整动向充分体现了对社会矛盾化解需求的适应和满足，这一调整目前尚有诸多细节需要决策者进一步完善，如公共利益标准如何建立以确保"宽"与"严"不至于被滥用而影响应然的成效。

刑罚执行本属于刑事诉讼环节，但笔者认为由于其兼具犯罪预防功能，特别是非监禁刑的执行，因此不妨将其中的非监禁刑单列作为一个环节进行研究。这也是刑事诉讼环节实行宽严相济的必然要求，因为刑事诉讼理念的转变势必让非监禁刑的适用增多，如果能在这一环节做好文章，则预防功能的有效发挥对于社会矛盾的化解与减少也是十分有益的。这一环节的核心词是"社区矫正"，作为一项试行制度，其已经通过《刑法修正案（八）》获得了法律的承认，当前最为关键的问题是如何在所构建起来的"毛坯房"内展开"高档装修"的工作，该环节的资源性投入或许是最为巨大的。

由预防的需求，刑事诉讼环节所开展的工作是不够的，必须前推至社会管理，由此社会管理创新也成为化解社会矛盾课题中刑事对策的组成部分。这一环节的核心词是"推进"，即如何把刑事工作所总结出的犯罪规律与预防对策运用到社会管理场域内。转型期的社会管理可能需要诸多方面的创新，但以化解社会矛盾为取向的创新离不开刑事工作的支撑，因为刑事工作所应对的是最为激烈的社会矛盾，由刑事工作来推进社会管理创新是完全有必要也可行的。社会管理创新对于刑事工作而言并不是空洞的，而是实实在在的工程，需要刑事领域不断总结出预防犯罪的对策，并上升为系统性的理论，为决策者改进管理工作提供科学的蓝本。

由这三段论的分析，笔者的刑事对策内容也已得到基本的阐释，理论上的分析可能足以解决逻辑上的问题，但真正的关键还是在于实务中的执行上，三个环节的相关工作必须同步推进和互相协调。这有赖于一个前提，即执行者首先必须明确理念的转换，综合治理的刑事政策必须首先得到明确与贯彻。

论派生诉讼的制度功能定位[*]

王 丹^{**}

派生诉讼是公司治理的重要手段，作为减少和消除公司代理成本的机制之一，其功能价值是多方面的。与其他的公司治理机制相比，派生诉讼处于补充性的地位。由于诉讼具有较大成本，派生诉讼应该是在其他机制失效时采用的机制，是安全保障机制而非日常运行机制，是公司约束经营管理者的最后一道防线。应以何种方式提供这样一种补充机制？这就要从内部对派生诉讼进行制度功能的定位，这也是分析派生诉讼作为公司治理工具的社会价值和角色定位的关键问题。

一、派生诉讼的制度功能概述

通常认为，派生诉讼主要的功能是赔偿与阻遏。赔偿指的是使受到损害的公司获得救济，能够回复到损害未发生时的状态；阻遏指的是通过派生诉讼给公司潜在错误行为人以面对诉讼和惩罚的威胁，对经营管理层和控制股东形成威慑，避免错误行为的发生。除此之外，派生诉讼还有两个次要目标：强制执行董事义务和填补法律漏洞。^① 在这里，先简要介绍后两个目标，再重点比较和分析赔偿与阻遏功能的关系与定位。

1. 强制实施董事义务。派生诉讼的总体目标是让董事履行其职责。尽管董事对公司而非股东承担义务，但股东的利益被这些义务的承担所保障。这些义务的施加限制了董事权力的滥用，试图控制

---

* 本文是作者主持的司法部国家法治与法学理论研究项目"上市公司股东直接诉讼与派生诉讼的选择提起问题研究"（编号 12SFB5039）的阶段性成果。

** 北京建筑大学文法学院法律系讲师，法学博士。

① Arad. Reisberg, Derivative Actions and Corporate Governance, Oxford University Press, 2007, p. 52.

经营管理者的自由裁量和自利行为。如果没有股东的强制执行，董事们可能不会自觉地履行义务。

2. 填补漏洞。法律规则是公共产品，从理论上讲，诉讼能减少法律的不确定性，起到"澄清法律"[①] 的作用。法律的不确定性可能有以下几方面的问题：（1）缺乏清晰的法律规则会导致对法律标准估计的不确定性以及行为与社会期望的偏离。一些公司的受托者往往过分估计了法律的限制而放弃了有效率的交易，另一些则低估了限制导致了无效率的交易。（2）法律的不确定性造成了责任风险，厌恶风险的董事处境艰难。

公司的合同都是非正式的和模糊的。想要提前决定公司未来的所有活动和实质权利义务，是不可能的、昂贵的。合同中的空隙会不可避免地导致很高程度的立法和司法的干预。一个漏洞填补的方法是司法解释，而司法解释会有一个过程。由于先例，一个董事必须用其谨慎、技术和勤勉，为公司的最大利益行为，不使自己利益与公司相冲突，对任何职务行为中的个人利益进行说明和负责。当案件积累下来，对于信义义务的解释和恰当的运用就有了清晰的标准，能使董事等更准确地预见自己行为的法律后果并因此使自己的行为更贴合社会期望，所有公司都会从中受益。这种界定清楚的利益不只是未来的经营行为的阻遏，而且为公司合同设置提供了一个规则。诉讼作为法律和合同漏洞填补方式在实践中存在限制，其假设前提是有丰富的先例来弥补漏洞，但当一国实践中该类案件发生率很低，那么能够弥补法律与合同漏洞的功效也大大降低。[②] 派生诉讼如果以和解方式结案，对明确法律的作用就不如充分的裁判那么有效。[③]

本文接下来将对派生诉讼的赔偿与阻遏功能分别进行研究，再进行比较分析，并得出结论。

---

① Ehud Kamart, Shareholder Litigation under Indeterminate Corporate Law, 66 U. Chi. L. Rev. 898（1999）

② Arad. Reisberg, Derivative Actions and Corporate Governance, Oxford University Press, 2007, pp. 53 – 54.

③ Ehud Kamart, Shareholder Litigation under Indeterminate Corporate Law, 66 U. Chi. L. Rev. 898（1999）.

二、派生诉讼的赔偿功能

（一）赔偿功能概述

赔偿功能指的是派生诉讼使受到损害的公司获得救济，弥补董事等的错误行为给公司造成的损害。赔偿是将控制者从事损害公司利益的违法行为获取的收益返还公司，也被称为派生诉讼功能的"私人模式"①。判断派生诉讼的赔偿功能的发挥要运用成本—收益分析方法来考察公司在诉讼中获得的补偿是否足以超过公司在诉讼中支出的成本。按照派生诉讼赔偿功能倡导者的思路，如果公司的收益超过了花费，诉讼的进行就具有正当性；如果公司的收益不足以抵偿成本，诉讼就不能进行；而如果公司的收益几乎在所有情况下都难以补偿其费用成本，派生诉讼这一制度存在的价值甚至会受到怀疑。除此之外，赔偿功能还存在一些其他问题。下面，首先要讨论的是派生诉讼中的成本是否会超过其收益。

（二）赔偿功能的问题点之一：成本超过收益

1. 诉讼带来的直接和间接成本

首先要说明的是，由于这里讨论的是诉讼的有效性——诉讼功能的可实现性问题，因此关于诉讼的成本指的是公司为诉讼付出的成本，"成本超过收益"亦是针对公司而言。至于股东个人的成本以及成本与收益间的关系，不属于这里讨论的范畴。

（1）直接成本

诉讼将发生大量的直接成本。直接成本体现为诉讼的直接支出，股东提起派生诉讼和被诉的经营管理层人员应诉都不是无代价的。这不仅包括当事人各方为获得有利的诉讼结果而耗费的资源，而且包括司法机关为解决纠纷而发生的支出。这些支出，一般都会通过对善意原告的补偿、对董事和经理人员的补偿等制度最终转嫁给公司。公司在诉讼中消耗了大量的时间和金钱，而这"本可以用于其他更适当的方式和场合"②。可见，董事会是一种相对廉价的公司治

---

① Jessica Erickson, Corporate Misconduct and the Perfect Storm of Shareholder Litigation, 84 Notre Dame L. Rev. 104 (2008 – 2009).

② Discovery in Federal Demand – Refused Derivative Litigation, Notes, 105 Harv. L. Rev. 1035 (1991 – 1992).

理方式，诉讼作为替代性机制，则是较为昂贵的。①

（2）间接成本

派生诉讼的间接成本主要产生于以下几个方面：

第一，公司受到的潜在的利益损失。② 诉讼本质上是对抗性的，因而具有破坏性，可能给公司带来其他潜在的损失。诉讼会使公司内部的关系处于紧张状态，可能使公司的运营停滞，并且使合法价值最大化的交易处于危险之中。案件的审理可能为公司带来不利的新闻报道，而这又会阻止投资者扩大对其投资，并且可能使公司的雇员、债权人和顾客对公司的经营产生负面评价。③ 即使公司在法律纠纷中获胜，取得一个可强制执行的救济，但公司的长期声誉可能会受到诉讼的损害，而且公司由于诉讼不得不将一些内部事务公开，最终使公司得不偿失。

第二，诉讼会干扰经营判断过程，添加不可预见的成本。由于诉讼的持续进行，导致中心管理层注意力的分散。④ 例如，经理必须从日常经营中抽身出来准备诉讼。这样的时间消耗不仅体现在薪资的提高上，也体现在公司利润下降上。

第三，派生诉讼的威胁会使公司经营管理者过于厌恶风险，因而产生以下三个方面的成本：一是经营管理者更倾向于作出保守的、迎合股东的经营决定，从长远来看这会对公司的盈利有消极的影响。这可能恰恰是派生诉讼最大的成本。由于股东通过分散投资可以转移风险，长期来看他们是从经理层的冒险行为中获益的，而董事的不积极进取最终会损害股东利益。二是出于对风险的厌恶，有资质的人不愿去担任董事，公司为了吸引经理人员要花费更大的成本。而假如经理面临诉讼风险，公司要么提供充分的责任保险，要么提高经理薪酬。三是董事为了能作出表面吸引人的、迎合股东的意见，会使用更加冗长的报告、雇更多的专家、要求更多的法律意见。在

---

① Roberta. Romano, Corporate Governance in the Aftermath of the Insurance Crisis, 39 Emory L. J. 1176 (1990).

② Joel Seligman, The Disinterested Person: an Alternative Approach to Shareholder Derivative Litigation, 55 Law & Contemp. Probs. 368 (1992).

③ ［加］布莱恩·R. 柴芬斯：《公司法：理论、结构和运作》，林伟华、魏旻译，法律出版社 2001 年版，第 223 页。

④ Joel Seligman, The Disinterested Person: an Alternative Approach to Shareholder Derivative Litigation, 55 Law & Contemp. Probs. 368 (1992).

没有确定性的情况下，多总是比少安全的。而这些可能本来并不是必要的。①

第四，诉讼代理成本也可能以其他形式出现。派生诉讼本是个法律中的"奇特现象"，一个自我认命的股东为了公司利益提起诉求。对于每个单独股东来说回报甚少，因此倡导者诉求的激励可能会和公司整体相偏离。这可能导致进一步的代理成本，派生诉讼就产生了一个少数股东"策略行为"的风险，显著例子就是个别股东的"淘金行为"（gold - digging）。提起诉讼的股东与被告和解，但并不反映公司真正应得到的救济，也不是为了公司的利益。② 原告律师也可能会利用派生诉讼提起投机诉讼，仅仅是为了和解利益。这样的诉讼成本减少了公司的利益并最终减少了股东的利益。③

第五，有学者认为由于被告董事渴望快点结束诉讼，急于以和解方式解决案件，导致实际上无论提起诉讼有无价值，原告都能获得一定赔偿。缺乏实质违法而获得赔偿的体系可能会引发不愿看到的后果：延缓有价值的风险承担。④ 诉讼过程不像是实体法的司法执行，倒更像是对市场损失的无过失保险。⑤

2. 成本超过收益

通过以上分析，我们可以看到派生诉讼会产生诸多成本。于是，许多学者都得出派生诉讼"成本超过收益"的结论。

"经验表明，公司内部诉讼的社会成本有时候可能会超过其利益。从大的方面说，以派生诉讼为代表的私的强制主要存在下面两个问题：首先，潜在的违反谨慎义务的责任可能会使公司管理层怯于冒商业风险，从而导致股东和社会救济整体的损失。……其次，在诉讼的干扰价值和潜在的和解价值的诱惑下，人们往往会在寻求

① Arad. Reisberg, Derivative Actions and Corporate Governance, Oxford University Press, 2007, p. 50.

② Arad. Reisberg, Derivative Actions and Corporate Governance, Oxford University Press, 2007, p. 49.

③ Discovery in Federal Demand - Refused Derivative Litigation, Notes, 105 Harv. L. Rev. 1035（1991 - 1992）.

④ Janet. Cooper. Alexander, Do the Merits Matter? A Study of Settlements in Securities Class Actions, 49 Stan. L. Rev. 570（1991）.

⑤ Janet. Cooper. Alexander, Do the Merits Matter? A Study of Settlements in Securities Class Actions, 49 Stan. L. Rev. 570（1991）.

私的强制的幌子下，提起无依据的集团诉讼和派生诉讼。"① 美国的研究者们随机抽取了 535 个公众公司，对它们遭遇股东诉讼的情况进行考察。调查揭示，派生诉讼发生的频率不高，而且大多数以和解结案。② 有意思的是，派生诉讼案件的平均补偿额仅为集团诉讼案件平均补偿额的一半。对这些结果可以有不同的解释，一种假设是相当大部分的派生诉讼缺乏依据；另一种解释则指出由于原告的律师在这些诉讼中存在严重的利益冲突，从而未尽全力为当事人争取尽可能多的补偿额。此外，也可能是因为派生诉讼的原告受到更多的法律限制。③

　　派生诉讼的有效性被直接质疑，它在监督公司控制人时尽管具有一定的作用，但成本超过收益，并非理性的方式。责任规则在公众公司的监督体系中的作用很有限，由股东来提起诉讼存在多方面的成本问题：（1）少数股东有机会主义的风险。④ 股东诉讼作为监管机制的有效性被集体行动问题所阻碍。派生诉讼中的利益份额与回报之间缺乏任何联系，微量持股的股东在提起诉讼时根本不会考虑它对公司价值将产生什么样的影响。而公司为了避免诉讼给自己带来的巨大成本，往往会付出额外的代价来避免这一行为。这样的起诉行为对提起诉讼的股东个人来说是理性的，但对其他股东的利益却是巨大的减损。股东可能会基于此将派生诉讼作为向控制股东或董事等进行敲诈勒索的工具，使被告接受和解，而这一成本也终究会由公司来承担。（2）即使股东提起诉讼具有正当性，但其所承担的与其利益不相符的成本是客观存在的。为转嫁这一问题，成功的原告可向公司要求补偿律师费，这对于原告律师发挥其作用提供了财政支持。但一个问题相应产生：律师的动机和股东的利益不一

---

　　① Daniel R. Fischel and Michael Bradley, The Role of Liability and the Derivative Suit in Corporate Law: A Theoretical and Empirical Analysis, 71 Cornell. L. Rev. 261 (1985 – 1986).

　　② Roberta. Romano, The Shareholder Suit: Litigation Without Foundation? 7 J. Law. Econ., &Org. 55 (1991).

　　③ 美国法学会通过并颁布：《公司治理原则：分析与建议》（下卷），楼建波、陈伟恒等译，法律出版社 2006 年版，第 520 页。

　　④ Daniel R. Fischel and Michael Bradley, The Role of Liability and the Derivative Suit in Corporate Law: A Theoretical and Empirical Analysis, 71 Cornell. L. Rev. 272 (1985 – 1986).

定吻合。① （3）再进一步说，即使股东和他们的律师有正当的动机，他们缺乏专业知识和信息，这让他们很难决定经理的哪些行为是和公司利益的最大化不相关联的。法官也同样缺乏相应的商业知识和强有力的动力。② 这些都给派生诉讼带来了巨大的成本。所以，即使派生诉讼对减少公司代理成本、弥补公司损失有一定的作用，也被其本身所产生的巨大成本抵消。③

3. 对问题的部分回应

派生诉讼有着巨大的成本这一问题是现实存在的。而在部分派生诉讼中也肯定会存在成本超过收益的情况。那接下来必须面对两个层次的问题：第一是从社会整体角度来看，派生诉讼所产生的成本是否高于收益。这一问题直接决定了派生诉讼这一制度存在的必要性；第二是讨论社会的整体收益是否能完全代替公司的个别利益，也就是说如果公司面对的派生诉讼所产生的收益和成本不成比例时，是否仅仅由于其积极的社会作用，如对其他公司形成威慑，就能够使诉讼正当化。这也直接决定了派生诉讼中的另一个问题：法官在面对此类诉讼后是否应允许其继续进行。第二个问题将在赔偿与阻碍的角色定位中详细讨论。

从经济学的角度，可以用卡尔多－希克斯效率（Kaldo－Hicks efficiency）来解释派生诉讼的必要性。这是一种非自愿的财富转移的具体结果，在社会的资源配置过程中，只要在资源重新配置过程中获得利益的人所增加的利益足以补偿（并不要求必须实际补偿）在同一资源重新配置过程中受到损失的人的利益，那么这种资源配置就是有效率的。④ 卡尔多－希克斯标准也就是总财富最大化标准，公司派生诉讼制度的设立与应用正是以此效率为标准。诉讼过程中

---

① Roberta. Romano, The Shareholder Suit: Litigation Without Foundation? 7 J. Law. Econ. , &Org. 55 （1991）.

② Daniel R. Fischel and Michael Bradley, The Role of Liability and the Derivative Suit in Corporate Law: A Theoretical and Empirical Analysis, 71 Cornell. L. Rev. 273 （1985－1986）.

③ Daniel R. Fischel and Michael Bradley, The Role of Liability and the Derivative Suit in Corporate Law: A Theoretical and Empirical Analysis, 71 Cornell. L. Rev. 289 （1985－1986）.

④ ［美］汉斯·范登·德尔、本·范·韦尔瑟芬：《民主与福利经济学》，陈刚译，中国社会科学出版社 1999 年版，第 31—36 页。

原告前期担保、收集信息、诉讼以及公司自身资源的消耗所产生的花费和交易费用小于派生诉讼为公司长期带来的利益，经过合理诉讼后，将惩罚有碍公司利益方的行为，最终公司治理结构得到改善，公司相关利益方的境况都会因此而"自然而然地"获得补偿。[1]

一个成功的派生诉讼可能会产生积极的外化作用：阻遏其他公司的错误行为。由于大部分股东都是分散持股的，所以即使某一派生诉讼的成本超过公司得到的补偿，但因为派生诉讼对潜在的不当行为的威慑而给分散的股东带来的好处，该派生诉讼也并不违背股东们的利益。如果在某一派生诉讼有事实依据的情况下，仅仅因为不能给公司带来净利益就终止它，那么整个社会的平均代理成本就会增长，虽然该单个公司因为终止诉讼得以避免财务损失。[2]

可见，派生诉讼虽然给个别股东带来的利益不见得大，但具有总体的社会效益。[3] 也就是说，从社会层面来看，派生诉讼带来的利益是超过其成本的。派生诉讼作为一种法律产品，其效益不是从个别公司或个别诉讼来考察的，我们应该将其放在整个社会这个大环境中来考察。

（三）其他问题点之探讨

除了派生诉讼的成本可能大于收益从而引起赔偿功能的不可实现外，派生诉讼的赔偿功能还在以下几个方面受到质疑：

1. 赔偿与损害的对象可能的不一致。公司股东的组成在错误行为发生前后、损害发生前后及诉讼前后都会发生变化，因此受到实质损害的股东和最终的救济的股东并不是同样的人。[4] 这使得真正的受害者也就是补偿对象很难确定。

2. 公司受到的损害和股东不完全一致。即使一个有效率的证券市场立刻将公司的损失反映到股价的下跌上，因为股价反映的是预期利益，而受到损害的公司不被信任，市场吸收信息后可能产生重

---

① 沈乐平、郝素霞：《股东派生诉讼的法经济学分析》，载《商业研究》2009 年第 10 期。

② 美国法学会通过并颁布：《公司治理原则：分析与建议》（下卷），楼建波、陈伟恒等译，法律出版社 2006 年版，第 527 页。

③ George D. Hornstein, The Death Knell of Stockholders Derivative Suits in New York, 32 California Law Review 133（1944）.

④ Arad. Reisberg, Derivative Actions and Corporate Governance, Oxford University Press, 2007, p. 58.

复的风险，公司股价会比实际受到的损害更低，股东的损失可能会超过公司，因此即使公司收到的赔偿是充分的，具体到每个股东来说却是不足的。[①]

3. 派生诉讼的财产效应是微不足道的。即使公司获得的救济从总量上看很大，但反映到每股上，数量微小。

4. 公司获得的救济常常是非财产性的、不确定的。虽然不能说非财产性的救济对公司就不重要，但确实很难判断其准确价值以及对公司的实质性影响到底有多大。Coffee 教授研究的一个案件显示，被告没有拿出任何金钱赔偿，公司获得的救济是制度改进：公开信息、修改章程、新的董事会程序等。这些和解在经济上是不符合理性的。没有哪一方失去了什么，而双方都从公司中获得了补偿，这当然是间接来源于股东。[②]

5. 更便利、更少花费的其他方式可以获得同样的效果。如股东可以通过分散投资等方式免受错误行为的影响。[③]

以上问题并未根本上挑战公司能够通过派生诉讼获得赔偿的观点，但这些问题又是客观存在、无法回避的。可见单用赔偿来解说派生诉讼的功能是不充分的。这并非代表着赔偿仅仅是一个假想的或微不足道的目的，但以上事实确实对赔偿作为派生诉讼的中心目的提出质疑。[④] 既然派生诉讼在很多情况下并不能达到给予公司充分赔偿的效果，那么我们就必须寻找另外的功能为这一制度提供正当化支持，在此基础上，以上问题也就迎刃而解。

---

① John C. Coffee, Jr., Donald E. Schwartz, The Survival of the Derivative Suit: An Evaluation and a Proposal for Legislative Reform, 81 Colum. L. Rev. 304 (1981).

② John C. Coffee, Jr. Understanding the Plaintiff's Attorney: The Implications of Economic Theory for Private Enforcement of Law through Class and Derivative Actions, 86 Colum. L. Review 716 (1986).

③ Arad. Reisberg, Derivative Actions and Corporate Governance, Oxford University Press, 2007, p. 59.

④ John C. Coffee, Jr., Donald E. Schwartz, The Survival of the Derivative Suit: An Evaluation and a Proposal for Legislative Reform, 81 Colum. L. Rev. 302 – 305 (1981).

三、派生诉讼的阻遏功能

(一) 阻遏功能概述

阻遏是指派生诉讼通过对违反义务或实施侵害公司行为的公司董事、经营管理人员以及控制股东科以惩罚而对潜在的不正当行为构成威慑，从而避免或减少不正当行为的发生，也被称为公司派生诉讼功能的"公共模式"①。派生诉讼的阻遏功能集中反映了派生诉讼作为解决因所有权与控制权分离而产生的代理问题的公司治理机制的制度价值。从阻遏角度来看，谁获得赔偿不如谁付出代价重要。②

阻遏是目前被广泛认可的派生诉讼的重要功能之一。法官 Rifkind 认为，尽管派生诉讼是"缓慢、笨重和昂贵的"，但它是有效地保护所有者、对抗公司控制者的手段。它们教育公司董事遵守信义义务和忠诚职责、鼓舞发现真相的股东对抗不法行为的信心、挫败管理者的自利行为等。这种有效性不能用诉讼中获得的金钱救济来计算。它有效地阻止了股东与管理者的分离。③ 派生诉讼难以起诉，而且常常半途而废，但只要有一次成功，对管理层就是一种威慑，使之有所顾忌，不敢为所欲为。④ 英国学者的调查表明，对诉讼的畏惧毫无疑问地阻止了大量财产从股东向管理层和外部人的转移。⑤ 很多诉讼的必要性用赔偿功能无法解释，都可以用阻遏功能来予以正当化。譬如上文提到的派生诉讼所获得的救济通过其他更便利、花费更少的渠道同样可以获得，但是其他渠道并不能满足公司想惩罚滥权行为者的要求，而且可能会引发鼓励滥权行为的道德风险，也

---

① Jessica Erickson, Corporate Misconduct and the Perfect Storm of Shareholder Litigation, 84 Notre Dame L. Rev. 104 （2008 – 2009）．

② John C. Coffee, Jr., Donald E. Schwartz, The Survival of the Derivative Suit: An Evaluation and a Proposal for Legislative Reform, 81 Colum. L. Rev. 302 – 305 （1981）．

③ Daniel J. Dykstra, The Revival of the Derivative Suit, 116 U. Pa. L. Rev. 77 （1967 – 1968）．

④ 朱伟一：《美国公司法判例解析》，中国法制出版社 2000 年版，第 241 页。

⑤ George D. Hornstein, The Death Knell of Stockholders Derivative Suits in New York, 32 California Law Review 144 （1944）．

就是说派生诉讼对错误行为人科以的严厉惩罚所产生的阻遏效果，是其他渠道不能替代的。

（二）阻遏功能的问题点及回应

1. 问题点

派生诉讼的阻遏功能主要有以下几个被质疑的方面：

第一，阻遏的效果难以量化。派生诉讼的阻遏作用经常被实证研究所忽视，并且难以通过实证调查取得数据，相关研究证据缺乏。因此无法判断甚至推测可能出现而被派生诉讼所阻遏的违法行为的数量和发现的可能性，而这对评估阻遏的效果是很关键的。另外，阻遏因素建立于董事的主观的、潜意识的反应之上，很难寻迹。[1]

第二，派生诉讼案例出现很少，阻遏效果难以发挥。诉讼并不经常发生，且大部分是和解，只提供了少量赔偿，每一股所获更少，而其中金钱赔偿少之又少，机构性调整的补偿也是表面化的。[2] 如果实际出现的派生诉讼案例少，在判例法国家就无法建立累积而成的、可供遵循的先例，不能起到有效的阻遏作用；而在成文法国家，虽然法条已经确立派生诉讼制度，但如果没有相应的案例发生，就会使公众形成一种印象：这一制度是无效率的或者是形同虚设的。另外，案例可以帮助立法和司法机关及时调整规定和判决标准，案例的缺乏会导致立法的空洞和严重滞后。

第三，由于事后可能的责任引发了事前投资于预防措施的做法，阻遏效果不明显，不符合效率。美国有学者通过实证调查得出这样的结论："财产惩罚事实上从未真正加诸于经理身上——有保险和公司补偿来代替经理责任。"[3] 出于对诉讼的恐惧，有能力的人才担任公司经营管理者的积极性受挫，为了吸引或者保留优秀的经营层人员，公司普遍采取了保险和补偿等措施，使得经营管理者经由派生诉讼承担的责任大为减轻甚至消失，而这样的预防对社会是无效率的，在此情况下很难认为派生诉讼还能起到预设的阻遏目的。

---

[1] Arad. Reisberg, Derivative Actions and Corporate Governance, Oxford University Press, 2007, p. 57.

[2] Roberta. Romano, The Shareholder Suit: Litigation Without Foundation? 7 J. Law. Econ., &Org. 84 (1991).

[3] Roberta. Romano, The Shareholder Suit: Litigation Without Foundation? 7 J. Law. Econ., &Org. 84 (1991).

第四，在诉讼时间安排上存在矛盾——主要是事后的。对一次性的交易行为不能发生阻遏作用。[①] 由于损害行为发生在前，派生诉讼发生在后，所以派生诉讼对被诉的行为不能起到阻遏作用，特别是对于一次性的交易行为。

由此，有学者得出结论说："派生诉讼是弱的（如果不是完全无效的）公司监管措施。"[②]

2. 回应

对第一个问题之回应：我们不知道由于可能面对诉讼的威胁而阻遏的控制人滥权行为的比例，但可以知道当私人请求者能从事此类诉讼时，查知公司错误行为的可能性增长了。尽管阻遏作用难以量化，但是我们可以通过其他事实观察到派生诉讼的阻遏效果是确实发生了的。其中一个表现是它可能从内部对公司发生作用。如在美国就有很多案例，当派生诉讼被驳回，诉求仍然会给公司带来利益，如公司内部的救济或改革。这可能包括被诉错误行为中牵涉的核心人物的离开、结构性的改革如非表面粉饰性的机构改革、赔偿条款和赔偿计划的修改等。假设 A 股东为了 C 公司的利益提起一个针对 B 董事的有价值的诉讼，诉因是 B 董事从事了自利交易行为。后来在开始的法庭听证环节，诉讼就被驳回，因为法庭认为该股东不能适当地代表公司。但是之后，由于诉讼的警示，董事会会进一步调查事件，可能采取内部纠正措施或纪律行为。可以认为是 A 股东引起了这些行为。可见，即使一个诉讼不能成功，但也可能会引发或推动达成更好的公司治理的某些正面措施。从长远来看，这也是对公司未来的保护并避免了长期的滥用行为。有观点认为，不用如此昂贵的诉讼，仅仅是警告董事会就能达到同样的效果。但是，正是诉讼本身，其可能给公司带来相反的公共反应，才可能激起董事会的矫正措施。如果没有诉讼的威胁，很难说董事会就会首先采取这种激烈的措施。[③]

对第二个问题：派生诉讼案例出现少，是否就代表着立法规定

---

① Arad. Reisberg, Derivative Actions and Corporate Governance, Oxford University Press, 2007, p. 57.

② Roberta. Romano, The Shareholder Suit: Litigation Without Foundation? 7 J. Law. Econ. , &Org. 84（1991）.

③ Arad. Reisberg, Derivative Actions and Corporate Governance, Oxford University Press, 2007, p. 190.

派生诉讼没有实际意义？仅关注于案件的出现数量，可能会走入误区。只有很少的案件进入派生诉讼程序，并不必然说明这是个缺点。这与派生诉讼的性质是相吻合的。（1）派生诉讼是一种只能在例外情况下提起的诉讼，通常情况下公司才是适格的请求人。（2）考虑到派生诉讼的阻遏目标，发生的案例少恰恰说明诉讼在起作用。如果法庭身陷派生诉讼申请中，可能会印证其关于诉讼的运用过多会使公司深陷于干扰性的诉讼中的想法。公司控制人的错误行为是常常存在的，法律不会完全消灭这些行为，派生诉讼和其他机制也如此，但是派生诉讼的潜在威胁可能会使经理人员的价值观发生变化并进而改变他们完成任务的方式。（3）案例发生虽少，但如果都很重要，就可以很好地发挥阻遏作用；相反，如果案例发生虽多但以无价值的诉讼为主，反而会对阻遏作用有负面的影响，因为这样那些被诉的经理人只会被认为是"坏运气"的，而不是可归责的，那么法律制度的严肃性就大打折扣。①

对于第三个问题：涉及立法规则对经营管理人员的权利与股东的权利之间的平衡。尽管保险与补偿确实减轻了董事责任，使得派生诉讼出现时的风险降低，但不能以此否定派生诉讼的阻遏价值。考查董事责任补偿与保险制度和民事责任制度之间的关系，首先应该认识到两种制度各有其存在的价值，对二者的取舍体现了不同的价值取向。只有将两种制度整合与协调起来，才可以在对董事及高管人员的损害进行有效补偿的同时又能保证对恶意行为的董事及高管人员追究其应承担的民事责任。要达到这种协调的关键就是要考虑被保险者即董事、高管人员等的行为的性质以及其主观要素。美国法上的做法是在以下几种情况不适用补偿和保险机制：首先，在派生诉讼中，补偿不涉及判决的赔偿数目，只有在调解结案时保险公司才对诉讼中的费用和董事承担的赔偿金额进行赔付；其次，假如诉讼是关于对联邦证券法的违反的，一般认为补偿和保险均不适用；最后，保险公司对欺诈和其他严重的违法行为是不予赔付的。②可见，从理论上来说，董事责任补偿及保险制度并不会冲击派生诉

---

① Arad. Reisberg, Derivative Actions and Corporate Governance, Oxford University Press, 2007, pp. 191 – 192.

② Donald E. Schwartz, In Praise of Derivative Suits: A Commentary on the Paper of Professors Fischel and Bradley, 71 Cornell. L. Rev. 336（1985 – 1986）.

讼，而仅仅是诉讼的补充。

但是在实践中，这一规则引领了派生诉讼的原被告及其律师的诉讼行为和判断，对派生诉讼的继续有着十分微妙而重要的影响。由于一旦案件被推向判决，被告败诉就意味着其有责任，就得自己承担全部赔偿费。这对于被告无疑是不利的。而原告也同样期望能够进入和解环节以获得保险赔偿，因为被告董事承担巨额赔偿费的能力极其有限，判决很可能直接导致赔偿无法兑现、诉求落空。而只有在和解或被告胜诉，保险公司才予以赔偿。为此，原告往往会缩减"故意欺诈"的可能性，并强调对方仅是出于过失，即此时在派生诉讼中出现一种奇特的局面：原告故意强调自己的诉求是"弱的"（weak case）。[①]

如何能避免董事责任补偿制度与保险机制对派生诉讼产生负面的影响呢？美国学者提出了两个实用而有效的方法：（1）限制董事及高管责任，即规定其责任的上限。公司可提前限制责任或规定部分免责。这一方面因减少了董事责任限制了股东权利而降低公司股票价值，但另一方面也因为减少公司被诉可能（从而减少公司可能的赔偿费用）而增加公司股票价值。如果限制了董事责任，就不应再运用董事责任保险，否则就与董事权责一致的目标相违背了。[②]（2）改变保险及赔付规则，允许在判决情形也可进行赔偿。[③]美国法上的判决才赔付的制度直接导致了派生诉讼的进行偏离了其既定的轨道，以是否经由判决来确定董事的责任具有很大的不合理性。在实践中，如果原被告是以和解方式结案的，那么按照公司的补偿条款及保险公司的保险合同予以赔偿；如果是以判决方式结案的，应该视不同情况而定，将董事和高管人员的行为分为三种情况：一是符合商业判断原则的过失行为，这类行为会判决董事等无须承担责任，因而保险公司只需赔付诉讼费用；二是虽不符合商业判断原则，但其行为仅是一般过失和疏漏时，尽管此时法院会判决董事应承担相应责任，保险公司仍然应承担被保险人的相关的损害赔偿责

---

① Janet. Cooper. Alexander, Do the Merits Matter? A Study of Settlements in Securities Class Actions, 49 Stan. L. Rev. 591 (1991).

② Janet. Cooper. Alexander, Do the Merits Matter? A Study of Settlements in Securities Class Actions, 49 Stan. L. Rev. 594-595 (1991).

③ Janet. Cooper. Alexander, Do the Merits Matter? A Study of Settlements in Securities Class Actions, 49 Stan. L. Rev. 591 (1991).

任以及诉讼费用；三是被保险人故意或重大过失违反法律法规和公司章程的行为，保险公司可根据法定和约定的除外责任条款不承担赔偿责任。如果故意或重大过失行为所产生的责任也可以由公司补偿或由保险赔付的话，无疑会加重董事和高管人员执行职务时的道德风险。

关于第四个问题，阻遏作用的发挥主要是事后的说法并不准确。阻遏作用的发挥既是事前的，也是事后的。阻遏并不像赔偿功能一样仅是对已经发生的损害行为进行救济，通过对错误行为者的惩罚，阻遏作用对于其他尚未发生的潜在的错误行为产生威慑，这些潜在的错误行为既可能是发生在涉讼公司的其他控制人身上，也可能是发生在其他公司的控制人身上，对于这些行为，派生诉讼的阻遏作用显然发生在事前。而对于被诉的错误行为，派生诉讼的阻遏功能确实体现在事后。

（三）影响阻遏功能发挥的因素

尽管对以上派生诉讼的阻遏作用的质疑，可以有正面的解释来回应。但是派生诉讼的阻遏功能发挥不足是客观存在的事实。如何才能使阻遏功能充分发挥？是否派生诉讼的开始、进行和解散，能够对公司内部主体行为起到引导作用？是否诉讼能让公司经理为了不牵扯到诉讼中而按照标准来形成他们的行为？是否诉讼可以使那些潜在的董事违反义务行为被扼杀在摇篮中？影响派生诉讼的阻遏功能的发挥的关键有两个方面，一个是错误行为人事前关于责任的可能性和大小的估计，另一个是派生诉讼所获得的社会评价。

1. 错误行为人对于责任的预测

阻遏作用的发挥要依靠错误行为人事前关于责任的可能性和大小的估计，决定他们是否从事接下来的错误行为。影响事前预测的责任的准确性的因素有：

第一，法律的明确性问题。立法对派生诉讼的提起原因、激励与限制措施的规定是否明确，直接影响了派生诉讼阻遏作用的发挥。如果规则是确定的，潜在的责任人对自己的行为后果存在明确的预期，就能使制度的阻遏功能发挥出来。目前广泛存在的问题是，关于派生诉讼的法律规则极其不确定和模糊，以致无人有信心预测诉讼的后果。这意味着，任何成功的法律规则的修改最好的判断标准不是从新程序中产生的案例的数量，而是规制案件提起环境的规则是否更为容易理解和容易实现，以使在例外的情况下，派生诉讼的提起被认为是一种值得进行的救济。[①]

第二，已发生的案件所显示的相关信息有三。其一，监测错误行为者行为的可能性。错误行为者的行为被查知的可能性越高，阻遏作用越显著。其二，股东获得有利判决从而追究错误行为者责任的可能性。股东胜诉案件比例越高，越能对潜在的责任者形成阻遏。其三，赋予公司的平均赔偿数额。相应的，如果已有的案例中公司获得赔偿数额较高或者与所发生损害基本相当，就能起到较好的阻遏作用；而如果公司获得的赔偿仅是象征性的或远低于赔偿数额，就不能起到充分的阻遏效果。但是值得注意的是，最佳的阻遏效果发挥并不是赔偿数额越高越好，而是行为人面临的威胁是事后承担全部损害责任，既不多也不少。如果赔偿超过或低于损害的话，潜在的错误行为人要么被过度阻遏要么阻遏不足。[②]

2. 派生诉讼获得的社会评价[③]

派生诉讼获得的公共评价越高，其阻遏作用越是显著。派生诉讼如果有很好的公共评价，就能激发人们的向善、从众的心理，从而对相关行为发生影响。在此方面，关键是考虑特定的程序设计或实体因素要达到何种程度才能有助于其社会评价的提高，这对于派生诉讼的制度构造有着宏观的指导作用。

影响派生诉讼社会评价的因素：（1）功能定位的模糊性。传统观点较为重视赔偿，认为阻遏仅仅是派生诉讼的副产品，这就造成了派生诉讼功能的混乱。只注重诉讼的赔偿功能使诉讼只具有私的意义。派生诉讼是提供给少数股东监管大股东滥权行为的工具，因此是一种公共产品，而非"私人间的交易"。

（2）将派生诉讼与特定的量化指标相联系。关注派生诉讼的成功与失败是可以理解的，因为这比较容易观察和衡量，但事实上，阻遏作用是不易衡量的。如果一定要将派生诉讼与一定的数据相联系，如每年诉讼的数量，一般就会得出派生诉讼这一制度是失败的结论。前文已经论述了派生诉讼案例发生少与派生诉讼制度无价值

---

① Arad. Reisberg, Derivative Actions and Corporate Governance, Oxford University Press, 2007, p. 191.

② Arad. Reisberg, Derivative Actions and Corporate Governance, Oxford University Press, 2007, p. 65.

③ Arad. Reisberg, Derivative Actions and Corporate Governance, Oxford University Press, 2007, pp. 69 – 74.

之间没有任何必然的联系。但是我们也不得不注意到，如果派生诉讼案件持续走低，并不是由于潜在的错误行为被阻遏，而是由于派生诉讼具体规则设置不合理，导致派生诉讼提起难度过大，如很多案例都在开始早期就被法庭予以驳回，再比如立法规定原告要提供高额的保证金，这些都会使派生诉讼发生极少，那么我们就要检视我们的程序构造和条件限制是否过于严苛，而非质疑派生诉讼这一制度本身。

（3）运用得当的限制及严谨的程序要求。一个诉讼的社会意义可由加诸于其上的限制来形成。如果特定行为的出现具有一种不受欢迎的社会意义，对该行为加以限制，就会形成积极的社会认同。比如，在派生诉讼中添加一些必要的资格要求，就提供了重要的限制，导致我们对派生诉讼的社会意义有正面的看法。其中的原因就在于派生诉讼可能会导致投机诉讼、技术诉讼、轻浮诉讼等非社会所欲的情形发生，适当的限制能够减少或避免这些情况的出现。此外，派生诉讼的程序性要求也有利于提高社会评价。诉前请求程序是派生诉讼的最大特点之一，在此阶段法庭在诉讼早期就参与派生诉讼的调查，法庭的赞成是使得公司开始诉讼的第一步，这就提供了一种确定诉讼价值的重要的审查机制。请求程序有积极的识别作用，派生诉讼符合前置程序要求的被认为更具有价值。满足了法庭的要求，派生诉讼更容易被认为是反映了一个"公共的谴责"。再比如，法庭对派生诉讼和解的控制可以使诉讼结果更真实地反映公司所受到的损害以及公司的真实意愿，也会提高派生诉讼的社会评价。

但限制性的要求必须把握适当的尺度，否则就会由于规则的不易操作和障碍太多而导致派生诉讼的提起对于少数股东来说过于困难而不可企及。法庭审查的适度性也是影响派生诉讼阻遏作用的重要方面。如果法庭审查过于严苛，使得绝大部分派生诉讼案件在早期被驳回，那么不但股东提起诉讼的积极性下挫，更消极的影响是导致整个社会对派生诉讼的评价降低，认为派生诉讼是一种无价值的制度。

可见，影响派生诉讼的社会评价的几个因素中，诉讼目标的模糊以及将派生诉讼与一定的量化指标相联系减弱了派生诉讼的社会影响；法庭审查程序以及适度的限制条件提升了派生诉讼的社会意义。

那么，想要派生诉讼的阻遏功能发挥到最佳效果，就要从以上方面入手，增强派生诉讼社会评价的积极方面，减弱消极方面。接下来要做的就是在派生诉讼的赔偿与阻遏功能之间探究其相互关系，界定清楚派生诉讼的主要功能和辅助功能，避免其功能定位的模糊。

四、赔偿与阻遏功能的比较研究与功能定位

（一）比较研究

我们将之前讨论的派生诉讼的赔偿功能与阻遏功能的特点以及优劣势以表格的形式表现出来：

阻遏作用与赔偿作用之比较——优势与不足[①]

	赔偿	阻遏
基本内容	通过诉讼使公司获得金钱利益，从经营管理者的错误行为导致的损害中回复	对持有分散投资股份的股东来说有综合利益，对错误行为构成阻遏
救济种类	财产救济	主要是非量化的非金钱救济（包括可能承担罚金的威胁、名誉的损害以及社会对其的负面评价等）
判断标准	预期的赔偿救济是否超过了预期的成本	缺乏赔偿救济时，产生的社会整体效益是否足以抵消个别公司或股东利益的损失
问题点	①带来的成本超过其可能获得的救济；②股东构成会发生变化；③公司受到的损害和股东不完全一致；④财产效应可能微不足道；⑤救济是不确定的；⑥更便利、更少花费的其他方式可以获得同样的效果	①阻遏的程度很难预测、估计；②阻遏效果难以发挥（派生诉讼案例出现少）；③阻遏不能达到理想的效果（由于保险等机制的存在使公司提前内化了惩罚措施）；④主要是事后的惩罚机制

在上文我们对阻遏与赔偿功能分别的内容和限制都进行了阐述，可以得出一个最基本的结论：二者都是派生诉讼最基本的功能，都

---

① 该表格部分参考了 Arad. Reisberg 教授著作中的表格，但笔者根据自己的研究进行了修改。参见 Arad. Reisberg, Derivative Actions and Corporate Governance, Oxford University Press, 2007, p. 57。

在一定程度上为派生诉讼的正当化提供了支持；但另一方面，二者又都有一定的限制。那么，为什么一定要对二者进行功能定位？

当以下问题被提出时，阻遏与补偿的功能定位的意义会变得清晰：假如一个诉讼的成本将超过其可能获得的赔偿时，法庭是否应驳回该有价值的诉讼？如果被告是为了公司的利益采取了非法行为，收益超过成本和加诸于公司的惩罚，被告是否允许以此为由为自己辩护？一个股东如果未因不当行为受到损害，是否就无权提起一个有价值的诉讼？针对这些问题，从阻遏功能来看，答案为否；而从补偿角度答案则为是。同时，这些问题显示出要求一个法律系统必须采取一种立场来回答这些问题是多么难以接受。[①] 假如仅是以阻遏、监督为标准，对于原告提起诉讼几乎没有什么要求，假如股东要求公司承担多于所获赔偿的成本，这些成本也会被看作产生足够的威慑作用所必需的；而相反的，在单纯的赔偿标准下，法庭将被放在道德妥协的境地：即用错误行为的"成果"来抵消其本应受到的惩罚。所以，单独强调一个目的，都会走入荒谬的极端。二者应力求寻找一个平衡。[②]。

但是，二者之间的平衡绝不是简单地总结为"补偿与阻遏功能的并重"，也不是所谓的"兼以补偿与阻遏为目标"。这样的结论对于回答上文提出的问题没有意义，当法庭面对同样的情况时，仍然无法抉择。因此，二者的功能要有更加明确的、对实践更具有指导意义的定位。

（二）角色定位

1. 传统观点之分析

任何法律规则在科以潜在错误行为者义务和对受害者给予补偿时都会产生阻遏的效果。什么才是派生诉讼的主要目标和正当化基础？

---

① John C. Coffee, Jr., Donald E. Schwartz, The Survival of the Derivative Suit: An Evaluation and a Proposal for Legislative Reform, 81 Colum. L. Rev. 308 (1981).

② John C. Coffee, Jr., Donald E. Schwartz, The Survival of the Derivative Suit: An Evaluation and a Proposal for Legislative Reform, 81 Colum. L. Rev. 308 (1981).

传统观点更多地认为诉讼仅是补偿公司和股东的损害。① 但是随着股东与公司关系的变化，"补偿"这一目的已弱化，代之的是"阻遏"功能。② 正如上文所讨论的，如果以赔偿为派生诉讼的主要功能，许多的问题无法解释，特别是通过其他的手段能够获取同样的救济，而这些手段还可能更为经济，那么就只有阻遏功能能够对此种情况下派生诉讼存在的必要性做出解释了。

目前更多的观点认为派生诉讼的主要作用是减少代理成本、阻遏错误经营行为。"假如公司经济收益作为判断派生诉讼程序进行的标准时，未超过一定界限的欺诈行为就不会被追究。"此观点的基本想法是责任规则在连接经理和投资者利益方面起着基础作用，在这方面派生诉讼有预防效果。③ 派生诉讼一些时候自然地调整到了阻遏标准，主要是因为它运用私的强制执行资源，强调对个人施以责任。也有学者直接指出派生诉讼的意义在于：比救济更为重要的是其在挫败可能发生的违法行为方面的阻遏功能。"当我们仅关注于派生诉讼中公司获得了多少补偿时，却未注意到其更重要的功能是阻遏不恰当的行为。当运用于董事对忠实义务违反的情况时，这一表现更为强烈。"④ 派生诉讼的长期威慑价值以及对社会制度的信心换成在社会和经济生活的重要性，将远远超过公司因为能够迅速终止不可能产生金钱利益的诉讼程序而可能享受的利益。⑤

用阻遏功能来解释派生诉讼的成本可能大于收益的问题也是说得通的。既然此类诉讼的主要目的在于其对公司管理层整体的威慑效果，我们就不应该过分关注派生诉讼给个别股东或公司带来的利益是否高于其成本了，因为无论是从对整个社会的公司治理状况来

---

① Arad. Reisberg, Derivative Actions and Corporate Governance, Oxford University Press, 2007, pp. 54 – 55.

② John C. Coffee, Jr., Donald E. Schwartz, The Survival of the Derivative Suit: An Evaluation and a Proposal for Legislative Reform, 81 Colum. L. Rev. 302 – 305 (1981).

③ Arad. Reisberg, Derivative Actions and Corporate Governance, Oxford University Press, 2007, p. 54.

④ Donald E. Schwartz, In Praise of Derivative Suits: A Commentary on the Paper of Professors Fischel and Bradley, 71 Cornell. L. Rev. 327 – 328 (1985 – 1986).

⑤ 美国法学会通过并颁布：《公司治理原则：分析与建议》（下卷），楼建波、陈伟恒等译，法律出版社 2006 年版，第 698 页。

看，还是对单个公司的长远影响来看，派生诉讼无疑是有着正面的作用的，其总体收益必然是高于其总体成本的，也就是说一个社会的平均代理成本通过派生诉讼制度得以减少。有学者直接指出："股东诉讼对于公司无疑是昂贵的、破坏性的，但也更可能揭发和证明高管或董事的错误行为。"[1]

可见，阻遏功能已经超越了赔偿功能成为了派生诉讼的最主要的功能，这也进一步说明公司派生诉讼是一种公司治理机制而非仅仅是股东利益保护机制。但是我们要注意的是，阻遏功能不能被推向极致，否则会产生以下四方面的问题。

首先，派生诉讼的阻遏功能可能被过分夸大。因为派生诉讼既没有科以惩罚性的赔偿费，也没有加重对侵害者的惩罚如进行逮捕等，它实际上仅仅是拦截了个人想要从公司中获得的不当利益而已。假如被告面临的风险仅仅是归还错误行为所得的话，他很难被阻遏。因此，派生诉讼单独来看，是一个对掠夺式的自我交易的不充分的阻遏；而注意义务的违反一般包括很少的期望所得而会导致较大的责任，由此派生诉讼发挥的阻遏作用是比较大的。[2]

其次，对阻遏功能的过分强调会导致过度的私的强制执行。如果忽视赔偿功能，会导致派生诉讼的发生没有基本的衡量尺度，诉讼的出现不正常的频繁会使诉讼的质量和价值大大降低。比如在美国就有一些负面的问题产生：原告或其律师可能会主动寻求公司，通过派生诉讼去救济所谓的损失。相应的，某种程度上，成本的考虑和公司受到的损害可能会使终结诉讼正常化。[3]

再次，会对部分公司或者部分股东造成不公平的损害。正如前文所说，派生诉讼在一些情况下确实会给被提起诉讼的公司带来净损失。虽然派生诉讼的总体收益超过总体成本，但部分公司的一次成本可能大于一次收益。此种情况下派生诉讼的阻遏作用和社会价

---

① Joel Seligman, The Disinterested Person: an Alternative Approach to Share-holder Derivative Litigation, 55 Law & Contemp. Probs. 361 (1992).

② John C. Coffee, Jr., Donald E. Schwartz, The Survival of the Derivative Suit: An Evaluation and a Proposal for Legislative Reform, 81 Colum. L. Rev. 307 (1981).

③ John C. Coffee, Jr., Donald E. Schwartz, The Survival of the Derivative Suit: An Evaluation and a Proposal for Legislative Reform, 81 Colum. L. Rev. 308 (1981).

值可以使派生诉讼的存在和继续正当化。但是如果某个诉讼对于公司来说成本巨大，而可期望的利益十分微小，那么仅仅因为诉讼对于其他公司的潜在不正当行为具有阻遏作用就坚持公司继续诉讼的话，对于这个身处于社会大环境下的小公司就可能过分的不公正。从对股东的影响来看，并不是所有股东都充分地分散风险。当公司获得的补偿低于公司花费时，虽然阻遏作用会对其他充分分散风险的股东有利，但集中投资股东失去的比获得的多。不能以维护宏观社会利益为名而过度牺牲微观个体的利益。

最后，阻遏功能是无限制的、开放的、预测性的，没人能估测阻遏的边际利益。未来的收益在很多年都是无法实现的，阻遏效果也会相应地打折，许多公司除非在因不当行为受害巨大的情况下，都偏好不进行诉讼。

2. 赔偿与阻遏的功能定位

要解决以上问题，就要协调这两大功能的关系。赔偿与阻遏功能大多数情况下并不冲突。"因为使一个人对由于他的错误行为而受害的人进行补偿也同样会对他今后从事同样行为产生阻遏作用。"[1]美国法学会为了解决两者之间的关系，声明在公司成本超过受益时，对于分散投资的股东仍有"一般利益"，终止诉讼并不会产生利益，最终会增加平均代理成本。[2] 换句话说，给股东一个有效的强制执行的方式，在回复公司损失的同时也能达到阻遏的目标。但是两者之间在一定情况下存在紧张关系。比如在决定公司是否继续诉讼时会有不同。假如基本标准是赔偿，如果继续诉讼就是不利益的。但如果是阻遏，假如被诉行为是非法的、欺诈的，从长期看对股东共同利益是有益的。[3]

为了解决二者的矛盾，合理的做法是将赔偿作为阻遏作用的限制。单独来看，阻遏作用可以正当化一个公司花费任何代价对错误行为的追责，而赔偿标准则给予了法庭一个技术性的尺度去判断特定案件继续的必要性。将阻遏作为派生诉讼的主要功能，赔偿标准

---

① Arad. Reisberg, Derivative Actions and Corporate Governance, Oxford University Press, 2007, p. 55.

② 美国法学会通过并颁布：《公司治理原则：分析与建议》（下卷），楼建波、陈伟恒等译，法律出版社 2006 年版，第 527 页。

③ Arad. Reisberg, Derivative Actions and Corporate Governance, Oxford University Press, 2007, p. 55.

则是重要的辅助性功能，阻遏标准应被赔偿标准"封顶"限制：一定比例的预期成本和收益会正当化诉讼的驳回。对于超过了一定的成本收益标准的案件，即使可以用阻遏功能来解释其存在的必要性，但对特定公司来说成本过于高昂，也应当由法庭予以驳回，而允许公司采用其他替代性的方法来挽回损失或避免更大的损失。

五、结论与应用

对派生诉讼赔偿和阻遏功能的角色定位直接影响到派生诉讼中的司法审查的程度和标准，特别是在前置程序中是否允许诉讼进行的司法审查过程。建立法院审查标准的指导原则是确认那些看起来能够对公司发生积极作用、增进公司价值的诉讼。当原告提起的诉讼显示出真正的、最终增进公司价值的可能性，就应当允许诉讼进入实质审判阶段。

在设计司法审查标准时，法庭要进行两方面的衡量：一为诉讼的成本与收益的分析；二为诉讼将产生的阻遏前景预期。具体来说，首先要有一个对诉讼的事前的、细节的成本——收益分析，要求平衡继续诉讼的法律成本与期望的赔偿的价值。成本包括诉讼花费、保险和董事薪酬的增加等。而收益既包括公司通过诉讼获得的直接的经济赔偿，也包括诉讼发生的阻遏效应对公司产生的积极作用。

其次，法官在判断阻遏作用的发挥时，要考虑公共政策，包括对诉讼的前景影响以及公司运行的社会环境的全面考虑。如法庭应衡量所有同样的公司通过排斥被挑战的行为而获取的利益，以及考虑是否这种禁止和相伴的阻遏在其他程序中也可能出现。尽管阻遏的可能不会以准确的数学计算作出，但可期望的是法律通过多种类型的诉讼的反复研究，即使是不能弥补其即时成本的非经济的诉讼，最终也会对有害的错误行为产生有益的阻遏作用。法庭衡量诉讼的阻遏前景主要是看对错误行为者科以的惩罚以及感到能够侦查到同样的错误行为的可能性。例如，错误行为是经理从事自利交易，这是能被广泛知晓或通过对公共记录资料认真分析后发现的，因此是易于被监测的，倘若该行为被诉讼给予适当的惩罚的话，因而就被恰当地阻遏。相比较而言，一些诉讼——如以不易查知的错误行为为目标或者不对董事施加显而易见的惩罚的诉讼，其阻遏作用就不明显。如董事实施的贿赂和内幕交易等行为就不太可能被股东发现。派生诉讼涉及这些行为的经常要转交给政府或内部公司调查机制。

如果诉讼针对严重不当行为获得补偿很高就能阻止未来的错误行为，或者当公共强制程序在诉讼之后紧随而来的话，诉讼的阻遏作用也会明显。在这些案件中，阻遏的要求必须要看是否有另外的因素（除了错误行为者面临的惩罚之外）支持加诸于派生诉讼之上在实质上能提高阻遏的前景。如果不可能的话，当派生诉讼又转为刑事诉讼等情况下，派生诉讼只能被积极的、公司的纯收益所正当化。

诉讼实务研究

关于优化人民法院审判绩效
考核机制的若干思考

刘红兵　陈　宇*

随着人民法院三个五年改革纲要的顺利实施，人民法院审判管理工作得到了较快发展。特别是 2008 年最高人民法院新一届党组履新以来，加强和创新审判管理已成为当前优化人民法院职权配置改革的重要方面。[①] 审判绩效考核是审判管理的重要内容[②]，对于强化审判管理效果，最大限度地调动法官的工作积极性具有重要意义。但如何建立健全人民法院科学公正的绩效考评机制，避免脱离实际和形式化倾向，在理论和实践上均有不同的认识和做法。我们以 2008 年以来江苏省及南京市推行的审判绩效考核指标体系为蓝本，比照兄弟法院的实践经验，借鉴法学界及司法界各位专家学者的观点思路，拟对审判绩效考核中的若干问题作进一步的分析研究，以期对完善审判绩效考核机制有所裨益。

---

* 刘红兵，南京市中级人民法院审判管理办公室主任；陈宇，南京市中级人民法院审判管理办公室综合管理科科长。

① 最高人民法院 2009 年 3 月发布的《人民法院第三个五年改革纲要（2009—2013）》虽然继续要求改革和完善审判管理制度，但着墨不多，仅延续了"二五纲要"的基本思想和举措，同时强调制定符合审判工作规律的案件质量评查标准，以及统一适用的审判流程管理办法等。2008 年 3 月王胜俊院长任职以来，法院工作整体呈现加强管理的趋势。2010 年以来，最高人民法院进一步强调加强审判管理，并结合"社会管理创新"的政法工作总体要求，提出了加强审判管理的新的思想和工作内容。参见龙宗智：《审判管理：功效、局限及界限把握》，载《法学研究》2011 年第 4 期。

② 最高人民法院在 2012 年 1 月 6 日下发的《关于加强人民法院审判管理工作的若干意见》，确立了案件信息管理、审判流程管理、案件质量评查、审判运行态势分析、审判质效评估、审判绩效考核、审委会事务管理七项专门审判管理机构的基本职能。

一、为什么要开展审判绩效考核

（一）围绕审判绩效考核工作存在的各种争议

人民法院的审判管理伴随着审判而生。古今中外，有审判活动就有审判管理。审判管理作为对审判活动的组织、协调、评估、考核、指导和督办等管理活动，在我国传统司法模式中即已以司法权行政化、审判与管理紧密结合的模式存在并发挥作用。随着三个五年改革纲要的相继实施和一些法院案多人少矛盾的凸显，专门而独立的审判管理活动日益得到各级各地法院重视。在《人民法院第三个五年改革纲要（2009—2013）》发布之前，审判管理工作特别是作为其子系统的审判绩效评估机制就已经在法院管理领域得到比较广泛的重视和运用，绩效考核的严格性与精细化也在不断提升和强化。[①] 时至今日，建立和实施以数字化、指标化、无纲量化为主要特征的审判绩效考核机制已成为人民法院审判管理工作的重要内容。与此同时，法学界与司法实务界对绩效考核的反对诟病及批评建言亦是不绝于耳。综合来看，主要观点集中在以下两个方面：

1. 全盘否定的观点

有学者指出，"法院当像法院"，业绩考核是行政管理的一大特点，法院不是行政机关，司法的目标是实现公正，此外别无其他。法院独立审判无须通过漂亮的指标数据取悦上级法院和地方党政机关，无须介入以各类评比奖惩为诱导或强制的社会规训体系。司法问责须有自身的标准和惩戒程序，案件指标仅作司法统计之用，不能以此衡量法院或法官的业绩。法院业绩考核制度不符合司法活动科学评价应有之义[②]。实务界的同志也尖锐指出，当前审判绩效考核制度直接导致法官角色被异化为生产流水线上的"熟练工人"，这种以牺牲法官参与改革的主动性、创造性为代价，片面追求案件质量与效率的绩效考核思路，其所能实现的公正与高效必然是虚荣的，仅可获得短期利益，随之而来的是对司法固有属性的巨大冲击，以及要恢复改革期待的权威性所要耗费的巨大司法成本，并将会成为

[①] 参见胡夏冰：《审判管理制度改革：回顾与展望》，载《法律适用》2008 年第 10 期。

[②] 徐昕：《法院应强调业绩考核吗》，载《南方周末》2012 年 4 月 13 日。

对审判管理体制改革的长期侵害①。还有观点认为：在配备了奖惩机制的量化考核制度下，中国法官的行动方向不仅有损我们珍视的审判独立、程序正义等法治原则，更和理想考核模式下廉洁、高效、公正的预期目标渐行渐远。由于很难设定一套能有效反映法官工作质量的指标体系，再加上法官"趋利避害"的理性制约，以激励法官努力工作，实现法院廉洁、高效和公正解决纠纷的绩效考评设定目的基本落空②。

2. 温和的批评观点

目前，司法实务界与法学界更多的呼声是要求对现行审判绩效考核模式进行变革，使之更加符合司法审判规律。在整体设计层面，主流观点认为，近年来法院内部尤其是上级法院对下考核力度不断加大，审判管理与绩效考核呈现重约束轻激励、重能动轻限度和重数据轻引导三大矛盾，导致了评价工作在很大程度上异化为"数据处理器"。各地法院迫于考核排名、奖惩挂钩的双重压力，或多或少地下意识甚至主动参与到"数据制造"当中，或是背离审判工作内在规律盲目追求数据的最优化，或是利用法律、制度等既有规定，通过"技术手段"变通处理，人为修饰美化指标数据，甚至违反规定直接伪造数据、假造案件。审判绩效考评机制的架构和设计，要警惕和防止出现所谓"迁就式"、"投机式"和"篡改式"等不正常的数据游戏③或"数据功利主义"④现象。在法官考核层面，多数观点认为，审判工作是一种复杂的、高智能的、诸多因素交互作用的社会活动，在案件负担加重、裁判考量趋向复杂以及法院和法官的权威性严重滑坡的背景下，严格细化考绩与评查而有效激励不足，极易产生"约束疲劳"，诱发一线法官对审判岗位缺乏荣誉感与自信

① 徐建兵：《中国特色审判管理机制构建之构想》，载《法律适用》2009年第9期。

② 艾佳慧：《中国法院绩效考评制度研究——"同构性"和"双轨制"的逻辑及其问题》，载《法制与社会发展》2008年第5期。

③ 宋长琴、徐俊华：《论审判管理实践中的三大矛盾》，载《审判研究》2011年第6辑。

④ 龙宗智：《审判管理：功效、局限及界限把握》，载《法学研究》2011年第4期。

心，缺乏积极进取心态，法院工作的可持续发展堪忧。[1] 在法院发展层面，有观点提出，在强力的审判绩效考核模式下，审判人员的积极性可能受到抑制，过于繁琐的绩效考核指标往往束缚法官的主观能动性，在一定程度上形成偏于行政化的"路径依赖"，这并不是治本之策，相反可能导致恶性循环，愈发加剧一线不强的状况。[2]

（二）审判绩效考核机制的内在机理

我们认为，审判绩效考核工作虽然招致众多的质疑批判，但这一机制的产生和运行，并非上级法院、管理部门甚至个别法院领导一厢情愿的凭空设想，而是有其产生的内在机理，具有鲜明的中国司法制度特色。

1. 司法"还权"改革后出现的失范现象是人民法院加强内部监督、管理和考核的历史背景

在"一五"改革纲要实施以前，审判管理带有比较浓厚的行政化色彩，在反思这种高度集中的审判管理模式的基础上，最高法院相继颁布"一五"、"二五"改革纲要，其着眼点在于遏制司法行政化趋势，强调尊重司法规律，还权于法官与合议庭，但在司法体制和基本运行机制改革配套缺位的背景下，司法腐败与司法不公问题随之凸显出来。[3] 法官数量多但整体素质尚未得到普遍提升，保障制约其勤勉廉洁的机制尚不健全，审判权的肆意行使与懈怠不作为必然同时显现。如何在资源有限的条件下，确保审判工作依法有序进行，确保案件公正高效处理，成为摆在各级法院领导面前的突出问题。加强审判管理与绩效考核，规制审判权的逾制与无序，抑制司法腐败，提升审判质效，成为我国法院系统上下的共识和必然选择。

2. 社会主义法治建设赋予人民法院的历史使命是推行审判绩效考核的内在要求

任何社会形态下的司法活动，都承担着调整社会意识形态与价值取向、维护整合社会观念整体同一的政治责任。我国司法机关在

---

[1] 肖宏：《激励型管理与司法效率》，载《人民法院报》2011 年 1 月 19 日。

[2] 孙海龙、高翔：《深化审判管理若干问题的思考》，载《人民司法》2011 年第 1 期。

[3] 宋长琴、徐俊华：《论审判管理实践中的三大矛盾》，载《审判研究》2011 年第 6 辑。

社会主义法治建设过程中，不仅要承担保证国家法律正确适用的责任，更要承担贯彻党的路线方针政策、维护社会和谐安定的重大社会责任和政治责任。司法审判不仅要实现法律效果，还要做到社会效果和政治效果的最大化，不仅要强化案件的审结，还要做到案结事了、不诉不访、社会和谐。① 所谓"能动司法"即是这一内在要求的具体体现。完成这些目标任务，必须要明确工作导向，分解工作目标，细化工作要求，量化工作成效，依靠体系化、数据化的指标控制与精细化、过程化的考核管理，确保法院工作一体化运行并有效落实司法政策的要求。

3. 人民群众对审判工作的新要求新期待是加强审判绩效考核管理的外在动力

近年来，法院工作的社会评价虽然整体上逐年提高，但人民群众对社会公平正义的追求，对人民法院公正高效司法的要求也在不断提高。从人民群众反映突出的问题看，主要集中在法官办事效率、服务态度、执法水平以及司法公正等方面。这些问题虽在个别，但影响人民法院的公正形象和司法公信力，不可小视。从原因上分析，它与审判管理弱化、对法官审判活动监督考核缺位不无关系。因此，要从根本上解决这些问题，必须树立满足社会公众多层次、多角度司法需求的价值追求与目标导向，在尊重审判规律的基础上，引入现代管理理念和管理方法，从精细化管理和过程化监督入手，规范法官司法行为，约束司法懈怠和恣意，最大限度地保证合格司法产品的产生。

（三）审判绩效考核机制的现实意义

相对于法院传统内部考核中重印象、轻定量评估的做法，现行审判绩效考核模式具有明显的优越性。

1. 准确量化，公平透明

以数字化、指标化为特征的绩效考核，克服了传统考核模式中人为因素过重的内生弊端，将审判质量、效率和效果等通过无量纲化、同度量化的指标数据加以反映，考核结果简单、直观。对工作

---

① 王忠华：《审判绩效考核管理：价值、现状及完善路径》，载《人民法院报》2010 年 8 月 18 日。

任务性质具有同质性的被考核法院及法官而言，[1] 更能公平地在同一平台上用相同尺度予以衡量，管理层的人为因素被降到了最低。同时，考核标准事先公布，考核数据及排序结果全部公开，更能有效地打破业绩考核与人事管理过程中的暗箱操作，化解被考核主体的疑虑与不满，最大限度地激发被考核主体对考核目标及结果的认可度。[2] 审判绩效考核工作引入无量纲化指标考核机制后，在法院机关考核历史上头一次拿出了一把完整的"标有尺度的透明尺子"。

2. 过程控制，及时纠偏

传统考核工作多在年终岁末，由人事部门组织各业务庭室集中人力物力，按平时工作表现及结案数、调撤数、上诉率等个别指标对承办法官进行考评打分，而对部门、条线等被考核主体的测评则掺杂更多的人为评定以及平衡因素，不仅主观因素偏重，更由于考核程序的繁琐和考核成本较大，对日常工作的引导、纠偏作用滞后。数字化指标考核机制不仅公正公开性显著提升，更可在信息技术的支撑下，每季、每月、每周进行适时预评实测，在法院、部门、法官的日常工作过程中即可对标找差，及时发现工作疏漏并有针对性地加以改进。[3]

3. 导向明确，轻重有序

我国司法审判机关担负着一定的社会管理职能，随政治经济社会发展各阶段形势与任务的不同，工作目标和工作重点呈现出阶段

---

① 对工作领域具有较大跨度的各条线及其法官之间的考核标准问题，实践中多采用共性指标辅之以个性指标的方法，将考核评分结果在标准设定上予以拉平。

② 在本文写作过程中，对绩效考核提出质疑和不满的主要声音集中在考核指标的选取、统计口径及计分标准等技术性问题的争议上，对应否实行数字化公开性的统一绩效考核工作本身几无反对意见。

③ 执笔人在承担最高法院 2008 年重点调研课题《人民法院信息化建设》的过程中，曾走访南京市公安局信息中心。据介绍，当时南京市公安系统已全面实现工作绩效考核数字化与实时化。全市公安干警无论工作条线与岗位差别，均有不同指标对应相关工作职能及业绩，每处置一起报警求助、每查获一条破案线索，每查处一起交通违法行为，均有不同业绩加分项目核算，并能实时反映在个人警务终端上。每一名干警每天均可自行查看其工作绩效及在本单位、本条线甚至在市局的整体得分排名情况。年终评优评先及晋职晋级依据均按照排名得分情况加以廉政考察等补充扣减得分事项予以公布。干警赋予了明确的工作导向与奋斗目标，极大地调动了工作积极性。

性要求。利用数字化指标考核体系，可以经由指标的筛选及其权重的权衡，及时有效地对工作目标与工作重点予以调整和推进。在各指标统计口径、考核作用得到周密考量的前提下，能为被考核主体提供明确直观的工作导向。这与层层传达会议精神、领导讲话、提口号、部署方案的工作推进方式相比，其准确、及时、有效及成本低廉性无疑更加彰显。

（四）坚持审慎推进审判绩效考核工作

1. 要充分肯定审判绩效指标考核机制的合理性

审判绩效指标考核作为现代目标管理与绩效考评制度的有效结合，有助于上级法院和法院领导及时有效获取辖区内法院、法庭和法官的司法行为信息，有利于客观、公正、有效地评估评价各层级主体的审判业绩。当前对绩效考核工作的负面评价，多是由于绩效考核忽视审判工作规律，机械僵化理解考核机制，人为割裂和忽视各指标之间的逻辑关系、适用条件，简单从评估体系中照搬个别指标，热衷于排名排序，重约束轻激励，盲目下达硬性指标考核任务所导致，[①] 而并非指标考核模式本身不科学、不可行。

2. 要清醒认识审判考核数据固有的局限性

任何考绩机制均非十足完美，任一指标体系都无法全面反映工作实绩。在构建考评机制的过程中，要认识到指标只是一种相对性的管理手段，在指标设定之初仍是处于"未知之幕"之下，且作为具有"趋利避害"本性的被考核主体在考核要求下也会寻求应对规避，这些都可能导致指标考核评判工作的局限性。与此同时，审判活动是自由裁量的创造性主观行为，证据采信上的灵活性和法律规则适用上的可操作性，使得对法官裁判行为的质量与效率评判上具有浮动空间，企图通过简单套用若干指标、人为设定评判标准，即将创造性、多样性的司法审判活动纳入"流水线操作规程"，实现标准司法产品的输出，其结果只能适得其反。

3. 要审慎对待审判绩效考核结果的运用性

深刻认识"过分强调量化考评的排名，可能催生对真正的管理

---

① 佟季、覃丹：《谈人民法院案件质量评估体系的几个特征——关于评估体系几个问题的理解》，载最高人民法院《人民法院案件质量评估体系培训材料》2011 年 11 月。

制度的扭曲"①，充分尊重审判工作规律，注意区分收案数、上诉率等客观性数据和结收案比等主观性数据，按照"绩效横杆"原理科学设置考评系数与指标阈值，慎重对待量化考评，注重强化"正绩效"的激励作用，尽量弱化指标量上作用，增强数据质上引导，克服"唯数据论"的排名冲动。同时，必须尊重法官的荣誉和独立判断与负责精神，科学制定法官裁判行为守则，综合运用定量与定性的多重标准，实现对法官审判行为的有效引导和规范，防止由于实行单项考绩而损害法官的独立性、积极性与责任意识。

二、审判绩效考核机制的目标与原则

（一）当前审判绩效考核工作存在的突出问题

1. 考核理念不正确

审判管理以指标评价为本，以绩效考核为重，必须牢固树立正确的司法政绩观和考核理念。应该讲，一定范围的排名进位、末位通报等措施，有助于鼓励先进、鞭策后进。但如果片面追求数据排名尤其是单项数据排名，会导致出现唯数据现象，不仅违背审判管理机制的设立初衷，更有损于司法从业人员对绩效考核工作基本目标与理念的认同，伤害司法工作者对公平正义的内在追求。

2. 考核导向不明确

囿于审判工作内在规律以及统计学的局限性，考核指标体系中的诸多目标价值之间并非并行不悖。相反，在特定情形下还会存在冲突矛盾关系。实践中，导致被考核对象从自身利益出发实施各种所谓的规避行为。这种不顾及制约关系简单讲求单项排名、指标彼此冲突的考核体系，不仅会造成一线审判人员无所适从，也会为日常审执工作带来人为的混乱与冲突。

3. 考核模式不科学

实践中被广泛运用的综合绩效指标考核模式，大多对单项指标数据采取幂函数计分法，按当前值在最高与最低值之间的差值相比，以规定系数核算计分，按得分高低排名。其优点在于精准客观，可以显示出被考核主体工作成效的细小差别；弊病在于未考虑司法工作的主观因素和客观制约环境，容易导致受考核主体将注意力更多

---

① 奚晓明：《以人为本 尊重规律 科学管理 完善符合国情的民事审判管理制度》，载《人民法院报》2010 年 8 月 13 日。

地投注在数据本身。①

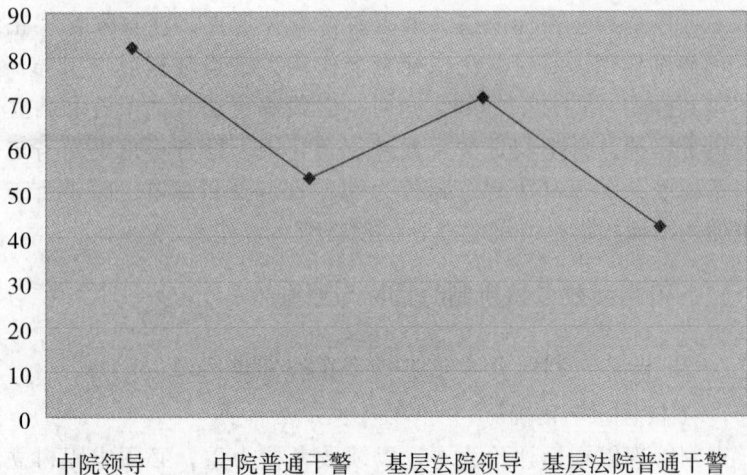

各层级法官对绩效考核模式认同度对比图

4. 考核结果不认同

目前的绩效考核模式在受考核主体特别是基层一线法官中的认同感不高。笔者通过随机抽样和不记名反馈方式调查发现，当前绩效考核模式的认同度与法官职务层级成正比，也即随被调查人员身份越向基层纵深，其对绩效考核的认同度越低，对此应当引起足够重视。

（二）审判绩效考核工作的基本目标

王胜俊院长在全国大法官审判管理工作专题研讨班上明确指出：要通过人民法院创新和加强审判管理，实现司法公正、廉洁、为民这一总目标，确保审判工作坚持正确的政治方向，切实维护最广大

---

① 2012 年初，最高人民法院组织部分高级人民法院的司法统计人员，分成五个检查组，通过核查统计报表数据、检查案件信息系统和案卷、电话访问当事人等多种方式，对山西、黑龙江、上海等 10 个地区的 41 家法院进行了重点检查，发现有的法院不恰当、扩大化地使用案件质量评估指标；有的工作环节司法统计数据的核报不规范、不细致甚至不负责。参见佟季：《推动司法统计工作科学发展，更好服务执法办案第一要务》，载《人民法院报》2012 年 8 月 24 日。

人民的根本利益，实现司法审判法律效果和社会效果的有机统一。①笔者认为，应当始终围绕这个基本目标，建立和完善审判绩效考核机制。

首先，审判绩效考核明确案件质效方面最基本、最核心的指引要求，可以产生明显的激励、约束效应，有利于调动法官追求审判质效的内在动力，为法官的努力方向提供准确定位，为法官行为提供有效激励。

其次，开展审判绩效考核是为深入推进审判管理规范化建设、建立法院内部全新的动态监督机制和科学化管理提供有效抓手，为实时掌控与规制一线承办人员的工作进展和质量，优化审判资源配置，不断提高审判质效提供完整、详细的参考依据与操作平台。

再次，开展审判绩效考核在于建立符合科学发展观的审判价值取向，促使审判工作不断逼近公正和效率的平衡点，从根本上促进法院审判工作的良性循环和可持续发展。

最后，开展审判绩效考核是为了合理控制司法行为，②维护司法公正，提高司法效率，树立司法权威，促进并保障公正、高效、权威的社会主义司法体制的逐步建立。

（三）审判绩效考核工作的基本原则

王胜俊院长在大法官专题研讨班上强调，创新和加强审判管理，必须遵循以审判为中心、以制度为途径、以统筹为方法、以创新为动力、以科技为保障五项原则。具体到审判绩效考核工作中，我们认为应贯彻以下基本原则：

1. 尊重管理科学，注重有效考评的原则

首先，要重视以人为本，反对数据功利主义。目前，各地法院开展的审判绩效考核工作有明显的精细化、严格化、网格化趋势。这在细化分解考评目标、强化考绩力度、加强工作导向的同时，在不同程度上也给被考核主体造成了较大压力，由此也出现考评指标数据本身而不是审执工作质量的提升成为被考核主体关注目标的不正常现象。我们认为，各级法院领导对绩效考核结果要以科学态度

---

① 沈德咏主编：《法律文化》，法律出版社 2011 年版，第 14 页。

② 有观点认为，囊括绩效考核在内的审判管理工作，其主要目的即是规范诉讼行为，保证人民法院的整个诉讼活动合法、有序、高效地运行。见王利明：《司法改革研究》，法律出版社 2000 年版，第 3 页。

合理应用，要把绩效考核评估结果作为"体检表"，而不是"评价表"，不能唯数据、唯指标，把客观评估当成"政绩"工程，更不得弄虚作假、虚构绩效，损害司法统计、质量评估工作的真实和公信。在要求被考核单位树立"正确司法政绩观"、杜绝数据造假的同时，作为考核管理主体的上级法院，也必须摒弃数据功利主义思想①，以综合评价而非单项指标的排名甚至是小数点后的数位差异来评价被考核主体的业绩，并在考核工作中重视被考核法院、法官个人的改进提升成效，以提升被考核主体的积极性为重，避免考核管理中的物化现象。

其次，要讲究追责合理，强调约束与激励并重。追责合理性，重视特定职责在致错问题上的合理行为，强调在管理考核过程中，必须在合理分工的基础上明确规定各部门和个人必须完成的工作任务，以及必须承担的与此相应的责任，做到奖惩分明、约束与激励并重。② 如江苏法院审判绩效考核体系取消上诉率等主要取决于当事人客观心态影响的考核指标，亦是体现合理追责的举措之一。当前，法院审判管理尤其是绩效考核工作中"强约束—弱激励"③ 的现象比较普遍，直接导致干警心理失衡、被动应付、积极性减退等诸多问题。实际上，生产率的高低不仅受物质条件诸因素的影响，而且取决于员工工作态度的改变。所谓态度，也就是"士气"，取决于安

---

① 当前实践中以单项数据全省、全市排名的先后来评价、奖惩基层法院、部门和法官的类似做法，普遍将审执工作割裂、虚化为一堆干枯、生硬的数据，不去全面评估各项指标之间的关联关系，不去深入剖析数据升降背后的主客观原因，不注重肯定法院干警投入的工作努力，而仅仅从数字表面的升降去简单评价、奖惩。这实质是考核单位放弃了其自身全面深入客观评价被考核单位的应有职责，是数据功利主义的典型表现，其后果往往是"挥着指标皮鞭，只问结果不问过程"，不仅磨灭了干警提升工作的积极性，更在客观上促成了投机取巧甚至弄虚作假的功利行径。

② 何菊花：《法院审判质效评查工作引入管理理念之思考》，载《宁夏大学学报》（人文科学版）2009 年第 5 期。

③ 激励和约束是现代企业管理中的一对概念。根据企业管理学中的"激励—约束组合矩阵"理论，除"强激励—强约束"组合外，其余均为失衡状态，不能实现管理效能的最大化。参见赵春明：《激励约束失衡引发管理黑洞》，载《中国经营报》2003 年 10 月 20 日。

全感、归属感等社会心理方面的欲望的满足程度。[①] 因此，在建构法院工作人员考核管理机制时，既要充分认识物质激励措施的积极作用，更要重视以法官为主体的法院工作人员的精神需求，通过科学考核与合理奖惩等精神激励措施提升其"士气"，激发其工作积极性。

再次，要保持体系科学，精心设计权重与目标。根据现代管理学原理，关键绩效指标的设定一般均遵循 SMART 原则。S 代表 Specific（明确的、具体的），要求设定指标清晰明确，考核项目具体、全面，适度细化，切中特定的工作目标；M 代表 Measurable（可衡量的），要求绩效指标能够量化则必须定量化，如果难以定量化，那也必须是行为化的，有清晰的导向性，且验证绩效指标的数据或信息是可以获得的；A 代表 Attainable（可实现的、可达到的），要求绩效指标设定不能太高，也不能太低，要具有挑战性、可完成性，员工付出努力可以达到；R 代表 Relevant（相关的），要求绩效指标要与企业的战略和目标一致，个人的绩效指标要与部门、企业的绩效指标形成层层支持的指标体系；T 代表 Time‐Table（有时限的），要求绩效指标使用一定的时间单位，即设定完成绩效指标的期限。[②] 由此，审判绩效考评指标的设计既要体现审判管理对审执工作的具体要求，具有一定的前瞻性，也要让多数受考核主体认为考评目标经努力后是可达到的。要注意避免人为拔高指标目标值，设定不科学考评标准，努力在工作导向与现实规律之间取得平衡。

最后，要警惕人性假设，重视信息对称交流。审判绩效考核作为法院工作的导向机制，在实现对被考核主体的评价衡量与奖惩功能的同时，也反作用于被考核主体本身，直接影响乃至改变受考核法官、部门、法院的行为方式与工作习惯。在此过程中，对考评模式给被考核主体带来的负反馈效应不可忽视。制度设定之初，不可单方面主观设想被考核方完全领会并绝对依照考核导向行事，而必须同时从被考核主体的立场角度出发，探究模拟其在此规则下将如

---

① 美国管理学家梅奥等人的观点，转引自深圳市中级法院课题组：《法院工作人员考核管理机制研究——以法官考核管理为核心》，载广东省高级法院网站（http://www.gdcourts.gov.cn/gdcourt/front/full.action? pageNo = 1&fullText = %E8%80%83%E6%A0%B8%E7%AE%A1%E7%90%86%E6%9C%BA%E5%88%B6&button =），2012 年 6 月 5 日访问。

② 周三多、陈传明等编著：《管理学原理》，南京大学出版社 2006 年版。

何作出行动决策，将导致何种结果，并将其与设定意图目标相对照，根据"趋利避害"的自然倾向以及评估统计过程中难以完全避免的信息滞后、不对称等制约因素，对考评标准及其统计口径不断予以矫正弥补，从而有效堵漏被考核方的规避与虚假行径，确保考核目的得以实现。

2. 遵循司法规律，注重合理考评的原则

首先，要尊重司法过程性，适度追求审判效率。审判活动必须有一定的审理时间作为保障，这是司法工作的基本规律之一。法官进行审判，必须按照法定程序来行使判断权，解决当事人纷争并充分保障当事人的诉讼权利，因而具有明显的程序性特征。加上法官承担着查明事实、分清是非的重要使命，决定了对于法官的审判活动必须给予一定的时间保障，而不能为了片面追求效率而牺牲公正。特别是在案多人少矛盾突出的情况下，绩效考核更有必要处理好效率评价与公正审判之间的关系，对诸如平均审理天数、人均结案数等评估指标是否作为考评指标应作深入研究。

其次，要尊重法官裁量权，审慎考评质效。由于法律本身的局限性和案件的复杂性，法官行使自由裁量权在所难免。绩效考核工作应遵循有限考核的原则，尊重法官的职业权威和诉讼程序的自治性，避免因考核工作影响、干预法官审判行为。这一要求应主要通过强化程序性考核，淡化实体性考评的方式来实现。对于那些需要法官作出事实认定和价值判断的审判"核心问题"，一般不应进行考核。如果对审判行为加以分层，通常其最表层是审判事务性行为，再深入是审判程序性行为，然后是事实认定问题，最后是价值判断问题。"审判管理权"对审判权的监督管理，一般应以前两层内容为主，而不应轻易介入事实认定和价值判断。[①]

最后，要尊重司法判断性，实行综合性考评。作为被考核主体的法院、业务部门和法官个体，必须认识到审判工作是一个有机的整体，不能为了单纯追求指标上的最优化而采取一些不当行为。正确的方法应当是运用各项指标数据全面分析评估审判工作状况，引导自身审判工作协调、可持续地发展。同样，考绩工作也应注意避免单项排名式，考虑地区间、条线间、部门间和不同法官之间的工

---

① 孙辙、朱千里：《积极主动或谦抑克制："审判管理权"的正确定位与行使》，载《法律适用》2011 年第 4 期。

作环境与裁判方式的差异，注重考评指标间的关联互动关系，针对地区条线特点，实行综合考评。

三、科学设置审判绩效指标体系

（一）绩效指标设定的技术考量

关于审判质效评估指标体系的构建，王胜俊院长明确指出，要"做到科学设定，使之更加符合实际，更加符合司法规律，更加有利于调动积极性，特别是要完善反映案结事了的效果性指标，引导法官更好地化解社会矛盾"。司法界和法律学界对此也提出过不少思路和方法。[①] 我们认为，审判绩效考核指标与审判质效评估指标的功能与目的不同，[②] 在选取和设置中应把握以下基本要点：

1. 客观性与主观性相结合，重点关注主观指标

客观指标是指更多由客观因素（如地域经济发展状况、纠纷数量及案件类型等）决定，一般不以法官意志为转移的数据，如收案数、上诉率、申诉率等。主观指标是指受法官工作态度、工作质量、工作方法等主观因素影响较大的数据，如调解率、一审案件陪审率、法定审限内结案率、一审服判息诉率等。在绩效考核指标的选择上，区分主、客观指标可以更好地实施分类管理，有利于强化对法官实际工作状态的考评，有效调动和激发工作积极性和主动性。

2. 关联性与支配性相结合，重点关注核心指标

各项可用于绩效考核的指标彼此之间存在着依存与关联关系，应抓住其中起支配作用的核心指标，提升考核工作的针对性。[③] 如在

---

① 如最高人民法院法律政策研究室副主任严戈认为，案件质量评估体系的构建原则应是法定性与目的性并重、全面性与层次性并重、结合性与可比性并重，全面而不重叠，科学而可行。最高人民法院政治部副主任龚稼立提出，绩效管理指标体系的设定要注意"宜粗不宜细、简便易行、便于操作"。胡昌明、杨兵、王耀承在《构建科学的审判管理机制》一文中指出，审判管理指标设置应遵循体系化、科学性、简明性与全面性原则。

② 2011 年 11 月最高人民法院张军副院长在人民法院案件质量评估体系培训会上强调，要充分发挥案件质量评估指标体系对审判绩效考核制度的指导作用，既不能直接用案件质量评估指标体系代替审判绩效考核指标体系，也不应撇开案件质量评估指标体系的要求就事论事。

③ 应勇：《尊重司法规律　优化评估体系》，载最高人民法院《人民法院案件质量评估体系培训材料》2011 年 11 月。

结案率、人均结案数、结案均衡度等相互关联的审判效率指标中，我们应更关注结案均衡度。在上诉率、调解率、撤诉率、一审服判息诉率等相互关联的效果指标中，一审服判息诉率是核心指标。在反映基层法院裁判质量诸多关联指标中，一审判决案件改判发回重审率（错误）是核心指标。

3. 正面监督与反向制约相结合，重点关注协调发展

审判工作综合性特点，要求指标设置必须具有多维思维，促进审判工作的协调发展。如针对调解案件，不仅要通过优化调解率这一正向指标的设置，促进法官重视调解，提升化解矛盾纠纷的能力，还应通过增设反向制约指标如调解案件申请执行率，来重点考核调解生效案件是否实现案结事了，以克服法官对调解率的片面追求，纠正不当调解行为，避免引发强制调解、违法调解等调解"表面化"的问题。

4. 单位考核与个人考核相区别，重点关注层级差异

审判质效指标体系中的大多数评估指标是就一级法院审判工作整体而设计的，不能将评估指标简单地套用到对法官个人的业绩评价上。实践中，少数法院不加选择、不加区别地将一些评估指标简单"移植"，直接作为审判业绩考评指标，如将结案率、案件平均审理天数、"四项"案件未结案率直接用于考评部门和法官个人，有的对上诉率、调撤率搞达标考评，不达标则予以扣罚。这些都会对审判工作和法官的积极性带来消极影响，必须予以高度重视。

（二）审判绩效考核的基本方法

一段时期以来，单项指标加权幂函数无上限计分、以得分顺序排名的考核方法被广泛运用。这一做法在激励大家争先创优的同时，也产生了一些负面效应：一是过于强调排名而背离了审判工作的客观规律；二是导致"人造指标"等异化做法不利于审判管理的开展。对各项质效指标逐一进行排名式发布的做法，促使被考核单位必须重视各自指标排名情况，导致了一些不正常情况的出现，如个别基层法院为提高案件调解撤诉率和平均审理天数等指标人为制造假案，部分法院、法官为"优化"审判质效指标数据，人为更改信息，进行虚假填报等，影响了司法统计的真实性、准确性，不利于审判管理工作的有效开展。

我们认为，加强审判管理，建立质量效率指标统一体系，其目的就是为了通过对各项指标数据的统计、分析、研判，总结审判工

作经验，发现审判工作中存在的问题及运行规律、发展态势，从而有针对性地采取有效措施，促进审判工作发展，而不是追求指标数据的不断提高。审判管理工作的开展，既要有力度，又要秉持一定的限度；既要防止审判管理的不当缺位，又要避免绩效考评上的不当导向，努力寻求科学有效的审判管理方法。为认真落实中政委、上级法院关于进一步建立健全人民法院执法办案考评机制的工作要求，建立和完善符合审判工作规律、符合南京法院实际的审判质量效率评价和考核机制，南京法院经过调研论证，在借鉴兄弟法院先进经验的基础上，建立了合理区间制与单项排名制相结合的全新考核模式，受到省法院的关注。①

合理区间制，即对某一纳入考核的指标项目，根据审判规律及历史数值，参照上级法院目标值及先进法院较高值，经过大量调研论证，合理确定其数据基准值及上下浮动幅度。被考核主体相应指标数值处于基准值与浮动上限（以正向指标为例，下同）之间的，确定考核评价为"良"；处于基准值与浮动下限之间的，确定为"中"；处于浮动下限之下和上限之上的，一律分别确定为"差"和"优"，而不再根据具体数值计算详细精准得分。其后根据被考核主体各项绩效指标所处各档次的多寡，综合评价其绩效水平。采取合理区间制计分考评模式，可以在一定程度上模糊数据细小差异，给被考核主体适当减压，促使其将注意力转移至审执司法水平综合提升工作上来，更有利于调动被考核主体积极性，有利于促进法院整体质效水平的提升。

推行合理区间制，我们的主要思路是：第一，基准值盯紧全省平均值（部分优势指标以全省平均值为下限值），确保基本导向目标；第二，通过合理区间的考核取值，确保大部分被考核主体经过一定程度努力，可达到"中"及"良"的档次，鼓励先进法院争优，督促个别后进法院早日脱离"差"评，合理形成梯级层间，确保比学赶超的良好氛围；第三，基准值及上下限数值根据全部被考核主体平均水平及全省优化值综合评定、适时浮动，确保合理区间

---

① 2011年7月，江苏高级人民法院颁布《江苏法院审判管理五年规划纲要(2011—2015)》明确提出，要"强化地区间、审级间、层级间、条线间审判质效评估工作，加强对指标合理区间的研究，积极探索综合运用指标合理区间达标制和指标排名制相结合的评估方式"。

考核的督促引导作用。与此同时，对上级法院高度重视的关键工作以及被考核主体当前明显落后于上一级考核区域内其他主体的指标项目，则应仍坚持原有单项排名制，以明确的考核导向促使被考核主体提升对相应工作的重视程度与投入力度，保障相应工作得以持续优先发展。

（三）南京法院绩效考核指标的选择考量

中政委在相关文件中指出，"要坚持一切从实际出发，将政法机关化解矛盾纠纷、维护人民群众合法权益、严格规范公正廉洁文明执法以及人民群众对执法办案工作满意等情况确定为执法办案考评的重点内容"[①]。结合上述要求和思路，我们在对全市基层法院整体审判工作进行绩效考核的层面上，重点筛选出11项核心指标，赋予相应权重和计分模式，搭建起较为科学合理的考核指标体系。[②]

1. 效率指标

其一，法定正常审限内结案率（+）。用于评估法律规定期限内审结案件数占全部结案总数的百分比，其目标追求直指审执工作效率最大化。该指标与18个月以上案件未结案率、平均审理天数等指标相关，属于典型的核心指标，是传统使用的"结案率"考核指标的替代升级，更有利于优化对结案水平的准确评估。该指标应纳入合理区间设定，初步设定为90%—96%，基准值为92%，指标权重占比为12%。

其二，结案均衡度（+）。为最高院新增指标，要求被考核法院在各时期（月度、季度或年度）内的结案相对均衡，能有效控制"前松后紧"、"突击结案"等情况，对审判执行工作良序运转具有很强的指导作用，是和法定审限内结案率并重替代"结案率"的重要指标。对基层法院结案均衡度的合理区间初步设定为80%—90%，基准值为83%，权重为6%。

其三，结收比（+）。反映被考核法院一定时期内对收案的处理情况。鉴于目前大量一审案件向基层倾斜，故一定程度的结案任务数量要求仍应纳入考核范围。该指标的合理区间暂定为98%—

---

① 参见中共中央政法委员会《关于建立健全政法机关执法办案考评机制的指导意见》。

② 鉴于篇幅有限，对法院内部各条线乃至法官个人进行绩效考核的指标选取，本文不再予赘述。

102%，基准值为100%，权重占比为6%。

2. 质量与公正指标

其一，一审判决案件改判发回重审率（错误）（－）。本指标为原改判发回重审率修订后的指标之一，主要反映一审判决案件的审判质量。鉴于该项指标的重要性及南京市基层法院一审改判发回率长期处于全省较低位次等综合因素，该指标继续沿用江苏省法院的单项排名考核，权重设为12%。

其二，调解案件申请执行率（－）。本指标是民事、刑事附带民事、行政赔偿调解案件执行收案数与民事、刑事附带民事、行政赔偿调解生效案件总数之比，主要反映调解案件的质量水平和当事人服判息诉情况。同上条理由，对该指标继续采用省法院单项排名考评，权重8%。

3. 效果指标

其一，诉前调解案件成功数与民事一审案件收案数比（＋）。本指标重在考核基层法院借助社会力量及时妥善化解民间纠纷的机制建设与案件分流能力。为避免人为扭曲该指标指向，将出具司法确认书的纠纷不纳入分子统计，并实行区间考核，设定合理区间为15%—25%，指标处于区间内的，均得满分，低于区间最低值的，按照规定计分标准予以扣分，超过区间最高值的不加分。权重6%。

其二，调解率（＋）。本指标是由原质效指标体系中民事案件调解率修改后的指标。主要反映被考核法院对刑事自诉、刑事附带民事、民事、行政赔偿、附带行政赔偿案件一审、二审、再审等各类可调解案件的调解能力。鉴于南京市基层法院在涉诉矛盾考核中的民事案件调撤率目前尚处于全省中下游水平，本指标合理区间适当提升，酌定为 47%—52%，基准值 40%；同时加大其权重，设为 12%[①]。

其三，一审服判息诉率（+）。本指标是原上诉率指标修改后的新指标，主要反映当事人服判息诉情况，是体现人民法院判决合理性与权威性及司法公信力的重要指标。考虑到南京市基层法院该指标数据与全省基层法院平均水平尚有差距，故采取单项排名制考核。指标权重 12%。

其四，实际执行率（+）。核算执行完毕、和解并执行完毕的执结案件数占执行结案总数的百分比。主要反映当事人权益的实现情况，是人民法院生效判决既判力与法院权威的重要体现。鉴于南京市基层法院该项指标近年一直在全省平均值以上，故以全省目标值 78% 为最低值，合理区间为 78%—90%，基准值 85%。指标权重 8%。

其五，再审审查率（-）。系原申诉、申请再审率，是生效调解案件再审审查率与其他生效裁判再审审查率的加权平均数。主要反映生效案件质量和法院办案的社会效果。鉴于南京市基层法院本指标在全省长期处于较落后位置，故仍沿用单项排名考评。指标权重 10%。

其六，进京上访率（-）。指进京上访人次数与法院结案总数之比，是涉诉矛盾化解工作考核的重要指标，主要反映当事人服判息诉情况。鉴于南京市两级法院进京上访率一直处于全省前列，故本指标单项排名，指标权重 8%。

---

① 最高人民法院法律政策研究室对案件效果指标在绩效考核工作中的运用有着明确的观点，佟季、黄彩相在《案件质量评估效果指标"三问"》一文中提出，现行调解率计算方式不宜直接用于绩效考核，一审服判息诉率、再审审查率等受当事人个人主观意愿影响较大的指标在引入审判绩效考核指标体系时需要斟酌，不能预先设定不切实际、不符合规律的效果指标目标，尤其不能预设调解率、信访投诉率等指标的目标，避免个别法院片面追求预设指标而形成干警不认同、当事人不信任、社会不相信的被动局面。对这一观点，笔者亦有认同。但两害相权取其轻，为保证基层法院基本的目标导向，有效落实"一审中心主义"的工作要求，目前还应对调解率、一审服判息诉率设定目标值考核为宜。

四、审判绩效考核实施保障与结果转化

(一) 建立量化数据的定性矫正机制

量化数据由于其自身的局限性，运用于绩效考核工作不能单纯作为评判的唯一依据，必须根据工作实际加以甄别和矫正，方可实现科学考评、合理评判。

首先，要建立指标矫正机制。部分纳入考评的指标如实际数据过高则反而说明其工作态势运行不佳，为避免被考核主体片面追求高数值，需对指标数值本身设定矫正。如结收案比如超过 100% 过多，则说明上一考核期内结余案件较多，未达到结案良性循环要求，故可以设定当某一基层法院的该指标值超过 105% 时，则要相应扣分。

其次，要建立考评甄别机制。如一审判决案件改判发回重审率，将当事人二审期间提出新证据及法律法规变化等不应归责于原审法院及承办人的事由造成的改发案件从统计口径中予以扣除，即体现了这一要求。同理，对一审承办法官的裁判意见被本院审委会否决后、二审阶段却予以改发的案件，以及一审案件被二审改发后，经再审程序重新得到确认的诸类情形，亦应在考评中予以认真甄别。

再次，要建立异议反馈机制。对二审改发案件业已生效、尚未经再审程序予以变动的，如原审法院在评查中认为二审存在不当改发情形的，经本院审委会讨论，也应有权提请二审法院予以重新评查，提交二审法院审委会研究。对确实存在改发错误的应由上级法院及时依职权提起再审；对存在改发瑕疵的，应提请二审承办部门及法官警示，并对原审法院及承办法官的相应考评指标予以修正。

最后，要探索地区间分类考核。一般而言，经济社会发展程度较高地区的法院受案数量远多于相对落后地区的法院，且纠纷复杂程度也普遍较高。就南京地区来讲，这种地域差别也比较明显，年度收案量最大有 4 倍以上的差距；① 且作为省会城市，部分辖区内省市级机关、驻区国企以及国家级高校明显较其余区域更为密集，新型、疑难复杂案件占比较大，社会关注度高，居民法律观念与维权

---

① 据南京市中级人民法院质量效率评估系统数据显示，2011 年南京基层法院中受案量最多的江宁区院为 17245 件，最少的下关区院为 4106 件，前者是后者收案量的 419.9%。

意识普遍较强，案件审理及调处难度更大。而部分县级农村辖区则尚未完全过渡到"陌生人社会"，群众诉讼意识不强，法院受案量小，主持调解成功几率大。目前，我省市级法院的绩效考核体系未能直面这一客观差异，难免出现因"一刀切"而带来的不合理、不公平现象。对此，笔者认为可参考重庆市高级人民法院 2010 年之后将全市基层法院区分为主城 9 区、其他 10 区、渝西及梁平、垫江 8 县及其他 13 县四类的办法[1]，适当区分主城、城郊及农村法院，按区域分别计分排序，实行分类考核。

（二）大力推进审判工作信息化

绩效考核指标作为评定基层法院、审判条线及承办法官工作业绩的重要依据，其数据的真实性、全面性与及时性无疑十分重要。为确保司法统计数据真实、准确，必须全面推进审判工作信息化，加强流程节点管理和控制。

一是要积极推行案件流程管理。对以往游离在诉讼案件管理系统之外、对审限管理等环节实行"体外循环"的诉前调解、减刑假释、鉴定拍卖、法律释明等案件一体纳入流程管理，实现各类案件从立案、分案到审判、执行全过程、全环节的流程监控，确保管理无死角、考核无例外。

二是要积极推行网上办案。要改变法官原有的依靠纸质卷宗办案的习惯，加强网上办案系统软件的开发，提高法院干部的信息化应用水平，实现审判、执行工作各环节、各节点办理信息的即时生成，理顺案件审执流程前后的衔接关系，确保各环节案件进程及信息录入无迟延、无失真。

三是要积极推行节点控制。按照三大诉讼法及相关司法解释的规定，对全流程各环节的合理时限进行梳理和系统铺设，结合审判工作需要对司法实践中容易产生拖沓延误、损害当事人诉讼权益的各流程节点予以具体明确和监控提示，对无合理因素出现节点延误的，要分情节采取警示、上提审批权限及扣分和适当经济处罚等措施。

---

[1] 参见 2010 年 4 月 14 日重庆市高级人民法院渝高法发〔2010〕8 号文，以及张俊文、林梅：《中基层法院工作目标年度考核制度修订内容解读》，载《重庆审判管理》2010 年第 3 期。

（三）正确应用审判绩效考核结果

绩效考核是手段不是目的。只有将考评结果运用到人事管理及审判资源配置之中，与岗位目标考核及队伍建设相结合，充分发挥其评价、引导、奖惩的功能作用，才能焕发生命力，使其真正走上领导认可、干警信服、社会肯定的良性循环道路。要将其作为评优评先、物质奖励、晋级晋职、人员培训及岗位调整或职责调整的重要依据，在考核单位内部形成以实绩论英雄的浓厚氛围，实现以绩效引导工作、以绩效提升审判、以绩效强队伍、以绩效创一流的考核目的。

行政诉讼期间加处罚款应否计算问题再议

闫尔宝*

一、问题的提出

最高人民法院行政庭于 2007 年 4 月 27 日针对云南省高级人民法院报送的一则请示作出《关于行政处罚的加处罚款在诉讼期间应否计算问题的答复》（〔2005〕行他字第 29 号答复，以下简称答复）。该答复针对以下特殊情况：行政机关针对相对人的违法行为作出了行政罚款决定，并在处罚决定书中告知逾期不执行处罚决定将按照行政处罚法的规定加处罚款。相对人不服该行政处罚决定向人民法院提起了行政诉讼，案件已进入审理期间。相对人并未按照行政处罚决定确定的期限缴纳罚款，加处罚款已开始执行。行政处罚案件审理之后，相对人败诉。行政机关申请法院一并执行处罚决定及诉讼期间累积计算的加处罚款。此类案件提出的疑问是，在行政罚款案件审理期间，作为执行罚措施的加处罚款应否继续计算。对此问题，最高法院行政庭答复认为，根据中华人民共和国行政诉讼法（以下简称行政诉讼法）的有关规定，对于不履行行政处罚决定所加处罚款属于执行罚，在诉讼期间不应计算。根据答复起草人的说明，该意见是在最高人民法院征求了全国人大常委会法制工作委员会和国务院法制办公室的意见之后作出的。①

对于上述答复意见，笔者初见时即有些存疑：该答复是否有违行政诉讼法规定的起诉不停止执行原则，在顾及相对人权益保护的同时，是否也在某种程度上纵容了不执行行政罚款决定的行为？2012 年 1 月 1 日，中华人民共和国行政强制法（以下简称行政强制

---

* 南开大学法学院副教授，法学博士。

① 蔡小雪、郭修江、耿宝建：《行政诉讼中的法律适用——最高人民法院行政诉讼批复答复解析》，人民法院出版社 2011 年版，第 117 页。

法）正式生效实施，对照该法有关行政强制执行的规定，笔者认为，〔2005〕行他字第 29 号答复提出的"诉讼期间加处罚款不应计算"的判断有进一步检讨的必要。

二、行政强制法的颁行已使答复出台的现实考虑失去了根据

答复出台于行政强制法颁布之前，在行政强制执行制度并不完善的情况下，该答复的作出更多考虑了对相对人权益的保护，具有一定的现实合理性。

在行政强制法实施之前，我国行政强制执行的相关立法存在的主要问题是：强制执行程序不规范，强制执行手段的通知、执行前的催告乃至相对人的陈述申辩权等内容普遍缺失；有关执行罚的限额、执行罚与直接强制之间的衔接无明确规定。答复的出台显然注意到了上述问题的存在给相对人造成的不利处境。根据答复起草人的说明，答复所持观点主要基于以下现实考虑：（1）诉讼期间加处罚款继续计算，将可能出现加处罚款超过罚款本金的情况，促成了司法实践中"天价罚款"[1] 的不合理现象，给起诉的相对人带来沉重负担，既产生对相对人不公平的后果，也容易促成相对人的抵触情绪和行政处罚决定的落实难度，无法实现执行罚的目的。[2]（2）诉讼期间加处罚款继续计算，将不利于保护相对人的行政诉权。"当他们（行政处罚相对人——笔者注）看到其他行政相对人败诉后承担了巨额滞纳金后，将会对提起行政诉讼望而却步，不敢进行诉讼，从而使行政相对人的诉权得不到充分的保护。这样的规定显然不符合行政诉讼法所确立的保护公民、法人或者其他组织依法提起行政诉讼的目的。"[3]

针对上述答复出台的理由，本文以为，在行政强制法对行政强制执行的种类、设定以及实施程序已作出明确规定的背景下，上述

---

① 所谓"天价罚款"的说法并不准确，其实际包含了原罚款和因执行罚的无限期计算导致的数倍于原罚款的加处罚款两者的相加，本文暂沿用之。

② 《加处罚金不得将行政诉讼时间计算在内》，载凤凰网论坛，http：//bbs. ifeng. com/viewthread. php？tid=5895931；《陕西宁陕工商"天价罚单"的背后》，载第一食品网，http：//www. foods1. com/content/1048362/，2012 年 12 月 2 日访问。

③ 蔡小雪：《行政处罚的加处罚款在诉讼期间不应计算》，载《人民司法》2008 年第 11 期。

现实担忧应已得到了有效化解，其作为支持答复根据的说服力大大降低。

（一）关于诉讼期间加处罚款继续计算是否加重相对人负担问题

在行政强制法实施之前，行政强制执行立法和执法实践普遍存在"乱"、"滥"和"软"的问题。[①] 其中有关加处罚款的规定存在的主要问题是：（1）加处罚款总额普遍没有封顶性规定，执行期限过长必然会出现加处罚款超出罚款本金的情况；（2）加处罚款与后续的直接强制之间如何衔接缺少明确规范，加处罚款实施多长时间后即要转为直接强制，立法没有规定，往往是由行政机关裁量决定。[②] 立法的不完善为加处罚款超出罚款本金甚至"天价罚款"的出现埋下了隐患。此外，以下因素也对"天价罚款"的出现起到了推波助澜的作用：（1）行政诉讼法对诉讼案件审理期限的规定客观上决定了行政诉讼必然要花费一定时日，加处罚款于此期间继续计算必会增加相对人将来的金钱给付义务；（2）行政机关也可能利用有关审限规定和执行罚期限无明确限制的漏洞，采取恶意拖延诉讼的方式进一步加重相对人的负担。考虑到上述现实情况的存在，在考虑诉讼期间是否继续计算加处罚款的问题时，最高人民法院行政庭不可避免地会将价值的天平向相对人一方倾斜，从而得出诉讼期间加处罚款不应计算的结论。

不过，随着行政强制法的生效实施，造成相对人金钱给付负担过重的相关现实考虑已失去事实根据，其作为答复意见论据的价值也随之减弱乃至丧失。

首先，行政强制法明确限定了执行罚的最高数额。该法第 45 条第 2 款规定，加处罚款或者滞纳金的数额不得超出金钱给付义务的数额。据此，立法对加处罚款的数额有了封顶性规定，这就直接消除了产生"天价罚款"的可能性，也断绝了个别行政机关以拖延诉

---

① 全国人大常委会法制工作委员会行政法室编著：《中华人民共和国行政强制法解读》，中国法制出版社 2011 年版，第 2—4 页。

② 作为规范行政处罚行为的一般性法律，《行政处罚法》第 51 条第 1 项只规定了当事人逾期不履行行政处罚决定时，作出行政处罚决定的行政机关每日按罚款数额的 3% 加处罚款，而对加处罚款的总额、加处罚款何时转为直接强制等未作规定。

讼的方式加重相对人负担的念头和"积极性"。

其次，行政强制法对执行罚向直接强制执行的及时转化作出了明确规定。该法第46条规定，行政机关实施加处罚款或者滞纳金超过30日，经催告当事人仍不履行的，具有行政强制执行权的行政机关可以强制执行，没有行政强制执行权的行政机关应当申请人民法院强制执行。基于上述规定，在当前，超出30日的加处罚款执行期限，相对人依然没有履行处罚决定的，对罚款决定的执行即要由间接强制转为直接强制：行政机关有自力强制执行权的，即应自行强制执行；无自力强制执行权的，即须及时申请司法强制执行。由此，即使诉讼期间加处罚款继续计算，也不能超过法定的30日界限，所谓的"天价罚款"现象不可能再出现。

综上，无论是加处罚款的最高限额，还是加处罚款转化为直接强制执行的时限，目前都已有了明确规定，以担心出现"天价罚款"导致不公平结果乃至无法实现执行罚目的作为答复确立根据的现实考虑已没有必要。

（二）关于诉讼期间加处罚款继续计算是否会抑制相对人行使诉权问题

针对相对人会因担心出现"天价罚款"而不敢行使行政诉权的理由，笔者存在以下质疑：

首先，行政强制法实施后，"天价罚款"再无可能，相对人是否选择提起行政诉讼与担心将来处罚过重之间的关联度大大降低，相对人的诉权行使不再会受到极大限制。行政强制法的规定已给相对人在起诉时是否执行罚款决定提供了一个明确的判断标准：如不缴纳罚款，将来败诉其承担的全部金钱给付义务为罚款数额的2倍。在对将来的行为后果有确定预期的情况下，相对人对"天价罚款"的特殊考虑将转化为对诉讼能否胜诉的常规判断，而这是一般情况下，任何相对人起诉时都会面临的问题。

其次，在立法已消除"天价罚款"出现可能性的前提下，现实生活中因顾及执行罚数额过高而不敢提起行政诉讼的情况即使存在，也不再算是常规情况而应属于"小概率事件"。从常理来推论，一个理性的人在已决定对某罚款行为提起诉讼的时候，多会对该处罚决定的合法性存在极大的质疑，而并不会仅仅因为担心将来加处罚款数额过高即轻易打消起诉的想法。行政强制法实施之后，相对人起诉时对不执行处罚决定的后果已有明确预期，在先行交纳罚款与不交纳罚款的问题上已有权衡与选择的可能，^① 而不再会基于担心执行罚数额过高而不敢行使起诉的权利。^② 从另一个方面来说，行政强制法对执行期限和加处罚款数额的明确规定，使相对人对将来败诉后的金钱给付义务已有预先估计，由此，其反而更可能去积极地向人民法院争议罚款决定的合法性，更大胆地行使起诉的权利。

最后，我国现行立法对"起诉不停止执行原则"的规定体现了一种基本价值倾向：在相对人权益与公共利益发生冲突的情况下，原则上应优先考虑公共利益。只要相对人未及时履行行政决定确定的义务，无论是间接强制还是直接强制，在进入司法程序之后，原则上都不应中止（当然间接强制与直接强制还存在一定区别，容后详述）。在加处罚款限额和执行期限已有明确限定的前提下，诉讼期间加处罚款继续计算与抑制相对人诉权之间不再具有直接关联，起诉不停止执行的一般原则所体现的公共利益优先的立法倾向即应给予充分重视。行政强制法的相关规定已在很大程度上体现了对相对人权益的保护。在此前提下，行政处罚所代表的公共利益应给予更多的强调。相对人逾期不执行罚款决定表明其对现有行政管理秩序的对抗，该行为侵害到了公共利益。在加处罚款继续执行不会给相对人造成过重负担的背景下，保护相对人诉权这一因素不宜在诉讼期间是否计算加处罚款的问题上考虑进来。

三、行政机关在诉讼中并未失去全部执行权

除现实因素的考虑左右了答复意见之外，相关法条的理解问题也成为答复的重要理由。

根据起草人的说明，答复的作出主要基于对行政诉讼法和最高人民法院《关于执行〈中华人民共和国行政诉讼法〉若干问题的解释》（下称《若干解释》）相关规定的理解。起草人认为，《行政诉讼法》第 44 条受到第 66 条的限制，二者之间是一般规定与特别规定的关系，而特别规定应优先适用。按照《行政诉讼法》第 66 条的

---

① "交"意味着不会产生将来败诉后被强制的问题，"不交"也不会出现"天价罚款"的问题。

② 此外，行政诉讼法还规定了相对人避免执行罚继续计算的方法。根据《行政诉讼法》第 44 条规定，相对人在提起行政诉讼的同时，可以向人民法院申请裁定停止处罚决定的执行，由人民法院根据公益与私益之间的衡量决定加处罚款是否继续计算。

反面推理，一旦相对人对具体行政行为提起了行政诉讼，则在未通过行政诉讼确定行政行为的合法性之前，行政机关申请法院强制执行该行为的，因不符合该条确立的申请强制执行条件，人民法院将不予执行。也就是说，具体行政行为在诉讼期间失去了执行力。对此，《若干解释》第94条进一步规定："在诉讼过程中，被告申请人民法院强制执行被诉具体行政行为，人民法院一般不予执行。"上述条文的适用使《行政诉讼法》第44条确立的"起诉不停止执行原则"出现了例外情况。据此认识，起草人得出以下判断：行政机关在诉讼中没有执行权，行政相对人也没有执行义务，在诉讼结束后，还计算诉讼期间的执行罚是不合理的。[①] 也就是说，一旦相对人对罚款决定提起行政诉讼，则在诉讼期间，作为罚款决定执行手段的加处罚款将不再继续计算。

笔者认为，对照行政强制法有关行政强制执行的规定，答复起草人所持的上述判断似过于草率和笼统。依照现行法律的规定，在相对人提起行政诉讼后，行政机关失去并非全部强制执行权，具体行政行为也并非完全没有执行力。

（一）行政强制法之下的加处罚款属性

答复起草人认为，诉讼期间行政机关失去全部执行权，包括了间接强制权和直接强制权。笔者认为，此种理解值得商榷。

1. 加处罚款与后续直接强制的差异

从理论上讲，加处罚款虽然属于强制执行范畴，但与作为后续手段的直接强制之间还存在一定差别。

第一，作为一种间接强制手段，加处罚款的决定与实施对相对人产生的影响与罚款决定的宣告和实施类似，同样是一种观念上的作用力，其起到的是督促相对人及时执行罚款决定的作用，而不能立即使罚款决定得到物理性实现。只有采取后续的直接强制手段（如划拨存款、拍卖物品等）后，罚款决定的内容才最终落实。基于此种分析，加处罚款与后续的直接强制的关系可以概括为：加处罚款是观念性强制，直接强制是物理性强制。

第二，加处罚款可细分为以下内容：决定与宣告；实施期间对罚款数额的计算。由于加处罚款的确定、宣告与计算只具有观念上

---

① 蔡小雪、郭修江、耿宝建：《行政诉讼中的法律适用——最高人民法院行政诉讼批复答复解析》，人民法院出版社2011年版，第115页。

强制的特点，尚不构成对相对人权益的实际处分，其完全可以授权行政机关采取，作为行政强制执行措施。后续的直接强制因具有物理性特点，其是否授权行政机关实施要看法律的规定：在有法律授权的情况下，行政机关的执行权是完整的；如果没有法律授权，行政机关的执行权只停留于间接强制的加处罚款，而后续的直接强制则要向司法机关提出申请。此时，行政机关的执行权是不完整的。

在作出上述细分的情况下，所谓行政机关在诉讼期间是否失去执行权要看立法对加处罚款与后续直接强制在行政机关与司法机关之间如何进行分配。

2. 行政强制法对加处罚款适用程序的规定

实际上，在行政强制法出台之前，加处罚款已由《行政处罚法》第51条第1项作出了规定，该项规定已隐含承认加处罚款的决定、宣告以及数额计算属于行政机关的执行权，适用行政执行程序，但因该法未对加处罚款的执行期限、总额作出规定，因此，留下了基于"天价罚款"的可能出现而产生的"加处罚款在诉讼期间是否也由行政机关继续实施"的疑问。

行政强制法实施之后，加处罚款已明确属于行政机关的执行权，适用的是行政执行程序。行政强制法第45条第1款规定，行政机关依法作出金钱给付义务的行政决定，当事人逾期不履行的，行政机关可以依法加处罚款。第46条规定，加处罚款超过30日，经催告当事人仍不履行的，具有行政强制执行权的行政机关可以强制执行。没有行政强制执行权的行政机关应当申请人民法院强制执行。据此可以认为：

第一，凡依法作出罚款决定的行政机关，对当事人逾期不履行罚款交纳义务的，都具有决定、宣告加处罚款以及计算确定不超过罚款本金的加处罚款总额的权力，不需要法律法规的特别授权。[①] 也就是说，法律明确授权行政机关从宣告加处罚款之日起的30日内连续计算加处数额（不能超过罚款总额），该执行罚活动不再会因相对人提起行政诉讼而停止。

第二，罚款决定乃至加处罚款的物理性实现取决于行政机关是否获得法律授予的直接强制执行权。如果行政机关被赋予了直接强

---

① 参见全国人大常委会法制工作委员会行政法室编著：《中华人民共和国行政强制法解读》，中国法制出版社2011年版，第149页。

制执行权，则其通过采取划拨、拍卖等直接强制措施即可完成执行；如果行政机关没有被赋予直接强制执行权，则需要申请人民法院强制执行。无论立法是否授予行政机关对罚款决定的直接强制执行权，都不再影响前期行政机关确定的加处罚款的按日计算结果。

基于前述分析可以认为，在行政强制法已普遍授予行政机关加处罚款这一执行权力且对其总额和持续计算期限作出明确规定的情况下，其本身已属于行政执行程序的一部分，不会因相对人对罚款决定提起行政诉讼受到限制。诉讼期间行政机关失去的只可能是物理性的直接强制执行权：在立法未授予直接强制执行的情况下，行政机关需申请人民法院强制执行。

（二）行政强制法之后，行政机关失去的是诉讼期间的直接强制执行权

行政强制法实施后，从行政诉讼法和《若干解释》的相关规定已不能得出诉讼期间行政机关失去全部执行权的结论。

第一，《行政诉讼法》第44条规定的"执行"包含了全部执行手段（间接强制与直接强制）。该条具有以下几层含义：（1）宣告相对人在诉讼期间仍负有执行具体行政行为的义务，该义务不因其提起行政诉讼而中止；（2）即使相对人针对具体行政行为提起了行政诉讼，在行政案件审理期间，原则上不影响具体行政行为执行力的实现，相关执行程序仍可继续进行；（3）如果相对人在诉讼期间不履行具体行政行为确定的义务，行政机关可以进行间接强制乃至直接强制（是否可以采用直接强制手段要看立法有无明确授权）；（4）在例外情况下，人民法院可裁定停止具体行政行为的执行活动。根据上述分析可知，排除有关例外情况，在相对人不履行罚款决定而被宣告加处罚款后，即使其已针对罚款决定提起行政诉讼，因行政强制法已明确授权行政机关实施执行罚，加处罚款仍要继续计算。

第二，《行政诉讼法》第66条规定可做如下理解：（1）相对人对具体行政行为未起诉也未履行的前提下，认可有权机关（行政机关或人民法院）采取强制手段实现具体行政行为内容。（2）在相对人对具体行政行为不起诉也不履行的情况下，具有强制执行权的行政机关可以依法强制执行（包括间接强制与直接强制）。行政机关不具有强制执行权的，须申请人民法院强制执行。（3）在相对人对具体行政行为提起行政诉讼的情况下，于诉讼期间，相对人不履行具

体行政行为的，享有强制执行权（包括间接强制与直接强制）的行政机关可依法强制执行。（4）在相对人对具体行政行为提起行政诉讼的情况下，于诉讼期间，相对人不履行具体行政行为时，行政机关不享有强制执行权而申请人民法院强制执行的，人民法院不予执行（此点与《若干解释》第 94 条一致）。

以上四点内容中，前两点涉及非诉执行问题，与本文论题无关，此处不予讨论。

就第三点而言，无论行政机关只享有间接强制执行权还是享有全部强制执行权，只要不属于《行政诉讼法》第 44 条规定的例外情况，在诉讼期间，行政机关均可以采取相应强制措施实现具体行政行为的内容，而不受相对人已经提起行政诉讼的影响。[①] 该判断对于行政罚款案件同样适用。

就第四点而言，其适用需要进一步细分。理论上讲，行政机关是否享有强制执行权分为两种情况：（1）行政机关既无间接强制执行权也无直接强制执行权。（2）行政机关享有间接强制执行权，但无直接强制执行权。根据上述区分，对照行政强制法规定可以认为，《行政诉讼法》第 66 条和《若干解释》第 94 条的规定已不能适用于加处罚款的实施。首先，行政机关已得到了加处罚款的普遍性授权，该权力作为间接强制执行手段，并未授予人民法院；其次，在得到立法授权的情况下，加处罚款的适用完全由行政机关自主决定，即使罚款案件进入审理程序，行政机关也无须向人民法院提出执行申请。据此，对于行政罚款案件而言，《行政诉讼法》第 66 条和《若干解释》第 94 条的规定只剩下一种情况：行政机关不具有罚款决定的直接强制执行权。在此情况下，在罚款决定被诉的情况下，行政机关虽然享有加处罚款的决定、宣告与计算权，但因没有对罚款（及其加处罚款）的直接强制执行权，其欲在诉讼期间使行政决定得到彻底实现，即需要按照《行政强制法》第 46 条的规定，向人民法院提出强制执行申请，但根据《行政诉讼法》第 66 条和《若干解释》第 94 条的规定，该申请将得不到人民法院的支持。由此可知，

---

① 值得注意的是，行政强制法实施后，行政机关启动强制执行程序（无论是间接强制还是直接强制）的前提已经不能按照《行政诉讼法》第 66 条的反向推理判断，即非要等到复议和诉讼期满之后，才能进入强制执行程序。因此，加处罚款这一执行罚手段的实施不再因相对人起诉而停止。

相对人起诉后行政机关所失去的执行权只是对罚款决定及加处罚款决定的直接强制执行权。

根据前述分析，重新审视行政诉讼法和《若干解释》的相关规定，可以得出以下结论：《行政诉讼法》第 66 条和《若干解释》第 94 条规定只适用于行政机关没有直接强制执行权的情况，不适用于行政机关具有间接强制执行权的情况。在行政强制法将加处罚款的决定执行普遍授予行政机关的情况下，诉讼期间，行政机关确定的加处罚款仍要继续计算。

四、结论

本文结合《行政强制法》的新规定，对最高人民法院行政庭作出的〔2005〕行他字第 29 号答复提出了质疑。通过分析行政强制法对加处罚款总额和执行期限的规定，认为该答复出台曾经考虑的现实因素已不复存在，再以所谓加处罚款过重导致对相对人的不公正乃至抑制相对人诉权作为论据已不合时宜。通过指出在行政强制法实施后，加处罚款已归属于行政执行权，不受司法程序影响，《行政诉讼法》第 66 条的反向推理以及《若干解释》第 94 条规定，也只能说明行政机关失去了对罚款决定直接强制执行权，而不包含加处罚款的实施。以上述认识为根据，本文得出一个判断：加处罚款在诉讼期间可继续计算。

最后需要指出的是，目前行政诉讼法的修改已纳入最高立法机关的工作日程，《行政诉讼法》第 44 条规定的"起诉不停止具体行政行为执行的原则"可能有所变化，[①] 因此，加处罚款在诉讼期间是否继续计算的问题，将可能随着法律的修改而发生变化。

---

① 从理论界的倾向性观点看，"起诉不停止执行原则"将可能被"起诉停止执行原则"取代。

改革监视居住：
从立法到实践的再定位

郭　烁[*]

在 2012 年刑事诉讼法"强制措施"一章中，对于监视居住制度的修改幅度颇大，分别新增第 72 条、第 73 条、第 74 条、第 76 条，关于监视居住的适用条件、适用程序、折抵刑期、适用方式，共 4 个条文；及修改第 75 条关于被监视居住人的法定义务等。这些规定在很大程度上回应了学界改良而非彻底废除的主张，在可操作性等方面有了长足进步，亦有不足。

在中国现有刑事强制措施体系中，其强制力强于取保候审而弱于拘留、逮捕。对于监视居住制度，刑事诉讼法及相关司法解释、部门规章等对于适用条件、决定机关、执行程序等作出了一系列规定。但这些规定都相对原则，可操作性不强，导致了实践中监视居住措施适用率低下，以及适用混乱等问题。但基于监视居住制度自身若干无法替代的特点以及中国司法现实需要，对于现有制度进行改革而非直接废除，应该是成本较低且比较符合实际的解决之道。2012 年刑事诉讼法也大体按照这一思路对原有制度进行了修改。

一、存与废：监视居住制度的历史与现状

（一）定位不清：监视居住制度的历史考察

一般认为，监视居住是指人民法院、人民检察院、公安机关在刑事诉讼过程中对犯罪嫌疑人、被告人采用的，命令其不得擅自离开住所或者居所并对其活动予以监视和控制的一种强制方法。可以看到，其强制力显然大于取保候审，为法定三种非羁押性刑事强制措施中最强。以致有学者认为，"从制度安排看，这种措施实际上是

＊　作者单位：北京交通大学法学院。

'软禁'"。①

按照1996年《刑事诉讼法》第51条规定的预期刑罚标准及社会危险性标准，取保候审与监视居住制度适用的范围是完全一致的，但两者只能择一使用，并且均由公安机关执行。

1996年刑事诉讼法中单独规范监视居住制度的只有第57条，规定了被监视居住人的法定义务及违背后果："被监视居住的犯罪嫌疑人、被告人应当遵守以下规定：（一）未经执行机关批准不得离开住处，无固定住处的，未经批准不得离开指定的居所；（二）未经执行机关批准不得会见他人；（三）在传讯的时候及时到案；（四）不得以任何形式干扰证人作证；（五）不得毁灭、伪造证据或者串供。被监视居住的犯罪嫌疑人、被告人违反前款规定，情节严重的，予以逮捕。"

之后，最高司法机关及相关部委又通过司法解释、部门规章等形式单独或者联合作出了若干对于适用监视居住制度的规定。主要有最高人民法院颁布的《关于执行《〈中华人民共和国刑事诉讼法〉若干问题的解释》、最高人民检察院颁布的《人民检察院刑事诉讼规则》、公安部颁布的《公安机关办理刑事案件程序规定》、最高人民法院等六部委联合颁布的《关于刑事诉讼法实施中若干问题的规定》以及最高人民检察院与公安部联合颁布的《关于适用刑事强制措施有关问题的规定》，等等。

在这之中，对于法典的许多规定进行了进一步解释，诸如试图明确什么是"固定住处"、"居所"，什么是法典规定的"他人"，并细化了监视居住的继续、变更、解除或者撤销等制度。

但需要指出的是，虽然各个有权机关对于监视居住制度的适用问题作出了若干解释，但许多关键性问题依旧没有得到解决。这一点，可以从以下即将展开论述的监视居住现实适用率低下的现象得到印证。具体包括以下几个方面：

第一，立法将取保候审与监视居住适用范围完全等同，而我们知道，两者无论是功能定位、强制力大小、适用期限等诸多方面是不同的，实践中的含混首先在这里就埋下了伏笔。

第二，执行地点问题。由1979年刑事诉讼法监视居住制度规定的"指定的区域"修改为现行法规定的"固定住处"、"居所"，立法本意显然在于遏制变相羁押，确保被追诉方一定的人身自由，而

① 张建伟：《刑事诉讼法通义》，清华大学出版社2007年版，第464页。

191
诉讼实务研究

实践现实，这个预期效果显然没有达到。虽然公安部就此有过相关规定，可现实的问题还是层出不穷。

第三，所谓监视居住，显然要有"监视"，即限制被追诉方一定人身自由，可由于缺乏这方面具体规定及实际办法，监视居住大多不是成为变相羁押就是成为变相释放。

第四，类似于取保候审制度，对于其执行期限规定的含混以及救济程序的阙如，也都在监视居住制度方面存在。

（二）异化：在实践中成为案件消化渠道

在侦查机关本就对非羁押性刑事强制措施制度适用热情不高的情况下，立法规定的操作性欠缺几乎决定了实践中监视居住制度适用的尴尬。下面来自一东部基层人民检察院的相关统计数字也证明了这一点。

据介绍，该院审查起诉涉嫌犯罪的被告人中，呈现"双高"现象，即整体羁押率高、外来人员羁押率尤其高。2003—2008 年平均审前羁押率为 84.56%，外来人员审前羁押率为 92.03%，外省户籍人员审前羁押率为 97.45%。这与北京、上海两地实践基本相同，[①]大致可以说明，羁押率高企是全国普遍现象。

一方面，通过表 1 可以看到，在 2007—2008 年，该辖区公安机关对共计 97 名犯罪嫌疑人适用了监视居住制度，其中因检察机关不批准逮捕而被动适用的占了 44.33%，将近一半。

表 1　浙江省 S 市 Y 区监视居住的适用原因[②]

年份 人数	2007	2008	合计
监视居住	65	32	97
因检察机关不捕而适用的数量	22	21	43
比率	33.85%	65.63%	44.33%

① 北京市 2008 年共审查逮捕各类刑事案件 21251 人，起诉 26793 人，审前羁押率为 79.3%，参见《2008 年北京市人民检察院工作报告》；上海市 2008 年检察机关全年批准逮捕各类刑事犯罪嫌疑人 29305 人，起诉 34707 人，审前羁押率为 84.4%，参见《2008 年上海市人民检察院工作报告》。

② 参见张芸：《非羁押性强制措施适用探析》，载张智辉主编：《强制措施立法完善研究》，中国检察出版社 2010 年版，第 66 页。

另一方面，通过表 2 可以看出，相对于取保候审，同为非羁押性刑事强制措施的监视居住制度适用状况更令人堪忧。在 2003—2008 年，该辖区取保候审和监视居住在非羁押性刑事强制措施的适用率分别是 86% 及 14%。就是在这 14% 的监视居住适用率中，如表 3 所示，还大多是针对非本地犯罪嫌疑人的——这种情况非常明显，甚至在 2004 年，适用监视居住的犯罪嫌疑人 100% 均为外来人员。这一方面有其一定合理性，即外来人员中，无固定职业、住所的人员比例相对较高，随着中国城市化进程的加快、户籍制度改革的落后，以及高科技手段的应用，单纯提及"外来人员"就适用监视居住甚至逮捕羁押，而不考虑取保候审，显然有失妥当。

更重要的是，在表 3 显示的 194 名采取监视居住的犯罪嫌疑人中，被直接起诉的只有 31 人，即真正（可能）实现监视居住制度的自由保障功能的仅占总数的 15.98%，解除强制措施的 52 人，转为羁押措施（拘留和逮捕）的 69 人，采用其他方式的 42 人。较多的犯罪嫌疑人最终被解除了监视居住。

表 2　浙江省 S 市 Y 区非羁押措施的适用情况[①]

人数＼年份	2003	2004	2005	2006	2007	2008	合计
取保候审	115	116	169	244	257	310	1201
监视居住	69	20	8	—	32	65	194

表 3　浙江省 S 市 Y 区适用监视居住对象情况[②]

人数＼年份	2003	2004	2005	2006	2007	2008	合计
本地人员	9	0	6	—	1	3	19
外来人员	60	20	2		31	62	175
合计	69	20	8		32	65	194

① 参见张芸：《非羁押性强制措施适用探析》，载张智辉主编：《强制措施立法完善研究》，中国检察出版社 2010 年版，第 66 页。

② 参见张芸：《非羁押性强制措施适用探析》，载张智辉主编：《强制措施立法完善研究》，中国检察出版社 2010 年版，第 66 页。

从上面的数据分析可以很清楚地看到，监视居住制度同取保候审面临同样困境：在实践中被异化为案件消化渠道，尤其是异化为针对外地人员的变相羁押措施，而与保障自由的立法本意大异其趣。

（三）"可能比羁押更坏"：实践中的监视居住制度

现行监视居住制度之所以广受诟病，在于其从立法到适用中的一系列问题。以下分别例举。

第一，最大的问题依旧集中于，何谓刑事诉讼法所规定的"固定住处"和"居所"。公安部《公安机关办理刑事案件程序规定》第 98 条规定，"固定住处，是指犯罪嫌疑人在办案机关所在的市、县内生活的合法住处；指定的居所，是指公安机关根据案件情况，在办案机关所在的市、县为犯罪嫌疑人指定的生活居所。公安机关不得建立专门的监视居住场所，对犯罪嫌疑人变相羁押。不得在看守所、行政拘留所、留置室或者公安机关其他工作场所执行监视居住"。但这一制度在实践中并没有被很好贯彻，大量"指定居所"被"理解"为侦查机关讯问场所。为此，2012 年《刑事诉讼法》第 73 条第 1 款新增规定"不得在羁押场所、专门的办案场所执行"。

第二，更重要的是，由于被监视居住人并不收押于看守所，这就导致其缺乏了最后一道可能的安全保障。也就是说，这种"变相羁押"缺乏基本监管甚至完全失控，对于犯罪嫌疑人、被告人的人身、精神伤害可能比正常羁押更甚。

第三，实践中，还暴露出了许多其他的执行问题。比如，其一，如果没有合适的监管方式，由于缺乏取保候审制度规定的财保或人保的基本约束，就会造成违背监视居住法定义务，甚至脱逃的违法成本更低——除去变更为羁押性强制措施以外，几乎没有其他办法对违背义务者进行惩戒。也就是说，侦查部门适用该措施的风险更大，就利益偏好而言，显然适用监视居住措施的动力就更小。其二，实践中，被适用监视居住的犯罪嫌疑人如果被指定监视居住的地点是"固定住处"，那么就会产生由于侦查人员需要密切监视犯罪嫌疑人生活起居、会客状况等情况，影响与其共同生活的其他与案件无涉人员的合法权益问题。既然把握起来比较困难，在"固定住处"执行监视居住就更加难以执行。其三，法律规定了被监视居住的犯罪嫌疑人、被告人，未经执行机关的批准，不得会见他人。这样做的目的显然是防止该犯罪嫌疑人、被告人伪造、毁灭证据或者串供之类。如果在以前的固定电话时代，还可以用诸如监听等的办法控制住犯罪嫌疑人、被告人在不会见他人的情况下可能进行的非法串供等活动，那么在网络时代，无线网络技术以及 3G 手机应用已经非常普及，这样的规定实际意义已经不大。另外，与前一点相联系，对于适用监视居住的犯罪嫌疑人、被告人的秘密侦查手段很可能在很大程度上影响其共同生活人的安宁生活以及隐私权等合法权利。

最后看一个真实的案例。2008 年 5 月 25 日，犯罪嫌疑人李某某涉嫌破坏易燃易爆设备犯罪，被某公安局刑侦大队将其传唤至当地公安机关所在地进行讯问，12 小时后，公安机关结束对李某某的传唤，同时对其采取了监视居住的强制措施。5 月 26 日（监视居住 11 小时后），犯罪嫌疑人李某某在讯问过程中突然摔倒，口吐白沫，浑身抽搐并昏迷，经抢救无效死亡。检察机关对其死亡原因作出鉴定结论：系因扩张性心肌病急性发作猝死。这就是一起发生在监视居住期间犯罪嫌疑人死亡的事件，犯罪嫌疑人首先被传唤至公安机关，传唤结束后，直接被监视居住。实际上，从其被传唤至公安机关至其死亡的 23 小时，犯罪嫌疑人一直处于被羁押的状态，并接受了长时间的讯问。虽然犯罪嫌疑人的死因是扩张性心肌病急性发作猝死，但是和长时间讯问所导致的疲劳以及心理恐惧不无关系。[①]

这个案件集中暴露了监视居住制度在实践适用过程中的一些问题。也就是说，即使在这被适用了监视居住措施的一小部分人中，该制度本应具有的"保障自由"的功能实现了吗？很遗憾，现实是，至少在一些情况下，监视居住措施对于人权侵犯更甚，对于刑讯逼供等恶劣现象的助长起到的作用，按照笔者访谈中 S 市一位基层检察人员的话说，"可能比羁押更坏"。

（四）学界关于监视居住制度的存废之争

以上行文描述了监视居住制度在中国刑事司法立法与实践中的尴尬境地，自然，理论界关于其存废也就充满了争议。

许多学者认为应当直接废除监视居住制度这个"鸡肋"。在他们看来，现行五种刑事强制措施中，监视居住适用率最低且非常容易演变为变相羁押或者执行根本无法落到实处等，基于此，监视居住制度并无继续存在的价值与必要，应该予以废除。"导致实践中要么弃而不用，要么变相拘禁，实质上都是宣告了这一强制措施生命的

[①] 参见魏玉民：《非羁押性强制措施研究》，中国政法大学 2009 年博士学位论文，第 181—182 页。

终结。再继续保留这一措施已经没有必要。"①

反对直接废除但明确需要改革监视居住制度的则认为，虽然现行的监视居住在制度设计上确实存在着定位不清、功能模糊的问题，但考虑到一项法律制度的设置必定是一定社会需求的产物，中国刑事诉讼法设立监视居住并非立法者随意或者恣意立法的记过，而是符合刑事诉讼规律的。因为在取保候审和逮捕这两项强制措施之间客观上确实需要一种缓冲机制，而监视居住正好充任了这一角色，承担起了逮捕配套机制的功能。②

以上两种观点都是学界关于监视居住制度的典型看法。可以看到，其观点的产生，都是基于现实中监视居住制度的若干问题，只不过最后作出的判断选择不同：前者认为应该直接废除，后者建议改革并保留。2012年刑事诉讼法采纳了后一种观点。

二、完善而非废除的可能理由

对于直接废除监视居住制度的观点，笔者持保留态度。任何没有经过认真调研、审慎分析而得出的建立或者取消某一制度的结论都是值得怀疑的。许多设想可能是好的，但带来的问题可能更多，所谓过犹不及。中国刑事强制措施体系相对法治先进国家而言，已经呈现出诸多不足，对于人身强制的部分，尤其是非羁押性刑事强制措施，本身就仅规定了三种，至少按照立法设想，其强制力应该是成体系递增的。

这种强制力按由小到大的顺序排列，监视居住应该位于取保候审与羁押措施之间，被定位为一种严格的限制人身自由的强制措施。这种强制力大小至少体现在了两方面。其一，活动范围空间上的差别。被监视居住的犯罪嫌疑人、被告人，活动的空间被限定为住处或指定的居所，而被适用取保候审的犯罪嫌疑人、被告人活动空间被限定为其所居住的县、市，羁押后即一定时间内全部剥夺其人身自由。其二，对于行为的限制程度不同。除去不得串供、伪造或者毁灭证据等相同要求之外，相对于取保候审制度，监视居住制度还

---

① 参见徐静村主编：《21世纪中国刑事程序改革研究：〈中华人民共和国刑事诉讼法〉第二修正案（学者建议稿）》，法律出版社2000年版，第45页。

② 参见万毅：《论我国刑事强制措施体系的技术改良》，载《中国刑事法杂志》2006年第5期。

要求犯罪嫌疑人、被告人未经执行机关批准不得会见他人。这样的规定显然要比取保候审严厉得多。

根据中国的实践以及下文即将列举的相关域外立法例，完善的监视居住制度至少在以下几个方面可以有所作为。

第一，监视居住制度在查办经济案件过程中具有其独特价值。由于一些经济案件在查办初期特征并不明显，不好把握，如究竟是合同诈骗还是正常经济纠纷。这时证据并不充分，采取羁押手段显然并不合适；而取保候审制度强制性又相对较弱，许多经济犯罪案件当事人财力雄厚，很容易脱保潜逃，这时监视居住制度介乎于取保候审与逮捕手段之间强制力的优势就很明显了。

第二，监视居住制度更加适用于流窜作案的犯罪嫌疑人。流窜作案牵涉面广，受害人居住地位置可能相差很远，这时逮捕犯罪嫌疑人的证据可能因暂时不能找到受害人而不充分，取保候审强制力又较弱，这时适用监视居住相对稳妥。尤其是在相关科技手段暂时欠缺的地区更是如此。

第三，对于特殊类型案件的犯罪嫌疑人，诸如涉嫌渎职犯罪的犯罪嫌疑人，有加强监视居住适用力度的必要。原因是这类犯罪由于其自身特性，存在许多适用其他强制措施不是不符合条件，就是难以有效控制的现实，而监视居住制度的强制力度刚好承上启下，在保障犯罪嫌疑人一定程度人身自由的同时，又能使诉讼程序得以进行。

在完善监视居住制度方面，2012年刑事诉讼法更加强化了对被监视人的监控力度和措施。[①] 其第76条规定："执行机关对被监视居住的犯罪嫌疑人、被告人，可以采取电子监控、不定期检查等监视方法对其遵守监视居住规定的情况进行监督；在侦查期间，可以对被监视居住的犯罪嫌疑人的通信进行监控。"另外，第75条被监视居住人的第6项义务，也可视为是对监控力度的强化："将护照等出入境证件、身份证件、驾驶证件交执行机关保存。"

---

① 其实，2011年8月公布的《中华人民共和国刑事诉讼法修正案（草案）》第77条还作了如此规定："公安机关对于监视居住、取保候审的决定，应当立即执行。执法人员对监视居住、取保候审决定，不严格执行，贻误案件办理的，依法追究责任。"也就是规定了执行机关的责任。但在最终文本中删除。

这些电子监控、不定期检查、通信监控、证件交存，以及执行力度强化的规定，不可否认，这将是对犯罪嫌疑人人身自由的限制，但相较于完全被剥夺人身自由的拘留及逮捕而言，程度已然轻缓许多，因此也是相对必要和合理的。但仍需继续调整的是，对这些强化了的监控措施的救济措施也需明确规定，以避免监视居住名不副实，成为实际上的"羁押措施"，造成公民自由被不合理、不合法的剥夺。

另外，2012 年《刑事诉讼法》第 74 条规定："指定居所监视居住的期限应当折抵刑期。被判处管制的，监视居住一日折抵刑期一日；被判处拘役、有期徒刑的，监视居住 2 日折抵刑期 1 日。"区别于取保候审的是，监视居住是对人身自由的严重限制，因此规定刑期折抵也是必要且合理的；而且监视居住二日折抵刑期一日的规定，笔者认为也是适当的。这也从一个侧面体现了监视居住制度剥夺犯罪嫌疑人、被告人人身自由的强度相较于取保候审与拘留、逮捕而言的居中位置。

总之，笔者认为，在刑事强制措施种类本身就不够丰富，从弱到强渐次变化的体系本身就不够丰满的情况下，笼统地决定废除监视居住制度并不稳妥，应该予以改革完善而非轻易言废。基于监视居住措施在强制效力方面的特殊性，刚好可以在相对宽松的取保候审制度与严厉的羁押制度之间起到承上启下的过渡作用，在现实之中有其发挥作用的对应场域。2012 年刑事诉讼法也采取了改革而非废除的方案。

三、进一步改革的方向

（一）俄罗斯及我国台湾地区的相关立法

第一，俄罗斯联邦立法中的监视居住。

俄罗斯《联邦刑事诉讼法典》第 107 条规定了监视居住制度："1. 监视居住在于限制犯罪嫌疑人、刑事被告人的行动自由并禁止犯罪嫌疑人、刑事被告人：（1）与特定的人交往；（2）收、发邮件；（3）利用任何通讯手段进行谈话。2. 如果存在本法典第 108 条（关于羁押的规定——笔者注）规定的根据，考虑犯罪嫌疑人、刑事被告人的年龄、健康状况、家庭情况和其他情况，依照本法典第 108 条规定的程序，根据法院的决定对犯罪嫌疑人、刑事被告人选择监视居住作为强制处分。3. 在法院关于选择监视居住作为强制处分的裁决或裁定中，应说明对犯罪嫌疑人、刑事被告人的具体限制，并规定负责对上述限制进行监督的机关或公职人员。"可以看到，俄罗斯刑事诉讼法典对于监视居住的规定更加细致并具有相当的操作性。尤其是通过立法的形式定位了监视居住制度作为羁押的替代性手段。

第二，我国台湾地区立法中的监视住居定位为具保（取保候审）的替代手段。

限制住居，意义系指被告居住、活动于一定之处所，而停止羁押被告。相对而言，与俄罗斯联邦立法例不同，我国台湾地区的限制住居制度作为具保（取保候审）制度在一定条件下的替代手段的定位更加明显。尤其是对于有雄厚资力的经济犯罪而言，可能干脆弃保逃逸而安居外国，因此，若认为羁押手段过当而须辅以替代方法时，往往于具保之外，必须"同时"限制被告出境，始能有效保全程序。也就是说，限制出境乃最为常见的限制住居之方法。而限制住居的声请与审查程序，与具保的相关规定相同。①

综观俄罗斯联邦刑事诉讼法规定的监视居住制度以及我国台湾地区"刑事诉讼法"规定的限制住居制度，会发现一个重要不同，即以上两个相似立法例的立法定位是非常明确的：俄罗斯联邦刑事诉讼法规定的监视居住制度更多与羁押制度相衔接，也就是说，基于人道主义等的考量，如果犯罪嫌疑人、被告人在符合羁押的法定条件的情况下，有具体的不适合羁押的理由，诸如身体原因等，则采取监视居住制度。而我国台湾地区"刑事诉讼法"规定的限制住居制度则侧重与具保（取保候审）制度相联系，规定以适用具保（取保候审）为原则，根据案件情况以及被追诉方具体情况，例如经济犯罪嫌疑人，其资金雄厚，很可能有弃保潜逃的情况发生，始得适用限制住居。

另外，以上两个相似立法例对于"限制"的内容非常明确，具有可操作性。

（二）调整监视居住制度适用条件

首先，在明确"非羁押强制措施优先原则"的同时规定，监视居住制度只作为特殊情况下，取保候审制度的替代性措施。即在非羁押性刑事强制措施体系中，取保候审占有绝对主要地位。这样规

---

① 林钰雄：《刑事诉讼法》（上册），中国人民大学出版社 2005 年版，第 295 页。

定一方面是因为监视居住制度的强制性明显大于取保候审,其对于公民人身自由、通信自由等方面的限制相对严格,出于更好保障人权的考虑,理应更多适用取保候审而非监视居住;另一方面是由于毕竟监视居住适用成本相对较大,耗费人力、物力等司法、社会资源较多。

其次,基于人道主义等的考量,规定在符合羁押逮捕的情况下,由于犯罪嫌疑人、被告人身体原因或者孕妇、处于哺乳期的妇女以及家有未成年人无人照料等原因,可以视情况适用监视居住制度。

再次,规定应当适用取保候审的犯罪嫌疑人、被告人提供不出保证金或者合格保证人的,应当适用监视居住而非直接拘留、逮捕。

最后,根据司法实践情况,规定一些案件类型作为优先适用取保候审的例外。诸如职务犯罪,尤其是渎职侵权犯罪这类特殊对象列为监视居住的适用对象之一。"这里特殊对象一般法律素养较高,业务经验丰富,有较强的反侦查能力。对于这类犯罪嫌疑人,侦查机关的讯问措施是其前期侦查工作的主要手段。如徇私舞弊类渎职犯罪往往是一对一的犯罪,也非常隐秘,犯罪嫌疑人不交代,就很难查清犯罪事实。并且职务犯罪较其他的刑事案件明显存在侦查难度大、取证困难、工作量大等问题,另外,职务犯罪还存在适用其他强制措施不是不符合条件,就是难以有效控制的现实。"[1] 另外,还有上文提及的,诸如涉案金额巨大的经济犯罪案件,流窜作案案件等,都可以作为监视居住的适用对象。注意,这种情况下适用监视居住应当依具体情况判断,所以是"可以"而非"应当"。

当然,2012 年刑事诉讼法已注意到这个问题,除了第 64 条专门规定取保候审的条件外,第 72 条也专门对监视居住的适用条件作了较为细致的规定:"人民法院、人民检察院和公安机关对于符合逮捕条件,有下列情形之一的犯罪嫌疑人、被告人,可以监视居住:(一)患有严重疾病、生活不能自理的;(二)怀孕或者正在哺乳自己婴儿的妇女;(三)因为案件的特殊情况或者办理案件的需要,采取监视居住措施更为适宜的;(四)羁押期限届满,案件尚未办结,需要采取监视居住措施的。对于符合取保候审条件,但犯罪嫌疑人、被告人不能提出保证人,也不交纳保证金的,也可以监视居住。"

---

① 屈媛:《监视居住、取保候审措施的立法完善》,载张智辉:《强制措施立法完善研究》,中国检察出版社 2010 年版,第 280 页。

（三）设立监视居住场所

这里就监视居住制度执行中的最大障碍，执行地点问题进行初步探讨。

如前文所述，现实监视居住制度适用率低下的最主要原因即为操作困难，集中体现在对于"固定住处"、"居所"理解含混不清。现实中，有的执行机关将监视居住场所设在宾馆、酒店等地，办案人员与被监视居住人同吃同住，实行 24 小时监控；有的将看守所认定为"固定住处"，实际效果与羁押无异。

另一个极端是，有的公安机关虽然以犯罪嫌疑人住所为监视居住场所，但并不采取任何监视措施，监视居住成为变相释放，犯罪嫌疑人脱逃概率大大增加。

针对此问题，是不是可以尝试建立一种单独的监视居住执行地，即监视居住场所。这样做首先的好处即为，解决了"居所"问题，这点对于外地户籍犯罪嫌疑人、被告人适用监视居住意义尤其重大。

另外，这样做的另一项重要功能在于解决前述执行监视居住措施过程中，影响其同住人合法安宁生活及隐私权利等的弊端。

有人会担心设立单独监视居住场所会提高执行成本，其实这大可不必。这种担心需要首先证明的是单独监视居住运行成本要大于羁押场所运行成本。

第一，功能定位。为了防止现实中已经出现的将监视居住制度异化为变相羁押或者变相释放的两种倾向，需要明确该场所是为了执行监视居住制度而设立。一方面需要执行 2012 年《刑事诉讼法》第 75 条关于被监视居住人义务的规定，例如未经执行机关批准不得离开执行监视居住的处所、不得会见他人或者通信等；另一方面也要看到，监视居住制度作为一种非羁押性刑事强制措施，立法价值取向还是要保障被执行人的自由，所以实践掌握中宜从宽，即列举若干种不予批准的情况，除此之外，皆应准许。比如，被执行人需要会见辩护人，理应毫无例外的准许。

另外，监视居住场所的设立应视实践需要，并不需要所有基层公安机关全部设立。这与该场所主要为无法提供担保、保证人的犯罪嫌疑人、被告人设计的地位有关。

第二，监视居住场所的管理和监督。根据心理测评及社会危险性测评结果，将被适用监视居住人员按风险等级分类，予以区别对待。但总体而言，需要与羁押相区别，实行半开放式管理，表现即如前文所述，除明确规定的若干种不予准许外出、会客的情况外，其他申请皆应准许。

为了在犯罪嫌疑人、被告人没有提供担保人以及保证金的前提下尽量规避其脱逃风险，一方面，需要进行一定技术革新跟进，例如随身电子监控设备；[①] 另一方面需要对其违反规定、逃避法定义务的行为予以更加严厉的制裁，情况严重的，经检察机关批准后予以逮捕。

第三，设立专门监视居住场所与变相羁押风险。2011 年《刑事诉讼法修正案（草案）》出台后，以徐昕教授领衔的北京理工大学司法高等研究所迅速地推出了其《刑事诉讼修正案草案建议稿》。其中，关于监视居住的问题上，该《建议稿》建议"取消指定居所监视居住的规定"，理由是"草案增加的指定居所监视居住之规定，极其危险，将迅速演变成变相羁押，严重侵犯人权。监视居住应当在犯罪嫌疑人、被告人的住处执行。该条款必须取消，无论何种类型的犯罪，皆没有例外"，并且同时认为这样做亦有令人"秘密消失"的危险。笔者认为，这样的担心虽然并非完全没有道理，但立法毕竟仅仅将"指定居所监视居住"的适用范围设定为："对于涉嫌危害国家安全犯罪、恐怖活动犯罪、重大贿赂犯罪，在住处执行可能有碍侦查的，经上一级人民检察院或者公安机关批准，也可以在指定的居所执行"[②]（《刑事诉讼法修正案（草案）》第 73 条第 1 款），而并非对于全部案件均可指定居所。

所以笔者认为，在现实情况下，指定居所的建议还是可行的，

---

① 相关调研发现，江苏省 Y 市在社区矫正人员的监管方面若干做法值得借鉴。他们在信息监管过程中引入手机监控系统，每一位社区矫正人员被要求随身携带一部特制的手机，一旦手机信号出现异常，如信号源离开 Y 市境内，监控中心的电子屏幕上便会出现警报或提示，此时工作人员便会及时联系。针对实践中可能出现的"人机分离"的现象，信息中心可以通过查询每部手机最近一定时期的移动轨迹来发现和避免这种现象。通过工作人员的介绍得知，这样一套监控设备在 30 万元左右，后期运行和维护较为简单不需要再投入大量经费。但是其效果是十分明显的，大大改善了以往假释，缓刑等在执行过程中缺乏相应监督管理的状况。雷小政等：《江苏省 Y 市社区矫正实践调研报告》，未刊稿。

② 在最终文本中，2012 年《刑事诉讼法》第 73 条第 1 款保留了此项规定，只是将其中的"重大贿赂犯罪"进行了进一步限定，"特别重大犯罪"。此间区别，可能有待最高司法机关的有权解释或内部规定了。

只需将其适用范围进一步限定为"对于无固定住所的犯罪嫌疑人、被告人",才可指定居所,而非现在2012年《刑事诉讼法》第73条规定的三种情况。一来"涉嫌危害国家安全犯罪、恐怖活动犯罪、特别重大贿赂犯罪"三种情况本身并非同一层次法律概念,条文陈列在一起在立法技艺方面显得十分突兀;二来如果某一犯罪嫌疑人、被告人"涉嫌危害国家安全犯罪、恐怖活动犯罪",适用监视居住的可能性极低,这一立法条文实际价值几何,殊为可疑。

笔者认为问题的关键在于2012年《刑事诉讼法》第73条第2款之规定:"指定居所监视居住的,除无法通知的以外,应当在执行监视居住后二十四小时以内,通知被监视居住人的家属。"需要注意的是,何种情形是"无法通知",立法并没有详尽规定,这留给了侦查实践足够的解释空间。可以想见,如果指定居所监视居住后,警方以"无法通知"而拒绝通知被监视居住人的家属相关情况,这等于是变相秘密逮捕、秘密羁押,人身自由尚且不保,更不要提相应的辩护权以及申请律师帮助的权利了。这才是2012年刑事诉讼法监视居住制度规定的重大疏失,非常典型地反映了本节立法方便侦查的倾向。

值得思考的是2011年8月公布的《刑事诉讼法修正案(草案)》第73条第2款与同一条文最终版本之间的差别。《刑事诉讼法修正案(草案)》第73条第2款规定:"指定居所监视居住的,除无法通知或者涉嫌危害国家安全犯罪、恐怖活动犯罪,通知可能有碍侦查的情形外,应当把监视居住的原因和执行的处所,在执行监视居住后二十四小时以内,通知被监视居住人的家属。"可以清楚地看到,这与这一条文"指定居所监视居住的,除无法通知的以外,应当在执行监视居住后二十四小时以内,通知被监视居住人的家属"的最终版本差别在于:一方面,删除了"涉嫌危害国家安全犯罪、恐怖活动犯罪,通知可能有碍侦查的情形"这样的规定,可以说是一种进步;另一方面,却将通知的内容即"监视居住的原因和执行的处所"全部删除,字面理解只需通知被监视居住人家属监视居住已经发生即可。如此吊诡的改变,具体过程现在无从得知,至少从结果可以判定大大削弱了前一方面修改带来的进步意义,如果不是退步的话。

另外,2012年《刑事诉讼法》第73条第3—4款关于被监视居住人律师辩护权及人民检察院依法行使法律监督权的规定,即"被监视居住的犯罪嫌疑人、被告人委托辩护人，适用本法第三十三条的规定。人民检察院对指定居所监视居住的决定和执行是否合法实行监督"，立法方向虽然值得肯定，但尤其是人民检察院依法行使法律监督权的规定，由于规定过于空泛，可以想见实质意义不会太大。需要注意的是，人民检察院自身就具有决定指定居所监视居住的权力，这依旧逃不出"自己监督"的悖论。

（四）与社区支持制度相配合

前文提到，基于人道主义等的考量，应该规定若干在符合羁押逮捕的情况下，由于犯罪嫌疑人、被告人身体原因或者孕妇、处于哺乳期的妇女以及家有未成年人无人照料等原因，可以视情况适用监视居住制度的情况。

对于这一部分犯罪嫌疑人、被告人，将监视居住地点置于前述指定的"监视居住"场所显然并不合适。如果执行地点为犯罪嫌疑人、被告人自己的住所，那么关于监视居住的执行问题，就要与社区支持制度的建构相联系了。在这一点上，随着近年来政府大力倡导加强"社会管理"水平背景下，若干政策的出台，无论从宏观政策环境还是微观制度改善，都使得在社区真正执行监视居住措施有所凭借。

例如，2011 年年初以来，北京实行的社区民警驻区工作制度。所谓社区民警驻区工作制度，是指社区民警居住在自己所管辖社区，全天候不间断地开展群众工作、社区管理服务、社会矛盾化解、信息收集等各项社区警务活动，实现社区警务模式由"下社区"到"驻社区"的重大转变，借助社区民警居住、生活在所管辖社区当中"人熟、地熟"的优势，最大限度地密切群众，最大限度地服务群众，集中精力开展人口管理、安全防范、矛盾化解等警务工作，实现与群众的"零距离"、为群众服务的"全天候"、对社区安全的"负主责"。社区民警将履行"5 + X"职责，即在全力做好群众工作、夯实基础工作、化解矛盾纠纷、强化社区防范、开展网上警务五项工作的同时，因地制宜、创造性地开展社区服务管理工作。①

再如，郑州市公安局开展公安管理体制改革，撤销分局，成立市局直管派出所，将郑州市区原有的 124 个局所整合为 29 个派出

---

① 毛羽：《24 名社区民警昨搬家进社区》，载北青网，http：//bjyouth. ynet. com/article. jsp？oid = 75860105，最后访问日期 2011 年 3 月 26 日。

所。尤其重要的是，这次改革之后，基层一线警力增加至 5536 人，占市区总警力的比例由改革前的 23% 提高至 66%，指挥层级由过去的"市公安局—公安分局—派出所"三层管理变为"市公安局—派出所"两层管理。①

此外，在江苏等地开展的社区关怀等具体行动，都使得无论是取保候审还是监视居住制度，在社区的执行都有了更多依托，很大程度上可以降低诸如犯罪嫌疑人、被告人脱逃，不按时到案接受讯问等违反法定义务的现象产生，为提高这两种非羁押性刑事强制措施适用率提供了坚实的保障。

综上所述，在将监视居住定位为取保候审制度的一种替代措施的同时，逐步设立专门的监视居住场所作为执行监视居住的常态选择，又在社区支持制度的保障下，规定若干可以在犯罪嫌疑人、被告人住所执行监视居住的情况，这样做一方面可以保证"非羁押原则化"法律原则的实现，另一方面确保了监视居住制度的实际执行力，避免了可能的变相羁押或者变相释放的情况出现，可能是未来进一步改革监视居住制度的方向。

---

① 何水清：《河南郑州撤销公安分局 市局直接管理派出所》，载中新网，http：//www. chinanews. com/gn/2010/11 - 08/2641260. shtml，最后访问日期 2011 年 3 月 26 日。

司法腐败的程序法分析

刘　宁[*]

当今社会，尤其是发展中国家，腐败，已经成为危害国家政治和社会机体的最大毒瘤，甚至渗入了在传统上具有免疫力的司法领域，司法腐败，也因此成为腐败的新兴源头和重要形式。在许多发展中国家，司法腐败都具有相当程度的普遍性，司法系统的腐败俨然已经成为这些国家公共机构腐败状况的集中体现。司法腐败的严重后果在于：司法腐败现象严重的国家，其社会道德和正义感被腐蚀、经济发展受到阻碍、政治统治遭到削弱。因此，如何认真研究、制定反腐策略，并积极构建一套常规的防腐、惩腐机制，以切实有效地防治司法腐败的滋生、蔓延，就成为那些深受司法腐败困扰的国家，为摆脱危机而苦苦思索并不断实践的重点工程之一。

但是，从我国目前对此问题的研究现状来看，国内学术界和实务界关注的焦点更多地集中在如何通过司法体制改革提升司法权威、提高司法效率，而对于司法改革中的负面因素则关注不够，对我国当前司法腐败问题的严重性及其危害性估计不足。时至今日，学术界和实务界对于司法腐败滋生的原因、蔓延的广度和程度以及具体的存在形式和样态，均缺乏确实可信的实证调查、研究；更没有从防范、惩治司法腐败现象生成的角度，系统地提出并论证过建立一套司法腐败防治机制的必要性与可行性。近期，中共中央已经提出建设"和谐社会"的目标，这是关系到中国社会长治久安的宏伟大业。"和谐社会"之构建，急需法制与司法的保障，然而日趋严重的司法腐败现象却损害政治统治的合法性、滞碍社会经济的发展、妨碍政治民主的实现，构成破坏社会健康、和谐发展的重大阻碍，成为"和谐社会"目标下之最"不和谐音符"。鉴于问题的重要性和

---

* 法学博士，四川大学法学院讲师。

紧迫性，本文拟以"和谐社会"的构建为背景，解读司法腐败的危害及其成因，并探讨相应的对策。

一、司法腐败的深层危害

应当承认，在相当长的时期内，国际社会对于司法腐败危害的严重性认识不足，因为掌控着学术"话语霸权"的西方发达国家本身已经建立起了一套具有较高公信力的司法制度体系，与其他公共机构的腐败相比，司法机构的腐败在这些国家并不是最紧迫的问题。[①] 但是，随着越来越多的学者对拉美以及亚洲等发展中国家司法腐败状况的深入调查、研究，情况发生了变化。因为，大多数发展中国家的经验表明，司法腐败对这些国家造成的危害超过了其他任何一种腐败形式，大规模的司法腐败不仅破坏了法治本身，而且加大了社会、经济发展的成本，引发了深刻的社会危机。既往的研究似乎并未深入触及于此，在此有必要加以释明。

（一）损害政治统治的合法性

从根本上讲，任何一种政治统治的合法性基础都不能单纯依赖暴力（强制力），而必须仰赖普遍社会主体对它的认同。"如果没有某种认同的基础，任何政权都无法持久，这仅仅是因为，它必须减少赢得依从的代价。"[②] 据此，"公众认同"构成了现代社会政治统治合法性的唯一基础。

法律，作为一种利益平衡的公器，在营造政治统治合法化方面的作用不可替代。按照现代政治理论，法律实际上具有双重功效：一方面，通过法律可以勘定国家活动的空间，从而确保公民的自由领域；另一方面，国家借助法律手段也有助于赢得统治的正当性和合法性，因为国家的管理活动受到法律的约束，同时也就意味着国

---

① 在美国，联邦法院建立 200 多年来，受到弹劾的法官仅有 11 人，其中 4 人被定罪，这个比例相当之低。（数据来源于王利明：《司法改革研究》（修订本），法律出版社 2001 年版。）而在我国虽没有精确统计，但每年因为贪赃枉法而定罪的法官数量当不在少数。肖扬 2003 年在九届人大会上所作《最高人民法院工作报告》中承认"一些法官素质不高，不能胜任高度专业化的审判工作，办案水平低，超审限办案问题依然存在；少数法官违法违纪问题时有发生，有的法官甚至贪赃枉法"。

② ［美］诺内特、塞尔兹尼克：《转变中的法律与社会》，张志铭译，中国政法大学出版社 1994 年版，第 61 页。

家的任何干预实际上都可以还原为法律，并借助法律来完成，而法律作为一种规则之治，其适用上的统一性和平等性能够在最大限度上唤起社会公众的心理认同。普遍社会公众对法律的信仰和对法律权威的自愿遵从，正是国家统治合法性的基石。借助于这种治理的法律化，国家的管理活动也获得了正当性和合法性。这里面实际上有一个马克斯·韦伯所谓的"通过法理性获得合法性"的切换机制。①

但是，合法性虽然重要但其本身又是一种有限且易耗损的政府资源，它容易被广泛的腐败现象所耗损，尤其是司法腐败。从效果而言，司法腐败对整个政治机体的危害较之其他公共机构的腐败有过之而无不及，正如西方法谚所谓，"任何政府官员或雇员的腐败已经够糟了；司法官员的腐败则要更糟得多"。我国也有俗谚曰"司法腐败是最大的腐败"。这是因为，司法程序一般被认为是解决纠纷和传递正义的程序，而在现代法治国家的框架下，解决纠纷和传递正义都必须在遵守法律的前提下通过法律的治理才能实现。司法腐败最直接的后果，就是使法律变成一纸空文，使争议双方当事人中的一方以及法官的排他性私权获得关照，而使法律所要保护的整个社会的公共利益受损，使社会公众对司法公正的企盼落空，进而使公众对法律的信仰瓦解、法律的权威被削弱。就此而言，司法腐败极大地破坏了法律作为和平、合法实行社会变革之权威工具的作用。一旦国家无法正常地通过法律来解决纠纷、传递正义，那么，国家的治理活动包括国家统治本身的合法性就会遭到严重削弱，而难以得到普遍社会公众的心理认同，造成统治的合法性危机。而国家统治的合法性基础一旦遭到动摇和质疑，又势必导致社会结构的全面失衡和社会矛盾的激化，进而造成社会秩序的震荡。正基于此，菲律宾学者佛罗伦诺在考察了委内瑞拉和巴基斯坦等发展中国家因为大规模司法腐败而带来的政府统治合法性危机之后，深有感触地指出："如果司法腐败已然普遍，或者如果公众认为这样的腐败已然普遍，政府的其他部门（立法、执行、行政）可能会受到严重削弱，政府号称的合法性或公务人员的正直品格也会被腐蚀掉。在一个像我国这般的社会，应当谨慎而有意识地抵御腐败及避免合法性的最

---

① 郑戈：《韦伯论西方法律的独特性》，载《法律与价值》，上海人民出版社 2001 年版。

终丧失。"

（二）滞碍社会经济的发展

社会经济的发展需要一个有预见性的、功能完善的、能够有效地解释和适用法律的司法体系。亚当·斯密早在《大学讲演录》中就已经指出了经济发展与法治之间的密切关系："商业的衰退在于法律本身的缺陷和执行的不确定性。"现代各国普遍实行市场经济，市场经济本质上就是一种法治经济，它对社会法治环境的依赖程度相对较高。一方面，它需要建立完善的法律规范体系，以营造一个稳定的制度环境，保障市场竞争的公平进行和经济决策的长期效益；另一方面，随着开放市场的形成和不特定人交易的增加，也要求在参与市场竞争的主体的权利遭受侵害时，能够有一个公正的、提供普适的冲突解决机制的司法体系来进行权利救济。经验表明，良好的社会法治环境的形成，对于一国经济发展的作用来说，即使不是决定性的也是非常重要的。

但是，低效和大范围的司法腐败却破坏了功能完善、有预见性的司法体系。与其他公共机构的腐败一样，腐败的司法官员也滥用职权，为那些向自己提供了利益的私人服务。这种偏袒往往使权益受到侵害的当事人的"正义"不能得到伸张，难以获得及时的法律救济。更为严重的是，从经济学的角度讲，一份不公正的判决足以扰乱稳定的市场环境，扭曲市场和价格机制，引导经济资源的不合理配置。比如，地方法院受"地方保护主义"影响，在涉及本地企业与外地企业的经济纠纷中枉法裁判，偏袒、保护本地企业，以此阻碍外地产品进入本地市场等做法，实际上就极大地扰乱了市场竞争机制，导致资源的不合理分配，并将最终阻碍整个国家经济的发展。①

尤其是在发展中国家，由于本国经济条件所限，经济的进一步发展往往依赖于外来资金的注入，而经济学的研究表明，投资者在考虑是否投资时，一个决定性的因素就是其投资能否得到当地法律制度和司法体制的保护，功能完善、有预见性的司法体系有利于吸引外来投资者。但是，司法腐败所带来的法律不确定性和市场的不

---

① Edgardo Buscaglia: Judicial Corruption In Developing Countries: Its Causes and Economic Consequences, Hoover Institution on War, Revolution and Peace Stanford University, 1999.

可预测性，无疑将极大地降低投资者尤其是外国投资者投资的信心，减少了推动发展中国家经济发展急需的资金来源。

（三）妨碍政治民主的实现

司法腐败往往是政治腐败的外在表现形式。司法腐败的严重程度与各国政治民主状况成正比。政治上不民主、不透明的国家，往往也是司法腐败的重灾区。反过来说，司法腐败的大规模存在，也将逐渐朽蚀一个原本健康、民主的政治机体。因为在权力分立的政治架构中，司法权本来就是作为权力制约者和权力监督者的形象出现的。腐败的司法不但不能使滥用权力的腐败者受到追究，而且会为政治腐败提供"合法"的保护伞，使政治腐败逃脱法律的制裁，尽最大可能逍遥于法外。更为严重的是，大规模的司法腐败极易滋生政治上的特权阶层和经济上的"分利联盟"①，成为政府推行经济和行政改革的最大阻力，使政府为摆脱危机而进行政治民主改革的目的落空。正如有学者所指出的，"哪里存在大规模的腐败，哪里的经济和行政改革就难以达到预期目的"。②

二、司法腐败的复杂成因

以往我们对于司法腐败的成因和条件的分析过于轻描淡写，往往将司法腐败的发生归因于司法官员个人道德的意外滑落，但是，对发展中国家大量腐败个案的集中调查、研究表明，司法腐败的成因和条件是较为复杂的，往往关涉一个国家政治、经济、文化等多重因素，其中具有代表性的是以下几项因素：

（一）司法官员的工资不合理地偏低

"高薪养廉"并不是防治司法腐败的唯一经验，其高昂成本也非所有国家概能予以承受。但是，相关研究表明，司法官员的工资不

---

① 所谓"分利联盟"，是经济学上的术语，它指的是占据资源和信息优势的阶层联合起来瓜分市场产生的利润。这里借用这一术语，以描述司法腐败可能催生政府腐败官员与司法腐败官员之间的"合谋"，后者通过为前者提供司法保护，分取前者腐败所获利益；而前者为寻求司法保护，也会加大腐败力度，并主动与后者分享其所获利益，由此形成一种攻守同谋。

② 达克丽亚斯、巴斯卡丽亚：《司法腐败的原因分析》，张剑文、刘志远译，载《司法改革——有关国家司法改革的理念与经验》，法律出版社 2002 年版。

合理地偏低却是诱发司法腐败的一个直接因素。公务员的工资水平与非公务员的差距在发展中国家尤为明显，就司法系统而言，这种差距更是大得惊人。在菲律宾，全国财政仅有 1.5% 的份额是拨给司法部门的。司法官员的待遇如此之低，以致在菲律宾法官职业缺乏足够的吸引力，人们感叹，要吸引年轻有为的律师加入法官行列并非易事。在印度，由于法官收入远远低于律师，使得印度最高法院都经常发生法官辞职转作律师的尴尬事。而在墨西哥，一个警察的年收入只有 4500 美元，而一个普通的蓝领工人的年收入却有 7500 美元。在这种情况下，我们不得不承认，腐败的驱动力是巨大的。依照经济学原理而建立的腐败经济模式表明，每个人或多或少都会受到处于非法动机提供的利益的影响，当犯罪所得远远超过担任公职所得和遭受刑罚所失时，腐败行为就极易发生。[①]

当然，就像不能简单地将高工资与司法廉洁划等号一样，低薪甚至贫穷也不意味着司法廉洁的必然丧失。这里面存在着诸多变量，主要是司法官员本人的个人因素可能左右行为的结果。例如，有些国家实行从杰出律师中选拔法官的制度，法官可能是律师出身，他们在职业生涯的较晚时期才成为法官，其早期的个人积蓄，使得他们对那份偏低的工资并不那么在意，他们更倾向于认同法官职业的社会地位和尊严。此外，司法官员个人的道德素质也很重要，"司法腐败说到底也是个人品行的问题"，腐败的"诱惑门槛"是随着司法官员个人的道德水平而不断变化的，富有道德责任感的司法官员，往往更能抵御腐败的诱惑。

（二）司法权力的过度集中

"绝对权力导致绝对腐败"的俗谚，已是常识。在公共机构内，如果权力集中于少数几个决策者手中，就容易导致腐败的发生，因为权力的过度集中为权力滥用者的寻租行为提供了条件。"官员们收取非法收益的能力取决于他手中有关市场和单位内部的权力的集中

---

① 达克丽亚斯、巴斯卡丽亚：《司法腐败的原因分析》，张剑文、刘志远译，载《司法改革——有关国家司法改革的理念与经验》，法律出版社 2002 年版。

程度。"①

在绝大多数拉丁美洲国家，尤其是在大多数智利和厄瓜多尔法院，除了审判案件的权力之外，法官通常还负责重大计划的制定、人事管理、资源管理、经费计划和控制。结果证明，法官拥有作出审判以外的权力往往会助长腐败动机的形成，管理和审判的权力高度集中于个别法官手中，使得监督和内部竞争机制减弱。结果，腐败蔓延得很快。尤其重要的是，在这种环境下，发现腐败行为往往变得更加困难，因为一些行为在"圈子"中已经习以为常。②

权力集中的另一个表现是，解决纠纷的权力为法院所垄断，缺乏可供选择的和有竞争的纠纷解决方式。司法（诉讼）自其产生以来，便逐渐成为人类社会最常规的社会解纷手段。但是，诉讼本身的功能也存在着结构性缺陷，如手续烦琐、成本高等，特别是作为一种公力救济机制，始终难以避免伴随国家权力的滥用所可能产生的权力腐败和结果不公。因此，虽然在现代社会，诉讼作为常规解纷机制的地位已经不可动摇，但即便在权利救济已经实现了公力化的当今时代，诉讼亦并非唯一的解纷手段。各国在诉讼之外，仍然保留了若干传统的私力救济和社会救济形式，如和解、调解、仲裁等。不仅如此，现代法治国家还在诉讼制度之外，积极发展其他解纷机制，以弥补诉讼机制本身在结构和功能上的缺陷，如西方国家广泛采用替代性纠纷解决方式（ADR），以保证其他各种非讼机制与诉讼机制的竞争。实践表明，这种竞争有助于克服单一诉讼机制的缺陷，特别是作为一种社会力量的动员和运用，其可以在最大限度上避免公力救济伴随国家权力的滥用所可能产生的权力腐败。"从理论上来说，争议解决机制在数量和种类上的变化，可以加大法院服务费用的弹性。这有助于减少法院非法收取费用。研究成果已经证

---

① 达克丽亚斯、巴斯卡丽亚：《司法腐败的原因分析》，张剑文、刘志远译，载《司法改革——有关国家司法改革的理念与经验》，法律出版社 2002 年版。

② 达克丽亚斯、巴斯卡丽亚：《司法腐败的原因分析》，张剑文、刘志远译，载《司法改革——有关国家司法改革的理念与经验》，法律出版社 2002 年版。

实了这一理论。"①

　　根据学者在智利、厄瓜多尔等拉美国家所作的调查，司法腐败的产生与各种非讼解纷机制的数量成反比。这是因为，纠纷解决的权力过度向法院集中，使得法院垄断了解决纠纷的权力资源，也使法院成为唯一的"卖方"市场，得以"坐地起价"。因此，"哪里的纠纷解决机制有限，哪里的市民就只能依赖腐败的法院系统，而不论他们是否喜欢"。而非讼解纷机制数量的增加，则会对法院形成竞争关系，为市民减少对法院审判的依赖性提供了可能，从而有助于减少司法腐败。在菲律宾，学者自我反思司法腐败产生的原因之一就在于缺乏可供选择的和有竞争的纠纷解决方式，"我们未曾认真（除了劳动关系领域）考虑过其他可供选择的、私力救济的、非司法性质的争议解决途径（比如调解），而且我们也还没有开始商业仲裁的实践"。② 结果导致法官获得巨大的寻租空间，以致腐败频发。

　　（三）司法程序设计的不尽合理

　　考察发展中国家的司法程序设置，会发现腐败的滋生还与程序本身的设计和运作密切相关。正是司法程序在设计和运作中的漏洞，为司法官员的寻租行为提供了制度空间。如在菲律宾，按照现行法律的规定，是允许连续上诉的，当事人可以从地区法院上诉到上诉法院直至最高法院。这种制度设计的相关后果就是，败诉的一方当事人会想方设法在以后的各级法院的上诉中推翻原判决，至少延迟原判决的执行。这种状况就使得当事人和律师会采用非司法甚至是非法的手段来谋求缩短漫长的程序，包括向法官行贿。在智利、厄瓜多尔等拉美国家，据学者调查，虽然法律规定案件的审理程序应当在规定的时间内完成，然而法律的规定往往不能得到执行，法院的拖延使得当事人为了加速审判程序而不得不给法院人员利益，这就为司法人员索贿创造了条件。

---

　　① 达克丽亚斯、巴斯卡丽亚：《司法腐败的原因分析》，张剑文、刘志远译，载《司法改革——有关国家司法改革的理念与经验》，法律出版社 2002 年版。

　　② 达克丽亚斯、巴斯卡丽亚：《司法腐败的原因分析》，张剑文、刘志远译，载《司法改革——有关国家司法改革的理念与经验》，法律出版社 2002 年版。

三、我国司法腐败的现状及其原因

（一）我国司法腐败的现状

在我国当前，尽管权威机关包括司法机关自身都强调并采取了一些措施以遏制司法腐败，且已取得一定成效。但是，由于诸多因素的影响，司法腐败现象不仅依然存在且有越演越烈之势。仔细审视我国现阶段的司法腐败状况，其存在的形式和样态更加趋于多样化。

1. 在时空条件上，腐败可能发生于司法过程的所有阶段，并可能关涉公安、检察院和法院等与司法活动相关的所有公共机构。现有的调查已经表明，在我国司法实践中，腐败的发生已经规模化、流程化，不仅局限于审判阶段，而是贯穿于从立案经审判到执行的各个司法环节，牵涉从公安、检察院包括法院在内的所有与司法活动有关的公共机构。

2. 在具体样态上，司法腐败不仅有早期的司法人员的个体性腐败，而且出现了集体性腐败。在当今，司法腐败早已不是个别司法人员道德滑落的意外结果，而已成为基于复杂因素（一定组织结构）而引发的群体行为。从近年陆续揭露出来的一系列法官腐败案件来看，涉案法官的等级和行政职务越来越高、人数越来越多、组织化趋向（所谓"窝案"）越来越明显，如震惊全国的最高人民法院副院长黄松有腐败案、深圳市中级人民法院集体腐败案等。

腐败的频繁发生和普遍存在，使得腐败实际上已经成为大多数案件的必经程序，在一定意义上甚至可以说，腐败已经成功地锲入司法程序机体之中，成为司法机器运转的固有方式之一。① 这种现象严重妨碍到司法公正的实现，极大地损害了司法权威、瓦解了社会公众的法律信仰并可能引发严重的社会问题。

（二）我国司法腐败存在的原因分析

司法腐败在我国的滋生、蔓延，与我国当前正处于社会转型期政治和经济体制不健全、权力行使缺乏监督和制约有关。我国正经

---

① 这里借用了某位法官的说法，该法官深受"人情"案之苦。他指出，几乎自己所办的每个案件都有人来说情，在他看来，"听取说情"实际上已经成为自己办案的一道必经程序。司法腐败也是一样，普遍存在的腐败实际上成为了司法人员办案时必定会经历的一道程序。

历由计划经济向市场经济过渡的经济体制改革，社会处于全面转型时期。如果说在传统的计划经济体制下，现行政治经济制度的诸多缺陷尚能为普遍的社会公众所承受，而不致对社会公正造成强势冲击，那么一旦面临社会转型，在社会原有价值规范整体失灵的情势下，现行制度容易滋生腐败的弊端就暴露无遗。从目前的情况来看，发展中国家共有的一些特点，如权力的过分集中、程序的透明度低、缺乏可供选择和有竞争力的纠纷解决机制以及司法职业伦理的缺乏等，同样也是我国司法腐败滋生、蔓延的主要因由。

1. 司法机关内部权力结构和管理体制的行政化。在我国，司法权行政化的现象较为突出，长期以来，司法机关在观念上被视同为与监狱、军队等一样的国家专政工具，让其承担着并非真正意义上的司法职能而是一种行政性的或其他非司法的职能。由于统治者强调司法机关工作与政治事务和其他"公域"事物处理上的共同性，司法机关的内部权力结构和管理体制行政化和政治性色彩非常浓厚。这导致司法机关内部的权力过度向高位集中，例如法院内部的院长、庭长等行政领导手中集中了大量的行政管理职权和案件的实质决定权，① 这就为其寻租、腐败提供了条件。

2. 程序的透明度过低。程序的透明化和公开性，是维护司法公正，防止"幕后交易"、"暗箱操作"等程序腐败的必然要求；而程序的透明度过低，则无疑是滋生司法腐败的"温室"环境。在我国现阶段的司法实践中，程序的公开性仍然受到诸多限制，程序的透明度依然较低。这主要表现在：

第一，一些通行的增强程序透明度和公开性的制度设计，在我国程序立法中尚付阙如。例如，缺乏判决书说理制度。在现代法治国家，为增强程序的透明度和公开性，不仅要求审判过程的公开，而且要求审判结果的公开；而审判结果的公开，不仅是指判决宣示应当公开进行，而且要求判决理由的公开化，这就是判决书说理制度。判决理由的公开，使判决的形成过程也就是法官的心证形成过程暴露于公共场域，为公众舆论所知、所感，使公众能据此对法官

---

① 我国司法实践中长期以来存在着院长、庭长审批案件的权力，要求法官对案件的处理意见必须经由所在法庭的庭长、分管副院长甚至是法院院长审批后，才能正式作出，这就使得法院院长、庭长实际上行使着案件的实质决定权。

的判决进行评判；同时，也有利于明确法官的责任，限制法官的自由裁量权，从而防止司法腐败的发生。但在我国目前，判决书说理制度的缺乏，造成法官判决形成过程的不可知性和判决结果的不可预测性；不透明的权力运作过程，必然为其他社会关系介入司法、影响判决提供了空间和可能，势必造成大量的"幕后交易"和"暗箱操作"。

第二，在公开化的程序之外，还存在着大量的"隐性程序"。由于程序法本身的不完善性（缺乏规定或者是规定不具有可操作性），在现实中，除了法律规定的、公开化的程序之外，实际上还存在着大量的"隐性程序"，这些"隐性程序"对案件的实际处理结果同样发挥着重要的影响作用。但是，由于这些"隐性程序"并非法律所明文规定，又大多涉及司法机构的内部管理，因此缺乏必要的公开性和透明度，在实践中，他们处于一种状态，极易导致"暗箱操作"等程序腐败的发生。例如，前面提到的法院院长、庭长对案件的审批程序，这一程序并非法律所规定，而是出自法院系统自身的内部规定，但实际上这一审批程序对案件的最终处理结果的影响却是决定性的。显然，这种不见于法律明文、不为当事人所知，而是在司法机关内部流程中运作的程序就是一种"隐性程序"，显然，这种内部的"隐性程序"是缺乏公开性制约的。实践业已表明，这种缺乏公开性制约的"隐性程序"往往是腐败的高发"地段"。

第三，单方接触程序的合法乃至合法化。我国目前的程序构造中缺乏防止当事人与法官庭前单方接触的机制，当事人与法官庭前单方接触的现象较为普遍，这种单方接触程序的合法乃至合法化，使司法官员在司法过程中先入为主，丧失了基本的中立性，同时，当事人单方接触法官无疑也为法官寻租提供了空间和条件。实践表明，大量腐败行为正是发生在当事人与法官单方接触的过程之中。

3. 缺乏可供选择和有竞争力的纠纷解决机制。在我国当前，权力的过分集中，不仅体现在司法机构内部权力结构和管理体制上的行政化趋向，而且体现在司法机构对于纠纷解决权的垄断。在我国目前，虽然也存在仲裁、调解等传统非讼解纷机制，但其适用的范围和效力相当有限，受到诉讼机制的极大挟制，而难以对诉讼形成有效的竞争和制约，例如在仲裁与诉讼的关系上，法院可以任意推翻仲裁裁定，而使得仲裁缺乏终局效力，就是一个明证。实践中，法官恣意断案、为所欲为，以及司法腐败的大量滋生与缺乏其他纠纷解决机制的竞争不无关系。

4. 司法职业伦理缺乏。司法职业伦理是规范司法人员职业行为和操守的内在底线，完善的司法职业伦理体系是司法腐败防治机制的重要内容之一。尤其是在外部监督机制脆弱、失灵的情况下，只能依赖于内部防线的防腐作用。但是，在我国当前，由于司法人员素质的低下和构成的复杂性，[①] 缺乏统一的法律教育、选拔和培养背景，因而难以形成一个法律职业家阶层，相应地统一的司法职业伦理体系也就难以建立，司法人员的职业行为和操守普遍缺乏相应的伦理规范。这使得司法官员普遍存在着"诱惑门槛"过低的现状，在面对腐败的诱惑时，道德立场往往轻易滑落。

5. 除上述因素之外，更加值得我们关注的、诱发司法腐败的因素还在于我国缺乏司法权独立行使的体制和保障机制，正如有论者指出的：当前的司法队伍中确实有少数自身腐败了的法官，利用审判权以权谋私。然而我们透过表象看实质，在被确认明显的不公正裁判中，绝大多数都是由于司法权被其他各种权力关系所控制，司法者无法自主地决定案件结果所致。所以在很多情况下，所谓的"司法腐败"，有时并非真正司法的腐败，而是司法的无奈，是司法不独立的后果，也可以说，司法不独立恰恰成为很多"司法腐败"表象的内在根源。[②] 这方面最典型的例证是在司法地方保护主义案件中，法官之所以公然枉法裁判、偏袒本地公司、企业，往往是因为该公司、企业系当地纳税大户，事关当地经济发展，为此当地党政

---

① 中国推进法制已有 20 余年，成绩斐然。可是，法官素质常常令人担忧。许多法官没有接受过本科以上的教育。据前几年统计，全国法院系统本科以上学历法官的人数只占全部法官的 10% 都不到。从个案来看，更是触目惊心，一些学历很低的法盲进入了法官队伍。如陕西省富平县农民王爱茹利用不体面手段当上了该县的法官；山西省绛县的姚晓红顶多只有小学程度，原是个司机，却因非常手段而"一路升官"，先当上了该县法院的办公室主任，后又晋升为副院长。

② 正基于此，最高人民法院副院长苏泽林在媒体上明确表示："我不同意'司法腐败'这个提法"，参见任林峰：《"司法腐败"的提法不应再继续使用》，载《人民法院报》2001 年 3 月 18 日。郭道晖先生也指出：司法欠独立是司法不公正、司法地方利益化的诱因，为此，要根除司法腐败，必须实行司法独立。参见郭道晖：《实行司法独立与遏制司法腐败》，载《法律科学》1999 年第 1 期。

领导可能在审判前批"条子"、打"招呼"甚至以政法委的名义召开案件协调会、通气会定"调子"。再例如，在近期曝光的多起法官集体腐败案件的背后，除了金钱和利益因素之外，我们还可以明显地看到"权力"的阴影，一个腐败的法官集体，其内部往往呈金字塔型结构，居于顶端的必然是掌握领导权力的院长、庭长，而普通法官往往是或被裹胁或被利诱加入这一集体的。这里面的深层原因正在于，我国法院内部权力结构行政化，法官"个体独立"无从实现，在上命下从的权力指挥棒下，法官个人很大程度上只能顺从已经腐败的权力。可见，我国司法欠独立的体制和环境，也是诱发司法腐败的一个重要因素。[①]

四、司法腐败防治机制的立体构建

我国当前日益严重的司法腐败问题已经极大地损害了司法权威、消弭了社会公众的法律信仰，并可能引发严重的社会问题。例如近期在辽宁、广东等地发生的法官腐败案件，就造成了恶劣的政治和社会影响。而海南反腐斗士何海生孤身反对司法系统内部腐败的事例也恰恰说明了我国目前尚缺乏防治司法腐败的常规机制。因此，积极预防和严厉惩治司法腐败现象的滋生、蔓延，建立有效的司法腐败防治机制已经成为我国当前的重要政治任务，毫无疑问亦应成为我国司法改革的重要内容。

从世界各国防治司法腐败的成功经验来看，为了根除司法腐败，关键是必须限制司法人员的寻租能力，减少其在履行职务活动中寻求腐败的机会。为此，各国均从本国国情出发，建立了一套宏观和微观相结合、实体和程序相配套的复合法律机制，诸如增强司法的独立性、透明度和责任性，以及在现有法律框架中引入包括由私人机构提供的调解和仲裁在内的选择性争端解决机制等，都极大地限制了司法官员的寻租空间，最大限度地减少了腐败发生的可能性。实践证明，这种立足于本国实际的防腐机制的建立，对于遏制司法腐败现象的滋生、蔓延，发挥了重要的作用。

---

① 正基于此，笔者认为，可以将我国司法腐败从类型上划分为"权力型"腐败与"利益型"腐败，这一切合我国实际情况的分类范式，有利于我们反腐策略的选择、制定，如可以根据不同的腐败形式，区分对腐败司法官员的责任追究。

我国司法腐败防治机制的建立，应当立足于我国实际，充分关注我国现实国情，从事前预防和事后惩治两个角度，展开对司法腐败的遏制。

（一）事前预防与事后惩治相结合

防治司法腐败，不仅应当重视对司法腐败的事后惩治，更应当重视事前的预防。在这方面，笔者认为最重要的是保障一个"以天下（普遍性的正义）为己任"的职业法律家阶层的形成。如前所述，"司法腐败说到底也是个人品行的问题"，腐败的"诱惑门槛"是随着司法官员个人的道德水准而不断变化的，因此，着力提高司法官员的道德水准和强调对司法职业伦理的谨守是防治司法腐败的首要举措。但是，司法官员道德水准的提高和职业伦理的养成在更为宏观的层面上均依赖于一个职业法律家阶层的建成。

职业法律家阶层在现代国家中的地位举足轻重，在一定意义上可以说，独立的有学识的法律家群体处于国家机构与市民社会的衔接部位，起着法治秩序的安全阀的作用。[①] 一般认为，职业法律家群体必须具备以下3个条件：（1）坚决维护人权和公民的合法利益，奉行为公众服务的宗旨，其活动有别于追逐私利的企业；（2）在深厚学识的基础上娴熟于专业技术，以区别于仅满足于实用技巧的工匠型专才；（3）形成某种具有资格认定、纪律惩戒、身份保障等一整套规章制度的自治性团体，以区别于一般职业。

为保障这样一个职业法律家阶层的形成，一方面，应当改革现行的司法管理制度，着手建立保障司法独立、司法质量、司法透明度的司法管理体制，保证富有道德责任感的优秀的年轻人才通过严格的程序被选拔担任司法官员。在这方面，日本的经验值得我们借鉴。日本的传统法文化亦以轻视法律家为特征，但明治维新之后，日本走上了法治道路，开始推动职业法律家阶层的建设。在这一漫长过程中，有两个至关重要的因素起到了决定性的作用：一是严格的考试选拔制度。日本为了在轻视法科的传统文化条件下顺利推行法治，于有意无意之间树立了一系列现代信仰："俊才在东京大学法学部"、"法学深奥神圣"、"官僚优秀"云云；而竞争激烈的考试正是支撑这些信仰的基础。二是优裕的报酬待遇。日本对法官的报酬

---

① 季卫东：《法律职业的定位——日本改造权力结构的实践》，载《法治秩序的建构》，中国政法大学出版社 1999 年版。

给予特别优待，原则上法官的月薪基准必须高于检察官及政府其他公务员。据法律规定，最高法院院长的工资与内阁总理同额、其余法官的工资与一般国务大臣同额，下级法院法官的工资不得少于次官（副大臣），检察官的工资比法官略少。上述措施并不是完美无缺的，但是不能不承认，这些措施保障了一个相对独立的、廉洁的、有能力的职业法律家阶层的形成和发展，并使之在社会上树立了非常高的声望。①

我国司法官员的整体素质不尽如人意，其原因既在于考选程序的不严格，也根源于司法职业待遇偏低因而无法吸引社会最优秀的青年投身于此。因此，改革的整体思路应当着重于严格考选程序和提高职业待遇。而且这两项改革必须同步实施方见成效，偏重其中一项而忽略另一项，都必然导致改革的遭挫，如已有学者撰文所批评的当前在不提高司法职业待遇的背景下实行的以严格司法官员考选程序为目的的"国家司法考试"，实际上导致了一种"逆向选择"效果，即考过国家司法考试的法院、检察院的工作人员纷纷辞职作律师。② 但是，这里面存在着一个尴尬的"技术"问题，即由于我国在政策上将法官、检察官等司法官员定位为公务员，提高整个司法系统的待遇必然面临着结构上的限制，从政治的角度讲，不可能仅仅提高司法系统的工资而不顾政府其他部门。站在防治司法腐败的立场上，笔者认为，从优秀的律师中选拔、任用法官、检察官，反倒可能是一个更为现实可行的方案，因为优秀的律师可能已经具备优裕的经济条件。③

（二）微观与宏观相配套

应当从宏观政治架构的完善和微观法律制度的创设两个层面，着手构建有效的防治司法腐败的常规机制。一方面从宏观上加快政治体制改革，改变权力高度集中的现状格局，建立对权力的分化、制约机制，创造一个有利于司法权独立、公正运行的政治宏观环境。另一方面则应当推动司法体制和程序改革的深入进行，改革司法机关内部行政化的管理体制，增强司法职能的独立性，提高程序的透

---

① 季卫东：《法律职业的定位——日本改造权力结构的实践》，载《法治秩序的建构》，中国政法大学出版社 1999 年版。

② 对此的论述，参见苏力：《司法遴选制度》，载《法学》2004 年第 3 期。

③ 当然，娴熟的专业技术也是其优势之一。

明度和公开性，并积极发展诉讼外的其他纠纷解决机制。在具体制度建构上，应当注意以下几点：

1. 司法体制的深化改革。首先，应保障司法权的独立行使。如前所述，我国司法不独立的现行体制正是许多"司法腐败"表象的内在根源。因此，根除司法腐败，首要是保障司法权的独立行使（这是一个被学者反复提及，但在这里仍然需要再次提出的重要命题）。司法权独立行使，包含了司法机关作为整体的"官厅独立"以及司法官员作为个体的"官员独立"两层要求。为此，一方面应当通过人、财、物的分立，使司法机关摆脱地方党政机关的干预和控制，以此确保司法机关的"官厅独立"。关于保障司法机关整体独立的建制方案，学者之间多有不同。笔者认为，从其他国家的经验来看，成立司法委员会以推动改革的深入进行应当是一个不错的选择。在西方法治国家，司法委员会的设立旨在保障司法独立，限制行政权对司法的干预。而且司法委员会能够提供更加透明的法官任用机制。在没有司法委员会的司法系统中，司法部（行政机关）通常有权决定司法体系内的任用、提升、交流以及考核等。欧洲大陆国家司法委员会的主要作用就是防止行政部门通过人事任免权间接地影响司法机关的公正判决。拉美国家就普遍借鉴了欧洲发达国家的做法。例如，阿根廷在司法改革过程中就设立了司法委员会，其职责包括司法官的选人、考核，以及培训一审及上诉法院的法官。司法委员会对于上述诸如考核标准、免职等事项有最终决定权。司法委员会的职责还包括颁布司法组织规则、编制预算、管理司法资源等。[①] 经验表明，通过设立司法委员会，将全部或部分的司法人事管理权由司法行政部门转移到司法委员会，对于保障司法独立、公正，防治司法腐败而言都是非常必要的。笔者建议，为了构建防治司法腐败的立体机制，也应当在我国建立独立的司法委员会。其职责可以主要设定为决定司法官员的任用、升迁、交流、考核以及惩戒等，并制定相应的职业道德规范。另一方面应当消解法院内部管理体制上的行政化色彩，确保法官的"官员独立"。据笔者多年的观察，法院内部管理的行政化，是妨碍法院、法官独立行使职权的最

---

①　达克丽亚斯、巴斯卡丽亚：《司法腐败的原因分析》，张剑文、刘志远译，载《司法改革——有关国家司法改革的理念与经验》，法律出版社 2002 年版。

主要的体制性因素。地方党政机关领导干预法院独立司法，只可能通过法院院长（因为他们管得了院长的"乌纱帽"），而不可能直接干预具体承办案件的法官，他们只能通过给院长"打招呼"，再由院长以明指示或暗示的方式去影响办案法官；而院长之所以能够影响承办法官，关键就在于法院内部管理体制的行政化，法院院长手握人事升迁、行政管理大权，对承办法官形成了现实的制约关系，进而演变为一种"上命下从"的领导与被领导关系。因此，要真正保障法院独立行使司法权，就必须理顺法院院长、庭长与普通法官之间的权利义务关系，明确院长、庭长作为法院的行政事务领导，不能借此干预承办法官的审判业务；应当区分司法管理职权与审判职权，法官专司审判之责，而通过在法院内部设立司法行政事务管理局这类的专门机构来行使人、财、物的管理职权。

其次，应当建立可供选择的、有竞争力的纠纷解决机制。一方面，应当重构现行的仲裁、调解等非讼纠纷解决机制与诉讼机制的关系，维护仲裁裁决的权威性和终结性，在某些纠纷领域，建立"或裁或审"的二元解纷体系；另一方面，也应当大力发展 ADR 等新型纠纷解决机制，以形成对诉讼的强力竞争和有效制约。

2. 诉讼程序的正当化修正。首先，应当增强程序的刚性。为此，应当严格遵循法定的审理期限，审理逾期则使法院的审判行为归于无效，同时增强终审判决的既判力，控制审判监督程序的随意启动，以避免案件审理的变相拖延。其次，应当增强程序的公开性和透明度，设立判决书说理制度等有助于程序公开化的制度设计，杜绝"隐性程序"、"暗箱操作"等的产生，禁止单方接触，等等。

美国传闻证据规则的理论和实践：
以刑事诉讼为视角

刘　玫　郑　曦[*]

引　言

在美国诸多重要的证据规则中，传闻证据规则向来是最为艰涩复杂的规则之一。不但法律初学者们视之为畏途，就连证据法的大家们也常常对其大感头疼。传闻证据规则之所以艰涩复杂，一则在于传闻证据本身的内涵与外延较难把握，二则在于其例外之多简直数不胜数，大有"例外成为原则，原则反倒成为例外"之势，以至于从某种角度看，研究传闻证据规则实际上主要是研究该规则的例外。但是由于其在证据法中的独特重要地位，传闻证据规则又是研习普通法证据规则绕不开的荆棘地。正如 19 世纪末著名的证据法学家塞耶所言："证据法之首脑即为禁止引入传闻证据。"① 传闻证据规则之所以重要，一则在于其与刑事诉讼发现案件真实的价值目标密切相关，二则在于传闻证据的采用涉及被告人对质权这一宪法权利的保障问题。因其既复杂又重要，研究证据法的学者便不得不对其下一番苦功。麦考密克教授在其所著 712 页的 1954 年版《证据法

＊　刘玫，中国政法大学教授，博士生导师；郑曦，中国政法大学诉讼法学博士研究生。本文系刘玫教授主持的教育部项目"传闻证据规则及在中国刑事诉讼中运用"（编号 10809235）成果之一。

① 　James Bradley Thayer, A Preliminary Treatise on Evidence at the Common Law, Little, Brown, and Company, 1896, p. 518.

手册》中以 180 页的篇幅论述传闻证据规则,而威格莫尔更是用了1400 多页的篇幅探讨这一问题。[1]

美国联邦最高法院向来强调传闻证据规则在刑事诉讼中的重要地位,在许多判例中均强调传闻证据的不可采性。但是一律排除传闻证据,其成本和代价极大,尤其可能使得案件真实的发现发生困难,以至于使有罪之人逃避惩罚,因而除了伴随着传闻证据规则历史衍生而来的例外,以及《联邦证据规则》和《联邦刑事诉讼规则》等成文法规定的例外,根据联邦最高法院长久以来的价值平衡传统,大法官们在其判例中也通过其裁量权对传闻证据规则的适用进行调整。进入 21 世纪以来,传闻证据规则又发生了一些变动,联邦最高法院连续通过数个事关该规则的判例,进一步对该规则的适用进行了明晰和规制,推动了美国传闻证据规则在司法运用中的发展。

"他山之石,可以攻玉"。中国正在努力构建完整和完善的证据规则体系,尤其是 2010 年"两高三部"颁布两个"证据规定"和2012 年刑事诉讼法修改以来,已经初步建立起相对完整的证据规则体系,法律中现已有关于非法证据排除规则、自白任意性规则、自白补强规则、最佳证据规则和意见证据规则的相关规定,但是传闻证据规则的缺失却像是木桶的短板,使得证据规则体系的构建有所欠缺。尽管我国未必定然需要建立美国式的传闻证据规则,但吸收传闻证据规则的合理内核,保障被告人与证人对质的机会和权利,完善我国的证人作证制度,对于我国证据法律的发展仍然是大有裨益的。而为此认真研究美国传闻证据规则的基本内容、重要例外以及最新发展情况,也许能够为我们少走弯路或避免走弯路提供有益的前车之鉴。

一、美国法中的传闻及传闻证据规则概述

(一)传闻概述

普通法国家传统意义上的传闻是指证人所作的与其亲身经历不直接相联系的证言,此种证言是根据他人所言而作出的,因此该证

---

① See Lester B. Orfield, The Hearsay Rule in Federal Criminal Cases—Part One, 32 Fordham L. Rev. 499, 499 (1964).

言的可信度依赖于他人的可信度。① 但关于证据法上传闻的概念，英美证据法学者的定义各不相同。19 世纪雷诺兹就认为"传闻不是证据"，传闻是由非证人之人所做的陈述，或包含于某种书本、文件或记录中的陈述，具有天然不可采性。② 麦考密克虽称传闻为证据，但认为其是一种在法庭上以证言或书面证据方式关于庭外陈述的证词，此种陈述被用于对其所欲证实的事实的声称，因而其必须以庭外声称者的可信性为其价值基础。③ 克罗斯爵士则认为传闻是证人向法庭叙述第三人的某种声明，其目的在于构建对该声明事实的真实性的认可，较之旨在说明真相而被定义为声明本身（而非叙述）的证言中获得的司法证据，传闻是另一种独立的东西。④ 从总体上看，对传闻的学理解释一般集中于对其两方面性质的关注：法庭之外的陈述和关于为证明事实的某种主张或声明。但对于传闻的内涵外延和其具体表现形式等方面的问题，不同学者的理解相去甚远。

1975 年美国《联邦证据规则》生效后，美国学界对于传闻的概念有了较为一致的认识。根据 2011 年最新公布的《联邦证据规则》第 801 条的规定，传闻是指：（1）陈述人在审判或听证之外所作的陈述，且（2）该陈述旨在证明其所主张的事实或其真实性;⑤ 但是符合第 801 条（d）项情形的陈述不属于传闻。于是有学者据此定义勾画出传闻的计算公式："庭外陈述 + 证明某主张的目的 - 第 801 条（d）项情形 = 传闻"。⑥ 这一公式基本可以作为理解美国法上传闻概念的模板。根据《联邦证据规则》的定义，美国法上的传闻可以从四个方面加以理解。首先，传闻必须是一项陈述，而所谓陈述是指某人作出的口头或书面主张以及意在作出某种主张的非言词行为。⑦

① Bryan A. Garner, Black's Law Dictionary, 9th edition, West, 2009, p. 790.

② See William Reynolds, The Theory of the Law of Evidence as Established in the United States, and of the Conduct of the Examination of Witnesses, 2nd edition, Callaghan and Company, 1890, p. 17.

③ Edward W. Cleary, McCormick's Handbook of the Law of Evidence, 2nd edition, West Publishing Co., 1972, p. 584.

④ Rupert Cross, Evidence, Butterworth & Co. (Publishers) Ltd., 1958, p. 3.

⑤ Rule 801 (c), Federal Rules of Evidence (Effective Dec. 1, 2011).

⑥ G. Michael Fenner, The Hearsay Rule, 2nd edition, Carolina Academic Press, 2009, p. 9.

⑦ Rule 801 (a), Federal Rules of Evidence (Effective Dec. 1, 2011).

据此，无论是口头或书面的表述，还是非言词行为，只要意在主张某一事实，都有可能成为构成传闻的要件。其次，传闻必须是庭外陈述，即在时间、空间方面异于法庭审判或听证当时当场而作出的陈述，区别于庭审或听证中所作的证言。再次，传闻必须是某一人作出的庭外陈述，即作出此种陈述的主体必须是人，因此例如警犬嗅闻后发出的吠叫、测速仪自动生成的报告等不成为传闻。最后，要成为传闻，该项陈述的目的必须旨在证明某一主张，既可以是对案件关键事实（例如犯罪要件）等的主张，也可以是对次要事实（如某一证人可信度）的主张。

传闻的定义是以法庭审判或听证为坐标轴而作出的，因此从庭审或听证的角度看，传闻包括两种形式：一是指亲身感知了案件事实的证人在庭审或听证期日以外所作的书面证人证言以及询问笔录；二是指他人在审判期日以证人亲身感知的事实向法庭所作的转述。无论何种形式，均至少包括两个陈述主体和两个陈述环节：第一陈述主体为亲身感知案件事实的证人，第二陈述主体为转述主体；第一陈述环节一般是亲身感受案件事实的证人的口头陈述，第二陈述环节既可以是口头转述，也可以是以书面或行为等方式进行的转述。由于传闻至少有两个陈述主体和两个陈述环节，事实上及至传闻最终为作为事实裁判者的法官或陪审团所感知，其间已经历了数个认知过程：一是第一陈述主体对事实的感知过程，即由于其亲身经历某种事实而对该事实形成自身认知；二是第一陈述主体向第二陈述主体陈述其认知的事实以及第二陈述主体接受信息、形成记忆的过程；三是第二陈述主体向事实裁判者转述其从第一陈述者处获得的信息以及事实裁判者依此信息形成对案件事实的观点的过程。在此三个过程中，每一个过程都有可能发生信息接受不完全或偏差的情况。

由于传闻具有上述特征，将传闻作为证明案件事实的证据加以采用，具有固有的风险性，具体而言有三方面的危险。第一，存在错误感知的风险。众所周知，转述的次数越多，转述的结果与实际最初发生的事实的差距可能越大，直接陈述者对于亲身感受的事实的感知与转述者通过直接陈述者获得的感知存在明显差异；另外，由于经过转述的传闻常常与案件事实的时间距离较长，且经过不同陈述主体的记忆过程，增加了因记忆不确切或模糊记忆导致陈述与事实相背离的可能性。第二，增加了故意做不实转述的风险。假设陈述者作出诚实陈述的可能性为 50%，转述者诚实转述的可能性亦为 50%，则经过一次转述，其结果为实的可能性即为 50% × 50% = 25%；倘若经过数次转述，则故意做不实转述的风险将呈幂次增加，假设每个人诚实转述的可能性均为 50%，则有 N 个陈述主体，最终诚实陈述的可能性即为 50% 的 N 次方，也就是说陈述主体越多，不实陈述的风险越高。第三，扩大了因语义模糊而导致误读误解的可能性。语言的表达是存在局限性的，陈述者对辞藻的错误选择、听取陈述者的理解不当、双方阅历经验的差异等，都有可能导致误读误解的可能；即便是同样的语言表达，不同受众接受后也可能形成不同的感知，以致出现语言形式"背叛"内容的情况，而转述更会使得这种可能性增大。正因为传闻存在这样的风险，在普通法中出现了传闻证据规则。

（二）传闻证据规则概述

证据法大师威格莫尔将证据规则分为分析性规则、优先性规则、预防性规则、简化性规则、定量性规则，其中分析性规则系指对某一类证据，须予谨慎查究与分析，以揭露其可能的弱点，而为实现此种揭露目的所运用的特定规则。[①] 根据这一划分，传闻证据规则当属于分析性规则，由于传闻具有前文所述的诸多缺陷和危险，因此对其的规则确立系以内在分析为基础的。对于传闻证据规则在普通法中的最初起源问题存在争论：英国的贝克认为规定传闻证据不可采纳的规则在 17 世纪末期就已经建立起来了；[②] 威格莫尔认为，传闻证据规则于 18 世纪初期就在英格兰和威尔士地区得以确立；而耶鲁大学郎本教授通过对伦敦中央刑事法院（The Old Bailey）档案文件和相关资料的研究，认为贝克和威格莫尔的研究均有误，传闻证

[①] See John Henry Wigmore, Evidence in Trials at Common Law, 2004 - 2 Cumulative Supplement by Arthur Best, ASPEN, p. Ⅹ Ⅹ Ⅶ - Ⅹ Ⅹ Ⅷ.

[②] R. W. Baker, The Hearsay Rule, Sir Isaac Pitman & Sons, Ltd. , 1950, p. 10.

据规则确立于 19 世纪早期。① 但无论如何，除了个别学者②之外，普遍的观点是传闻证据规则是陪审团审判的产物，其中"知情陪审团"向内心无偏倚的陪审团转变是传闻证据规则出现的最重要催化因素，而律师参与刑事诉讼在促进传闻证据规则的形成和完善方面也发挥了重要作用。美国在继承了英国的普通法血统后，同样以陪审团为原则上的事实裁判者，因此美国法上的传闻证据规则继受于英格兰和威尔士法律这一事实当无疑义。

根据《联邦证据规则》第 802 条的规定，除非有本规则、国会立法或联邦最高法院根据成文法授权所规定的例外，否则传闻证据不可采纳。③ 此即为传闻证据规则。传闻证据规则在美国证据法中扮演着极其重要的角色。作为普通法独有的证据规则，传闻证据规则虽艰涩却精深，向来被认为是美国证据法最核心的规则之一，在整个证据法体系中占据着无可取代的地位，甚至在威格莫尔看来，传闻证据规则是盎格鲁 - 撒克逊司法体系中除了陪审团制度以外对于世界程序法学体系最为卓越和伟大的贡献。④ 美国法上的传闻证据规则在具体运用时有三个方面的问题值得注意：第一，刑事诉讼中，传闻证据规则只适用于审判阶段，审前阶段中例如法官审查是否签发搜查扣押令状、检察官决定是否提出起诉、大陪审团程序中决定是否签发正式公诉书（Indictment）等均不适用传闻证据规则，传闻证据可以作为裁量的依据。第二，由于美国奉行当事人主义的对抗制诉讼模式，法官并无主动排除传闻证据的义务，传闻证据的排除依赖于当事人提出动议、双方就该证据是否属于传闻或是否符合传闻证据规则例外而应否排除展开辩论、由法官最终裁决是否排除的程序而实现，一般而言这种程序属于动议程序，与正式的审判相区别。第三，在审判中运用传闻证据弹劾陈述人（包括被告人）的可

---

① John H. Langbein, The Origins of Adversary Criminal Trial, Oxford University Press, 2003, p. 233.

② 对于传闻证据规则是陪审团审判产物持否定观点的最著名学者为哈佛大学的埃德蒙·摩根（Edmund M. Morgan）教授。See generally, Edmund M. Morgan, The Jury and the Exclusionary Rules of Evidence, 4 U. Chi. L. Rev. 247 (1937).

③ Rule 802, Federal Rules of Evidence (Effective Dec. 1, 2011).

④ Rupert Cross, Evidence, Butterworth & Co. (Publishers) Ltd., 1958, p. 352.

信性，则不属于传闻证据规则的限制范围。①

根据传闻证据规则的规定，原则上传闻不可采纳，但允许有例外存在。然而这些例外必须或由国会所制定的联邦法律规定，或由《联邦证据规则》本身规定（例如第 803 条、第 804 条、第 807 条），或由联邦最高法院根据立法授权所确立；② 传闻证据规则例外的产生有严格的限制。但现实的情况是，传闻证据规则自其诞生之日起即与其例外相伴随，且例外越来越多。早在 20 世纪 30 年代，麦考密可就曾批评传闻证据规则"被无数的严格例外减损了其作为刚性规则的品格"③，摩根更是哀叹"现代形式下的传闻证据规则是许多互相冲突的考量因素的混合结果，且因历史偶然性而不断被修改"④。时至今日，传闻证据规则的例外数不胜数，以致出现"在被容许之传闻证据的大海中，排除传闻证据之法则，只不过是一座孤立的小岛"⑤ 的窘状。然而尽管如此，传闻证据规则本身的价值和作用始终为人们所肯定，虽然许多学者很难认同传闻证据规则是普通法"仅次于陪审团制度"的规则，但其仍被认为是具有重要意义的证据规则，甚至被认为是整个证据法体系中不可或缺的最重要支柱之一。

除了普通传闻证据规则之外，美国法中尚有多重传闻（或称传闻中的传闻）证据的运用规则。《联邦证据规则》第 805 条规定："在传闻包含于传闻的情况下，如果传闻的每个部分均满足法律规定的传闻证据规则之例外，则不需排除。"⑥ 也就是说，由传闻组合起来的传闻，只要其各个"部件"均符合传闻证据规则例外，则其整体也不必适用传闻证据规则而被排除；但反向观之，多重传闻中倘有一个部分陷于传闻证据规则的排除范围，则整个多重传闻即不具有可采性。

---

① Rule 806, Federal Rules of Evidence（Effective Dec. 1, 2011）.

② Rule 802, Federal Rules of Evidence（Effective Dec. 1, 2011）.

③ Charles T. McCormick, The Borderland of Hearsay, 39 Yale L. J. 489, 504（1930）.

④ Edmund M. Morgan, The Hearsay Rule, 12 Wash. L. Rev. 1, 12（1937）.

⑤ 转引自王兆鹏等：《传闻法则理论与实践》，台湾元照出版公司 2004 年版，第 30 页。

⑥ Rule 805, Federal Rules of Evidence（Effective Dec. 1, 2011）.

二、美国传闻证据规则的理论

(一) 查明真实：传闻证据规则的根基

美国法排除传闻，最核心的原因是为了保证刑事诉讼对案件事实的查明。对于追求真实一事，一些人存在误解，认为当事人主义和职权主义两大诉讼模式对于追求事实真相的任务有着不同程度的制度努力，[①] 非对抗制的大陆法系更为重视发现真实。其实普通法对于案件真实的追求，也同样有着极强的热忱，并且作出了不逊于大陆法系的努力。例如在普通法所有的证据规则中，除了证人免证特权规则之外，几乎所有的证据规则均与追求真实密切相关，传闻证据规则也不例外。正如联邦最高法院所言："传闻证据缺少这种保障所造成的缺憾不同于伴随他的其他的任何疑问和困难，因为这种缺憾是不能消除的。提供传闻证据的证人不能提供任何详细的情况、回答任何问题、解决任何问题、调解任何矛盾、说明任何不清楚的地方、消除任何模棱两可的问题，他仅能把别人告知的事项作一简单描述，而把责任完全留给已死去或不在场的原话的陈述者。"[②] 加上前文所述的传闻可能是错误感知、不实陈述和误读误解的产物，因此采用传闻证据可能对发现真实造成严重威胁，故而权衡利害不得不将其排除。具体而言，以查明案件真实为基础，排除传闻证据的理由主要有以下四个方面。

第一，对传闻证据无法进行交叉询问。交叉询问是理解传闻证据规则的关键，[③] 以追求案件真实为基础而设立传闻证据规则，其首要原因便在于传闻证据无法进行交叉询问。交叉询问向来被普通法学者认为是发现案件真实的最有效手段，威格莫尔甚至将其称为"人类所发明的用于发现案件真实毫无疑问的最伟大法律工具"[④]。

---

① ［美］米尔吉安·R. 达马斯卡：《比较法视野中的证据制度》，吴宏耀、魏晓娜等译，中国人民公安大学出版社 2006 年版，第 95 页。

② ［美］约翰·W. 斯特龙主编：《麦考密克论证据》，汤维建等译，中国政法大学出版社 2004 年版，第 482 页。

③ Paul C. Giannelli, Understanding Evidence, 3rd edition, LexisNexis, 2009, p. 432.

④ See John Henry Wigmore, Evidence in Trials at Common Law, Revised by James H. Chadbourn, Little, Brown and Company, 1981, Volume 5, p. 32.

传闻证据无法进行交叉询问，是排除传闻的最重要和最古老的理由，这一理由在 19 世纪中期英国关于排除传闻的相关报告中已经得到了重点强调，[①] 甚至在更早的 1743 年即已出现以交叉询问作为排除传闻理由的案件，法官当时已然认识到不能采纳传闻证据是"因为对方没有进行交叉询问的机会"[②]。在美国，交叉询问也同样是排除传闻的第一位理由，经受过专门交叉询问训练的律师们往往能够通过交叉询问挑出对方证人证言中的哪怕一点点细小的瑕疵，从而促使审判者发现证人证言中的漏洞和缺陷，从而对证言的真实性作出合理的判断。而另一方面，本方律师也可以借由交叉询问对本方证人表达方面的模糊之处进行弥补，从而避免审判者发生误解。然而传闻证据是经过转述而呈交到法庭的，在法庭上面对书面证言或不是亲身感知案件事实的转述者，双方律师无法对其进行交叉询问，因此交叉询问保障真实的价值难以实现。但是对于这一排除传闻证据的理由，亦有学者提出反对意见，认为交叉询问并不能作为传闻证据规则的核心理由。[③]

第二，传闻证据未经法庭宣誓，也是与查明案件真实密切相关的排除传闻证据理由。美国是个有着基督教传统的国家，宗教因素在其社会生活的各个方面都起着重要作用，尤其其法律制度与宗教教义传承往往密切相关。在宗教热忱的支撑下，出于对上帝的敬畏和对良心的珍视，美国人对于宣誓这一看上去颇有形式主义和神秘主义色彩的仪式有着中国人无法理解的重视，因此证人在作证之前均需进行宣誓，保证其证言的真实性。尽管现代世俗化的社会背景已经使得这种敬畏感有所减弱，宣誓后作伪证的情况也屡见不鲜，但宣誓仍是美国司法制度中保障真实的传统"安全阀"。具体而言，宣誓主要通过三个方面对保证证言真实性进行强制：其一，在宗教是人们精神生活重要部分的国度里，手按圣经宣誓，[④] 令证人因敬畏神灵权威、害怕神灵降责而不敢不如实提供证言，这是宗教情感层

---

① See R. W. Baker, The Hearsay Rule, Sir Isaac Pitman & Sons, Ltd., 1950, p. 22.

② Earl of Anglesea's Case, (1743) 17 How. St. Tr. 1160.

③ See Roger Park, A Subject Matter Approach to Hearsay Reform, 86 Mich. L. Rev. 51 (1987).

④ 因不同宗教信仰宣誓手中经典不同、誓词也不完全相同，例如穆斯林手按《古兰经》向"阿拉"宣誓。

面的强制；其二，在法庭宣誓如实提供证言后，倘若其未能如实提供证言、故意作出虚假陈述，则其可能受到伪证罪的刑事追诉和处罚，后果极其严重，这是法律后果方面的强制；其三，宣誓的过程本身带有庄重严肃和神圣的特征，有助于促进证人如实认真提供证言，这是程序对心理的强制作用。而提供传闻证据的陈述人提供的实际上是他人的证人，他无从对他人的证言宣誓，因此法庭宣誓这一"安全阀"难以发挥作用，一旦证言不实，也不能对陈述人判处伪证罪，无法保证传闻证据的真实性，因而将其排除。

第三，采纳传闻证据有令陪审团被误导的危险。美国联邦宪法第六修正案规定"在一切刑事诉讼中，被告有权由犯罪行为发生地的州和地区的公正陪审团予以迅速和公开的审判"，因此陪审团是美国刑事诉讼原则上的事实裁判者。这种"同侪审判"不仅是一种司法制度、更是一项政治制度，是民主和分权的象征，① 体现出为托克维尔所述的"共和性质"②。然而陪审团是一项非职业法官审判制度，未经专业法律培训的陪审员们虽具有一般理性，却缺乏法律理性，面对纷繁的证据常常不知所措，甚至在对不同种类的证据进行证明力衡量之时容易被误导。因此塞耶在其《普通法证据导论》一书中强调普通法陪审团审判制度下必须非常小心谨慎地避免陪审团被某些证据所误导，③ 认为此问题是普通法下证据制度建构必须审慎考虑和对待的重要难题。而传闻证据正有此种误导性，对于欠缺法律经验的非职业陪审员而言，倘若承认传闻证据的证据能力而允许其为陪审员所接触，就很难控制"此种传闻证据究竟会对陪审员们的思维和判断起何种具体作用了"④。正因如此，为避免陪审团被传闻证据所误导，保证事实裁判者对案件事实的准确判断和刑事案件审判的公正性，传闻证据出于追求发现真实的价值目标考虑而被排除也就具有某种合理性了。

---

① 郑曦：《平民参与审判制度之比较——以美德为镜论非职业法官参与刑事审判》，载《中国司法》2008 年第 4 期。

② ［法］托克维尔：《论美国的民主》（上卷），董果良译，商务印书馆1997 年版，第 313 页。

③ James Bradley Thayer, A Preliminary Treatise on Evidence at the Common Law, Little, Brown, and Company, 1896, p. 2.

④ R. W. Baker, The Hearsay Rule, Sir Isaac Pitman & Sons, Ltd., 1950, p. 21.

第四，采纳传闻证据将使事实裁判者无法观察证人的言行举止，也是妨碍案件真实发现，从而导致传闻证据被排除的理由。法庭审判中提供传闻证据时，传闻的提供者并非事实的直接感知者，因而案件的审理者无法通过证言提供者的言行举止等获得证言真实性的相关信息。正如我国司法传统中强调"五听"，美国的立法者们也认为让提供证言的证人当着审判者的面作证，则其举止等能够提供其证言可信性的重要线索，其中最为常见和重要的包括面部表情、身体动作、肢体语言、声音音调和音量等，认为在审判者能观察证人的言行举止的情况下其作出证据判断的几率较之无法观察证人的情形为高。但是采纳传闻证据，若是书面证人，审理者自然无法观察提供证言人的举止；即使是他人转述，审理者只能通过转述人的举止判断其转述是否与原陈述一致，而无法通过陈述者的举止判断陈述本身的可信性如何。这也是传闻证据因其与发现案件真实目标相悖而被排除的重要原因之一。

（二）传闻证据规则的宪法和证据法基础

1. 对质权

美国联邦宪法第六修正案规定："在所有的刑事诉讼中，被告人均享有……与不利于自己的证人对质的权利……"对质权是一项宪法性权利，不但联邦审判中的被告人有权享有该项权利，在各个州的审判中也必须保障被告人的对质权。按照普通法的传统，对质权是一项当面对质的权利，即"那么就请传唤他们到我们面前，让我们面对面、眉毛对眉毛地对质一番，让我们的被告人倾听其对手，并且自由地与他们对话"。① 根据联邦最高法院的判例，对质权的含义是被告人与不利于己的证人"面对面对质"的权利。②

对质权主要有两方面的意义：一为实体上的保障发现案件真实的作用。通过被告人与对其不利证人的对质，可以发现证人证言中存在的疑问，确定证言的可信性，避免听信不实证言而作出错误裁判。二为程序意义。程序正义在美国被看作至少不低于发现真实的重要价值，甚至"对程序正义的评价一贯成为使人们形成对法律机

---

① W. Shakespeare, Richard II, act 1, sc. 1（J. D. Wilson ed. 1939）.
② Kirby v. United States, 174 U. S. 47（1899）.

构经验的中心评价因素"①，而对质权是程序正义的重要体现，也是人权保障的基本要求。因此在美国对抗制审判体制下，对质权几乎可以被看做保障控辩双方平等对抗的核心要件，一旦抽去对质权，对抗制审判也就失去了对抗的灵魂。

但是在现代法律专业化程度越来越高的现实下，很少有被告人与证人直接对质的情形，对质权主要是通过双方律师对证人进行交叉询问而实现的，由此对质权与传闻证据规则之间便形成了密不可分的关系。这种关系是两方面的复杂关系：一方面，对质权可以作为传闻证据规则的正当化依据，即传闻证据规则可以被视为保障对质权这一宪法性权利的措施和手段，将传闻证据规则与对质权条款捆绑使用以排除传闻证据的适用，以至于在威格莫尔看来，对质权和传闻证据规则实际上几乎就是一个东西；② 但另一方面，对质权与传闻证据规则存在着诸多不同，如二者价值取向方面的侧重点不一样，对质权主要侧重于正当程序保障，而传闻证据规则相对偏向于发现案件真实，甚至在有的学者看来，二者之间还存在一定程度的冲突，③ 因此不应当将二者简单混淆。

2. 正当程序

美国联邦宪法第五修正案规定"任何人不得未经正当之法律程序而被剥夺其生命、自由或财产"，第十四修正案规定"各州不得未经正当法律程序而剥夺任何人的生命、自由和财产"，因此正当程序不但适用于联邦刑事司法程序，也适用于各州。采纳传闻证据，剥夺当事人与证人对质的权利，显然不符合正当程序的基本要求，其判决无论实体结果如何，就程序角度而言均难称为公正。从这个角度看，正当程序的宪法要求和对质权宪法权利在传闻证据的排除问题上有重合之处。

但美国正当程序宪法规定的独特之处在于，根据正当程序的精神，在特定情况下，如果采纳传闻证据更有利于实现程序正义的价值，则应当允许对传闻证据的采用。在关于传闻证据与正当程序的

---

① Tom R. Tyler, Procedural Justice, Legitimacy, and the Effective Rule of Law, 30 Crime & Just. 283, 286 (2003).

② See John Henry Wigmore, 5 Evidence in Trials at Common Law, § 1361, at 8 (3rd ed. 1940).

③ See Frank T. Read, The New Confrontation – Hearsay Dilemma, 45 S. Cal. L. Rev. 1, 3 (1972).

协调问题上，20 世纪 70 年代钱伯斯诉密西西比州一案中，州法院根据传闻证据规则排除了某些关键且具有可靠性的证据，而联邦最高法院则认为对这些关键证据的排除会侵犯被告人的正当程序权利，因此"在宪法权利直接关系到确定有罪与否的情况下，不能机械地运用传闻证据规则而否定公正的最终目标"①。据此，联邦最高法院在其后的案件中判定如果排除传闻证据可能导致对正当程序条款的违反，就不应排除传闻。② 对于这种认识，许多学者也持肯定的态度，认为正当程序具有高于排除传闻的强制性效力。③ 因此可以这么说，正当程序条款对于传闻证据规则有正反两个方面的支撑效果，对其不能做僵化的理解。

3. 迅速审判

美国联邦宪法第六修正案规定的公民获得陪审团审判权利中包含有"迅速审判"的要求，因而迅速审判也是刑事司法中公民宪法权利的重要内容。迅速审判权理念源于英国，在《自由大宪章》中即有体现，其第 40 条规定"余等不得向任何人出售，拒绝，或延搁其应享之权利与公正裁判"，美国在继承英国传统后进一步在宪法中确立了此项权利。尽管一般认为美国宪法规定的迅速审判权是指获得审判权利不受无理拖延，即"迅速被审判权"，而审判阶段程序的冗长并不违反宪法关于迅速审判权的要求，但由于此项权利的存在和对效率价值的追求，尽快完成审判仍被认为是值得赞赏的。

有学者认为，运用传闻证据规则可以有效缩短审判的时间，因为将传闻等不可靠的证据排除出去后，事实裁判者所需要了解、审查、裁量的证据数量减少，则所花费的时间、精力和资源均相应减少，无疑有利于迅速审判的完成。倘若允许传闻证据进入法庭审判，法庭需要花费大量时间听取传闻证言、对转述者进行非直接的询问、听取控辩双方对转述内容本身和转述真实性的争辩、判断传闻证据的真实性和可信性，做大量无用或效果极低的工作；而倘若直接排除传闻证据，则可以省去上述种种工作的麻烦，迅速推进程序的进

---

① Chambers v. Mississippi, 410 U. S. 284 (1973).

② Green v. Georgia, 442 U. S. 95 (1979).

③ See generally Peter Westen, The Compulsory Process Claus, 73 Mich. L. Rev. 71, 149–159 (1974); Robert N. Clinton, The Right to Present a Defense: An Emergent Constitutional Guarantee in Criminal Trials, 9 Ind. L. Rev. 711 (1976).

行。但这种效果并非绝对的，在一些特定情况下，采纳传闻证据实际上更有利于效率价值的实现和审判的迅速完成，这在某种情形下成为传闻证据规则例外的理由，对此下文再做详述。

4. 证明责任分配和证明标准

刑事案件中控方承担证明被告人有罪的责任，这是证明责任分配的基本原则，也是联邦宪法第五修正案"反对强迫自证其罪"原则的核心要求。此种证明责任的分配方式要求控方欲指控被告人有罪，不但要承担提供证据的责任，而且要证明到满足法定的证明被告人有罪的标准。在刑事诉讼中，控方是主要的证据提供主体，辩方原则上不需要提供任何证据，因此倘若允许控方使用传闻证据以证明其对被告人提出的指控，实际上是减轻了其所负担的证明责任。此外，在美国刑事诉讼中，控方欲证明被告人有罪必须达到"排除合理怀疑"的证明标准，要求"证据必须证明事实达到了合理的或道德上的确定性"①。尽管联邦最高法院向来不愿以某种数值量化该标准，而这一标准也显然并非要求百分之百的完全确定，但其无疑仍然是一个极高的标准，"只有当控方的主张证明到极其接近100%时，控方才算满足'排除合理怀疑'的定罪要求而胜诉"②。倘若肯认可靠性相对较低、真实性存可疑之处的传闻证据具有与其他证据同样的证据能力和证明力，事实上是对原有证明标准的放松。从某种角度看，传闻证据本身存在的固有缺陷令对其的使用通常很难满足刑事诉讼证明标准的要求，使用传闻会增加出现错误判决的可能性。

（三）设置传闻证据规则例外的理由

尽管前文所述的追求真实的价值取向和宪法与证据法相关要求均构成传闻证据规则成立的基础，但仍不足以令其成为一项刚性而不得变通的规则，甚至上述种种理由每一项均有学者加以反驳，认为其作为支持传闻证据规则的依据，或在逻辑上或在法理上存在漏洞。例如在以交叉询问作为排除传闻证据理由的问题上，不但有学

---

① Commonwealth v. Webster, 59 Mass.（5 Cush.）295（1850）.

② See Peter Murphy, Murphy on Evidence, Oxford University Press, 2009, pp. 105 – 106.

者早已提出交叉询问在揭示证人做不实供述方面未必具有理想的作用,[①] 而且人们逐渐认识到对于本身具有真实性的传闻证据,交叉询问非但无助于查明真相,过分具有攻击性的询问甚至可能导致走向发现真相的反面。在传闻证据可能误导陪审团的理由上,有学者认为现在随着整体教育水平的提升,社会对传闻证据的威胁性已经有了充分认识,陪审员不会不对传闻证据保持警惕,[②] 加上陪审团审判中法官还可以作出明确指示,认为传闻证据会误导陪审团的观点站不住脚,而实证研究结果也表明这一观点是某种虚幻的假设。[③] 在事实裁判者无法观察提供证言之人的言行举止问题上,尽管观察言行举止确实有助于发现证人是否撒谎,但这一效果并不可靠,尤其对于某些擅长撒谎的人来说更是如此。而在重要的对质权保障问题上,认为对质权的保障不应作为禁止使用传闻证据的理由,因为使用传闻未必导致对质权受侵害,对质条款在传闻证据规则中的工具价值正在降低,问题的要点不在于排除传闻,而在于真正实现对质。[④]

传统上,普通法根据"可信性的情况保障"(circumstantial guarantee of trustworthiness)和"必要性"的标准设置了一系列传闻证据规则的例外。所谓"可信性的情况保障",主要是针对交叉询问问题的,是指根据传闻证据的形成情况,传闻证据本身的危险性较小,具有较高的可信性,即便不能对其进行交叉询问,其导致发现真实目标受损的可能性也较小,则其满足成为传闻证据规则例外的条件之一。设置传闻证据规则例外的另一项要求则是"必要性",即原始证人作证不具有可能性(通常例如原始证人死亡的情况下),采纳传闻证据是不得已而为之的选择,要么向事实裁判者提供传闻证据,

---

① See Edmund M. Morgan, Hearsay Dangers and the Application of the Hearsay Concept, 62 Harv. L. Rev. 177, 189 (1948).

② See Christopher B. Mueller, Post – Modern Hearsay Reform: The Importance of Complexity, 76 Minn. L. Rev. 367, 374 (1992).

③ See Margaret Bull Kovera, Roger C. Park, and Steven D. Penrod, Jurors' Perceptions of Eyewitness and Hearsay Evidence, 76 Minn. L. Rev. 703, 705 (1992).

④ See John G. Douglass, Beyond Admissibility: Real Confrontation, Virtual Cross – Examination, and the Right to Confront Hearsay, 67 Geo. Wash. L. Rev. 191, 272 (1999).

要么干脆什么证据都没有,^① 两害相权取其轻,有必要允许使用传闻证据;这一例外设置依据在普通法早期判决中即有明确表述:"已死亡的证人所作的证言不可采是一般的规则,但因此法律实施将极为不便、更会导致造成大量可悲和不可容忍的不公正现象,因而必须设置大量例外。"^②"可信性的情况保障"和"必要性"是设置传闻证据规则例外的基本要件,二者缺一不可。由于有的学者将"可信性的情况保障"表述为"可靠性",认为在"必要性"增加时对"可靠性"的要求降低、"可靠性"增加时对"必要性"的要求降低,于是推出了设置例外时考虑"必要性"和"可靠性"二者比重的公式:"N + R = 1"。^③

在上述设置传闻证据规则例外的传统标准和学者对传闻证据规则立论依据的反驳的基础上,通过运用传闻证据规则的过程,立法者和联邦最高法院也意识到,倘若刚硬地运用传闻证据规则将所有传闻证据一律排除,可能损害本"应当得到应有的尊重"的"相遇在此消彼长的竞争当中"的"相互冲突的价值",^④ 违反价值平衡的基本原则。在这样的认识下,支持设置传闻证据规则例外的理由不断被提出和认可,例外的数量也越来越多。

三、美国传闻证据规则的边界和例外

传闻证据规则要求原则上排除传闻证据,但由于美国法上存在如此之多的例外,以至于传闻证据规则几乎成为快要淹没于例外海洋中的孤岛。研究美国的传闻证据规则,则不能不花大力气厘清这一"孤岛"的边界,更不能不探讨成文法规定的各种例外。美国关于传闻证据规则边界和例外的规定主要体现在《联邦证据规则》中,此外《联邦民事诉讼规则》和《联邦刑事诉讼规则》中也有相关条款,本文此处以《联邦证据规则》为讨论重点,附带简述《联邦刑事诉讼规则》中的内容。

---

① Paul C. Giannelli, Understanding Evidence, 3rd edition, LexisNexis, 2009, p. 482.

② Sugden v. Lord St. Leonards (1876), 1 P. D. 154, 240.

③ N 表示 Need 或 Necessity, R 表示 Reliability。G. Michael Fenner, The Hearsay Rule, 2nd edition, Carolina Academic Press, 2009, p. 134.

④ See Joel Samaha, Criminal Procedure, West Wadsworth Publishing Company, 1999, p. X ⅻ.

（一）非传闻

首先应当明确，非传闻（non - hearsay）不同于传闻证据规则例外；非传闻不是传闻证据，不受传闻证据规则调整。非传闻问题纷繁复杂，由于传闻证据是用于证明某项事实的真实性的，因而不以证明其所主张事实的真实性的陈述，即便其是庭外作出的，也不是传闻。但在某些情况下，一些证据就其本身的性质看，既是陈述人在审判或听证之外所作的陈述，又旨在证明其所主张的事实，本应被纳入传闻证据的范围，但由于法律的明文规定而被强制纳入非传闻的范围，"被迫"成为非传闻。这主要体现在《联邦证据规则》第 801 条（d）项的规定中。

《联邦证据规则》第 801 条（d）项规定了两大类非传闻证据，其中 801 条（d）项（1）规定的是证人的先前陈述。具体而言又包括三种情况：其一，先前陈述与庭上证言不一致，且该陈述是在先前可导致伪证罪处罚的庭审、听证、其他程序中作出或记载于书面证词上的；其二，先前陈述与庭上证言一致，且是用以反驳针对该证人近期捏造证言或行为基于不当影响或动机作用的明示或暗示指控的；其三，该先前陈述辨明该证人先前已然察觉到的某人的。但三种情形下该证人均需在法庭或听证中到庭作证并接受就该先前陈述的交叉询问。第 801 条（d）项（2）规定的是对方当事人的陈述。[①]当该陈述是用于反对对方当事人且满足下列情形时，该陈述是非传闻：（1）是该当事人方以个人或代表人资格而作出的；（2）该方已表明接受或相信其真实性的陈述；（3）由当事人授权之人所做的针对某一事实的陈述；（4）当事人代理人或雇员在其代理或受雇期间就代理或受雇职权范围内的事实所做陈述；（5）当事人的同谋者为促进同谋而做陈述。但 801 条（d）项（2）中的陈述要经过裁量，并不直接确定（3）项中陈述人的权限、（4）项下代理或雇佣关系的存在与否与范围和（5）项中同谋的存在与否与参与程度。[②]

（二）《联邦证据规则》规定的传闻证据规则例外

美国《联邦证据规则》对传闻证据规则的例外主要集中在第

---

① 2011 年版《联邦证据规则》对该条做了修改，将原规定的"对方当事人的自认"（Admission by party - opponent）改为"对方当事人的陈述"（An opposing party's statement）。

② Rule 801 (d), Federal Rules of Evidence (Effective Dec. 1, 2011).

803 条、第 804 条和第 807 条中，其中第 803 条主要针对陈述人出庭与否无关紧要的情形，第 804 条主要针对陈述人无法到庭作证的情形，而第 807 条题为"剩余例外"，是查缺补漏性质的规定。

1. 第 803 条例外

《联邦证据规则》第 803 条规定的是无论原证人是否能够出庭作证，以下证据均属于传闻证据规则的例外而不需被排除的情形，除去转由第 807 条具体规定的第 24 类之外，共计 23 种例外情况。（1）即时感觉印象的陈述，即在陈述者感知某种事件或情况之时或随后立即作出的描述或解释该事件或情况的陈述；（2）受刺激后的言论，即陈述者在受到令人吃惊的事件或情况的刺激作用下作出的与该事件或情况相关的陈述；（3）当时心理、情感或生理状况的陈述，但不包括关于以证明其所记忆或相信事实的记忆或信念的陈述，除非其与陈述人的意愿的有效性或期限相关；（4）为医疗诊断或治疗所用的陈述；（5）被记录的回忆，即陈述人之前知晓但目前无法完整或准确作证的情况下使用的、在其记忆仍新鲜时所制作或采用的能准确反映其知识的记录，但此种例外受到对方当事人意志的限制；（6）常规活动的记录，但必须符合事件当时或随即由知情人制作，常规保存，是某种常规行为，所有内容均由文件管理人或其他适格证人证言证实或经本规则第 902 条（11）或（12）或其他法律规定证明，无论信息来源或方法或制作的环境要素均需有可信性等几方面要求；（7）常规活动记录中的缺失，即以第（6）项的记录中未加记载证明某一事件未发生或不存在，但要求该记录系常规制作且其信息来源或方法或制作的环境要素均需有可信性；（8）公共记录，即公共机关所做的关于该机关行为、依法有责任报告的其所观察到的事件（不包括刑事案件中执法人员发现的事实）、在民事诉讼和针对政府的刑事案件中有权调查部门所做的事实认定的记录，但要求信息来源或方法或制作的环境要素均需有可信性；（9）人口统计的公共报告；（10）公共记录的缺失，即有证言或依本规则第 902 条所做的证明证实，经勤勉调查未发现某事项未为公共记录或陈述所记载，但限于证明该公共记录或陈述不存在或该事项未发生；（11）宗教组织所做的关于个人或家庭历史的记录，如出生、血缘正统性、血统、婚姻、死亡、血缘或婚姻关系，等等；（12）婚姻、洗礼和类似仪式的证明，但需由有权主体制作、证明上述仪式并即时或在合理时间内制作；（13）家庭（家族）记录；（14）影响财产利益的文件记录，但有意在证明原始记录文件并由每个签署人签字、有公共机构报告、有相关成文法规定等三方面要求；（15）影响财产利益的包含于文件中的陈述，除非对该财产的处置与陈述的真实性或文件的意旨不符；（16）古文献中的陈述，要求至少有 20 年历史且其鉴真性得以确认；（17）市场报告和类似商业出版物，但需为公众或特定从业者所依赖；（18）权威著作、期刊或手册中的陈述，其或在反询问中引起专家证人注意，或在直接询问中为专家证人所信赖，且其权威性为专家所承认证实或依司法认知而认可；（19）关于个人或家庭历史的名声，即其个人或家庭历史事项在其家庭、社交圈或社区中的名声；（20）关于土地边界或一般历史的名声，即争议发生前关于社区内土地边界、影响土地的关口或于社区、州或国家有重大关系的一般历史事件的公共名声；（21）关于性格的名声，即其社交圈或社区中对某人性格的评价；（22）先前的最终定罪判决所依的证据，但只能是审判或认罪答辩后作出的判决而不能是不争辩答辩（nolo contendere）后的判决、必须量刑一年监禁以上或死刑、该证据用于证明该判决的核心事实且若刑事案件中检察官用其于弹劾之外的目的则该判决必须不利于被告人，此种情况下上诉未决的情况可以被提出，但不影响其可采性；（23）涉及个人、家庭或一般历史或土地边界的判决，但要求此事实是判决的核心且能为名声证据所证明。①

2. 第 804 条例外

《联邦证据规则》第 804 条规定的是在陈述者无法到庭作证时何种传闻作为传闻证据规则的例外而不必被排除的情形。第 804 条（a）项首先明确了何为陈述者无法作为证人出庭作证的情形，具体有以下五种：（1）法庭判定适用某种免证特权而令陈述者免就其陈述的事实出庭作证；（2）陈述者不顾法庭命令坚持拒绝就特定事实作证；（3）陈述者作证称其不记得该特定事实；（4）因死亡或当时体弱或患生理心理疾病而无法在庭审或听证中出庭或作证；（5）陈述者未于庭审或听证时出庭，且该陈述的主张方无法依程序或其他合理方法促成该陈述人到庭或作证。② 但倘若陈述的主张方故意促使或错误导致该陈述人无法作证以期阻止其出庭或提供证言，则不适用第 804 条（a）项的规定。

---

① Rule 803, Federal Rules of Evidence（Effective Dec. 1, 2011）.

② Rule 804（a）, Federal Rules of Evidence（Effective Dec. 1, 2011）.

在规定了证人无法到庭的情形后，第 804 条（b）项具体规定了此种情形下的传闻证据规则例外，除了转由第 807 条规定的第（5）项之外尚有五项：（1）先前证言。要求陈述人以证人身份在庭审、听证或合法书面证词中所作的证言（无论证言是在当前程序或其他程序中所作的），而该证言被用来针对某方当事人，且该当事人（或民事诉讼中其前任利害关系人）曾有过进行交叉询问的机会或以类似动议要求此种机会。（2）认为其濒临死亡的情况下所作的陈述。在杀人案或民事案件中，陈述人在相信自己将不久于世的情况下所作的关于其死亡原因或相关情况的陈述。（3）对己不利的陈述。此种陈述与陈述人的财产或经济利益严重相悖或有令陈述人针对他人的主张归于无效的巨大可能或置陈述人于民事或刑事责任，因而任何处于陈述者位置上的理智之人除非相信该陈述确实否则绝不会作出此种陈述，且在该陈述可能置陈述人于刑事责任的情况下必须有补强情况表明其真实性。（4）关于个人或家庭（家族）历史的陈述。包括关于陈述人本人出生、收养、正统性、血统、结婚、离婚、血缘或姻亲关系或其他类似的个人或家庭历史事实的陈述（陈述者未必须对此种事实有亲身经历），或其他人关于上述事实（包括死亡事项）的陈述（但陈述人必须与陈述内容所指之人有血缘、收养或婚姻关系，或与该人家庭有足以令人相信其陈述准确性的紧密联系）。（5）针对误致陈述人无法作证的某方当事人的陈述。[①]

3. 第 807 条例外

《联邦证据规则》第 807 条是兜底性条款，规定了第 803 条和第 804 条未加以涵盖的情形下传闻证据可以不加排除的例外，具体包括四种情形：（1）该陈述具有相当数量的关于其可信性的相关情况保障；（2）该陈述被提供作为重要事实的证据；（3）较之其他任何提出证据方能通过合理努力取得的证据而言，该陈述就待证问题更具证明力；（4）采纳该陈述能最佳契合本规则的目的和司法利益。[②]但上述四种情形下的传闻证据规则例外也有一定的限制，只有此种陈述的提供者在庭审或听证前要对方当事人进行了合理告知，令对方了解使用此陈述的意图和其详细情况（包括陈述人的姓名和地

---

① Rule 804（b），Federal Rules of Evidence（Effective Dec. 1, 2011）.
② Rule 807（a），Federal Rules of Evidence（Effective Dec. 1, 2011）.

址），以便对方有进行准备的公平机会，此种陈述才可以采纳。①

（三）《联邦刑事诉讼规则》对书面证词的规定

美国《联邦刑事诉讼规则》与传闻证据规则相关的内容主要是其第 15 条关于书面证词的制作与使用的规定。所谓书面证词，是指为日后法庭上或证据开示使用而将证人的庭外证言固定成的书面形式。② 一般而言，在庭审或听证中使用的书面证词无疑是传闻，只有符合传闻证据规则的例外才有可采性，故此《联邦刑事诉讼规则》专门对其加以规定。

根据《联邦刑事诉讼规则》第 15 条，一般而言，当事人一方可以提出动议要求将预期证人的证言先行固定成书面形式以供庭审之用，在特殊情况下法院可以基于司法利益考虑而批准此种动议；如果法庭命令固定此种书面证词，则可以要求提供证言者在书面证词固定中制作成任何不属于特权范围的指定材料形式，包括书籍、纸张、文件、记录或数据；若证人本身被拘禁，则其可以提出动议、通知各方、要求固定书面证词，法庭令其固定证词并签署宣誓后可以释放该证人。③ 在经过合理通知各方并保障被告人律师在场权的前提下，按照法律规定的固定方式和费用承担方式而制作的书面证词之全部或其部分，可以根据《联邦证据规则》的规定使用，或其可以在当事人各方协商后经法庭同意而被采用，凡对书面证词中的证言或证据持有异议的当事方需在固定书面证词程序中提出反对依据。④ 此条规定的基本要素是：第一，庭外陈述被固定于合法的书面证词形式中；第二，庭外陈述在刑事案件的庭审或听证中被作为证据使用；第三，庭外陈述者或如《联邦证据规则》第 804 条（a）项所指无法到庭作证，或其证言与书面证词中的证言不符。⑤

---

① Rule 807 (b), Federal Rules of Evidence (Effective Dec. 1, 2011).

② Bryan A. Garner, Black's Law Dictionary, 9th edition, West, 2009, p. 505.

③ Rule 15 (a), Federal Rules of Criminal Procedure (As amended to December 1, 2011).

④ Rule 15 (b) – (h), Federal Rules of Criminal Procedure (As amended to December 1, 2011).

⑤ G. Michael Fenner, The Hearsay Rule, 2nd edition, Carolina Academic Press, 2009, p. 391.

四、美国传闻证据规则的新发展

根据上述传闻证据规则及其边界和例外的相关规定，美国各级法院在实践中广泛运用该规则和例外，而联邦最高法院的判决对下级法院就传闻问题的具体操作有着重要的指导作用。近年来，联邦最高法院作出了数个事关传闻证据规则的判例，其中较为引人瞩目的包括 2004 年克劳福德案、2006 年戴维斯案和 2011 年布莱恩特案。

（一）2004 年克劳福德案

1999 年 8 月，被害人肯尼思·李在自家公寓中被人刺伤，随后警察逮捕了嫌疑人克劳福德。警察向克劳福德及他的妻子西尔维娅宣读了米兰达警告后，分别对两人进行了讯问。讯问中克劳福德承认，由于他们夫妇对被害人之前想要强奸西尔维娅的行为怀恨在心，因此在其公寓里找到被害人后，二人与其发生了打斗，最后被害人被刺伤，克劳福德自己的手也被割伤。于是克劳福德被指控故意伤害和谋杀未遂，但他主张自己是自卫，声称是被害人先拿出武器的。由于夫妻间有证人免证特权，在庭审中其妻子西尔维娅没有出庭作证，但控方向陪审团播放了西尔维娅在警察讯问中所作的关于并不存在自卫情形的证言录音。被告人克劳福德要求排除该证据，认为使用该证据将会违反其与证人对质的宪法权利，但法院认为根据华盛顿州法律该证据属于传闻证据规则的例外，因此可以使用。最终被告人被判故意伤害罪成立。[①]

案件上诉到联邦最高法院后，政府一方主张，根据联邦最高法院先前的判例，被告人妻子的证言可以采纳，因为由于夫妻间免证特权，其妻不可能来法庭作证，而其证言又明显地推翻了被告人关于自卫的主张，具有足够的"可信性"。但联邦最高法院判定，在该案之前的审理中基于虚无缥缈的可信性标准而错误地允许使用其妻子的证言，却没有考虑宪法关于该证言需要经过交叉询问的对质方可采用的要求。其妻子的证言的性质是证言性（testimonial）的，而并非可以考虑其可信性的非证言性传闻证据，因此不应该被采用。由于被告人的对质权受到了违反，联邦最高法院推翻了对被告人克劳福德的定罪，案件被发回。

联邦最高法院认为，根据宪法第六修正案的规定，在所有刑事

---

① Crawford v. Washington, 541 U. S. 36 (2004).

控诉中，被告人均应享有与对其不利的证人对质的权利，这是根植于普通法历史的基本原则。最高法院的多数意见回溯了对质权的历史，认为历史至少支持了第六修正案的两个推论。第一，对质权条款所针对的主要问题即为单方面的讯问是否可以作为对被告人不利的证据。然而并非所有的传闻证据都与第六修正案的核心价值相关，无意中听到的那种传闻应该是传闻证据规则的排除对象，但根据现代传闻证据规则，有时候单方面讯问的证据也可以被使用，核心的问题在于该证言有没有证言性。第二，根据宪法本义，除非证人确无法到庭作证且被告人先前已经对证言进行过对质，否则该证人的证言性陈述不得被采用，这一传闻例外规定只是必要条件而非充分条件。尽管传闻证据规则总是存在例外，但大部分例外的性质都是非证言性的。而从犯的证言无论其对被告人是否有利，从性质上看都属于证言性的，因此在本案中作为从犯的被告人妻子在警察讯问阶段作出的陈述是证言性的，且未经先前对质，不属于"深深植根"的传闻证据规则例外，故不可采纳。最终，联邦最高法院确立的规则是：如果涉及非证言性的传闻证言，则根据第六修正案，法庭有判断其有无可信性的裁量权；如果涉及证言性传闻证言，除非证人确实无法出庭作证且被告人已有先前对质的机会，否则根据宪法的要求要确定证据的可信性，唯一的手段就是让被告方与其对质。

该案的判决立即深刻影响了司法实践，以前检察官可以通过传闻证据规则的众多例外使用庭外证言来证明其主张，但现在情况发生了变化。该判决尤其影响了对家庭暴力案件的处理，因为这类案件中通常被害人大都不出庭作证，通常都会使用被害人的庭外陈述作为证据。而根据联邦最高法院的判决，除非证人确实无法出庭作证且被告人已有先前对质的机会，否则所有的证言性的庭外证言从本质上看都是不可采纳的，这事实上使得大多数未出庭证人的证言不可采纳。但是最高法院没有具体定义"证言性"，而是留待各个法院自行解决，这也使得这一问题更加复杂，这一点也受到了学者的批评。不过定义"证言性"的问题在接下来的这个案件中得到了解决。

（二）2006年戴维斯案

2001年2月1日，911报警电话接线员接到报警电话，一名女子向警方报告说其前男友戴维斯正在打她，在电话中该女子向接线员描述了戴维斯的个人信息和她被打的具体情况。接线员告诉她，警察正在前往现场的途中，并会先搜寻戴维斯，随后与她谈话。4 分钟后警察赶到现场，戴维斯已经离开，警察看到该女子浑身发抖，前臂和额头有新伤痕。[①] 而后，由于违反先前已有的禁止接触该女子的禁令，戴维斯受到了重罪指控。控方的唯一证人就是两名当时根据 911 报警中心调度赶往现场的警察，两名警察都作证说被害人当时有新伤，但都不知道其受伤的原因。原本受害人可以出庭作证，但她最终没有现身。控方要求使用 911 电话录音作为证据，得到了审理法院的同意，最终陪审团主要根据该证据判定被告人戴维斯罪名成立。

辩方认为 911 电话记录中被害人对犯罪现场情况的描述是不可采纳的传闻证据，但审理法院和华盛顿州最高法院都认为电话录音不是证言性的证据，此种庭外证言可以被采纳。该案主要的争议点在于，通过 911 电话向警方作出的陈述是否是"证言性"的，是否需要满足第六修正案对质权条款的要求。案件上诉到联邦最高法院后，最高法院判定被害人通过 911 电话描述对其进行袭击之人的身份的证言不是证言性的，因此 911 电话记录可以作为证据在庭审中使用。最终联邦最高法院维持了下级法院对戴维斯的定罪判决。

联邦最高法院的判决对该案与克劳福德案进行了比较，认为这两个案件存在明显的差异。本案中，被害人向接线员描述的是正在发生的事情，而不像克劳福德案中的陈述是关于已经发生的事情；而且本案被害人在陈述时面对的是显而易见的紧急情况，她与 911 接线员之间的问答的目的在于向警方描述其所处的危险，以便警察来处理案件。另外，两个案件中陈述的正式性有所不同。克劳福德案中，被告人的妻子是在冷静的状态下接受警方正式询问的，而本案中被害人的陈述是在不稳定（甚至身处危险）的情况下通过电话作出的。联邦最高法院认为，被害人拨打 911 报警电话的主要目的在于让警察赶到现场，她不是以一个证人的身份提供证言的，因此被告人戴维斯关于排除电话记录的要求与普通法的传统不符。但是最高法院也强调，这并不是说所有其最初目的在于解决紧急情况的陈述都不能转化为证言性证言，对于陈述的性质要根据案件情况进行分析。

通过分析和比较，联邦最高法院的判决作出以下几个结论：第

---

① Davis v. Washington, 547 U. S. 813（2006）.

一，根据第六修正案的对质权条款的立法目的，所谓"非证言性"陈述是指在警察询问过程中作出的、根据当时的情况明显表明其主要目的是使得警察在当时正在发生的紧急情况下作出反应的陈述；而"证言性"陈述是指在根据当时情形不存在紧急情况，其主要目的是重现或证明已发生的且与刑事控诉相关的事实的陈述。第二，对质权条款只适用于证言性传闻证据，此处的"证言性"意味着出于重现或证明某些事实而作出的正式描述或确认，但对质权条款的范围不限于诸如经过正式宣誓的司法证言等最正式的证言性陈述。第三，在本案中，该女子向911报警电话接线员所作的陈述并非证言性的，因为根据当时的情况看，该女子作出陈述的目的的希望警察尽快赶到现场对正在发生的殴打事件作出处理（911接线员的行为也应被认为是警察行为），因此该陈述不需要满足对质条款的要求。

戴维斯案中，联邦最高法院正式对其使用的"非证言性"陈述和"证言性"陈述这两个术语进行了定义，平息了先前由于克劳福德案引起的争议。根据本案判决，一项陈述要成为"非证言性"的，必须满足正在发生的紧急情况和目的非为刑事证明这两个要件。而只有证言性的传闻证言才要受到宪法第六修正案对质权条款的制约，即对于证言性庭外陈述，除非证人无法到庭作证且被告人先前已有机会进行对质，否则原则上就要根据传闻证据规则加以排除。

（三）2011年布莱恩特案

警察接到警用电台的指示，称有人受到枪击。警察赶到后，在一个加油站找到被害人科温顿，发现其腹部受枪伤，情况危急。科温顿告诉警察，他是在布莱恩特家后门隔门与布莱恩特交谈后正准备离开时被从门里射出的子弹打伤的，受伤后他驾车来到了该加油站。救护车将科温顿运走后，警察前往布莱恩特家，虽然没有找到布莱恩特，但在其后门廊里发现了血迹和子弹壳，门上也有明显的弹孔。由于被害人科温顿在急救中死亡，在庭审中当时在加油站与科温顿交谈的警察向法庭转述了科温顿所告诉他们的谈话内容，最终陪审团判定被告人布莱恩特二级谋杀罪成立。[①] 但辩方不服判决，认为警察的转述属于证言性的传闻证据，应当加以排除，因此提出上诉。

---

① Michigan v. Bryant, 131 S. Ct. 1143 (2011).

经过多次上诉，案件经历了维持、发回、推翻的曲折，一直上诉至密歇根州最高法院。在州最高法院审理阶段，控辩双方对于被害人无法到庭作证和被告人未得到先前对质机会的问题均无异议。但辩方认为，根据联邦最高法院在克劳福德案和戴维斯案中的判决，警察在庭审中的陈述是证言性的，因而应当是不可采纳的；而控方则认为根据密歇根州证据规则该陈述可以采纳。双方的争议点主要集中在根据克劳福德案和戴维斯案的解释，警察的陈述究竟是否是证言性的，以及根据宪法第六修正案的对质权条款，采纳该证言是否侵犯了被告人的宪法权利。密歇根州最高法院认为，被害人与警察谈话时所说的是已经发生的事实，而且枪击已经发生，不存在正在发生的紧急情况，故而根据戴维斯案对于证言性和非证言性陈述的定义，该陈述属于证言性陈述，因此要受到传闻证据规则的限制，以此为理由，密歇根州最高法院推翻了对被告人布莱恩特的定罪判决。

意识到这个案件涉及问题的重要性，联邦最高法院签发了调卷令审理了该案。2011 年 2 月底，联邦最高法院作出了判决，推翻了密歇根州最高法院的推理和判决。联邦最高法院认为，要确定是否要适用对质权条款排除某一陈述，必须对当时情况下各方的言词和行动的主要目的进行分析。根据克劳福德案和戴维斯案的判决，如果陈述的主要目的是协助警察对当时正在发生的紧急情况作出反应，则即为非证言性的，可以由法院裁量其可信度大小加以采纳；若陈述的主要目的是证明已经发生的事实，且不存在紧急情况，则陈述就是证言性的，需要受到传闻证据规则的规制。本案中警察的陈述是否是非证言性的，取决于警察与被害人当时谈话的主要目的是否是应对正在发生的紧急情况，这需要结合当时情况加以分析；而要判断是否有正在发生的紧急情况，取决于对被害人、警察或他人构成的危险的类型和范围，即判断"危险是否终止"。联邦最高法院认定，本案中涉及枪击这种严重危险的犯罪行为，且犯罪人身在何处及其动机何在皆未可知，对于被害人、公众和警察的威胁仍未消除；而被害人身中致命枪伤情况严重，警察甚至打断其回答而询问救护车何时能赶到，在这样的情况下很难让人认为警察和被害人对话的主要目的是证明已发生的犯罪事实。因此根据前述的推理过程，联邦最高法院认定警察在加油站与被害人对话时危险尚未终止，存在紧急情况，因而对话的目的是应对正在发生的紧急情况，故此警察后来在庭审中的转述是非证言性的，可以采纳。因此，在审判阶段采用警察关于其与被害人对话的陈述并不违反宪法第六修正案的对质权条款，被告人的宪法权利也未受侵害。

本案再次对庭外陈述的可采性问题按照是否属于"证言性"陈述标准进行了衡量，理顺了判断传闻证据是否可采纳的逻辑推理过程，梳理出"危险是否终止→有无紧急情况→主要目的是否应对紧急情况→陈述是否是证言性的→是否可以采纳"这样一条清晰的脉络。笔者认为，至此传闻证据按照是否是证言性证言而判断其可采性的问题基本已经明确，下级法院在适用时应该不会再出现较大的争议。

（四）小结

近几年来，联邦最高法院连续通过数个与传闻证据规则相关的判例，足见对该问题的重视。克劳福德案中，联邦最高法院采用是否是证言性陈述的标准，对庭外陈述进行了一番区分，判定非证言性陈述可以由法院裁断是否采纳，而对于证言性陈述，除非证人确实无法出庭作证且被告人已有先前对质的机会，否则一般要加以排除。在戴维斯案中，最高法院进一步区分了证言性陈述和非证言性陈述的界限，确定：非证言性陈述是指针对正在发生的紧急情况且其主要目的在于协助警察对紧急情况作出反应而作的陈述，证言性陈述是指在无紧急情况的情形下为了证明或重现已经发生的事实而作的陈述。在布莱恩特案中，最高法院确立了判断庭外陈述是否具有证言性以及是否可以采纳的推理路径，为下级法院具体操作作出了指引。这三个判例相互之间具有显而易见的逻辑上的关联性，从而对以证言性为标准判断庭外陈述可采性进行了规范。此外，这三个判例也从一个侧面体现出联邦最高法院在运用传闻证据规则时谨慎地平衡刑事诉讼控制犯罪与保障人权两方面价值的基本态度。

五、美国传闻证据规则相较英国的独特之处

美国的传闻证据规则可以溯源至英国，伴随着英国普通法在其殖民地的传播和适用，传闻证据规则也成为美国证据法的重要内容。在相当长的时间内美国的传闻证据规则与英国保持高度的相似性，但1975年《联邦证据规则》的生效是美国传闻证据规则发展的一个重大转折点，加之联邦最高法院通过判决赋予其新内容的努力，从此呈现出与英国同源异流的样貌。

首先，英国的传闻证据规则尽管其历史久远，但始终只是一项普通的证据法规则而已，较之品格证据规则、补强证据规则、最佳证据规则、意见证据规则等普通法其他证据规则似乎并没有地位高下之分，其立论的依据最主要在于对传闻证据无法进行交叉询问从而不能保障其可信性，其次原因在于陪审团审判的需要和传闻证据未经宣誓的缺陷，并不具有与宪法性文件相联系的属性。美国的传闻证据规则虽也将交叉询问作为其基本理由，但其与对质权这一宪法权利有密切关系，隐隐约约或浓或淡地蒙上一层"宪法色彩"。与证人对质的权利是联邦宪法第六修正案所规定的被告人核心权利之一，如前文所述，尽管对质权与传闻证据规则存在价值取向等方面的差异，主流的观点仍然是将传闻证据规则与对质权捆绑在一起，将对质权作为支撑传闻证据规则的重要依据。尤其是美国联邦最高法院，向来持有将对质权与传闻证据规则相联系的态度，常常以对质权分析为路径排除传闻证据。如在前文所述的克劳福德案中，联邦最高法院即认为对质权作为根植于普通法传统中的基础理念，是排除证言性传闻证据的依据，因此倘涉及非证言性传闻证据则由法院依据宪法第六修正案的规定裁量排除或采用，若涉及证言性传闻证据则根据宪法对质权的要求加以排除。由于联邦最高法院的判例对于司法实践和理论研究均具有无可比拟的影响力，应该说美国传闻证据规则与第六修正案对质权的密切联系得到了普遍的赞同，而扯上对质权这一张宪法"虎皮"的传闻证据规则在美国的证据法体系中似乎有了高于其在英国法律中的地位。

其次，美国与英国对传闻证据规则的法律规定方式不同。同为普通法国家，判例在英美两国的司法体制中都占有极其重要的地位，但随着两大法系的融合过程和两国对成文法作用的认识，成文法律在两国中都开始扮演越来越重要的作用，传闻证据规则也逐渐为两国的成文法律所明确规定。就刑事诉讼相关的传闻证据规则而言，英国《1984 年警察与刑事证据法》、《1988 年刑事司法法》、《1994 年刑事审判与公共秩序法》、《1996 年刑事诉讼与侦查法》、《1999 年青少年审判与证据法》等成文法律均有传闻证据规则的相关内容，而《2003 年刑事司法法》中对传闻证据规则及其例外等作了较为详细的规定。然而尽管成文法律越来越重视相关规则和例外，但司法实践中应当说事实上判例对传闻证据规则仍旧发挥着较大的作用，甚至从某种角度看判例的影响仍然远胜于成文法规定。但美国的情况与英国不同，自从《联邦证据规则》生效以来，无论理论界还是实务界均将其对传闻证据规则的规定奉为圭臬，即便是联邦最高法院也严格遵循着《联邦证据规则》的条文规定，其对与传闻证据规则相关案件的判决基本没有逾越成文规则的边界，只是在条文的范围内作进一步的补充和解释。因此可以说在美国，以《联邦证据规则》为代表的成文法律对传闻证据规则的规定对该规则的适用具有基础性的指导和执行意义。

再次，美英两国当前对待传闻证据规则的态度不同，从而导致该规则在两国生存和发展的前景存在差别。英国作为传闻证据规则的发源地，却对该规则的适用日益抱有怀疑和否定的态度，认为其烦琐复杂，尤其是其例外过多而削弱了其规则适用的空间。这种态度和认识最终反映到立法上，《1995 年民事证据法》第 1 条第 1 款开宗明义地指明"民事诉讼中不得以证据是传闻为由将其排除"①，即直接否定和取消了民事诉讼中的传闻证据规则。而在刑事诉讼中，英国内政部关于《2003 年刑事司法法》的立法说明中指出："我们应当放弃在刑事审判中反对传闻证据可采性的严格规则，而是采用一种灵活的方式，即允许这样的证据进入法庭，而由事实的审理者来衡量证据的证明力。"② 由此可见，刑事诉讼中传闻证据被采纳可能逐渐成为一般做法，而其被排除可能成为例外，因而传闻证据规则即便在刑事诉讼中也是风雨飘摇、岌岌可危。而在美国，尽管传闻证据规则有多达数十种的例外，但就整体上看，该规则在可预见的相当长时间内继续存续并得到运用应当不成问题，尤其是联邦最高法院始终承认传闻证据规则在美国证据法体系中的作用并反复适用该规则，对于该规则在美国继续存续和发展的未来有很强的指向性作用。相比于英国民事诉讼中传闻证据规则的死亡和刑事诉讼中该规则正面临的垂死挣扎，美的传闻证据规则尚有很大的生存空间和较好的生存状态。

最后，美国联邦最高法院将庭外陈述区分为证言性陈述和非证言性陈述，是英国传闻证据规则中所未有的。在克劳福德案中，联

---

① Article 1 (1), Civil Evidence Act 1995, see http://www. legislation. gov. uk/ukpga/1995/38, (2012 - 5 - 2).

② 陈光中主编：《21 世纪域外刑事诉讼立法最新发展》，中国政法大学出版社 2004 年版，第 103 页。

邦最高法院首次以是否具有证言性对传闻进行区分，认定非证言性陈述可自由裁量其是否可采、证言性陈述除非有特殊情况否则一律排除，将不同类型的传闻证据按照其不同特征规定不同的采纳和排除方式，这种做法与英国传闻证据规则的实践有所区别。而在其后的判例中，联邦最高法院不但逐步明确了如何判断庭外陈述是否具有证言性的方法，厘清了两类陈述的界限，更提出了判断庭外陈述是否具有证言性以及是否可以采纳的"危险是否终止→有无紧急情况→主要目的是否应对紧急情况→陈述是否是证言性的→是否可以采纳"的推理路径，对继承于英国普通法而来的传闻证据规则作出了重大的发展，促进了该规则在实践中的有效和明确适用。在笔者看来，由于联邦最高法院的努力，美国传闻证据规则通过区分证言性陈述和非证言性陈述，其生命力得到了激活和延续，传闻证据规则这棵老树在英国逐渐枯萎、在美国却有可能焕发新春。

结　　语

美国传闻证据规则无论在理论还是实践方面均极具特色，体现了普通法当事人主义对抗制下证据运用的传统特征和最新发展。从价值取向来看，美国的传闻证据规则的目标无非三者：保障案件真实的查明、实现程序正当化和保护当事人的诉讼权利。对事实真相的追求主要是实体方面的，其基本做法是排斥可靠性存在问题的传闻证据进入审判，但对采纳既有可靠性又有必要性的传闻持肯定态度；而维护程序正义和以对质权为核心的当事人诉讼权利，则要求以传闻是否具有证言性为标准，区分不同类型证据，具体确定其采纳或排除。促进实体真实的发现、保障当事人权利、实现程序公正，是各国司法制度都应追求的目标，尤其是在刑事诉讼中，由于涉及被追诉人自由、财产甚至生命等最重要权利的限制与剥夺，兹事体大，故而不能不对此更加重视。

2012 年春，我国对刑事诉讼法进行了大规模的修改，其中很多修改内容体现了近年来司法体制改革的成果，呈现出与世界法治国家合理制度和联合国刑事司法准则接轨的态势，提高了对程序公正和当事人权利保障的重视程度。在此种背景下，研究美国传闻证据规则的理论与实践，对于我国刑事诉讼制度和证据制度的完善也许能起到参考与借鉴的作用。当前我国的刑事诉讼中，庭审中证人不到庭作证、控方大量使用证人的庭外陈述作为指控被追诉人的证据，始终是困扰我们的难题。实践中，刑事案件庭审证人到庭率极低，各级法院刑事案件审判中证人出庭率一般徘徊于百分之五六左右，[1]甚至有学者通过实证研究得到一些法院刑事案件中证人出庭率只有1.1%。[2] 在此种证人不出庭的情况下，控方使用笔录等庭外证言记录形式，辩方不但无法与其进行对质，甚至在提出证言内容存疑之时也很难推翻此种证言。在这样的现实下，美国的传闻证据规则对我国有很好的参考价值，即便我们未必照搬美国传闻证据规则，但移植该规则中的合理内容，借鉴其基本精神，对于完善我国的刑事司法制度也是有益的。另外，我国近年来证据制度得到了极大的发展，初步形成了证据规则体系的基本架构，此时参考美国传闻证据规则的理论和实践，对于我国证据制度进一步改革和完善也有一定价值。在对待传闻证据规则的问题上，不盲目照搬美国的理论和制度，也不以"中国特色"为借口故步自封，而是"运用脑髓，放出眼光"[3]地研究、甄别、借鉴、改良，才是我们应有的态度和方法。

---

[1] 参见陈光中主编：《审判公正问题研究》，中国政法大学出版社 2004 年版，第 46 页。

[2] 左卫民等：《中国刑事诉讼运行机制实证研究》，法律出版社 2007 年版，第 304 页。

[3] 参见鲁迅：《拿来主义》，载《鲁迅全集》（第六卷），人民文学出版社 2005 年版，第 39—41 页。

论美国民事诉讼争点排除规则

秦　勤[*]

诉讼的终结与诉讼的开始同样重要，一项判决对于当事人双方的争议来说，应当是一次性的和全面的终结。[①] 在美国，所有的法院都同意一个原则："如果双方当事人的请求经过了充分的诉讼和判决，该双方当事人就不得就同一请求再行起诉。"几乎所有的法院也都认可一个原则："如果法院对一个事实问题已经做出了认定，那么败诉者就不能要求在第二次诉讼中对该争点再次审理并作出不一致的判定，即便是基于不同的诉因。"[②] 以上两个原则分别为美国民事诉讼过程中的请求排除规则（Claim Preclusion）和争点排除规则（Issue Preclusion）所体现，两个规则的有机结合，形成了美国民事诉讼中前审判决对后诉的排除规则，即前判效力规则（res judicata）。[③] 经过百余年的发展沿革，美国民事诉讼争点排除规则不断得

---

　　* 西南政法大学法学院诉讼法学 2010 级博士研究生，山西省委政法委案件督办处副处长。

　　① ［美］史蒂文·苏本、马格瑞特·伍：《美国民事诉讼的真谛》，蔡彦敏、徐卉译，法律出版社 2002 年版，第 256 页。

　　② 参见 Steven L. Emanuel: Civil Procedure, Aspen Law & Business 2000, p. 383。

　　③ 关于 "res judicata" 的称谓国内有学者将其翻译为 "既判力"，认为其作为前审判决效力的统称，包含了 "请求排除规则" 和 "争点排除规则"；也有学者将其翻译为 "既判事项"，并认为其就是 "请求排除规则"，是与争点排除规则并行的关于前审判决效力的两个规则。经笔者查阅资料显示，在美国对 "res judicata" 与 "Claim Preclusion"、"Issue Preclusion" 的关系也有不同的认识和观点，但就一般意义上讲，认为前审判决对后诉的拘束力称为 "res judicata"，该词在拉丁文中的意思为 "已决事项"（things which have been decided），是一系列关于排除对请求及争点再次诉讼的规则的统称。为充分尊重相关制度原意，并系统体现其间的关系，笔者在本文中将 "res judicata" 译为 "前判效力规则"，认为其包含请求排除规则和争点排除规则。

以深化和完善，在保证司法制度的可预测性、一致性和完整性的同时，还发挥了节约司法成本，提高诉讼效率的积极作用，成为美国民事诉讼中的一项重要制度。本文中，笔者尝试在美国联邦体制下的普通法特点出发，循着争点排除规则的发展路径，以美国法律协会《判决重述（第二版）》规定为线索，以相关司法判例为支撑，在细致分析该规则的具体运作方式的基础上，抽离出该制度之所以产生和发展的理论基础和深层原因，通过与其他国家地区相关制度和理论的比较研究，以期对该制度进行更深层次探析，尝试为我国相关制度的构建，提供一个较为客观完整的制度借鉴基础。

一、美国争点排除规则概说

（一）争点排除规则的由来

争点排除规则最早被称为"禁反言"原则，来自于早期的德国传统，根据该传统，审判不是由提交判决而结束的，而是通过"当事人自己公开的、严肃的宣言而结束，这些宣言是他们以后不能取消的事项"[①]。后该原则被移植到了英国法，被转变为支持国王法院的记录而非某人的证言，这样的做法给了国王法院以支持。据此，国王法院判决可以排除两种事项：一是基于法院判决所排除的事项；二是基于法院记录所排除的事项。而对这两种事项的排除在美国进一步发展与演变，分别成形为对请求的排除和对争点的排除两大规则，二者有机统一，共同构成了美国前判效力原则。

（二）与请求排除规则之间的关系

争点排除是与请求排除既相互联系又相互区别，有机构成美国前判效力规则体系的两个规则。请求排除规则，也称为混同阻却规则（Merger and Bar）。依该规则，当第二个诉讼与第一个诉讼的请求或者诉因相同时，第一个诉讼的判决就排除了第二个诉讼。具体分为两种情况：（1）如果在第一次诉讼中原告胜诉，则他的请求就混同于判决之中，不得再就该请求对同一被告再次起诉；（2）如果

---

① Jack H. Friedenthal, Mary K. Kane and Arthur R. Miller, Distinguishing Between Res Judicata and Issue Preclusion, Section 14.2 in Civil Procedure, 3rd ed. (St. Paul, Mn: West Group, 1999). 转引自［美］史蒂文·苏本、马格瑞特·伍:《美国民事诉讼的真谛》，蔡彦敏、徐卉译，法律出版社 2002 年，第 258 页。

在第一次诉讼中原告败诉，那么他的请求就归于消灭，继而阻却其针对该请求再次诉讼。请求排除规则与大陆法系的既判力规则有相似之处。争点排除规则，也称为间接禁反言（Collateral Estoppel）[①]。依该规则，当第二个诉讼的请求或诉因区别于第一个诉讼，当事人仍需要就一个曾经在第一次诉讼中被确实诉讼且决定了的争点，受第一次诉讼判决的约束。争点排除规则适用的范围更广，因而被美国理论界认为是排除规则的核心内容。

争点排除规则与请求排除规则相互联系，互为补充，共同构成了美国前判效力规则。但二者也有实质性的区别：第一，请求排除规则适用于前后诉请求或者诉因相同的情境下，而争点排除规则适用于前后诉请求或者诉因不同的但争点同一的情况；[②] 第二，请求排除规则针对前诉中已经提出或者应该被提出的请求，而争点排除规则针对前诉中确实诉讼和判决的争点，因此基于缺席判决、程序不正规等情况下做出的前诉判决对后诉不发生争点排除效力；第三，请求排除规则完全禁止对同一请求或诉因的再次诉讼，而争点排除规则并不禁止再次诉讼，只是禁止当事人提出与前诉判定事实不一致的主张，且禁止后诉法院对同一争点作出与前诉法院判定事实不一致的认定。

（三）争点排除规则的理论基础

前判效力规则（不仅仅包括争点排除规则）设置的目的，是保障法院判决的终局性，"如果一方当事人已被给予了一次公平参与诉讼，并与对方当事人争执一个具体的诉讼请求或者争点的机会，那

---

① 从理论上讲，争点排除规则，也就是禁反言规则，应当分为直接禁反言（Direct Estoppel）和间接禁反言。其中直接禁反言是指前后两诉诉因相同时，前诉就一实质争点的判决对后诉产生拘束力。由于适用该原则时限于"诉因相同"的情形，而这种诉因相同或请求相同的案件又基于请求排除规则被禁止再次争执，故其适用范围非常狭窄。而根据间接禁反言规则，无论第二个诉讼的请求与第一个是否相同，只要某特定的争点在第一个诉讼中真正地争论过并已经确定，就排除对该争点的再次诉讼。因间接禁反言会在更大的范围内发挥避免重复争执的作用，因此在美国学术界往往将间接禁反言等同于争点排除规则。

② 一般认为当前后诉请求或者诉因相同时，就同一争点提起的后诉将基于请求排除规则而被排除，故一般情况下争点排除规则适用于请求或者诉因不同的情况下。

么他就不应该被允许就同一请求或者争点进行第二次诉讼"。① 这个原则包含两方面理论基础：

1. 公平

这里的"公平"是狭义上的公平，仅指因司法程序设计能够使人们产生信赖从而更愿意接近司法。对公众而言，"通过提供有约束力的判决并且阻止不一致的决定，排除规则给社会提供了一个稳定的、可预测的和持续的司法制度"，② 增强了公众对司法裁决的信赖感，维护了司法的权威。对个人而言，"司法最重要的利益，就是保护人们的安定感"，③ 排除规则为当事人提供了这种安定感，对于胜诉者来说，其不会被要求就同一请求或者争点反复验证其是否能够胜诉。④

2. 效率

效率可以从两个角度来理解，一个是诉讼经济的角度，诉讼经济要求一个经过诉讼被确定下来的争议不应该被反复地验证，因为任何超过解决争议必要的花销都是彻彻底底的浪费。⑤ 适用排除规则可以降低大量的直接花销（其中包括律师、当事人、证人、陪审员、法官以及其他人为诉讼支出的时间，律师、法官的办公费用，对法庭和律师事务所占用所产生的费用等）。⑥ 另一个是诉讼效率角度，排除规则并不直接降低诉讼案件的数量，其促进诉讼效率的有效途径是将司法资源从可以通过排除规则解决的案子中解脱出来，分配

外国诉讼制度

---

① 参见 Steven L. Emanuel: Civil Procedure, Aspen Law & Business 2000, p. 384。

② ［美］史蒂文·苏本、马格瑞特·伍：《美国民事诉讼的真谛》，蔡彦敏、徐卉译，法律出版社 2002 年版，第 258 页。

③ 见 Flores v. Edinburg Consol. Indep. Dist. 741 F. 2d 773, 777 (5ᵗʰ Cir. 1984)。

④ 参见 Charles Alan Wright ET AL: FEDERAL PRACTICE AND PROCEDURE, §4405, at 40 n. 27. "这在胜利者不幸地面对一个富有、有企图心甚至过分多疑，打算也有能力无休止诉讼下去的人的情形下就更加糟糕了，前诉的胜利者将不得不在'接受不公平的和解建议'或'为支付无休止的诉讼费而破产'中进行选择。"

⑤ 参见 Robert Ziff: "For One Litigant's Sole Relief: Unforeseeable Preclusion and The Second Restatement", 77 Cornell L. Rev. 905, p. 4.

⑥ Richard Posner: "An Ecnomic Approach to Legal Procedure and Judicial Administration", 2 J. LEGAL STUD. 399, 401 (1973).

到其他更需要的领域。在后诉中，法院可以将前判的决定直接适用于特定争点，从而为当事人双方和整个司法系统节约时间和金钱。

二、美国争点排除规则的具体运作

美国《判决重述（第二版）》[①] 将争点排除规则归纳为："当一个关于事实或者法律的争点，在第一次诉讼中确实经过诉讼并被有效且终局的判决所判定，而且该争点对于第一次判决结果来说是至关重要的，那么这种判定对于双方当事人日后参与的诉讼来说，即为终局性的，无论前后两诉请求是否相同。"[②] 下面，笔者将以《判决重述（第二版）》中关于争点排除规则的规定和说明为线索，对争点排除规则的具体运作予以简要介绍。

（一）争点排除效力

在美国民事诉讼中，有效且终局的对人判决，无论是支持原告还是被告，都发生排除争点的法律效力，对此，应从以下几个方面理解：（1）要有一个有效且终局的判决。与我们通常的理解不同，争点排除规则中对判决有效且终局的要求，是指"第一次诉讼中所有的常规程序已经结束，没有重要的争点还留待解决"。这就意味着，即使前诉的判决还未经上诉阶段，它仍然被认为是终局的。[③] 因此，即使该判决存在错误并属应被撤销的范围，也不例外。[④]（2）后诉就同一争点受前诉拘束。与请求排除规则完全禁止对同一请求的再次诉讼不同，争点排除规则并不禁止再次诉讼，只是要求当事人和法院受前诉争点认定的拘束。对于当事人来说，前诉中的任何一

---

① 为促进排除规则在普通法适用中的简明化，美国法律委员会（The American Law Institute）于 1942 年出版了《判决重述》（Restatement of Judgments），后来，针对《判决重述》存在的问题，1982 年又出版了《判决重述（第二版）》［Restatement（second）of Judgments］，一直沿用至今。

② 见 American Law Institute，"Restatement（second）of Judgments"（以下简称 Rest. 2d.）§27。

③ ［美］史蒂文·苏本、马格瑞特·伍：《美国民事诉讼的真谛》，蔡彦敏、徐卉译，法律出版社 2002 年版，第 260 页。

④ 如果判决是错误的，则败诉方当事人的补救措施是在原审程序中把它弃置（set aside）或撤销（reversed），这种补救可以是向作出裁判的原审法院提出重新审判的动议（motion to a new trial），或者是通过上诉或由上诉法院启动对判决的复审程序。（见 Rest. 2d. §27 note 4）

方当事人就同一争点在后诉中提出不同主张都会被禁止；对于法院来说，后诉法院对同一事实或法律上争点的判定都要受第一次判决的拘束，即不能做出不一致的判断。（3）排除主张需提出。前诉判决并不自动产生争点排除效力，而应当由后诉当事人在诉讼过程中提出和主张，并由此承担证明责任，是否准许适用，由法院依具体情况作出裁定。（4）未适用争点排除的后诉。如果第二个诉讼中的具体争点本应受第一个诉讼结果的拘束，但因故未适用争点排除规则，而就一个争点出现了与第一个诉讼中不一致的新判决，那么第二个判决就成为对后诉有争点排除效力的有效判决，第三个诉讼就不再受第一个判决的限制了。[①]

（二）争点

1. 基本要件

《判决重述（第二版）》归纳，适用排除规则的争点应当同时满足以下三个要件：（1）本诉的争点在前诉中争执过；（2）该争点在前诉中确经实际诉讼并被决定过；（3）对该争点的决定对前诉判决来说是必要的。[②] 对以上三要件，应从以下几个方面理解：

（1）前后两诉争点同一。一般来说，为争点排除规则所排除的后诉争点，应该与前诉是同一的，但从各州的情况来看，争点排除规则更强调当事人对争点确实经过争执和对抗，对是否完全同一则持较为宽松的理解。[③]（2）实际诉讼并被判定。该要件的理论基础是正当程序，受争点排除规则限制的一方当事人必须在前诉中有"全面且公正地参与诉讼"的机会，并就某一争点与对方当事人争执过，法院在这个基础上作出的判断才是符合正当程序的。因此，通

---

① 参见 Steven L. Emanuel：Civil Procedure，Aspen Law & Business 2000，p. 398。

② 见 Rest. 2d. §27。

③ 在美国司法实践中，争点排除规则中所涉争点的同一性问题，并非国内一些学者所认为的，存在认定困难。参见张临伟、吕强：《论美国民事诉讼法中的"争点排除规则"》，载《当代法学》2005 年第 3 期。文中，作者提到"确定争点包含了哪些内容——即争点的维度问题——被称为'争点排除理论中最困难的问题'"。笔者认为，这是作者将排除规则争点同一性与请求排除规则中对"将请求同一放在事实的维度上看待，并把它与交易连接在一起的'交易说'判断标准"相混淆了，争点的同一与否在争点排除规则中向来不是一个重要且有争议的问题，更谈不上是最困难的问题。

过缺席判决、自认、当事人和解方式而得出的判决结果对后诉没有拘束力。① (3) 对于判决结果来说是必要的。该要件的理论基础是公平原则，当一个争点并非案件审理的关键事实时，当事人有可能不会对其进行全面的诉讼和防御，对这样的争点排除后续诉讼，会造成对当事人的实际不公平。《判决重述（第二版）》从相反的方向对该要件进行了阐释，主张对模棱两可的事实认定不适用争点排除规则，因为两种意见都不足以支撑判决结果②，而且既然是两可的认定，那么法院可能对任何一种判定都没有深思熟虑过，对这样的争点适用排除效力，将对当事人造成实际的不公平。③

2. 必要限制

为防止争点排除规则的适用过度宽泛，《判决重述（第二版）》在归纳各州司法实践的基础上，总结出了对争点排除规则中争点范围的一些必要限制：

（1）仅在后续诉讼具备可预见性时适用。后诉的可预见性首先由联邦最高法院大法官 Learned Hand 在 Evergreens v. Nunan 案中提出，他认为争点排除规则的适用应当被限定在"后续对抗系在前诉进行时能够被合理预见"的情况下。如果不这样限定，"一起诉讼中的失败将造成出乎当事人预料的结果；一起小争议，可能造成巨大的灾难"。④ "在第一次诉讼时，如果不足以预见一个争点会被一个后续诉讼再次提起，那么尽管该争议已经诉讼和判决，依然可以在后续诉讼中被再次提起。"⑤

（2）有限管辖法院。《判决重述（第二版）》规定，"当针对一个争点的第二次诉讼将适用比第一次诉讼更严格、更全面的审理程序，或者因管辖法院所在地区不同而产生不同结果时"，不得禁止对该争点的再次诉讼。⑥ 在美国，这种情况通常出现在以下几种法院中：一是有管辖数额限制的法院，通常认为如果仅是管辖数额不同，小额法院判决认定的事实还是可以对后续普通法院的再次审理产生拘束力的，因为数额的差异往往不能成为否定适用争点排除规则的

---

① 见 Rest. 2d. §28 (5) (c)。

② 见 Rest. 2d. §27, Comments h, i, j。

③ 见 Rest. 2d. §27, Comment o。

④ 见 Evergreens v. Nunan, 141 F. 2d 927 (2d. Cir. 1944)。

⑤ 见 Rest. 2d. §28, (5) (b) and Comment i。

⑥ 见 Rest. 2d. §28 (3)。

合理理由。① 二是适用非正式程序审理案件的法院，如果前诉法院不但有数额限制，而且对案件的审理适用了非正式程序，那么它作出的判决对后诉就不得适用争点排除规则了。理由是如果人们考虑到争点排除规则的效力而被迫选择要么不出席法庭，要么就倾尽所能地参与诉讼或进行防御，那么小额诉讼追求经济、快捷的目的也就无法实现了。三是适用严格程序的法院，有些法院比如遗嘱检验法院审理案件的程序一般来说比普通管辖法院更加严格，因此其判决结果一般对普通法院审理的后诉具有拘束力。② 四是有排他性联邦事项管辖权法院，假设前诉由州法院审理，后诉不但提交至联邦法院审理，而且包含一个由联邦法院排他性管辖的事项，一般来说，联邦法院允许州法院的前诉判决对其有拘束力，除非联邦法院认为国会在确立联邦法院对该事项的管辖权时，有意排除州法院对该事项的决定权。③

（3）法律适用问题限制适用争点排除。一般来讲，法院关于法律的适用，在符合争点排除规则要求的情况下也具有争点排除效力。不过，《判决重述（第二版）》规定了两种例外：一是前后两诉的诉讼请求实质上不相关；二是法律适用倾向发生重大变化。"实质上不相关的请求"理论由联邦最高法院在审理 Moster 一案时提出，法院认为争点排除规则仅适用于对"事实认定过程中的法律适用问题"，

---

① 参见 Steven L. Emanuel：Civil Procedure，Aspen Law & Business 2000，p. 395。

② 见 Rest. 2d. §28，Illustr. 8。

③ 这个问题就涉及美国前审判决效力的一个组成原则"充分尊重和信赖"规则（Full Faith and Credit），依照该规则，当前后两诉分别发生在不同的司法管辖区，一般来说，后诉应当受到前诉的拘束。

而不适用于纯法律问题。① 如果前后两诉的请求是实质上不相关的，那么前诉中的纯法律认定对后诉没有争点排除效力。关于"法律适用倾向的重大变化"，是指前后诉之间法律政策发生重大变化时，法院得运用自由裁量权拒绝争点排除规则的适用，尤其在"适用争点排除规则会强加给一方当事人相对于另一方当事人过于不利的负担或赋予一方当事人相对于另一方当事人过大的倾斜"的情况下。②

（三）受争点排除规则约束的人

1. 前诉的当事人和利害关系人。对于充分参与并行使了程序权利的双方当事人来说，前诉的判决对其具有当然的拘束力。同时，与前诉当事人具有利害关系的人也一样要受前诉判决确定争点的约束，在美国民事诉讼程序中，利害关系人通常包括权利继受人、信托受益人、委托代理关系人、补偿责任人等。

2. 不受争点排除规则约束的人——与前诉无关的人。一个与前诉毫无关系的陌生人，不应该是争点排除规则约束的对象，因为他在前诉中既不是当事人，也不是当事人的利害关系人，无论他在后诉中是原告还是被告，无论他基于何种诉由，即便后诉的争点在前

① 见 U. S. v. Moster, 266 U. S. 236 (1924)，本案简要情况为：根据美联邦法律规定，"任何在内战时期服役的海军军官均可在退休时享受高一级别的军衔及退休金"。Moster 是一名内战时期在海军学院进修的学员，其退休时因没有享受以上待遇而将美国政府起诉至联邦法院。政府主张 Moster 内战时期为海军学员，不符合法规中关于"服役"的规定，法院认定 Moster 作为海军学员，属于法规中的"服役"，判定 Moster 胜诉。在 Moster 要求政府依据法院判决支付退休金的诉讼中，政府主张其与 Moster 前诉中的判决对本诉没有拘束力，因为前诉的判决是对成文法的解释，属纯法律问题。联邦最高法院判决判定争点排除规则适用，认为"前诉关于 Moster 在海军学校学习属于'服役'的法律解释是为了确定'权利'是否存在这一事实，因此它终归还是事实问题"。同时，法官在说理部分中还提出了"实质不相关的请求"问题，指出对单纯的法律问题争点不适用争点排除规则。

② 见 Rest. 2d. § 28 (3) 以及 Commissioner of Internal Revenue v. Sunnen, 333 U. S. 591 (1948) 一案的判决。

诉中业经诉讼和判定，他也不应当受到前诉争点排除的约束。① 这一规定主要出于两方面考虑：一是防止串通的危险。以 Neenan 案为例，假设司机 Huppmann 非常贫穷，没有履行判决的能力。Woodside 公司和 Huppmann 就有可能串通起来，使法院作出判定 Huppmann 承担全部责任的认定。在 Neenan 提起后诉时，因争点排除规则的适用，他就不能主张 Woodside 公司负有过失责任。其结果是 Neenan 从 Woodside 和 Huppmann 那里均无法得到赔偿，导致其权利的落空。二是出于正当程序的考虑。如果对那些与前诉毫无关系的人适用争点排除的限制，一定会侵犯其正当程序权利，因为他会因从来都没有参与过前诉而被剥夺出席法庭、接受正当程序审判的权利，这是正当程序所不能容忍的。②

（四）从争点排除规则中受益的人

1. 前诉的任何一方当事人及利害关系人

在争点排除规则要件被满足的情况下，前诉中的任何一方当事人均得以该规则而受益。其理论基础是，既然前诉的双方当事人在后诉中会基于已决争点而受到前诉判决结果的限制，那么他们理应有权在后诉中基于该争点认定而受益。

2. 与前诉无关的人的有限受益

（1）从相对性理论到非相对性理论。在争点排除规则适用的发展过程中，与前诉无关的人曾经被排除在后诉中对前诉当事人主张

---

① 见 Neenan v. Woodside Astoria Transportation Co., 184 N. E. 744 (N. Y. 1933)。本案中，Woodside 公司的一辆公共汽车与 Huppmann 驾驶的私家车发生了碰撞，Huppmann 起诉 Woodside 公司司机在驾驶公交车时存在过失（我们称之为前诉）。法院在前诉中认定 Woodside 公司承担全部责任。随后，公交车上的乘客 Neenan 另行起诉 Woodside 公司和前诉原告 Huppmann，要求他们共同对 Neenan 的人身损害承担赔偿责任（称之为本诉）。Huppmann 主张按照争点排除规则，本诉应当受到前诉认定事实的约束，即认定 Woodside 公司在事故中承担全部责任，其不应当承担责任。Huppmann 还进一步主张，乘客 Neenan 也应当被确认为无过错，进而得到 Woodside 公司的赔偿。法院判决支持 Neenan，理由是：Neenan 不是前诉中的当事人，前诉对 Neenan 没有做出任何判定，因此 Neenan 不应当受到前诉认定事实的约束。在本诉中，Neenan 有权选择诉 Huppmann 承担全部责任，也有权选择诉 Woodside 公司承担全部责任，还有权利起诉二者共同过失责任，这是 Neenan 的自由。

② 参见 Steven L. Emanuel: Civil Procedure, Aspen Law & Business 2000, p. 399。

适用争点排除规则，这就是相对性理论，至今仍有一些州保持着这一传统理论。其基础是"对公平游戏规则的遵守"，该理论认为，"无付出就无所得"，让一个从未因前诉承担负担和责任的人享受前诉带来的胜利成果是有违公平的。严格的相对性理论要求只有后诉双方当事人均为前诉双方当事人时，前诉的已决争点才能在后诉中产生排除作用。随着历史的发展，美国法上开始出现了相对性理论的例外。[①] 1942 年的 Bernhard 诉 Bank of America 一案，则标志性地宣布了相对性理论的逐渐退位。在 Bernhard 案中，联邦最高法院判决提出了与前诉无关的人在后诉中主张适用争点排除规则的"三问"要件：其一，在前诉中判断过的争点是否与后诉的争点相同？其二，前诉对实体是否作出终局性判决？其三，后诉中被主张前判效力的人是不是前诉的当事人或者当事人的利害关系人？如果前述要件均符合，那么争点排除规则就将被适用，即便提出适用者是与前诉毫不相干的人。[②] 这即"非相对性理论"。虽然一些法院在特定情形下依然拒绝前诉无关人在后诉中使用争点排除规则，但已经不是一个通行的规则了。[③] 非相对性理论逐步被接受的理论基础也是正当程序。正当程序要求非经法庭正当程序审理和裁判的人不受该裁判的限制。与前诉无关的人在后诉中主张适用争点排除规则是从前诉判决中受益而非受限，故从主张者的角度讲，不存在对其正当程序权的剥夺和破坏；从主张者的对方当事人来看，因为其作为前诉的当事人或者当事人的利害关系人，在前诉中有全面公平地参加诉讼与对方当事人争执的机会，那么前诉判决所认定的争点对其有拘束力也丝毫没有破坏正当程序规则。因此，当争点排除规则"仅被主张针对在前诉中是当事人且在法院经过全面公平的争执和判定的那个人提出时，则正当程序依然得到了保障"。[④]

（2）"攻击性"适用与"防御性"适用。尽管近乎所有法院都逐渐接受了 Bernhard 案的判决，不再对争点排除规则适用严格的相对性理论，但还是有一些司法管辖区法院把与前诉无关的人对争点

---

① 见 Good Health Dairy Products Corp. v. Emery, 9 N. E. 2d. 758 (N. Y. 1937)。

② 见 Bernhard v. Bank of America, 122 P. 2d 892 (Cal. 1942)。

③ 见 Rest. 2d. §29。

④ 参见［美］史蒂文·苏本、马格瑞特·伍：《美国民事诉讼的真谛》，蔡彦敏、徐卉译，法律出版社 2002 年版，第 265 页。

排除效力的主张分为"攻击性"适用主张和"防御性"适用主张，并且对"攻击性"适用主张采不允许适用争点排除规则的观点。该观点最早由 Currie 教授在其《禁反言规则的相对性原理：Bernhard 规则的限制》一文中提出。Currie 教授对这种区分总结如下：其一，后诉中的被告主张对原告所诉争点援用前判，适用争点排除规则的，为防御性主张。其二，后诉中的原告主张就前诉争点对被告援用前判约束的，为攻击性主张。[①]

在美国司法实践中，对攻击性争点排除主张的适用要远远严格于对防御性主张的适用。理由是：在防御性适用的情况下，后诉原告既然选择了第二次起诉，就证明其在第一次起诉时能够预见到后诉的出现，故后诉被告主张对其适用争点排除规则，使其受到前诉的约束并不会导致必然的不公平；而在攻击性适用的情况下，前诉当事人在第一次诉讼时可能没有充分预见后诉的存在，因而没有尽其所能去诉讼或者防御，允许对其适用争点排除规则，可能会对其不公平。如果被约束的一方当事人在前后两次诉讼中均为被告，允许适用攻击性争点排除主张就意味着被告失去了选择法院及对手的机会，进而可能出现"多重原告的异象"[②]，在对前后诉被告造成极大不公平的同时，因其鼓励其他潜在原告采取坐等的态度，继而分别诉讼，从而极大地降低司法效率。

然而，在支持攻击性争点排除主张适用的观点相对比较弱的情

---

① Currie："Mutuality of Collateral Estoppel: Limits of the Bernhard Doctrine"，9 Stan. L. R. 281（1957）．

② 多重原告的异象发生在攻击性争点排除主张约束的对象在前后诉中均为被告的情况下。已举例说明：假设铁路公司 D 因一起导致 50 名乘客受伤的列车事故而被卷入诉讼。受伤乘客并未采取合并诉讼的方式起诉，而是一个接一个地起诉。如果乘客 1 在第一次诉讼中败诉，那么其他乘客因为并非该诉的当事人，自然不受该诉判决的约束。但是，如果乘客 1 胜诉，若允许适用攻击性争点排除，那么其他乘客均可以依前诉判决自动赢得对铁路公司 D 的诉讼。如果乘客 1—29 败诉，但是乘客 30 胜诉，允许攻击性争点排除就意味着乘客 31—50 的自动胜诉，尽管铁路公司曾经胜了 29 场官司。于是，铁路公司就被迫地选择要么在每一场诉讼中都倾其所能地去防御，要么承受败诉后所有继后诉讼的失败。这样会产生一种负面的激励效应，那就是鼓励这 50 名乘客聚在一起选出一个最令人同情（可能是受伤最为严重，也可能是最年幼）的乘客最先提起诉讼，而其他人则坐收渔翁之利。同时，这种将本应合并的诉讼拆分开来诉讼的方式也必将导致诉讼效率的极大降低。

况下，还是有许多州会允许这种适用，甚至包括"多重原告的异象"的案件。① 联邦最高法院对攻击性争点排除主张适用的许可体现在Parklane Hosiery 公司诉 Shore 一案中。在该案中，法院尽管也承认允许攻击性争点排除主张的适用会起到相反的激励作用，同时也对被告产生不公平，但还是通过"具体问题具体分析"的方法得出结论："被告所遭遇的困难不足以成为阻碍攻击性争点排除主张适用的理由，因为没有证据证明本案的原告是坐等第一次诉讼的结果，同时在本案中适用攻击性争点排除主张不会让本来能够参加却未参加前诉的原告占到便宜，对被告也不会有什么不公平。"② 自 Parklane 案之后，联邦法院在决定是否允许在后诉中适用非相对攻击性争点排除主张时，开始使用"具体问题具体分析"的方法，法院一般会考虑以下因素：第一，诉讼角色。首先分析后诉中受攻击性争点排除主张限制的当事人（后诉中的被告）是前诉中的原告还是被告。如果是前诉中的被告，那么攻击性禁反言就会被限制适用，因为在两个诉讼中，该被告均没有选择解决具体争点的法院的机会。③ 第二，参与诉讼的动机。接着需要考虑的是，在后诉中受攻击性争点排除主张限制的被告在前诉中是否有充分参与诉讼的动因。正如 Parklane 案中法院分析的，如果前诉是小额诉讼，那么前诉当事人可能就不会倾其所能针对该争点参与诉讼。同时，在前诉发生时，该当事人对后续诉讼发生的预见能力也应当作为判断当事人在前诉中是否充分地参与诉讼的因素。第三，是否存在突袭诉讼。还需要考虑的因素是，后诉中的原告是否可以参与前诉从而解决后诉争点。如果本来能够参与前诉，却采用坐等的态度，以期在前诉被告败诉时，依争点排除规则窃取胜利成果或在前诉被告胜诉时不受前诉约束的，不允许适用争点排除规则。④ 第四，多重原告的异象。对于有数个潜在原告在旁等候的情况，法院通常不允许适用攻击性禁反言。法院同时需要考察，是否存在这多个潜在原告相互串通，进而选择最值得同情的原告在先诉讼的情况。第五，程序性机会。"后诉中是否存

---

① 如纽约州最高法院判决的一起航空公司事故案中，因第一次诉讼中航空公司的败诉，而被迫对其他乘客承担赔偿责任。见 Hart v. American Airlines, 304 N. Y. S. 2d 810 (N. Y. Sup. Ct. 1969)。

② 见 Parklane Hosiery Co. , Inc. v. Shore, 439 U. S. 322 (1979)。

③ 见 Rest. 2d. § 29。

④ 见 Rest. 2d. § 29 (3)。

在当事人在前诉中无法享有的程序性机会，进而导致不同的判决结果"，通常也被法院作为是否允许适用攻击性争点排除规则的考虑因素。第六，法律问题。如前后诉的争点是一个纯法律问题，那么法院通常应当适用更加灵活的"遵循先例原则"，而非适用争点排除规则，从而促进法院积极行使职能去发展完善法律。[1] 第七，被攻击性争点排除主张限制的对象是否为政府。联邦最高法院判定，"攻击性非相对争点排除规则不得排除联邦政府就同一争点的再诉"。[2]

三、其他国家和地区相关制度理论的比较研究

在大陆法系，前判效力的主要体现方式是"既判力"规则，其内容主要是前审判决的"主文"中对诉或反诉提起请求所为的裁判对后诉的"遮断效力"。而对于前审判决"理由"中对争点的判定是否对后诉有拘束力的问题，立法与理论间存在一定的分歧和争论。日本和我国台湾地区的"争点效"理论与美国的争点排除规则较为相似。以下，笔者拟就日本和我国台湾地区的"争点效"理论作一简要介绍并与美国争点排除规则制度相比较，以期在更深层次对美国争点排除规则予以理解和认知。

（一）日本"争点效"——不被立法和实务接受的理论

与美国将前审判决效力分为"请求排除规则"和"争点排除规则"不同，以规范为出发点的大陆法系国家，将前审判决对后诉的效力称为"既判力"，将前审判决书对后诉有约束力的部分称为"既判力的客观范围"，又将前审判决书依内容区分为"判决主文"和"判决理由"。对于"判决主文"，立法赋予其"既判力"效力；而对于"判决理由"，立法则通常不承认其对后诉有拘束力。作为大陆法系国家的日本也不例外。

1. 日本"争点效"理论的提出

根据《日本民事诉讼法》第 114 条第 1 款的规定："确定判决，

---

① 见 Rest. 2d. §29, Comment i。

② 详见 Unite States v. Mendoza, 464 U. S. 154 (1984)。在本案中，联邦最高法院认为："允许对政府适用非相对攻击性争点排除规则将导致对一个重要法律问题的认识始终停滞在第一次判决的结果中，从而严重阻挠对该问题认识的发展；意味着联邦最高法院在对一个争点的认识因巡回法院意见不同而发出调卷令前，就没有机会跟随实践而进行修正；会使联邦政府陷入就同一争点参与不同诉讼并进行应对的巨大压力中。"

只限于包括在主文之内的有既判力。"根据《日本民事诉讼法》第191条的规定，判决事实称为"事实及争点"，它是判决理由的事实认定和法律判断的基础。那么，作为判决理由的项下概念，判决事实当然不具有既判力效力。[1] 为弥补既判力客观范围过于狭窄的缺陷，日本理论界开始探讨完善既判力的思路。日本学者兼子一从"公平分担责任"的要求出发，提出了"参加效力扩张说"。他认为，在一定情况下，当事人之间也存在着禁止反悔抗辩的要求，因而应当承认判决理由中判断的拘束力。[2] 这种拘束力不限于诉讼标的的判断，作为本案判决先决事项的判断、表示败诉理由的证据判断、事实认定等均能产生判决的参加效力。[3] 1963 年，日本学者新堂幸司在借鉴兼子一教授的"参加效力扩张说"和美国"争点排除规则"的基础上，在既判力规则之外，创设了"争点效"理论，在日本民诉界引起了巨大反响。新堂幸司教授指出："在前诉中，被双方当事人作为主要争点予以争执，而且法院也对该争点进行了审理并作出判断，当同一争点作为主要的先决问题出现在其他后诉请求的审理中时，前诉法院对于该争点作出的判断所产生的通用力，就是所谓的争点效。依据这种争点效的作用，后诉当事人不能提出违反该判断的主张及举证，同时后诉法院也不能作出与该判断相矛盾的判断。"[4]

2. 对"争点效"中"争点"的界定

新堂幸司教授认为，产生遮断效力的争点必须同时满足以下五个要件：第一，该争点属于"在前后诉讼的两个请求妥当与否的判断过程中"的主要争点；第二，当事人在前诉中已经对该主要争点穷尽了主张及举证；第三，法院对于该争点业已作出实质性的判断；第四，前诉与后诉的系争利益几乎是等同的（或者前诉的系争利益大于后诉的系争利益）；第五，在后诉中，当事人必须援用这种"争

① 姜莉丽：《民事判决已决事实效力研究》，南京师范大学 2008 年硕士学位论文，第 11 页。

② ［日］兼子一、竹下守夫：《日本民事诉讼法》，白绿铉译，法律出版社 1995 年版，第 164 页。

③ 肖建国：《民事诉讼程序价值论》，中国人民大学出版社 2000 年版，第609 页。

④ ［日］高桥宏志：《民事诉讼法——制度与理论的深层分析》，林剑锋译，法律出版社 2003 年版，第 519 页。

点效"。① 关于"争点效"是在判决对事实的认定层面上产生还是在判决对法律的判断层面上产生，争点效理论没有给出明确的答复。

3. "争点效"的理论纷争与实践状况

尽管"争点效"理论得到了日本理论界的广泛支持，但也不乏批评否定之声。如三月章教授认为该理论违反立法者的诉讼政策，不必要地加重了前诉程序的负担以及产生范围不明确的诸多弊端。木川统一郎认为，在日本不应当采用"争点效"理论，当前诉的判决不正当时，适用"争点效"理论就会产生将这种不正当性进一步予以扩大的危险。尽管如此，日本理论通说仍然认为"争点效"理论能技巧性地解决新诉讼标的理论与法的实体属性之间的关系问题，"争点效"理论将纠纷一次性解决的理念扩展至"判决理由中的判断"的层面上来，能够更大限度地实现纠纷的一次性解决以及国家裁判的统一性原则。②

在实践层面，日本立法至今仍未对"争点效"理论予以承认，日本最高裁判所在裁判中也反复重申对判决理由中的判断不承认其既判力或相类似效力的立场。③ 但目前在日本法院判例中，有些法院在判决时却以诚实信用原则和公平原则为基础采信了原判决确定的争点，可见"争点效"理论正逐渐适用于日本的司法实践中。④

（二）我国台湾地区的"争点效"理论——为实务所接受的理论

1. 台湾地区争点效理论的产生与发展

我国台湾地区民事诉讼立法上也不承认判决理由中对事实和法律的认定对后诉有拘束力，但因理论深受日本的影响，也对"争点效"理论进行了有选择的借鉴。不同于直接照搬新堂幸司的理论，台湾地区根据实际情况对争点效理论进行了改造，给予其更多的条件限制。1974 年，骆永家教授首先对争点效理论进行了介绍，并持

---

① ［日］高桥宏志：《民事诉讼法——制度与理论的深层分析》，林剑锋译，法律出版社 2003 年版，第 522 页。

② ［日］高桥宏志：《民事诉讼法——制度与理论的深层分析》，林剑锋译，法律出版社 2003 年版，第 522 页。

③ ［日］兼子一、竹下守夫：《日本民事诉讼法》，白绿铉译，法律出版社 1995 年版，第 165 页。

④ 常怡、肖瑶：《民事判决的既判力客观范围》，载《甘肃政法学院学报》2006 年第 5 期。

肯定态度。① 之后，台湾地区关于争点效的理论探讨逐渐深入。1984年，台湾"最高法院"在台上字4062号判决书中首次阐述了对判决理由适用争点效的条件："确定判决的既判力，固以诉讼标的经表现于主文判断之事项为限，判决理由并无既判力。但法院于确定判决理由中，就诉讼标的以外当事人主张之重要争点，本于当事人辩论之结果，已为判断时，其对此重要争点所为之判断，除有显然违背法令之情形，或当事人已提出新诉讼资料，足以推翻原判断之情形外，应解为在同一当事人就与该重要争点有关所提起之他诉讼，法院及当事人对该重要争点之法律关系，皆不得任作相反之判断或主张，以符民事诉讼之上诚信原则。" 2006年，"最高法院"在台上字第1775号判决等重申了争点效的要件，此后，台湾地区"最高法院"基本接受了这一理论，并通过一系列裁判，使争点效的适用要件逐渐明确、细化并趋于成熟。②

2. 台湾地区争点效的适用要件

结合学说和实务判决，台湾地区判决争点效的要件可分为以下几个方面：（1）争点效只存在于同一当事人之间就该争点所提诉讼中。（2）法院在前诉判决理由中所判断的须为影响该判决结果的重要争点。（3）法院对该争点的判断，无显然违背法令的情形。（4）法院确定判决的判断无显失公平的情形。（5）该争点须经过两造各为充分的举证及攻防，使当事人为适当完全的辩论，由法院为实质的审理判断，且前后两诉所受的程序保障无显有差异。（6）前后两诉之标的利益大致相同。（7）当事人未提出足以推翻原判断的新诉讼资料，如当事人能够提出新诉讼资料足以推翻前诉的判断，仍得为相反的判断。

（三）比较分析

无论是争点排除规则还是争点效理论，追本溯源都来自德国的禁反言原则，加之日本和我国台湾地区的争点效还是在很大程度吸收和借鉴了美国争点排除规则的基础上形成的，因此，它们之间在维护法院裁判的终局性、稳定性、一致性以及追求纠纷的一次性解决等方面都具有相通性。但通观不同国家和地区制度理论构建中的

---

① 骆永家：《既判力之研究》，三民书局1999年版，第78—79页。
② 张自合：《论已决事实的预决效力》，载《山东警察学院学报》2011年第5期。

理论基础、价值取向以及司法实践情况，我们还是可以清晰地看到其相互间的本质性差异。

1. 出发点的差异

英美法系司法以事实为出发点。在传统的美国司法中，案件的查明区分为事实的查明和法律的查明两个阶段，并分别由陪审团和法官进行判断，陪审团对案件事实的查明是法官适用法律的基础，也是当事人拥有的由宪法保障的基本权[1]，因为其能够代表人们"本性中的情绪因素"[2] 从而为人们所普遍接受。尽管随着美国司法的发展，在民事诉讼领域陪审团审理已经逐渐减少，但司法中对事实查明的重视丝毫没有缩减。在美国，人们普遍信任法官"正义"的手，故业经法院判定的事实自然是权威且不容随意改变的。大陆法系国家以规范为出发点，在他们看来只有明确、确定的法典才是法制的保障。[3] 而将英美法系争点排除规则引入，从而赋予判决理由以遮断后诉的效力，在一定程度上意味着"范围不明"或"前判不正当性有进一步扩大"的危险。这也许就是大陆法系国家普遍不同意将争点排除写入立法的重要原因之一。

2. 理论基础的差异

美国争点排除规则以"公平"和"效率"为基础。大量判例表明，法院在审查判定是否赋予当事人对同一争点再次诉讼的权利上，均在寻求公平与效率的最佳平衡点。适用争点排除规则是否会对一方当事人造成相较于另一方当事人更多的负担或者更大的倾斜，从而对一方当事人的不公平？适用争点排除规则所谋求的效率能否远远大于对公正性的弥补？是他们在考虑适用争点排除规则中所考虑的主要问题。在这一理论引导下，受争点排除规则约束的当事人只有主张其在前诉中未获得公平全面的审判等程序保障权的缺乏，才能避免争点排除规则在后诉中的适用。而属大陆法系的日本和我国

---

① 美国宪法第七修正案规定：在普通法上的诉讼，争议价值超过 20 美元者，得保留陪审团审判的权利，在普通法规则下，经陪审团审判的事实不得在美国的任何法院接受其他方式的再次审查。见 Wikipedia。

② 参见 Oliver Wendell Holmes, Collected Legal Papers 237（1920），http：//books. google. com/books? id = OTQgbI5kAnAC&lpg = PP1&hl = zh − CN&pg = PA39v = onepage&q&f = false。

③ 约翰·亨利·梅利曼：《大陆法系》（第二版），顾培东、禄正平译，法律出版社 2004 年版，第 32 页。

台湾地区将"诚实信用原则"作为争点效的理论基础，认为当事人应当对其抗辩禁止反悔。也正是在这一基础理论引导下，我国台湾地区争点效理论认为如当事人能够提供新诉讼材料证明前判认定存在错误的可以不适用争点效了，就显得合理了。

3. 司法理念的差异

美国的司法理念体现为程序公正优于实体公正、普遍正义优于个案正义，法律真实优于客观真实①。因此他们认为公正的审判就在于给予每一个参与诉讼的当事人"公平竞技"的机会。在这种理念指导下，一审给予当事人的是全面公平的参与诉讼的机会，在这个机会里，当事人应当尽其所能争取诉讼的胜利，经诉讼确定的事实，即是对其与对方当事人争执事实的终局裁定，除非在原审程序中推翻，其他法院对这一部分一般不再评价。宁愿牺牲个案的公正判断，也不会打乱长久以来形成的司法秩序和人们尊法重判的法制观念。这也是美国争点排除规则得以建立并占据重要地位的原因。而在日本和我国台湾地区，争点效最让人担心的原因之一就是"将前判的不公正予以进一步扩大"，其实这并不是争点效一个制度会产生的问题，既判力一样也会带来这种危险。这一担心，反映了对客观事实的追求和对个案正义的维护，因此在制度设计时，无论是日本还是我国台湾地区均选择对该制度进行严格的限制，以防止其适用范围过大引起的负效应。

4. 具体适用的差异

如前所述，两大法系在出发点、理论基础、司法理念上均存较大差异，因此必然会导致司法适用中的不同：（1）适用灵活性的差异。美国争点排除规则的适用经历了由最初较为严格向目前的相对灵活的发展过程，在是否允许适用争点排除规则的判断上，普通法更倾向于将权力让渡于法官的自由裁量，这与美国法官素质、民众对法律信任程度较高有关，也体现了争点排除规则在确立模式上，更倾向于赋予规范更大的灵活性，以期能尽可能地跟随法律政策和社会发展的变化。相比之下，日本和我国台湾地区的争点效理论则趋向于更明确的制度化确立模式，给予了争点效适用非常严格的限制，比如严格的相对性原则、前后诉利益的大致相当等。笔者认为，

---

① 参见郑成良、张英霞、李会：《中美两国司法理念的比较》，载《法制与社会发展》2003 年第 2 期。

这与争点效理论建立不久，仍处于发展的初级阶段，需要由实践检验是否适合本土发展不无关系，也是立法者对制度引进较为谨慎的态度的体现。（2）救济途径的差异。这里的权利救济仅限定在对受争点排除规则约束的当事人的救济方面。从美国争点排除规则对争点范围的限制，主要发生在对受争点排除规则约束的当事人缺乏应有程序保障的场合，其理论基础为正当程序原则。只要当事人能够证明其在前诉中未被给予充分的程序性机会和程序保障，即可排除前判的拘束力，至于前诉判决正确与否则不予考虑。对比美国的争点排除规则对程序正义的倾斜，台湾地区争点效理论则更注重实体正义和个案正义，在当事人能够提出新诉讼材料证明前诉判决认定事实确有错误时，后诉法院完全可以另行再次判断。（3）排除效力的差异。在排除效力方面，美国与我国台湾地区比较一致，都认为就争点排除来讲，前诉的事实认定并不直接发生"遮断"后诉的效果，而日本争点效理论则主张对后诉产生"遮断效力"，这也是一个重要的不同。

四、小结

通过上述对美国争点排除规则基本理论、具体适用及与其他国家相关制度理论的分析比较，可以大致得出如下结论：

（一）争点排除规则是为美国各州普遍适用的一项极具现实意义的制度

经过百余年的发展和完善，争点排除规则在规范上不断细化，并逐步趋于灵活化，在实践中显示了其重要的现实价值。一是有利于程序的稳定。对于同一争点，法院的判决即被视为对争点纷争的终结，当事人不会因为在其他法院诉讼获得另一份完全不同的判决，而不断纠缠诉讼，维护了程序的安定。二是有利于司法经济。通过排除争点的重复诉讼，在节约司法成本的同时，将有限的司法资源投入到更需要的地方，使更多的人能够接近司法。三是有利于促进纠纷的一次性解决。预见到争讼的请求和争点只能在一次有效的程序中解决，当事人会更加积极有效地投入到第一次诉讼中去，防止当事人拆分诉讼或诉讼突袭给一方当事人带来的侵扰和对诉讼的拖延。

（二）对美国争点排除规则的借鉴要采极其严谨的态度

目前，在我国民事诉讼领域还没有建立"前审判决效力"的相关制度。但确定法院判决的终局性和权威性，促进纠纷的一次性解决同样是我国司法改革所致力追求的目标。目前无论理论界还是实务界越来越高地对法院裁判稳定性的注目和重视，也无疑证明了明确前审判决对后诉的效力，建立我国前判效力规则是大势所趋。如何建立符合中国本土的"前审判决效力"规则，参考和借鉴无疑是一条必经路径。美国争点排除制度因其能够弥补大陆法系既判力理论固有缺陷，在更大范围内维护法院判决确定性而显然拥有借鉴价值。在肯定美国争点排除规则现实价值的同时，也必须看到美国争点排除规则所植根的土壤与我国的不同之处。较为完善的程序和相关配套制度、当事人程序权利的充分保障、专业律师对诉讼的广泛参与、有较高业务素质和从业规范的法官、坚定法律信仰的国民等，是美国争点排除规则得以发挥其制度价值的背景，而在现代法制进程仅有几十年的中国，仍有较大的差距。因此，一味的照搬是完全不可取的。但美国争点排除规则还是让我们对前审判决效力的内容有了一个多角度、全方位的认知，提示我们去思考大陆法系的既判力理论是否存在需要弥补的缺陷；我国是否应该建立针对判决理由而发的争点排除规则；如果应该，那么建立的模式是进行制度规范还是提供原则性指引；如果进行制度性建设，有哪些因素是需要充分考虑的，又需对产生排除效力的争点做哪些限制和界定，以对法官的自由裁量有所限制。

论网络民意对刑事审判的影响

安　婧[*]

　　近年来，智能手机业务发展迅速，带来手机网民的大量增长，各种客户端的应用也迅猛发展起来。以微博为代表的新应用正在网络世界崛起，网络的广泛性、便捷性和即时性，使得微博直播成为可能。信息传递加快，一些热点事件在网络传播中酝酿形成强大的舆论磁场。网络日渐成为公民维权、监督公权、维护社会公平正义的新平台。在网民关注的热点事件中，有相当一部分是司法个案。尽管并非所有舆论都会对案件结论带来决定性作用，但一些舆论对案件判决结果产生了影响是毋庸置疑的。这些影响既有正面的，亦有负面的。如何认识和处理这些影响呢？正确的态度是依法、积极、客观理性地看待民意，发挥其积极作用，克服其消极影响。

一、网络民意形成的原因

　　网络民意是网民依托网络媒介生成的，对人物、事件或决策、观点等的感觉、认知、评价及意见。[①] 简单来说，网络民意是对传统民意的延伸，是基于互联网技术支持下一种新的民意表达方式。与传统意义上的民意相比，网络民意对事件的关注更直接、及时，参与的人员更多元、广泛，对待问题的表达尖锐而有针对性。它突破了地域、沟通方式和信息获取途径的限制，从而使得民意得以在较

──────────

　　[*]　中国政法大学刑事诉讼法博士研究生。

　　[①]　金华捷：《论网络民意介入刑事司法》，载《知识与经济》2011 年第21 期。

短的时间内、运用较低的信息成本在较大的范围内展现。

（一）互联网迅速发展促生了网络民意的出现

网络技术的快速发展和公众对互联网熟练应用改善了民意表达的局限性，网络平台的便捷性、平等性、匿名性等特点，使得公众乐于通过网络表达自己的感受、观点、意见，"自媒体"时代也随之到来。"近年来，公众通过互联网参与政治的现象日益增多，这改变了公民传统政治参与的理念，提高了公民政治参与的能力，而且对政府公共管理体制、机制、运作模式等产生了重大影响。"① 有数据显示，截止到 2011 年底，中国网民规模已达到 5.13 亿，互联网的普及率达到 38.3%。以现有集中反映网络民意的重要途径之一——微博为例，它受到的束缚和控制远低于传统媒体，每条微博发表字数严格限制在 140 字以内，这不但降低了写作难度，而且言简意赅的表达有利于大众理解；微博信息即时发布，编辑时间短，每个人都可以是发布者，参与性极强；与传统媒体传播线性化传播方式不同，微博的"裂变"式传播方式使得信息在最短时间内被更多人知晓。截至 2011 年底，仅新浪微博注册人数就突破 2.5 亿。②

（二）公众权利意识的增强促使网络民意的发展

市场经济的快速发展，改变了计划经济体制下人们相互间阻隔和缺乏沟通的状况，信息传递变得直接和密切。伴随文化水平的提升、视野的开阔，在政治经济社会文化生活中，公众的民主意识空前增强，权利意识得到发展。公民高涨的权利意识促使各种民意形成并发挥一定的影响和作用。有学者指出，"民意是一切社会机制赖以运行的基础，随着人类文明的发展，民意在社会生活和社会发展中起着越来越重要的作用，从一定意义上说，人类活动构成的文明史，就是民意地位不断被认识和提高的历史"。③ 公民意识到自身权利的重要性，参与公共事务的愿望越来越强烈，针对社会生活的方方面面，民众会予以不同的关注，表达对相关问题的看法。无论是

---

① 上海发展战略研究所谢耘耕工作室：《2010 年中国公民的网络表达与公共管理分析研究报告》，2011 年 11 月 22 日发布。

② 李斌：《新浪微博用户突破 2.5 亿》，载《京华时报》2011 年 11 月 10 日。

③ 喻国明：《解构民意——一个舆论学者的实证研究》，华夏出版社 2001 年版，第 9 页。

针对部分人群的便民措施，还是某项新政策的出台或是新法律意见的征集，网民通过互联网建言献策，参与公共事务的讨论，于是便有了"微博问政"、"微博维权"等现象的出现，民众与公权力机构之间得以直接互动。

（三）现有民意表达渠道的不完善催生网络民意的出现

公众渴望参与公共事务，而现有的民意表达渠道发挥的作用却不尽如人意。我国现有的民意表达主要依赖以下几种渠道：（1）人大、政协制度。人大代表、政协委员通过收集民众较为关切问题的意见，集中形成提案议案，并行使质询权。（2）信访制度。群众通过信访反映对某些问题的意见。（3）听证制度。在社会管理中设立听证制度，就一些关系社会民生的事项听取利益相关方的意见。（4）媒体报道。即通过传统媒体的报道，表达公众对其关心问题的意见和建议。在反映民意、推动社会发展进步方面，上述四种渠道发挥着一定的作用，但它们却面临着种种问题，饱受诟病。如"两会"期间一些代表的"无提案"或"雷人提案"；听证制度走过场，仅仅注重形式不能切实反映民意等。互联网为民意的表达提供了较为宽松环境，形成了一种"公共讨论"的氛围，长期以来没有办法充分抒发的民意找到了新的表达途径。

聚焦刑事审判领域，刑事法律作为伸张正义保障公平的最后一道屏障，历来受到公众的关注。一些焦点案件从开始审理到结果产生往往伴随网络热议。长期以来，由于刑事审判公开度不够，加之一些司法腐败现象见之报端，我国现有司法制度中又缺乏公民有效参与的机制，这加重了公众对于司法公正的不信任感，很多时候对审判结果的公正性产生怀疑。大部分网民渴望正义的实现，对案件公正审判怀有强烈期待。但面对亦真亦幻的案件信息，由于缺乏有效鉴别，这些期待往往会被有心人士利用。正常的网络民意裹挟部分偏激和恶意的言论汹涌而来，对审判独立和司法公正都产生极大的冲击。

二、网络民意对刑事审判的影响

现实中，大多数的刑事案件并不会引起公众的关注，但当一个案件因为某种原因而被公众广泛关注并激烈议论时，民意便成为法院和法官不得不面对的问题。刑事案件一旦有媒体、网民介入，诸多实体和程序问题很可能会被"放大"。若案件审判过程中涉及人们有疑问的司法公正或司法腐败等问题时，更会引起舆论纷纷。

（一）一个案例的分析

引起社会广泛关注的"吴英案"虽已审结，但由该案产生的有关司法公正、死刑改革、民间借贷与金融体制改革等问题的讨论并未停止。

2007年3月16日，吴英因涉嫌非法吸收公众存款罪被逮捕，金华市中级人民法院依法作出一审判决，以集资诈骗罪判处其死刑，剥夺政治权利终身，并处没收其个人全部财产。其不服一审判决，提起上诉。二审裁定驳回上诉，维持原判。在进行死刑复核时，最高人民法院裁定不核准被告人吴英死刑，该案发回浙江高级人民法院重审。2012年5月21日该案经重新审理后，作出终审判决，以集资诈骗罪判处被告人吴英死刑，缓期两年执行，剥夺政治权利终身，并处没收其个人全部财产。

从最后终审的结果来看，再审并未改变对吴英的定罪问题，最高人民法院在未核准吴英死刑立即执行时也认为案件定性准确，审判程序合法。既然案件实体和程序上都没有问题，最终是什么改变了吴英的命运呢？

"吴英案"最初并未引起人们广泛关注，但在2011年至2012年案件审理过程中，该案成为热议的焦点。公众对吴英罪与非罪、此罪与彼罪、量刑是否适当等问题进行了激烈的讨论，借助微博等平台各抒己见，并伴随二审的宣判引爆网络舆论。案件审结前，媒体进行了集中报道，相关信息不停被转发，大量网民跟帖评论。一个名为"吴英案舆论汇总"的微博，每日高度关注和更新相关评论，部分高校学者和知名律师以及一些社会名人都对该案发表了自己的看法。二审宣判后，微博上有人发起名为"你认为吴英是否当判死刑"的投票，有两万多人参与其中，评论超过了1.5万条，其中95%以上的人认为吴英不应判处死刑。一时间，"吴英应免死"的言论充斥网络。以笔者的微博为例，关注的对象不过百余人，其中涉及各个行业和领域，在"吴英案"二审之后，每天有关该案的消息占到笔者微博首页信息的三分之一，并持续了相当一段时间。最终，吴英案发回重审，而终审结果改判其为死刑缓期两年执行。网络民意对该案产生的影响显而易见。

"吴英案"中，网络民意成为一种不能忽视的现象。但普通民众的期望与审判结果却大相径庭。问题在于：（1）在定罪上，大部分网民认为吴英不应判死刑是因为其行为属于民间借贷，而不涉及集资诈骗。欺诈还是民间借贷本就水乳交融，难以辨清，两者之间的模糊性使争议得以产生。普通民众不是法官，很多人连完整的判决书都不能看懂或者不曾看过，也接触不到完整的案卷。（2）在量刑上，吴英侵犯了他人的财产权，严重破坏了我国金融监管秩序，造成国家利益和他人利益的重大损失。法律为了维护国家正常金融管理秩序，保护公民财产不受非法侵犯，依照法律，通过严格的审判程序，判处其死刑。但部分媒体为制造热点、吸引大众眼球，选取角度报道该案，吴英被"塑造"成能干的女强人，为了企业和事业的发展进行融资，结果入不敷出，触及了强权者的利益被追究了死刑。有人认为一些贪污或受贿数额巨大的贪官污吏都没有判处死刑，判处吴英死刑，这是司法的不公。还有网友指出吴英在案件审理期间曾举报多名官员，判处其死刑是否与此相关？大量的猜测在网络中发酵，使得本案一审、二审的审判结果与民意产生重大分歧。

我国的司法审判活动，的确出现过审判被干预而导致枉法裁判的现象，现实中审判机关与公众信息也不对等，案件一旦涉及受到外界干预的可能，网民的逆反心理就会表现出来。他们不再积极追求案件事实的真相，而是顺应了自己内心"公正"的感觉，加之部分"知情人"为被告人塑造出被迫害的形象，对案件的评判也随之出现一边倒的现象。

提升司法公信、强化审判监督，不应依靠"网络风暴"，应引导公民合理有序参与其中，从而提高审判结果的可接受度。

（二）网络民意对刑事审判的积极影响

网络民意对刑事审判的作用，现阶段更多的是监督审判，以促进审判公正。这主要体现在：

1. 促进审判公开

公平正义的目标不仅要实现，而且要能以看得见的形式实现。审判公开需要公众的参与，没有公众的参与和讨论，没有不同声音的出现，司法不是真正的公开，也不能实现公正。在传统媒体时代，刑事案件公开程度和影响范围均十分有限，但这一切在网络时代却发生了巨大变化。网络提供了公众参与和监督的平台，网络舆论的监督不仅促进了个案正义的实现，也在一定程度上推动着刑事司法制度的改革与进步。将审判置于公众监督之下，对于查明案件事实，合理适用法律有着极为现实的意义，同时也会在一定程度上克服司法封闭和专断所产生的司法腐败问题。

2. 有效约束公权力

美国学者博登海默指出：一个发达的法律制度所依赖的一个重要手段便是通过在个人和群体中广泛分配权力以达到权力的分散与平衡。[①] 公权力容易被异化，仅有内部的监督和制约，无法完全满足对它的约束，所以公众监督是防止公权力异化必不可少的手段。监督的主体应是多元的，监督的范围也应广泛。尽管网络民意不能代表全体公民，但任何民意都可代表一定的人群，正是通过这样一个一个人群的关注和支持，形成社会公意，监督司法权公正行使。

3. 促进司法公信力提升

法律的制定存在一定的滞后性，它就像一部程序预先设定的机器，在实施初期可能运转良好，但是时间一长，难免会出现问题，这个时候便不可忽视对其适时调整。刑事审判是维护社会公正的一道防线，出于现实的需要，公众有必要进行监督。网络传递消息速快面广，审判的过程和结果易为更多的人所了解，从而使司法公正以一种看得见的方式得以实现，公众对司法的信任度自然也会大大增强。

（三）网络民意对刑事审判的消极影响

网络民意对刑事审判的监督虽然有着积极的意义，但在现实中，也不能忽略其可能对刑事审判造成的消极影响。

1. 网络民意形成的舆论压力可能会干扰审判的独立性

审判权独立行使是司法权摆脱侵扰、专司裁判，实现司法公正的制度基础，是司法权诸项特性中最具决定性意义的一项。[②] 法院依法独立行使审判权不仅是我国刑事诉讼法的原则，更是一项宪法原则，该原则约束所有机关、组织和个人不得干预审判。审判的独立性也要求法官在审理案件时不受其他外界情况，如社会舆论的干扰。网络民意的监督是一把"双刃剑"，一些司法腐败凭借网络被曝光，一些冤假错案在网络的关注下得以纠正。但与此同时，虚假信息大量充斥网络，网络舆论形成迅速，传播过程没有有效的"鉴定人"把关，使得真实信息与流言、谎言掺杂在一起，这样形成的民意往

---

① ［美］E. 博登海默：《法理学——法律哲学与法律方法》，邓正来译，中国政法大学出版社 2004 年版，第 370—371 页。

② 王利明：《司法权改革研究》，法律出版社 2000 年版，第 83 页。

往是非理性的。审判机关在办案时，不可避免地会受到其干扰。

2. 网络民意可能会对法官自由心证产生不良影响

审判是一种法官对具体案件事实的认知和评价过程。法官在法庭上通过近距离的观察和对证据的质证认定，对当事人言词和证人证言可信性进行判断并形成心证。这种心证只能以法官的知识、经验、职业道德和庭审的直接感知形成的认识为基础，[①] 只能通过严格的程序实现。但是这种程序的屏障作用在网络的面前越来越薄弱。法官在审理案件时需要考虑民意，但应在法律允许的范围之内。过分强调舆论对审判的监督会给法官带来压力。在大众关注程度较高的刑事案件中，网络民意往往导致一些法官在认定案件事实及适用法律方面举棋不定，出现迫于舆论压力或为平息民愤，对案件快速审判造成瑕疵。还有的在审理案件过程中不能或者不敢依据法律规定及时作出正确的判决，导致案件误判。

3. 网络民意可能会对无罪推定原则造成侵害

无罪推定既是刑事诉讼法的基本原则，也是国际司法通行的准则。贝卡利亚在《论犯罪与刑罚》中对无罪推定原则作出阐述："在没有做出有罪判决以前，任何人不能叫罪犯，因为任何人当他的罪行没有得到证明的时候，根据法律他应该被看做是无罪的人。"[②] 微博等平台提供了自由便捷的消息传播渠道，许多关注度较高的案件在判决宣判前，网民已经将当事人"定罪"、"量刑"，甚至掀起讨论对其实施怎样刑罚的投票。网民凭借网络身份的隐匿性，在网络上不负责任的发言，这样虽能畅所欲言，但也导致部分网民片面、专横的态度。有时，仅仅基于个人的情感而不是案件事实，就对"罪大恶极"的被告人进行"讨伐"，"舆论暴力"在网络中愈演愈烈，误导了不明真相的群众。面对铺天盖地的网络言论，法官在抽象的法律原则前所表现出的坚定信念，可能会因强大舆论压力而产生动摇。

4. 网络民意中非理性的因素会对当事人权利造成侵害

虽然犯罪嫌疑人、被告人有接受司法机关调查的义务，但是作

---

① 邓汉德：《论审判独立与司法公正的关系》，载《河南社会科学》2002年第4期。

② ［意］切萨雷·贝卡利亚：《论犯罪与刑罚》，黄风译，北京大学出版社2008年版，第37页。

为社会人，他的人格权不能被忽视。即使受到司法机关的怀疑和调查，其也有权保有自己的隐私，不受非法的侮辱、诽谤。一些案件中，网民恶意曝光当事人隐私，甚至对涉案当事人进行"人肉搜索"。一旦犯罪嫌疑人身份信息曝光涉及权贵和富有，即使在案件尚未调查清楚的情况下，有时也会出现一边倒的舆论态势，部分网民捏造事实，侮辱、诽谤当事人，煽动公众情绪对其进行攻击。结果是，当事人经常成为网络舆论下大众情绪的牺牲品，名誉受到很大的伤害。公众的言论自由、知情权与当事人的名誉权、隐私权之间应把握合理限度，对当事人隐私的介入也只能以依法调查和审理案件为前提。这既是对当事人基本权利的保护也是保障诉讼程序的必然要求。

三、网络民意与司法公正的冲突

网络民意之所以对刑事审判造成上述影响，正是源于我国现阶段存在的各种社会问题，其中包括审判权独立并未真正的实现、公权监督的失效、民众诉求表达和实现渠道的不畅等。从表面看，网络民意与审判独立是矛盾的，因为前者要求对审判权进行干预，表达公众的意愿，而后者则要排除各种对审判的干扰。但从本质上来看，二者都是出于对民主与法治的追求。任何一种价值的追求都可能在不同的层面与其他价值发生冲突。造成网络民意与司法公正冲突的原因主要有以下两方面：

（一）外在原因

1. 网络民意与司法审判在案件事实认定标准上存在差异

法官在审理案件时，对事实的认定是以"法律真实"为标准，即司法工作人员运用证据认定事实要求达到法律所规定的真实程度。[①]"法律真实"是法官在对各种证据审查和判断后，依照法律所做出的一种推断来再现案件事实。而基于网络舆论、新闻报道形成的民意往往是以案件的"新闻事实"为认定标准。新闻报道有着客观性和目的性的双重特点，新闻工作者在报道案件时，只要能够清楚地载明信息的来源，做到有据可查，就达到了"新闻真实"的标准。这些事实很多时候只是表象的事实。且不说一些新闻报道受利

---

① 陈光中：《刑事诉讼法》，北京大学出版社、高等教育出版社 2005 年版，第 17 页。

益驱使通过使用一些"修饰语"使得部分其所认为的"事实"看上去更加真实，就是随着采访的不断深入，最后所认定的"真实"可能也与最初认定的不吻合。由此可见，"新闻真实"的标准要远远低于"法律真实"。而民众对于某一案件的关注，往往基于新闻报道提供的信息和一些所谓"知情人"的爆料，这极容易产生先入为主的现象。

2. 网络民意与司法审判在价值追求标准上存在差异

公正是人类伦理的首要，也是最基本的法律价值维度。[①] 刑事审判的目标是实现公正，包括实体公正和程序公正。法官在审判过程中为了实现司法公正就必须要在程序上严格依照法律，不得违反法律规定；要平等地对待案件的双方当事人，不偏袒其中任何一方。而在某种意义上说，民众对公正的判断却受其所处的社会政治、经济、文化等多种因素的影响，是根据个人经验而形成的一种朴素的认知。这种追求标准的差异性体现在对案件结果的评价上。网民对当事人之间地位高低、实力强弱的关注影响了他们对案件审判结果的接受程度。他们的评价标准往往有种"抑强扶弱"的立场和取向。处于弱势的当事人很容易得到网民的支持和同情。处于强势的当事人，无论是加害人还是受害人，往往难以得到支持或同情。尤其是涉及一些经济类犯罪时，面对所谓的官、富，公众往往渴望对其施以重刑。而对普通人涉及该类犯罪，公众认为，只要能积极退赃，施以适当的刑罚使其接受教训。严重刑期的判罚显然超出了他们心理上的承受程度，所以会同情被告人，质疑法院的判决。

（二）内在原因

1. 职业要求与民众期待的冲突

有学者指出："一般认为，民意体现大众的普通理性，判决则体现法官在程序中所特有的技术理性；大众关注判决是出于对判决公正、无偏私的一种期待，而在判决的背后起支撑作用的则主要是法官对于规范的信仰。"[②] 职业要求法官在判案时对案件的思维方式应有别于大众化的思维方式，应在一定程度上保证审判活动的准确性

---

① 陈发桂：《网络主流民意的吸收与司法公正实现的制度逻辑》，载《民主与法制》2012 年第 4 期。

② 孙笑侠、熊静波：《判决与民意——兼比较考察中美法官如何对待民意》，载《政法论坛》2005 年第 5 期。

和可预期性，对案件的审理不应受到来自法律以外的干扰。法官审理案件所依据的法律正是经过立法程序所制定的能体现出民意的法律，审判的结果来自于法律的预设，按说不应受到过多的指责。但民众对审判结果的期待却往往蕴含着自己的道德主张，这与我国传统文化密切相关。在我国古代，充当法官的很多都是"父母官"，他们在审判过程中没有形成职业化的思维方式，而是采用了大众式的思维方式，运用了这样思维的判决，很多时候能够体现民众的意愿。民众对于法律规范本身并不熟悉，对待案件的评价是法官的判决能否为民做主。在这样的法律传统中，只有符合民众期待的判决才可能有较高的社会可接受性。

2. 效率与公正的冲突

效率和公正作为法的基本价值，是法律所要追求的目标，无论是在立法、执法或司法环节上都应注重解决二者的冲突，实现二者的平衡。在现实生活中，人们关注司法，关心审判的过程，希望审判活动能够公开和透明，在网络中发表自己对案件的观点、看法，普遍参与司法审判活动讨论，成为监督审判工作、促进审判公正最有力的外部力量之一。迟到的正义，不是真正的正义。民众对公正有着最朴素的期待，期望在个案审理时正义及时的实现。这种正当的主观要求有时却夹杂错误的客观举动。网络的高效、便捷却为假消息的传播插上了翅膀，部分网民对看到的信息不思考，仅仅道听途说，就以讹传讹，以此聚集的网络民意往往缺乏责任，裹挟此种民意要求的快速审判的行为严重影响了审判的公正性。

3. 自由与秩序的冲突

自由赋予了社会前进的动力，但秩序却是自由得以存在的必要条件，维护秩序是法最为基本的价值诉求。自由应是法律规则之下的自由，为了保障社会公共利益，自由必须受到一定的限制。一些网民常常在法院尚未审判终结时就有了自己的"审判"结果，所谓的"意见领袖"在网络中煽动舆论对法院施压，大有法院不按其"审判"结果判决就是违背民意，有黑幕之嫌。这严重干扰了审判工作，破坏了审判秩序。正义的法所赋予人们的权利和自由是合理限度之内的，而非无法无天的自由。"自由是做法律所许可的一切事情的权利；如果一个公民能够做法律所禁止的事情，他就不再有自由了，因为其他的人也同样会有这个权利。"①

四、化解网络民意对刑事司法审判消极影响的对策

网络民意可以看作一种民主的形式，但民主应该是负责任的民主，自由应该是有秩序的自由。鉴于网络民意对刑事审判有双重影响，就应当发挥其积极影响，而对其消极影响，则应当采取积极措施予以化解。其中，网民、社会与法院都应当有所作为。

（一）培养公民的法律信仰

审判结果想要被公众接受，法律真正为人所信赖，不能仅仅依靠制度的完善，也应树立人们的法律信仰。法律信仰作为法治背后的精神力量，相对于法律制度而言，对法治的建设更有先导性、决定性的作用，是法治建设的观念基础。法律制度的完备及其权威的树立、有效率的实施，都需要借助公众对法律的信仰。法律信仰根植人们心中，就能形成守法的意识和良好的法治氛围，法律就能得到普遍的尊重和认同。所以应当培养公民现代法律精神，培育公民的法律信仰。例如，有针对性地传授给公民法治知识、训练积极的守法行为、养成科学的法治观念，从而促使他们树立法律信仰。

（二）规范网络民意表达

网络扩大了公民的知情权、填补了公民监督的空白，成为重要的民意表达路径和方式。网民面对刑事案件时要正确对待，要依法有理有据地表达自己的看法，同时要遵守司法审判的程序规则，尊重审判的独立性。

针对网络空间的虚拟化和发布信息的匿名性带来的网民不注重事实真相、随意发表言论的问题，可以逐步地推行网络实名制。即在正常情况下允许其隐瞒身份、自由表达对事件的看法和态度，但当某一个人的观点成为大众跟随的舆论导向时，就需要用网络技术规制，促使其公开身份，以便保证其言论符合法律规定，杜绝其发布虚假信息，约束其行为。这样，一方面可以为网民自由表达提供良好的氛围，另一方面则可以方便管理、正确疏导民意监督的方向。

---

① ［法］孟德斯鸠：《论法的精神》（上册），张雁深译，商务印书馆1961年版，第154页。

(三) 加强司法公开制度和机制建设

网络民意的纷杂与司法公开程度有着密切的关联。现实中引起网络民意汹涌的个案，有很多正是由于法院在审判公开上做表面文章，甚至变相不公开而引发。

现有科技手段对加强司法公开建设提供了便利，将开庭公告甚至判决书上传至网络，主动接受公众监督的同时，还能起到良好的普法和警示作用。各地法院都设有院网，近年来也有多家法院开通微博，发布消息、与网民互动。因充分利用这一平台，进行司法公开、民意互动以及专业问题探讨。这样能获得信息公开而带来的信任，有助于承担刑事案件审判的法院和法官抵御来自网络的一些消极影响。

现实中，法院可以邀请公民有序地参与到审判活动中来，近年各地实行的"人民陪审团"就是较为合理的选择之一。群众参与到审判活动中，可以使广大人民群众有序参与司法，监督审判，以真正提升社会对司法审判的认同和司法权威。

(四) 注重社会舆论的引导作用

一方面，要注重对网络使用者能力的培养。这主要体现在要注重对网民道德素质的提升。网民道德素质的提升，应培养其责任意识，提高防范有害信息侵害的能力，理性分析和看待问题，做到文明上网，自觉抵制各种有害信息的传播。另一方面，要加强主流新闻网站建设，发挥主流媒体的引导作用。传统主流媒体在公众中形成了一定的权威性和可信性，传统主流媒体需密切关注网民的观点和意见，通过网站上权威评论的优势引导舆论。让真实、可靠和权威的信息引导公众的正确判断。

五、结论

网络民意，其构成社会舆论的一种形态，对社会治理、政府施政和个体生活都产生了不同层面的影响。聚焦到刑事审判领域，网络民意如同一把"双刃剑"：一方面对刑事审判发挥了积极作用，如提高司法的公众信赖度、提升司法公正性、增强民众法律意识、促进公民合法权益的保障等；另一方面网络民意确实对刑事审判有着潜在的负面影响，如无法的"网络审判"、无序的"网络调查"、无理的"网络讨伐"等各种"网络暴力"不时地冲击着司法的公正性。不仅只是司法机关，有时甚至是案件当事人都被网络民意"绑架"了，司法的公正性和独立性大打折扣，从而对依法独立公正的司法审判造成了不良的影响和侵害。因此，一方面要加强对网络民意的规范、引导与提升；另一方面还要积极推动司法制度建设完善，进一步提升司法的公开性、公信力与独立性，从而实现司法应有的公正。此外，还要重视社会舆论的积极、正面的引导作用。总之，必须依法、合理、客观地分析和正确对待刑事审判中的网络民意，不能用网络民意支配审判独立，司法审判亦不能遭受网络民意"绑架"。

判例法、判例制度与案例指导制度辨析
——以刑事司法为视角

高　原[*]

近年来，针对我国刑事司法实践中存在的种种问题，有学者提出，应在借鉴判例法和判例制度的基础上，有步骤地引入刑事判例机制，彻底改造中国刑事司法的规则体系。这种理念得到了理论界的广泛认同，但在具体制度设计方面，各种方案之间仍然存在一些令人瞩目的分歧。就在理论界对此展开激烈争论的同时，以最高人民法院《第二个五年改革纲要》建立完善案例指导制度的倡导为契机，司法系统内部已经发起了建立案例指导制度的试点。特别是在2010年，"两高"分别出台了《关于案例指导工作的规定》（以下简称《规定》），正式将"案例指导制度"推上了我国司法改革的前线。

然而，实践的"先行"并没有平息理论的争鸣，针对案例指导制度的批评仍然纷至沓来。学术批评的侧重点虽然不同，但有一个问题始终无法回避，即如何正确认识判例或指导性案例。由此，笔者试图以判例/案例的概念和渊源地位为切入点，结合我国法制的实际状况，通过分析判例法、判例制度和案例指导制度的概念特征和支持机制，构建一种阶层式的判例运作体系。在这一体系中，判例法、判例制度和案例指导制度分属不同的阶层。其中，判例法是判例运作的最高境界，判例制度是次优境界，案例指导制度是最低要求。

一、判例法：判例运作的最高境界

（一）概念辨析

判例法是当代盛行于英美法系国家的独具特色的渊源体系，主

---

* 北京大学法学院博士研究生。

要依赖法官对规则、习惯的阐述而运行。就刑事法而言，虽然英国1972年的"克努勒股份有限公司诉检察长"一案彻底否决了法院创制罪名的权力①，但英国刑法仍在很大程度上依赖判例法而运行；而在与英国法制一脉相承的美国，判例法也在大规模的法典化运动中保持着相当旺盛的生命力。

判例法在英美法系表现的以下特征有助于我们对判例法概念的准确把握：

1. 判例法是英美法系国家的主要法律渊源

有学者认为，"所谓判例法，严格来说，并不是一种法律，而是一种适用法律的方法和制度"。② 这种观点似混淆了"判例法"、"判例"和"判例方法"的界限。"判例法"是英美法系国家正式的法律渊源，体现与大陆法系制定法同等的规范效力。"判例"是指由法院作出，对其后的判决有约束或参照作用的判决，判例通常作为判例法或判例制度的载体，其本身并不包含任何效力大小的暗示。"判例方法"则指与判例适用有关的法律方法，即适用判例（或先例）的方式（the way precedents are handled）。简单地把判例法等同于判例方法，似存在偏颇之处。严格说来，至少在英美法系的语境下，判例法是一种法律渊源。其作为法律渊源的意蕴在于，"要求法院将判例作为处理今后相同或相似案件的依据，体现的是其规范效力，在这一层面上它与成文法或制定法具有相同的意义"③。

判例法的渊源地位是在英美法系国家的法律演进的历史过程中自然形成的。严格说来，判例法并不是"一种"法律渊源，而是几种具体法律渊源的集合。在不同的历史时期，习惯、普通法、衡平法以及以制定法解释为主要内容的判例在判例法体系中扮演着不同的角色。

在当代，虽然制定法规则逐渐占据了英美刑事司法规则的主体，但判例法的主要渊源地位并未从根本上动摇：（1）作为现代刑法支柱的"罪刑法定原则"是通过刑事判例加以阐述并发挥作用的。法

博士生论坛

---

① ［英］鲁伯特·克罗斯、菲利普·A.琼斯：《英国刑法导论》，赵秉志等译，中国人民大学出版社1991年版，第11页。

② 崔敏：《"判例法"是完备法制的重要途径》，载《法学》1988年第8期。

③ 汪建成：《对判例法的几点思考》，载《烟台大学学报》2000年第1期。

官通过判例将犯罪构成要件加以具体化，既满足了罪刑法定实质侧面的明确性要求，也保证了公民对行为结果的预期。① （2）判例法仍然占据社会法治观念的主流："受法律传统的影响，法官在刑事司法实践中更倾向于从刑法判例中寻找依据。"② （3）虽然法官不再行使创设刑法罪名的权力，但刑法的实施仍然在很大程度上依赖判例法。首先，制定法并未穷尽所有的罪名，部分重要罪名，如谋杀罪的犯罪构成仍然需要从普通法寻找依据；其次，刑法总则的相关规则③和刑事责任的一般规定④需要求诸普通法的规则；最后，即使对于制定法，法官通常也并不直接适用该条文，而是适用解释这一条文的判例。

2. 判例法在"遵循先例"原则的约束下发挥作用

"遵循先例"一词源于拉丁文 stare decisis，意为"遵循已经决定的事项"。作为一项原则，遵循先例要求，"对于再次在诉讼中出现的相同问题，法院必须遵守在先的司法判决"⑤。有学者对该原则的地位和意义做了贴切的概括："遵循先例原则在英美判例法体系中居于核心地位，它犹如一根红线，将纷繁复杂的判例串联起来，形成统一、稳定、规范的判例法体系的链条。没有遵循先例原则，也就没有今天的英美法系，这样的说法毫不夸张。"⑥

（1）遵循先例，首先意味着"先例必须遵守"。这就是说，判例效力的来源并不是支持该判决的实质推理的说服力，而是判例作

---

① 参见冯军、冯惠敏：《两大法系刑法判例法渊地位与拘束力之比较》，载《河北法学》1999 年第 3 期。

② ［英］鲁伯特·克罗斯、菲利普·A. 琼斯：《英国刑法导论》，赵秉志等译，中国人民大学出版社 1991 年版，第 11 页。

③ 冯军：《传统的流变与制度的生成——两大法系刑事判例的回顾与前瞻》，载《法学家》2003 年第 3 期。

④ ［英］鲁伯特·克罗斯、菲利普·A. 琼斯：《英国刑法导论》，赵秉志等译，中国人民大学出版社 1991 年版，第 8 页。

⑤ Bryan A. Garner, editor in chief, Black's law dictionary, 9th ed. St. Paul, MN：West/Thomson Reuters, c2009, p. 1537.

⑥ 崔林林：《严格规则与自由裁量之间——英美司法差异及其成因的比较研究》，北京大学出版社 2005 年版，第 30 页。

为法律渊源的形式权威性。[①] 无论一个先例看起来多么不符合实质正义，只要它尚未依判例法规则被推翻，那么法官就必须无条件地遵从。

（2）遵循先例原则必须在英美法系其他制度的保障下才能发挥作用。判例法的形成与英国法律制度传统密切相关[②]，因而源于同一法律传统的很多制度都与判例法在逻辑上存在着依存关系。与遵循先例原则关系最密切的制度有：英美法系国家法院的等级系统、法院判决的结构、判例汇编制度等。

（3）遵循先例原则本身亦在不断变化之中。针对严格遵循先例导致的过度形式化带来的制度僵化和个案不公，英美国家逐渐放松了对遵循先例的要求。这不仅表现为先例判决约束力的松动，也表现为例外规则的形成。

3. 判例法与刑事诉讼关系密切

判例法从根本上说是法官创造的规则体系，因而自其产生的那一天起就与法官发挥作用的时空环境——诉讼程序密不可分。诉讼程序对判例法的影响表现在：（1）法官创造规范的权力被限制在呈交庭前的争议范围内，即法官只能对提交给他的争议行使"准立法权"[③]。（2）纠纷的实质和先例的内容只有在诉讼中才能得到揭示——"程序不仅为实体法的适用提供了条件，而且影响了实体问题被回答的方式"。[④]（3）英美判例法体现出强烈的诉讼中心主义特点。在历史上，满足特定令状的形式要件是当事人获得救济的必要条件。虽然这种程序主导的法律传统在两国的法律改革中被终止，

---

① 参见 ［美］P. S. 阿蒂亚、R. S. 萨默斯：《英美法中的形式与实质——法律推理、法律理论和法律制度的比较研究》，金敏、陈林林、王笑红译，中国政法大学出版社 2005 年版，第 96—97 页。

② 汪建成：《对判例法的几点思考》，载《烟台大学学报》2000 年第1 期。

③ "不同于国会，所有法院都必须在其自身的职权或提交的动议范围之内行使规范创造的权力，其创造规范的资格受制于被提交的实质法律纠纷的范围。" See Siltala, Raimo, A theory of precedent : from analytical positivism to a post - analytical philosophy of law, Oxford, Eng. ; Portland, Ore. : Hart Pub. , 2000, p. 80.

④ Llewellyn, Karl N. (Karl Nickerson), The case law system in America, Chicago : University of Chicago Press, 1989, pp. 26 – 27.

但其余晖仍然深刻影响着两国的法律实践。① 一方面，程序的发动往往是判例形成的前提；另一方面，在具体的判例中，实体事项和程序事项通常结合在一起，② 这决定了它们将在同时被考虑、分析以及适用。

（二）判例法的运行

1. 判例的产生

在英美法系国家，判决的产生过程即法官将先例适用于讼争事实的过程。英美国家的法官在进行判决的时候一般遵循所谓"IRAC"的论证模式，即 Issue - Rule - Application - Conclusion 的流程。Issue 即需要解决的法律问题，如初审法官对陪审团的指示是否适当。Rule 是寻找可适用于本案的规则的环节。英美法国家的法官乐于在判决书中花费很大篇幅论证规则的可适用性。Application 意为法律适用。法官通常在这一环节的推理中兼顾法律、事实和证据因素，这使得他的推理十分具有可信度和说服力。最后一个环节是 Conclusion，即得出结论；结论的性质视审级不同而有细微差别。在整个推理过程中，法官的作用不仅在于解决具体纠纷，更在于阐明法律规则的内容，并在恰当的时候发展这一规则。由此，判例的产生不仅是个案中判例适用的前提，也是英美国家法律演进全局的一个缩影。

2. 判例的适用

"判例法的推理机制包括了类比推理、归纳推理、演绎推理三种形式。第一步通过类比推理将待决案件与判决先例相连接，第二步通过归纳推理从判决先例中抽象出法律原则，第三步通过演绎推理把法律原则适用于待决案件。大体说来，这里的类比推理、归纳推理和演绎推理是先后相继的三个推理阶段。"③ 在判例适用的过程中，律师、检察官、陪审团和法官各自发挥着不同的作用。

3. 判例的效力

判例的效力可以从正向和逆向两个角度来观察。正向效力是指

---

① "法律是以允准救济开始，也是从允准行为开始。我们及时地从这些行为引出一般性结论并发觉隐藏在这些行为和救济后面的权利。但是，由于行为是再取得权利的手段，因此，权利是法律授予的并得到法律所承认的权利的手段。"[美] 罗斯科·庞德：《普通法的精神》，唐前宏、廖湘文、高雪原译，法律出版社 2001 年版，第 144 页。

② 汪建成：《对判例法的几点思考》，载《烟台大学学报》2000 年第 1 期。

③ 刘风景：《判例的法理》，法律出版社 2009 年版，第 68 页。

判例被遵循的效力，逆向效力则指遵循先例原则的一些显著的例外。其中，正向效力主要与两方面的因素有关：其一是效力的要素，即判决理由①和附带意见②的区分；其二是法院的层级③——前者剥离出判例中有强制约束力的部分，后者则是先例原则发挥作用的最重要的依据。逆向效力是遵循先例原则松动的表现，越来越多的法院选择通过各种方式④避免适用那些不那么令人满意的先例。这当然在一定程度上削弱了判例的渊源价值，但也客观上成为法律演进的有效途径。

（三）判例法的制度支持

在判例自身的运行系统之外，还有一些同源于英美普通法传统的制度支持着判例法的正常运行。在这些制度的支持和推动下，判例法制度方成为英美法系国家独树一帜的规则体系。其中，以下四个制度在判例法的运行中发挥了最为关键的作用：（1）审级制度；（2）陪审制度；（3）法律职业共同体；（4）判例的编纂、出版、查询等制度。

1. 法院体系和审级制度

法院体系和审级制度对于判例法的重要性在于：（1）法院等级是确定判例效力层级的标尺。简言之，最高法院（上议院）的判决

---

① 判决理由（ratio decidendi）是指："一种概括性的法律原则或规则，是对适用于由判决赖以成立的事实而引起的法律争执的法律陈述。"参见［英］沃克·R.J.：《英国法渊源》，夏勇、夏道虎译，西南政法学院1984年版，第158页。

② 附带意见，或曰附随意见（obiter dictum），是指"法官以书面意见的方式做出的，用以支持裁判的对于法律问题的无拘束力的附带意见"。（A Dictionary of Modern Legal Usage。）这部分内容并不是判决的组成部分，不具有渊源效力；但法官通常会在这一部分发表超出本案事实范围的法律论述，这在客观上成为日后法律发展的推动力。

③ 英美两国法院体系的结构通常直接对应不同的先例效力阶层。

④ 如漠视先例、推翻先例、暗中破坏以及通过区别技术规避先例等。参见［英］鲁伯特·克罗斯、菲利普·A.琼斯：《英国刑法导论》，赵秉志等译，中国人民大学出版社1991年版，第四章；［美］P.S.阿蒂亚、R.S.萨默斯：《英美法中的形式与实质——法律推理、法律理论和法律制度的比较研究》，金敏、陈林林、王笑红译，中国政法大学出版社2005年版，第100—106页；［英］沃克·R.J.：《英国法渊源》，夏勇、夏道虎译，西南政法学院1984年版，第164—169页。

对所有下级法院具有约束力；上诉法院的判决对其自身和下级法院具有约束力；同一管辖级别的其他法院以及下级法院的判决仅具有说服力。① 正是在严密的法院体系之下，判例法才形成了与之相应的严密而清晰的效力位阶系统。（2）事实与法律相区分的审级制度保证了下级法院在查明事实基础上严格遵从判例，而上诉法院针对案件的法律争议有足够的创设判例的空间。（3）裁量上诉的选择机制确保了真正重要的法律问题能够得到权威的裁决，并进而成为具有普遍约束力的判例。

2. 陪审团制度

陪审团对刑事判例系统的影响表现在：（1）陪审团决定的案件事实是适用判例的前提。（2）陪审团和法官在事实和法律问题裁决权的分工使得上级法院可以专注于初审中的法律问题，规则创设由此成为可能。（3）陪审团可以在一定程度上决定先例适用的结果。② 如此一来，陪审团审判对判例法形成了双重影响。一方面，陪审团将复杂而纷繁的事实问题从案件中剥离出来，便于法官集中注意力处理法律问题，这使得适用判例变得更加便捷；另一方面，由于陪审团对于罪与非罪问题享有排他的决定权，且无须说理，刑事判例的适用有时显得轻率。

3. 法律职业共同体

在英美法系国家，法官、检察官、律师、法律学者形成了一个对内交流频繁、对外相对封闭的"法律人"共同体。共同体的形成对于刑事法治的影响是双向的：一方面，它促成了法律系统的精英

---

① 参见杨磊：《英美刑法中的遵循先例原则述评》，载《中国刑事法杂志》1999 年第 5 期；［英］鲁伯特·克罗斯、菲利普·A. 琼斯：《英国刑法导论》，赵秉志等译，中国人民大学出版社 1991 年版，第 6 页；汪建成：《对判例法的几点思考》，载《烟台大学学报》2000 年第 1 期。

② 作为"产生于具体语境的、源自民众的行为规范和准则"，判例法在适用中借由陪审团将"某种规则之外的正义因素输入法律过程之中"。基于这一正当性假设，陪审团可以基于"宽泛的是非观"，经由概括裁决（General Verdict）直接裁定被告有罪或无罪。鉴于上诉法院无法审查陪审团决定的理由，而且控方不得对无罪的刑事判决抗诉，陪审团在这种情况下就同时扮演了认定事实和适用法律的双重角色。参见 ［美］P. S. 阿蒂亚、R. S. 萨默斯：《英美法中的形式与实质——法律推理、法律理论和法律制度的比较研究》，金敏、陈林林、王笑红译，中国政法大学出版社 2005 年版，第 144—145 页。

化，并使法律规则更加精致①；另一方面，它导致了普通人同法律的距离被拉大②。

4. 判例的编纂、出版、查询等制度

判例法内在的具体化、非体系化的特征，使得与判例编纂有关的技术显得尤为重要。历史上，"只有当判例汇编制度自成体系之时，先例拘束力原则才构成英国法的一部分"，"判例汇编的系统发展促成了现代的先例拘束力原则"③。到了现代，判例系统的运行越来越依赖于判例的编纂、查阅。判例的公布、编纂不仅直接对判例法的运行、完善起到了积极的作用，也在一定程度上满足着民众对法律规则的需求。

二、判例运作的次优境界：判例制度

（一）概念辨析

"判例制度"是对大陆法系国家适用判例的相关规范的笼统概括。总体来说，判例在大陆法系各国都经历了从被严格禁止到被有限接纳的过程。最初，"大陆法系国家普遍流行这样一条在《优士丁尼法典》中确立的原则：审判不依照先例，而依照法律"。④ 随着各国法律演进的深入，并主要为了满足实践中对于规则的现实需求，各国开始在一定范围内承认判例的说服力和参考价值。随着判例的功能逐渐显现，以实践中存在的判例相关实践为基础，不少国家开始正式赋予判例一定的拘束力，甚至在有限范围内赋予其法律渊源效力。这种举措使判例得以在以制定法为绝对渊源的大陆法国家发挥其固有的诸如犯罪定型化、保障法律同等适用等固有效能，推动了法律的发展。

---

① 这表现为判例思维和相关话语的共享；职业共同体促进了判例规则的精致化、技术化；法律人常常通过提起新型诉讼等的方式直接推动判例法的演进。

② 职业共同体的封闭和法律规则的极端精致化导致了公众对法律的陌生感。民众越来越不确定自己有能力理解法律的所有规定及相应的法律后果，这给公众法预测自己行为的法律后果带来了极大的困难。

③ ［英］沃克·R. J.：《英国法渊源》，夏勇、夏道虎译，西南政法学院1984年版，第180页。

④ 叶秋华、王云霞主编：《大陆法系研究》，中国人民大学出版社2008年版，第85页。

在理解判例制度的概念时，以下问题需要得到特别关注：

1. 判例并非大陆法系正式法律渊源

尽管判例在大陆法系的司法实践中发挥着越来越重要的作用，但判例的法律渊源地位始终未得到立法的正式承认。在以制定法为绝对主体的大陆法系规则体系中，判例仅发挥补充性渊源的作用。这种补充性渊源作用主要表现为：（1）判例不得在任何情况下与制定法相抵触，但成文法可以随时废止法官通过判例作出的解释。（2）司法者更习惯于从制定法而不是先前的判例中寻找判决依据，甚至参照判例作出的刑事判决主要被认为是适用刑法典的结果，而非适用判例的结果①。

尽管如此，判例在实践中仍然发挥着巨大的作用。这主要是由于法官通过判例进行的法律解释从客观上满足了司法实践对规则的需求。下级法院不愿冒着判决被上诉审推翻的危险公然背离判例也是判例发挥效力的重要原因。此外，在一些大陆法系国家，某些特殊的判例被直接赋予了渊源效力，如德国宪法法院的判决、阿根廷最高法院在宪法问题上的判决、日本最高法院的判例等。②

总之，大陆法系的判例在总体上虽没有取得正式的渊源地位，但判例以其事实拘束力却在实践中发挥着补充性渊源的作用。

2. 判例制度不同于英美法系国家的判例法

虽然两大法系对于判例的态度日趋接近，但大陆法系的判例制度毕竟在性质上和判例法属于不同的规则系统。

（1）二者的区别首先表现在权威性的来源不同。英美法系的判例法表现的是形式权威性，判例法是主要的法律渊源，判例中的判决理由部分本身就是法律。套用杰克逊大法官对联邦最高法院机能的描述，"判例法是因权威而正确，而不是因正确而权威"。与之相反，大陆法系判例的权威性并不出自其形式性的渊源地位，而来自判例中凝结的法律解释的实质说服力。比起英美国家的同行来说，大陆法系的法官在选择适用判例时保有相当大的自由，这使得那些具有实质合理性的判例更容易被因法官的主动选择适用而产生约

① 参见冯军、冯惠敏：《两大法系刑法判例法渊地位与拘束力之比较》，载《河北法学》1999 年第 3 期。

② 参见［法］勒内·达维德：《当代主要法律体系》，漆竹生译，上海译文出版社 1984 年版，第 135 页。

束力。

（2）二者发挥效力的最小单位不同。在英美法系国家，单个的判决一经作出，即具有先例效力，成为正式的法律渊源。大陆法系的判例制度则不然。除了法律规定的极特殊的情形外，即使是最高司法机关作出的判决也不能单独发挥判例的效力。在大陆法系，判例是以"法官的习惯"[①] 的方式发挥作用的。也就是说，在一段时间之内，只有经若干一致性判决确认的判例规则才能获得判例约束力。这表明，法官个人无权创制有拘束力的规则，只有法官集体才可能创造出通过判例表达的法律规则，并使其获得习惯法意义上的权威。当然，一致判决在实践中的效力颇高，在某种程度上甚至与判例法中先例的影响力相当。

（3）判例效力的稳定性不同。在英美法系国家，判例法是经过漫长的历史演进形成的规则系统，其中包含的规则和观念得到了社会公众广泛接受。受"判例必须遵循"的原则约束，先前的判例具有无可争议的约束力，后案的法官在遇到类似案件时除了适用先例别无选择。因此，判例法虽是一种法官造法，但总体而言效力十分稳定甚至略显僵化。大陆法系的判例则只有在形成系列判决时才获得一定的拘束力，除此之外，法官是否受判例拘束全凭自觉；况且，判例始终下位于制定法，即使是系列判决也同样有可能被制定法推翻：大陆法系的判例效力因此是不固定的、流动的。这种稳定程度的差异体现出案例在两大法系的不同功能：在英美法系，判例作为形式性权威，主要功能为维护法律规则的稳定性；而在大陆法系，判例则主要起着解释、修改成文规则、促进法律适度演进的作用。

3. 判例制度与司法解释关系密切

大陆法系一贯奉行严格的规则主义，法官不得创制规则。但适用法律的过程中对法律进行解释则认为是法官固有的权力。判决作为法官行使解释权的结果与司法解释在很多层面有着关联和相似性：（1）判例与司法解释的创制权都归于法官。囿于制定法条文的抽象、模糊，对法律进行解释是法官在审判案件时不可回避的工作。其中，抽象的、有普遍拘束力的解释因侵犯立法权受到广泛批评，而以判例形式作出的解释则被认为是法官正常行使审判权的结果。（2）二

---

① 参见潘荣伟：《大陆法系的司法判例及借鉴》，载《山东法学》1994 年第 4 期。

者法律地位相似。既然判例是以个案方式作出的司法解释，则判例一方面享有司法解释的效力；另一方面，也受与司法解释相似的效力限制。前者赋予判例与其法院级别及审级相应的拘束力，后者强调，判例必须以制定法为依据，并不得超出制定法的语意范围。（3）判例的适用离不开法官的解释。不仅作为推理前提的判例规则需要法官通过解释加以明确，而且案件事实与判例事实的相似性也需要法官的论证。

（二）判例在大陆法系的运行与制度支持

1. 运行

判例的产生，即判决的作出是判例运行的第一个环节。与注重事实陈述的英美法系国家不同，大陆法系的判决书更多地体现法官们的成文法思维。大陆法系的法官通常不愿详细阐述案件事实，而更重视依据规则作出判决。

判例的适用是判例运行的另一关键环节。相比英美法系的同行，大陆法系的法官们在适用判例时并不特别重视类比推理的方法；相反，他们更注重从判例中抽象出理论，再将理论适用于待决案件。适用判例通常以两案具有"相似性"为前提。这种相似性的认定是重要的，因为与待决案件没有相似性的案件甚至根本不能称为"判例"。[①] 然而，这种相似性与判例法强调的关键事实的相似不同，更多表现为一种法律相似："这种关联性，按照德国法官和律师的说法，主要是指相似或者相近案件，因所适用的法律，包括对法律的解释具有相同或者相似的要求，因而有关联性。"[②] 因为并不要求关键事实的相似，大陆法系的判例的适用范围往往广于英美法系的判例；为防止判例效力的泛化，大陆法系的法官选择通过解释来界定"事实问题"[③] 的范围，以规避那些缺乏针对性的判例。由于大陆法系不存在区分判决理由和附带意见的"区别技术"，对案件事实的解释实际上起到了筛选判例的作用。

[①] 最高人民法院课题组：《关于德国判例考察情况的报告》，载《人民司法》2006 年第 7 期。

[②] 最高人民法院课题组：《关于德国判例考察情况的报告》，载《人民司法》2006 年第 7 期。

[③] 参见潘荣伟：《大陆法系的司法判例及借鉴》，载《山东法学》1994 年第 4 期。

与英美法系类似，大陆法系的判例适用也是多个主体共同、动态作用的结果。其中，"律师要用书面形式引用收案法院的同类判例，并说明判例对本案的参考作用"。① 在此基础上，法官通过合议得出判决，并公布判决理由。法官一般在判决理由部分引用判例。在这一部分，法官会仔细比较与本案有相似性的判例，详细论证适用/不适用某判例的理由，并作出裁判。

　　判例的效力在大陆法系并无完全一致的意见，这主要是因为判例本身影响力/权威性存在重大差别。在大陆法系，判例的效力可以分为三个层级：

　　其一，有法律渊源效力的判例。这一类判例被法律明确赋予了拘束力，发挥与制定法同等的渊源效力。德国宪法法院的判例② 是这类案件的典型代表。这类判决一经发布即具有渊源效力，各级法院不得拒绝遵守；相应地，这类判例的决定、发布、修正和废止也遵循更为严格的程序。

　　其二，有"事实拘束力"的判例。这类判例通常是指那些由较高层级的法院或在较高审级中通过系列判决作出的对本院和下级法院有较强说服力的判例。虽然没有被赋予法律渊源的效力，但在实践中这类判例发挥着不可忽视的作用。"在某些情形下，持续性判例可以产生一般的法律确信，成为判例法。"③ 一些国家的法律明确赋予其先例效力，甚至明确规定构成持续性判例的判决数量，如墨西哥宪法和法律规定，最高法院就宪法和其他联邦问题的五个相同的判决具有这种效力。④ 这类案件在审判中应当被各级法院所遵循，除非背离这类判决的理由被充分证明。

　　其三，被自觉遵循的判例。这种情形是指某些判例虽未被赋予渊源效力或事实拘束力，但因作出判决的法院的权威及判例中蕴含的有实质说服力的法律解释内容，而被各级法院自愿遵循。这类判

　　① 王玳：《判例在联邦德国法律制度中的作用》，载《人民司法》1998 年第 7 期。

　　② 冯军：《传统的流变与制度的生成——两大法系刑事判例的回顾与前瞻》，载《法学家》2003 年第 3 期。

　　③ 奚晓明等：《两大法系判例制度比较研究》，北京交通大学出版社 2009 年版，第 136 页。

　　④ ［美］R. B. 施莱辛格：《大陆法系的司法判例——两大法系判例拘束力比较》，吴英姿译，载《法学译丛》1991 年第 6 期。

例主要是指尚未形成"持续性判例"的单个判决，或本院/同级法院的先前判决。虽然拒绝遵循这类判决并不会带来任何法律后果，但在实践中它们往往被给予充分的尊重。导致法官适用这类判决的主要因素有：作出判决的法院的权威性、判例的实质说服力、受自己判决约束的裁判自律观念，以及避免判决被上级法院推翻的现实考虑。

值得注意的是，在大陆法系的实践中，"遵循判例是普遍性的，偏离判例只是一种例外"①。判例的影响力除了由法官自愿适用保障实施之外，还有相应的制度支持：（1）背离判例的报告制度。② 具体做法是，如果法院试图背离判例另行判决，那么它必须向上级法院报告。③（2）变更判例的充分论证。除了背离报告之外，要想变更、推翻一个判例，必须满足比遵循这个判例更严格的要求。即使对于被自觉遵循的判例，如欲加以变更，也必须至少用一个相反的判例替代之；持续性判例的变更则需要更强的证据来论证新判决的正当性。而且，新判决只能由原先确立持续性判例的法院或其上级法院作出，而这一判决有可能成为新的持续性判例的起点。④（3）冲突判决的解决机制。在德国，如果一个审判庭对于法律问题的裁决背离了其他审判庭的判例，应当将案件提交大审判庭或联合大审判庭裁决。为履行统一司法的职能，大审判庭只对法律问题裁判，且可以不经言辞审理。

2. 制度支持

与英美法系类似，大陆法系司法系统内的其他制度也对判例功能的发挥起着至关重要的作用。也是在这些制度的作用下，判例制度得以呈现与英美法系判例法不同的风貌。

（1）审级制度和法院级别

大陆法系的审级制度和法院级别也在相当程度上影响着判例的

---

① 最高人民法院课题组：《关于德国判例考察情况的报告》，载《人民司法》2006 年第 7 期。

② 这项制度起源于奥地利，随后在德国得到推行，目前已被意大利、法国、瑞士、希腊等多个国家接受。

③ 王玧：《判例在联邦德国法律制度中的作用》，载《人民司法》1998 年第 7 期。

④ 王玧：《判例在联邦德国法律制度中的作用》，载《人民司法》1998 年第 7 期。

效力和运行规则。首先，一些国家以法定上诉理由的方式直接规定了判例的效力。比如日本刑事诉讼法第 405 条规定，背离最高院判例而可以成为上告理由①。其次，上诉制度影响了判例的效力范围和法官适用判例的心理机制。一经上诉，原本只适用于本案的法律解释就成为上诉法院法官审查的对象，经过审查的法律解释会被上诉审判决所固定，并随着法院地位、审级的不同，产生不同程度的拘束力。② 另外，对于有事实拘束力的判例和被自觉遵循的判例而言，虽然法官在理论上可以自由选择是否适用，但为了避免判决被上诉法院推翻，判例通常还是会得到遵循，无论其是否已形成了持续性判例。出于相同的原因，对于同级法院的判决和不能上诉到最高法院的判决，法官较少受其约束。③ 最后，事实审与法律审分离的审级制度保证了判例效力的广泛发挥。在大陆法系国家，初审判决由于过于简洁很难被后案的法官所适用；上诉审主要承担法律审的工作，无需对事实进行审查，因而可以更详尽地解释法律规则，形成的判例规则的拘束力也更显著。

（2）法律共同体

与英美法系国家类似，法律执业者不仅为判例适用提供直接推力，也影响着判例制度的本体。法律共同体的以下层面对判例制度产生影响：第一，职业法官制度。"基于长期的法律训练，法官的职业素质确保了在解释法律处理争议时能够遵从正确的价值判断和通常认可的法律解释方法。这进一步减少了因为法律意见的分歧导致的认识和判断的差异性。法官在选择支持自己的认识和判断的资料时，先前的判决通常自觉地成为优先考虑的有价值部分。"④这从根本上保证了同案同判和判例机能的发挥。第二，律师制度。律师是判例制度运作的积极参与者，也是判例效果的主要维护者。律师审慎运用判例的义务通过律师责任制度加以保障："如果律师在代理案件时试图根据与判例相反的观点提起诉讼导致败诉，那么律师将面

博士生论坛

---

① 冯军：《传统的流变与制度的生成——两大法系刑事判例的回顾与前瞻》，载《法学家》2003 年第 3 期。

② 李洁：《日本刑事判例的地位及其对我国的借鉴》，载《国家检察官学院学报》2009 年 2 月。

③ ［美］R. B. 施莱辛格：《大陆法系的司法判例——两大法系判例拘束力比较》，吴英姿译，载《法学译丛》1991 年第 6 期。

④ 张琳：《法官解释的困境》，载《中国电子商务》2010 年第 4 期。

临赔偿责任。"① 第三，法学家。法学家和判例的密切关系是大陆法系的独特现象。作为广受尊敬的群体，法学家对于判例的影响甚至超过了职业法官。一方面，法学家的观点往往成为法官判决案件的理论来源；另一方面，法学家的立场也直接影响着法官对判例的遵从。即使是最高法院的判例，在其受到法学家严厉批评时，也可能不被下级法院的法官遵循②。第四，法学教育。法学教育对于判例制度的主要贡献是，培养合乎司法活动需要的法律人才，以及推动标准化的法律观念。以德国为例，任何人要成为检察官、政府律师、律师、公证人，都必须具备与进入司法机关的同样的资格，这种标准化的要求甚至适用于所有企业、银行和保险公司的律师。标准化的法律教育使得大陆法系各国的法律执业者享有相似的"司法观点和倾向"，判例的内涵和功能因此更容易在不同主体之间获得共识。

3. 编纂制度

与判例法自发、连续的产生方式不同，大陆法系的判决通常必须经过公布和编纂才能获得约束力。判例的编纂一方面清晰地记录了判例规则演进的过程并提供明确的查询、引用指引，另一方面也在法学理论和审判实践之间架起了桥梁。

大陆法系的判例编纂实际上是对判决的再加工。经编纂公布的判例通常标有引导词③或判决主旨。引导词或判决主旨的作用不仅在于提供方便的判例检索；其自身也常常包含抽象规则。这些规则在判例适用过程中起着类似法律规则的作用。除此之外，官方出版的判例集还按照特定的法律领域对判例进行归类，有时还会引用法学家对判例的评论。除了官方的判例之外，民间的判例编纂在大陆法系也很盛行。

三、判例运作的最低要求：案例指导制度

案例指导制度是最高人民法院《第二个五年改革纲要》正式提

---

① 王洪亮：《德国判例的编纂制度》，载《法制日报》2005 年 3 月 10 日。
② 参见潘荣伟：《大陆法系的司法判例及借鉴》，载《山东法学》1994 年第 4 期。
③ 引导词是对判例所涉法律问题的简要概括，包含一个确定性的法律原则。"引导词的抽象程度与案件的性质有关，通常，引导词确定的规则，不应该再包含不确定的法律概念，而是，要对不确定的法律概念设置具体的判断标准"。见奚晓明等：《两大法系判例制度比较研究》，北京交通大学出版社 2009 年版，第 131 页。

出的制度设想，顺应这种趋势，部分地区进行了建立判例制度的试点。其中，影响较大的主要有 2002 年河南省郑州市中原区人民法院在全国率先试行的"先例指导制度"①、2003 年天津市高级人民法院的判例指导制度②、2004 年初四川省高级人民法院的案例指导制度③、2003 年江苏省高级人民法院的典型案例发布制度④，等等。在总结实践经验的基础上，最高人民法院和最高人民检察院先后在 2010 年先后颁布了《关于案例指导工作的规定》（以下简称《规定》），标志着我国案例指导制度的构建进入了新的阶段。

（一）概念辨析

依照最高人民法院《规定》第 1—2 条，指导性案例是指已经发生法律效力，符合几类规定情形⑤，对全国法院审判、执行工作具有指导作用的案例。最高人民检察院则主要从对检察业务的指导作用角度定义指导性案例："指导性案例是指检察机关在履行法律监督职责过程中办理的具有普遍指导意义的案例。"⑥虽然两个《规定》指明了指导性案例的一些特征，但尚未完全统一学界对指导性案例概念的认识。

1. 指导性案例概念综述

总结学术争鸣，不难看出，学者们对于指导性案例性质的不同界定主要源于对以下问题的不同理解：第一，指导性案例是一种法律渊源还是一种法律适用制度；第二，指导性案例是内部规范还是外部规范；第三，指导性案例的效力。

（1）法律渊源还是法律适用制度

为阐明这一问题，首先必须区分两组概念：一组是形成中的指

① 2002 年 8 月 17 日《人民法院报》。

② 津高法民二〔2002〕7 号文件、津高法〔2003〕60 号文件。

③ 四川省高级人民法院研究室：《法院调研》第 5 期、《案例指导专刊》第 1 期。

④ 苏高法〔2003〕174 号《江苏省高级人民法院关于建立典型案例发布制度，加强案例指导工作的意见》。

⑤ 《规定》第 2 条："本规定所称指导性案例，是指裁判已经发生法律效力，并符合以下条件的案例：（一）社会广泛关注的；（二）法律规定比较原则的；（三）具有典型性的；（四）疑难复杂或者新类型的；（五）其他具有指导作用的案例。"

⑥ 见最高人民检察院《规定》第 3 条第 1 款。

导性案例和具有一定效力的指导性案例；一组是案例指导规则与指导性案例本身。

强调第一个区别的意义在于，如同英美判例法一样，案例指导制度也包含一个由"案件"向"案例"转化的过程。指导性案例形成前后，案件体现不同的法律性质：指导性案例的形成，即法官判决的过程是一个典型的法律适用过程，自然体现法律适用的各种特征。具有一定效力的指导性案例是已生效并经过一定程序予以发布的典型判决。此时，法律适用已经不再是制度关注的重点；这一环节的关键问题在于，这些指导性案例能否成为法律规则的来源，即法官能否适用指导性案例中的解释结论。事实上，这也正是指导性案例"指导"功能实现的机制。因此，指导性案例是一种法律渊源，而非法律适用制度。当然，这里的"法律"应当作"规则"解，即虽然指导性案例不可能具有等同于法律的渊源地位，但它在作用方式上与法律规则并无不同。

强调第二点的意义在于明确指导性案例的拘束力的来源，究竟是案例指导规则还是指导性案例本身。前者意为，正是因为存在"案例指导规则"，某个案例才成为被遵循/参照的对象。在这一框架中，指导性案例体现的是形式性的规则效力，与判例法的作用机制相当。后者则描述法官自愿遵循在先判决的现象。也即法官被指导性案例中蕴含的法适用、法解释、法推理所说服，自愿以此为参照判决待决案件的现象。这种现象当然能体现指导性案例的影响力，但这种影响力在案例指导制度创设之前就存在，因而不是制度本身关注的重点。

总结上述两点理由，指导性案例应当是一种法律渊源，而非法律适用方法；案例体现形式权威性，而非实质说服力。

（2）内部规范还是外部规范

二者的区别在于，前者仅适用于司法系统内部，后者则具有外部性，适用范围比较广泛。区分这一对范畴的意义在于，案例指导制度是否同样对司法机关之外的主体发生效力，也即需要明晰当事人及其他诉讼参与人与该制度的关系。要想回答这一问题，必须首先界定指导性案例的功能。根据最高人民法院的《规定》，案例指导制度是"为总结审判经验，统一法律适用，提高审判质量，维护司法公正"而建立的。这些目标可以概括为两个价值：完善司法和维护公正。其中，前者可以视为内部价值，后者则体现外部价值，主要表现为当事人和社会公众对于"同案同判"的公正感的追求。因此，案例指导制度不应当仅被理解为内部规则，而应允许当事人和其他诉讼参与人的援引，以便发挥其的规则效力。另外，案例指导制度的外部性也为与之相关的程序规则的建立创造了前提。德国的背离联邦判例的强制上诉制度和日本基于背离最高法院判例的上告理由制度即因此得到了逻辑上的证成。在具体适用中，指导性案例的提出、辩论、论证、适用等具体制度也出自同一逻辑前提。

与这个问题相关，我们在界定案例指导制度性质时，还必须区分最高人民法院和最高人民检察院的"案例指导制度"。与最高人民法院的《规定》不同，最高人民检察院《规定》的第2条明确指出，案例指导制度的目的是"为全国检察机关依法办理案件提供指导和参考，促进法律的统一公正实施"。因此最高检的案例指导制度是一种内部规范，无须也无法获得外部效力。

（3）指导性案例的效力

这一问题关系到指导性案例在整个规则体系中的地位。与英美判例法的法律渊源效力和大陆法系判例制度的阶层性拘束力不同，《规定》以"应当参照"来界定指导性案例的效力。学者对此的理解不一，总体来说，倾向于将"应当参照"理解为一种事实拘束力。即各级法院在一般情况下应当参照指导性案例判决待决案件，但若有充分且正当的理由，经过一定程序，法院可以做出与指导性案例不同的判决结论。如此，我国指导性案例的效力低于判例法，但稍高于判例制度中的普通判例。因为中国的案例虽无天然的渊源约束力，但只要被选作指导性案例，无须达到大陆法系的"持续性判例"或"确定性判例"的程度，即具有与大陆法系判例类似的效力。这进一步论证了指导性案例的形式权威性特征。

2. 指导性案例的性质界定：个案化的司法解释

在众多关于指导性案例的性质界定中，个案化的司法解释是较为合理的一种概括。与大陆法系类似，我国的案例指导制度与法律解释也有不可忽视的联系。除了分享与大陆法系相似的制度特征外，我国的案例指导制度还有一些独特的理论问题。其中最引人注目的就是案例指导制度与我国目前司法解释体制的协调。

有学者提出，司法解释和案例指导分属两种不同的指导方式。

二者最大的区别在于，司法解释有法律效力，指导性案例则没有。[①]这种观点很有代表性，因为它符合对现行的司法解释的效力定性。但问题在于，这种区分仍然源于当前对于抽象性"司法解释"约定俗成的性质界定，而并无充足的立法、理论依据。要想正确界定二者的性质，还必须从司法活动本身的特点入手。一般来说，司法过程即是把抽象的法律规则适用于具体事实的过程，其中不仅包含了对规则的阐释，也包含了对事实的认定以及"从规则到事实"的适用过程。"两高"以发布抽象规则的方式"解释"成文法的行为，并不包含事实认定以及适用法律的步骤，因而从本质上并不属于司法活动，也就谈不上"司法解释"，而毋宁是一种"由司法机关进行的立法解释"，因此抽象性司法解释本身就违背了司法解释的固有规律。

相比而言，指导性案例首先是一种"案例"，是法官司法活动的自然结果。其中包含的对抽象规则的解释，以指导性案例的事实为界限，在有限范围内适用于其他类似的案件，更符合"司法解释"的特征和司法活动的规律。指导性案例的司法解释性质还体现在以下几方面：其一，被参照的是审判法官适用法律过程中通过个案做出的解释；其二，指导性案例必须以制定法为依据，并不得违背、超越制定法；其三，指导性案例中法律解释的内容通过严格的筛选程序可以适用于类似案件。

另外，最高人民检察院虽然长久以来分享司法解释的权力，但鉴于最高人民检察院的案例指导属于内部规范，不宜将最高人民检察院发布的指导性案例纳入司法解释的范畴。

（二）案例指导制度的运行和制度支持

1. 运行

根据最高人民法院的《规定》，案例指导制度的运行包含以下环节：有指导意义的生效判决的产生；指导性案例的推荐；指导性案例的审查；指导性案例的发布；指导性的适用；指导性案例的编纂；既有案例的清理、汇编。作为一个较为初步的制度创新纲要，最高人民法院的《规定》不免显得粗疏。对比判例法和判例制度、结合改革实践，笔者认为案例指导制度的运行应当重点从以下几方面予以完善：

---

① 孙谦：《建立刑事司法案例指导制度的探讨》，载《中国法学》2010年第5期。

（1）有指导意义的生效判决的形成

与判例法以及判例制度中判决形成类似，判例运行的起点是判决的形成。一般说来，判决的形成是多个主体作用的结果，且同时受实体法和程序法的约束。在案例指导制度的框架内，判决的形成应当强调的当事各方的充分参与和法官充分的判决推理。从判决形成的终点——判决书的撰写来说，应当满足如下要求：当事人的请求全部得到了法官的回应；法官认定的事实有充分的证据支持，证据的采信符合证据规则的要求；包含了对法律条文的解释、规则适用过程清晰、有逻辑；判决说理充分，结论唯一。

因初审案件和二审案件都有可能通过推荐审查程序成为指导性案例，对不同审级的判决应有不同的要求。总体来说，案件初审时，法官离事实、证据的距离最近，与当事人的法律要求关系也最密切，应重点论述裁判的事实基础、法律依据和证据支持。我国的二审虽全面审查事实问题和法律问题，但二审除了给当事人提供救济之外，还肩负着统一司法的职能，而二审法官并非事实发现的最佳主体，因此二审的判决书应重点进行法律理由的论述。

（2）指导性案例的筛选

根据最高人民法院的《规定》，筛选指导性案例的标准为：其一，社会广泛关注的；其二，法律规定比较原则的；其三，具有典型性的；其四，疑难复杂或者新类型的；其五，其他具有指导作用的案例。除第五个的兜底规定外，其他四个条件都不同程度地体现了设立案例指导制度的初衷：统一法律适用标准、指导司法实践。但在实践中，这四个条件的把握应当有所侧重。基于指导性案例的司法解释性质，应当重点关注第二个和第四个条件。第二个条件涉及对法律规定本身的具体化解释，是指导性案例的固有属性；第四个条件通过疑难复杂或者新类型的指导性案例的发布，为法官今后审理类似案件提供参照的样本，体现法律适用的示范效应。在这两类案件中，应当特别注意对制定法规则的解释以及从规范到事实的法律适用过程，以更好地实现其指导功能。

（3）指导性案例的适用

指导性案例的适用涉及各诉讼主体的交叉互动，是一个动态的、规则适用的系统工程。指导性案例的适用贯穿整个审判程序，应当允许各诉讼主体的充分参与。易言之，控辩双方都应有权提出指导性判例作为论证本方诉讼请求的依据；法官虽然在审判过程中没有释明指导性案例的义务，但在判决书中的判决理由部分必须注明参照了哪个指导性案例中的哪个规则并详细阐述理由。

2. 制度支持

就我国目前的案例指导制度来说，只有在下列制度的支持下，案例指导制度才能最大限度发挥其预期的功能。

（1）判决说理制度

案例指导制度是以指导性案例作为规则来源指导审判实践的一种制度，因此个案中蕴含的判决逻辑就显得尤为重要。指导性案例中的判决说理必须达到以下统一：事实与法律规则的统一，即裁判结论必须是法律规则适用于具体事实的结果，证据—事实—法律之间的关系必须得到充分论证；程序与实体的统一，即判决书必须载明重要的诉讼步骤、当事人在各阶段行使程序权利的情况，同时确保实体结果符合法律规定和正义的要求；逻辑与经验的统一，即指导性案例既要符合法律逻辑的要求，同时也必须符合一般的经验法则。

（2）审判公开制度

审判公开是刑事诉讼的基本原则，对实现程序正义意义重大。目前，审判过程公开在我国得到了比较充分的强调，但判决书公开制度并没有得到应有的重视。须知，判决书是法院刑事司法权的结果，只有充分公开，才能使社会公众对自己行为结果进行合理预测，发挥法律的指引功能。对于案例指导制度来说，判决公开不仅同样发挥指引功能，而且也是公众监督制度运行的重要途径。全面公开各级法院的判决也有利于案例研究的顺利开展。

（3）职业法律人制度

如同任何国家的判例运作制度一样，成熟的法律职业群体是判例机能实现的必要条件。在我国，案例指导制度要想发挥效能，必须培养一大批的具备良好职业素养的法官、检察官、律师。这些法律人不仅应具备精湛的法律技能、丰富的社会知识，还应具备基本的案例思维。这也同时对"标准化"的法学教育以及案例的学习思维提出了较高的要求。

（三）作为判例运作最低要求的案例指导制度

"判例运作最低要求"，是指案例指导制度确实能够在一定程度上解决我国刑事司法的问题，但一来这一制度建构时日尚浅，仍有一些需要进一步解决的问题，二来囿于我国法律体系一些固有缺陷，不可能从根本上消除我国司法的问题。因此，在肯定案例指导制度作用的同时，还必须清醒地看到，案例指导制度并不是我国刑事司法规则体系构建的终极目标，仅仅是现阶段判例运作的最低要求。

1. 案例指导制度能够在一定程度上解决刑事司法的问题

从制度设计来看，案例指导制度可以从以下方面缓解我国刑事司法的问题：

（1）同案不同判

同案不同判是我国刑事司法系统的一个重要症结。其产生原因主要有二：一是法律规范模糊，二是法官自由裁量权不受限制。案例指导制度在这两个方面都能起到一定的作用。对于前者，指导性案例中包含的对抽象法律规则的具体化阐释，能够在很大程度上减少法律的模糊性和抽象性，便于法官准确适用。对于后者，案例指导制度法定的"参照"效力迫使法官在事实相似的情况下必须考虑指导性案例，这就限制了法官的裁量空间。

（2）案件请示

实践中，初审法院为降低判决被上诉审推翻的风险，在遇到疑难的法律问题时，常常会进行内部请示。但这一做法不符合我国法院之间审判监督的关系设置，也因架空了二审审判而严重侵害了当事人的诉讼利益。案例指导制度把发布案例的权力集中在最高院，这就削减了地方法院通过个案的请示、批复方式影响审判结果的可能性，从而恢复正常的审判监督秩序。

（3）司法不透明、不公正

虽然影响司法公正的因素很多，但案例指导制度至少因其包含的"机会公正、待遇公正、尊严公正、结果公正等体现出法律可预期性的要求以及'同样情况同样对待'的公平原则，在一定程度上会弥补法律公正在逼近自然公正中遭遇的困窘和无奈"。①

2. 案例指导制度需要进一步解决的问题

（1）指导性案例的效力来源及其在规则体系中的定位

以目前的制度设计来看，指导性案例的效力是由"编纂"程序赋予，而非由"审判"程序赋予的。从理论上说，后案法官遵循/参照的对象应当是法官经过亲自审理得出的判决，编纂行为可以起到

---

① 刘作翔、徐景和：《案例指导制度的理论基础》，载《法学研究》2006年第3期。

方便查阅的作用，但并不能赋予判决先例效力——即使在大陆法系国家，编纂也仅为"持续性判例"的形成提供一种演进的线索而已。与之相比，我国的指导性案例虽由最高人民法院发布，但最高人民法院本身并不亲自审理这些案件；最高人民法院的工作仅是从各个地区、审级的生效判决中遴选合适案例；而案例一经最高人民法院公布，即具有指导性案例的效力。这样一来，正是最高人民法院的筛选、编纂行为本身，赋予了被编选的案例以参照效力，这种做法明显扩大了最高人民法院司法解释的权限，其合法性有待论证。

（2）加强法官自律，重塑司法权威

根据比较法的经验，法官判决的说服力很大程度上来源于法院或法官本人的权威。如同大陆法系的持续性判例一样，同一法院或者法官如果能够一以贯之地就某一个问题发表大致一致的判决结论，那么这一裁判主体作出的判决就会具有较高的权威性。当然，这对法官的法律素养和谨慎裁判义务提出了较高的要求。

3. 判例运行层级中的案例指导制度：判例法、判例制度对案例指导制度的启示

从刑事司法渊源体系的角度考察，判例法、判例制度和案例指导制度代表的是三种法律渊源结构；从判例运作本身来看，三种制度又代表了判例效能的三个层级。其中，判例法中的判例效力、地位最高，运行也最成熟、最顺畅，是当之无愧的"判例运作制度的最高境界"。判例制度在保证判例与法典法效力衔接的前提下，利用各种制度设计保证判例机能的发挥，使法典与判例的效能相得益彰，可谓判例运作的次优境界。案例指导制度以判例作为司法活动的参照，配合其他制度，发挥了判例的统一司法标准、保证司法公正的目标，并在一定程度上缓解了目前司法存在的问题，可以称为判例运作的最低目标。

之所以如此界定三种判例运作模式，是由我国当前的法治环境决定的。三种制度中，判例法虽然是最为成熟的判例运作制度，但不可能在我国得到普遍实施：一方面，我国不存在判例法赖以生存的深厚的普通法传统，法院的权威也还远未达到判例法同行的水平；另一方面，由于缺少相应的制度支持，即使强行将判例法移植过来，其运行效果也不容乐观。判例制度虽同以制定法传统为土壤，移植、借鉴的制度障碍相对少，但目前我国也尚不具备全面移植的条件。于是，以案例指导制度为依凭，有步骤地引进判例法和判例制度的

相关制度，就成为一个理性的选择。概括起来，判例法、判例制度至少在如下方面可以为我国所借鉴：

（1）建立有限三审制度

审级制度在判例法和判例制度中都是重要的制度支持，其中，裁量性上诉制度因其法律审的特征和裁量性的提审方式对判例运作影响尤巨。就我国目前的情况来看，在刑事诉讼中引进有限三审制度有利于充分发挥案例指导制度的功能。首先，裁量性三审是法律审，采取法官阅卷、律师辩论的方式，便于从案件中抽取规则，形成有指导效力的案例。其次，裁量性三审的前提是最高人民法院亲自提审已经二审的案件，变案件的遴选为亲审。如此，指导性案例的效力就得到了正当化的证明。最后，裁量性三审将选择案件的裁量权留给最高人民法院的法官，最高人民法院基于案件压力必然会选择最为重要的案件进行提审，在减轻法院负担的同时也提高了指导性案例的权威性。

（2）将诉讼机制引入案例指导制度

案例指导制度是指导司法实践的制度，其效能的发挥只能在诉讼过程中体现。判例法和判例制度中都有律师提交判例、围绕判例进行辩论的规定，值得我国借鉴。因此，我国应在以下方面进行制度完善：首先，赋予控辩双方提交指导性案例作为公诉、辩护理由的权利；两造可以在法庭辩论环节辩论适用己方提交的指导性案例规则的理由。其次，法官没有在案件审理中阐明指导性案例的义务，但若在判决中援引，必须说明理由。最后，如果律师采取了与指导性案例背离的辩护策略而导致被追诉人败诉，除基于民事委托关系的赔偿外，还应当适当借鉴无效辩护制度，给予被追诉人一定的程序救济。

（3）改革司法解释制度

判例制度与抽象性的司法解释制度存在不可调和的矛盾，而后者的合法性与合理性一直未能被证明。因此，应当清理目前存在的司法解释，将其并入刑事诉讼法和刑法；停止发布新的抽象性司法解释；赋予最高法院以指导性案例的方式指导审判的权力。

余论：从层级式的判例运作体系到有梯度的刑事司法规则体系

上文从概念辨析出发，有针对性地分析了判例法、判例制度和案例指导制度各自的运行机制和保障机制，并初步阐述了层级式判例运作机制的观念。从判例运作的角度，我国目前还处于向最低目标——案例指导制度靠拢的"初级阶段"，必须从运行机制和保障机制两方面对此进行制度完善。判例制度和判例法作为判例运作的次级目标和最高目标，也给予我们诸多有益的启示。

在完善判例运作体系的同时，也必须看到，判例体系是整个刑事司法规则体系的一个组成部分。要想从根本上解决我国刑事司法的问题，还必须从整体上完善刑事司法规则体系，特别应当注意不同渊源形式之间的衔接和协调。制定法、法律解释、指导性案例作为不同的规则来源必须明确各自的位阶、协同联系，方能发挥其应有的作用。因此，建立完善的案例指导制度并不是结束，而恰恰是建立符合我国国情的判例运作体系的开始；判例运作体系本身的建成也并不是结束，而是完善刑事司法规则体系的开始；甚至完善刑事司法规则体系也并非是全然的结束，因为有法可依与有法必依仍然存在一定的努力空间。但无论怎样，"两高"出台的《规定》和各地的制度实践都向我们发出了一个信号，即中国的刑事司法正在朝着体系化、科学化的方向演进。

侦查阶段律师权利论略

褚　宁*

作为 1996 年与此次刑事诉讼法修改刑事辩护制度中共同的焦点之一——侦查阶段律师作为辩护人的地位得以确立。1996 年刑事诉讼法修改对刑事辩护制度作出重大调整，其中一个重要的标志就是介入到侦查阶段中，可以会见在押犯罪嫌疑人，向嫌疑人提供法律咨询，并且发现有侵犯嫌疑人合法权益事项时可以向有关单位申诉控告。这在当时无疑是一个重大的制度突破，然而也遗留了一个棘手的问题：律师在侦查起诉阶段的身份为何？模糊的定位成为上次修法突破性进展背后的代价，律师在侦查阶段的辩护人地位缺失，辩护活动在侦查阶段几乎寸步难行，没有发展空间。此次修法，在这一点实现了重大突破，使律师第一次名正言顺地从案件侦查伊始就有了辩护人的身份。表面看这仅是一个称呼问题，然其背后蕴藏的是对律师权利的保障，也是对过去错误的纠正。就整体而言，这是一个来之不易的重大变化。然而，已成为事实的法律本身，并不必然确保其在运行中能够一帆风顺，本文旨在关注刑诉法修改后时代，律师在侦查阶段获得辩护人地位背景下的未来走向。

一、从 "为犯罪嫌疑人提供法律帮助的 '律师'" 到 "辩护人"

由于我国 1996 年《刑事诉讼法》第 96 条只规定了律师介入侦查阶段的时间，以及犯罪嫌疑人聘请的律师可以做什么，但对律师在侦查阶段的诉讼地位，即以何种身份、地位参与刑事诉讼并无明确规定，致使律师在这一阶段既参与刑事诉讼程序，却又不是原《刑事诉讼法》第 82 条第四项所规定的七种 "诉讼参与人" 中的任

* 中国政法大学刑事司法学院博士研究生，刑事诉讼法学方向。

一类，成为侦查阶段没有"名分"的人。理论界经过一番争论，最终将其定名为"为犯罪嫌疑人提供法律帮助的律师"，这个界定真的能够解释侦查阶段律师的身份所在吗？

从语义上看，帮助是比辩护更上位、更模糊地概念。笼统地讲，辩护可被视为一种特殊的帮助形态。然而，辩护人的独特性主要在于其独立的诉讼地位。从辩护职能的承担者——辩护人与被指控人之间的内部关系看，辩护人原则上不受被指控人意志约束。[①] 尽管辩护人是因为和被指控人有着特殊的关系（委托、指定或援助）而参与诉讼，但辩护人的活动并不受被指控人意志约束，法律赋予辩护人许多无须被指控人同意即可独立行使的重要权利，在我国台湾地区法学界，这些权利被称为"固有权"。即以法律上赋予的以辩护人的地位为基础而取得的权利。从辩护人与公安司法机关的外部关系看，辩护人独立于公安司法机关之外发生作用。西方学者一直将律师视为一种独立的阶层或自治的社会力量，认为"律师独立于政府是自由社会的标志"，"律师在为个人权利辩护时，必须维护当事人的利益，而不受外界的干扰，尤其是不受国家官员的干扰"。[②]辩护讲求有效性，从本质上看，辩护是一种民主权，而民主的含义之一便是参与到决定程序中来，并且有效地发挥作用。任何无效的、形式的辩护，即便赋予其辩护之名，也只是一种帮助。[③] 可见，辩护确有其独特的含义，非法律帮助可替代。

侦查阶段的律师缘何"身份"难定？顾永忠教授将原因归结为二：首先，是理论上的原因。[④] 长期以来，我国将辩护的具体内容即辩护的定量问题，理解为实体辩护，仅限于审判阶段为被告人辩护，而不包含程序辩护。在理论上也有人提出"无控诉即无辩护"的观点，认为只有在起诉以后的审判阶段，才可以针对起诉书的指控，为被告人进行辩护，而在审前程序中则不存在辩护。因为控诉尚未发生，无从对被告人罪之有无、刑之轻重展开辩护。在审判前程序中，由于"无控诉"则势必"无辩护"，从而没有辩护人存在的空

---

① 卞建林主编：《刑事诉讼法学》，科学出版社 2008 年版，第 430 页。

② Elizabeth B："The Defense of the Criminally Accused in Canada"，For the Beijing Symposium of Criminal Procedure，1996（5）.

③ 赵旭光：《辩护与帮助之辩》，载《辽宁师范大学学报》2009 年第 2 期。

④ 顾永忠：《我国刑事辩护制度的改革与再完善》，载《人民检察》2008年第 1 期。

间。其次，是实务上的原因，"官本位"的思想导致侦查机关难以接受在侦查阶段律师就以辩护人身份介入其中。[①] 传统的辩护概念是建立在审判中心主义的基础之上，辩护仅指法庭上的辩护，所谓"无控诉即无辩护"便是这种理念指导下的产物。然而，从辩护的实质分析，它既不是裁判，也不是公诉，而是站在维护委托人合法权益的立场上，依照现行法律的规定，最大限度地维护委托人的合法权益。律师辩护就是通过这种特有的方式追求司法公正。因此，辩护是法律赋予辩护律师行使自己职责的一种特有方式，是实现和体现司法公正的必要手段。只有从这个角度来理解辩护的概念，才能给辩护活动一个准确的定位，并正确认识诉讼活动的基本规律和基本架构。[②]

纵观我国30年来刑事辩护的发展，辩护活动遵循了从审判辩护向审判前辩护延伸，实体辩护和程序辩护逐步分离的脉络轨迹。[③] 辩护活动的整体内涵不仅体现为法庭辩护，还包括审判前的辩护。审判前辩护是一种开庭的准备活动，包括会见当事人、查阅案卷、调查取证，与公诉机关沟通、交换意见等。结合近年来辩护的实践效果和律师辩护的表现，审判前阶段的辩护日益凸显出其重大意义。作为一种开庭前的准备活动，审判前的辩护一方面具有工具性、依附性，也因此被称为庭前的防御准备；但另一方面，其也具有自身的独立价值。[④] 具体表现为：第一，维护委托人的合法权利，包括人身权利、财产权利和诉讼权利；第二，发现侦查人员和公诉人的违法行为，利用法律途径促成违法行为的纠正。

具体到侦查阶段，律师的辩护可以分为两个方面：一方面可以称为"为法庭审判中的辩护作准备"，如会见在押嫌疑人，必要的了解案情，进行一些初步调查，向在押嫌疑人核实案情和了解证据线索，这些都是为庭审中的辩护作准备。另一方面可以称作独立的辩

---

① 顾永忠：《我国刑事辩护制度的改革与再完善》，载《人民检察》2008年第1期。

② 田文昌、陈瑞华主编：《刑事辩护的中国经验》，北京大学出版社2012年版，第6页。

③ 田文昌、陈瑞华主编：《刑事辩护的中国经验》，北京大学出版社2012年版，第12页。

④ 顾永忠：《我国刑事辩护制度的改革与再完善》，载《人民检察》2008年第1期。

护活动。其表现为两种方式：第一是程序辩护。如在审查批捕环节，律师如果有证据，有事实和法律依据论证本案没有逮捕必要，从而说服检察机关作出不批捕的决定。这种程序辩护对实体结果将会产生重大影响，将案件导入不同的流向。从而实现将部分案件消化在侦查阶段。[①]第二是实体辩护。律师在侦查阶段可以向侦查机关提出论证本案不构成犯罪的辩护意见，从而将案件阻止在侦查终结前，说服侦查机关作出撤销案件的决定。这也构成了实质上的无罪辩护。这种侦查阶段的辩护，不但未因审前无控诉而丧失其独立价值，相反地，在很大程度上有利于侦查和起诉机关，为其避免提起不必要的"诉"和批准不必要的"捕"提供了保障。

在诉讼过程中，各参与人在法律上都应有自己的诉讼角色。没有法律上的地位，何谈诉讼权的行使？律师在侦查阶段不应当仅仅是羁押场所中的嫌疑人、被告人与外界沟通的信使，也绝不是嫌疑人、被告人的心理慰藉者，律师的根本职能是辩护，而这种职能也绝不应仅仅限定于审判，它应该涵盖整个刑事诉讼的全过程，尤其是嫌疑人、被告人更需要实质性帮助的审判前阶段。侦查是公诉案件审判的基础准备程序，一定意义上是决定审判质量的关键阶段，在中国这点体现的更加明显。在我国当前，审判阶段证人不出庭作证现象普遍，同时审判阶段的有罪率接近百分之百。尽管在侦查、审判之间有审查起诉程序起到过滤作用，但审判程序在一定程度上仍被蜕化为对侦查结果的一个确认程序。正如有学者所言："在一定意义上说，真正决定中国犯罪嫌疑人和被告人命运的程序，不是审判，而是侦查。"[②]由于侦查权具有天然的主动性、侵犯性，如果认识不到侦查机关与被追诉人之间的对抗性，不加强对被追诉人辩护权的保护和强化，诉讼程序就有可能被演化成一个由侦查机关主导的"治罪程序"。在这种语境下，程序性辩护在侦查阶段更应当受到重视。此次立法突破中，第一次名正言顺地以辩护人身份介入案件侦查阶段的律师能够在侦查阶段得到作为辩护人应有的法律待遇和权利保障，进行必要的调查，为审判前辩护的开展创造了空间，也为我国辩护概念内涵和外延的拓展奠定了基础。

---

① 田文昌、陈瑞华主编：《刑事辩护的中国经验》，北京大学出版社2012年版，第337页。

② 孙长永主编：《侦查程序与人权》，方正出版社2000年版，序言。

二、"辩护人"身份确立后的辩护律师权利分析

根据正当程序的理论内涵，在刑事诉讼过程中，代表国家权力的控诉方和代表公民权利的辩护方是平等的双方当事人，应该实行"公平竞争"的程序规则，如果在侦查阶段不允许犯罪嫌疑人获得律师辩护，就等于让本来已处于弱势的辩护方在诉讼竞赛的起跑线上就处于劣势。这显然有违正当法律程序的价值理念。[①]此次刑诉法修改对律师在侦查阶段辩护人地位的确立，直接导致了与之一脉相承的若干程序制度的确立，从而将我国侦查阶段刑事辩护活动的范围与质量向前推进了一大步。但在实际操作中对律师也提出了更多的挑战，并伴随着新的执业风险。

（一）关于侦查阶段辩护律师的调查取证权

依据刑诉法第 41 条规定的字面含义，可以得出结论——辩护律师在刑事诉讼过程中享有调查取证权，但行使该权利须具备一定条件。[②]这一论断在最高人民法院于 2012 年 12 月 25 日颁布的《最高人民法院关于适用〈中华人民共和国刑事诉讼法〉的解释》（以下简称《解释》）中得到佐证。《解释》第 51 条规定："辩护律师向证人或者有关单位、个人收集、调取与本案有关的证据材料，因证人或者有关单位、个人不同意，申请人民法院收集、调取，或者申请通知证人出庭作证，人民法院认为确有必要的，应当同意。"可见，辩护律师首先享有向证人或者有关单位、个人收集、调取证据的权利，若遭到相对人拒绝，方可以向人民法院提起申请作为救济措施。由于，新《刑事诉讼法》第 33 条通过"犯罪嫌疑人自被侦查机关第一次讯问或者采取强制措施之日起，有权委托辩护人"的规定，赋予

---

① 赵海峡：《论律师在侦查阶段的诉讼地位》，载《消费导刊》2007 年第8 期。

② 首先，依据《刑事诉讼法》第 41 条第 1 款规定，辩护律师向证人或者其他有关单位和个人行使调查取证权时有两种途径，一种是自行调查取证，但须建立在证人或者其他有关单位和个人同意的前提上；另一种是申请人民检察院、人民法院收集、调查证据，或者申请人民法院通知证人出庭作证。该申请可由于证人或其他有关单位和个人拒绝配合调查而引起，也可由辩护律师直接申请而产生。根据该条第 2 款规定，辩护律师具备向被害人或者其近亲属、被害人提供的证人进行调查取证的权利，前提是获得前述人等的同意以及人民检察院或者人民法院的许可。

了律师在侦查阶段辩护人的身份。笔者认为，侦查阶段的律师也当然地享有《刑事诉讼法》第41条赋予辩护律师的调查取证权。然而，根据新《刑事诉讼法》第40条规定，辩护人在侦查阶段享有的调查取证权应受到限制，可以收集犯罪嫌疑人不在犯罪现场、未达到刑事责任年龄、属于依法不负刑事责任的精神病人三类证据。同时，收集到的上述证据辩护人必须及时告知公安机关、人民检察院。这一规定弥补了原刑诉法对律师在侦查期间是否可以收集证据以及收集证据的具体范围的空白。2012年11月25日公布的《人民检察院刑事诉讼规则（试行）》（以下简称《规则》）第51条进一步印证了该论断①。笔者认为，新法在赋予侦查期间的辩护律师以调查取证权的同时，也在一定程度上限制了侦查阶段辩护律师行使该权利的范围，同时为律师增加了提交有关证据的义务。

作为公布时间较晚（2012年12月27日公布）的公安部《公安机关办理刑事案件程序规定》（以下简称《规定》）在第55条第2款作出了类似规定。②可见，侦查阶段辩护律师能够在"三类证据"范围内进行调查取证，是已在公、检、法三机关达成的共识。然而，笔者认为在《规定》中最能够明确、直接体现侦查阶段辩护律师执业范围的第40条，以列举的方式规定了公安机关在侦查阶段应当保障辩护律师从事执业活动的范围，却将律师的调查取证权排除在外。③笔者按照《规定》的逻辑思维推导出的结论是，辩护律师在侦查阶段能够在特定范围内行使调查取证权，然而该权利并不受到公安机关的保障。英美法系中有一句著名的法谚"无救济则无权利"。《规定》恰以这种无救济地方式，赋予了辩护律师一项看起来很美的

---

① 《人民检察院刑事诉讼规则（试行）》第51条规定："在人民检察院侦查、审查逮捕、审查起诉过程中，辩护人收集到有关犯罪嫌疑人不在犯罪现场、未达到刑事责任年龄、属于依法不负刑事责任的精神病人的证据，告知人民检察院的，人民检察院相关办案部门应当及时进行审查。"

② 公安部《公安机关办理刑事案件程序规定》第55条第2款规定："对辩护律师收集的犯罪嫌疑人不在犯罪现场、未达到刑事责任年龄、属于依法不负刑事责任的精神病人的证据，公安机关应当进行核实并将有关情况记录在案，有关证据应当附卷。"

③ 共包括四个方面，分别是：向公安机关了解犯罪嫌疑人涉嫌的罪名和案件有关情况；与犯罪嫌疑人会见和通信；为犯罪嫌疑人提供法律帮助、代理申诉、控告；为犯罪嫌疑人申请变更强制措施。

"权利"，孰不知，这"权利"背后隐藏的竟是增添给律师的一项新的义务——即提交有关证据的义务。至此，"扩大权利"在各部门的解释中异化成为"增添义务"的新途径。

（二）关于听取律师意见问题

根据新《刑事诉讼法》第159条、《规定》第55条、《规则》第54条的规定，在案件侦查终结前、审查逮捕、审查起诉过程中，辩护人提出要求听取其意见的，公安机关、检察机关应当听取辩护律师的意见，并记录在案；辩护律师提出要求的，有关机关应当附卷。①在侦查阶段，律师可以介入整个侦查活动，尤其在侦查终结前，律师提出要求的，侦查机关应当听取律师的意见，并且要把律师的书面意见载入侦查案卷中，这表明了在一定意义上听取律师意见成为一项必经程序，这可谓是一项明显的进步，为律师在侦查期间的实体辩护增加了空间。

但是，该规定在三个层面存在着实现上的桎梏，处理不当恐有使其成为"花瓶"条款的风险。首先，辩护人在侦查期间不能阅卷，只能在会见犯罪嫌疑人时对案情作必要了解，以及为审查批捕程序作必要的调查准备，能够掌握的信息非常有限，提出意见的说服力会相对较弱。因此，在此阶段，律师即使拥有辩护权，一般情况下也可能会选择放弃行使该权利，权利的实现程度将大打折扣。其次，法律中规定的"听取意见"，并未阐明听取的具体内容，以及听取意见将会对诉讼过程产生的实际效果。究竟这种听取意见能否对诉讼进程和犯罪嫌疑人权利的保障起到何种实质性作用，笔者认为并不明晰。也因此可能导致"听取律师意见"成为一纸空文。最后，关于"应当"，缺少违反后的法律后果及制裁措施。根据立法学基本原理，"应当"的表述构成法律上的义务，违反法律义务势必有相应的

----

① 《刑事诉讼法》第159条规定："在案件侦查终结前，辩护律师提出要求的，侦查机关应当听取辩护律师的意见，并记录在案。辩护律师提出书面意见的，应当附卷。"《公安机关办理刑事案件程序规定》第55条规定："案件侦查终结前，辩护律师提出要求的，公安机关应当听取辩护律师的意见，根据情况进行核实，并记录在案。辩护律师提出书面意见的，应当附卷。"《人民检察院刑事诉讼规则（试行）》第54条规定："在人民检察院侦查、审查逮捕、审查起诉过程中，辩护人提出要求听取其意见的，案件管理部门应当及时联系侦查部门、侦查监督部门或者公诉部门对听取意见作出安排。辩护人提出书面意见的，案件管理部门应当及时移送侦查部门、侦查监督部门或者公诉部门。"

法律后果。尽管,《刑事诉讼规则》第 57 条第 2 款第 12 项规定了,未依法听取辩护人、诉讼代理人的意见的,辩护人、诉讼代理人可以向同级或者上一级人民检察院申诉或者控告,控告检察部门应当接受并依法办理。可以看出检察机关已对此问题有所关注,并赋予了辩护人向同级或上一级人民检察院申诉或者控告的救济手段。六部委《关于实施新刑事诉讼法若干问题的规定》(以下简称六部委《规定》)第 10 条进一步完善了该申诉、控告的程序控制,强调人民检察院受理辩护人、诉讼代理人的申诉或者控告后,应当在十日以内将处理情况书面答复提出申诉或者控告的辩护人、诉讼代理人。然而,该手段仍不能称为有效的救济措施。许多大陆法系国家,为确保给侦查机关、公诉机关、法院设定的法律义务得以实施,构建了一种被称作“诉讼行为无效”的独特制度。[①] 即在使用了“应当”、“必须”这类表述后,紧随其后的是规定以作为或不作为的方式违反上述义务的行为一律无效。所谓无效,即意味着该行为从未发生,应从案卷以及法庭审理中被排除。笔者认为,为有效实现该条款的立法旨意,相关司法解释中有必要对违反该规定的法律后果加以明确。

(三) 关于辩护律师在侦查阶段的会见权

新《刑事诉讼法》第 37 条规定:“辩护律师可以同在押的犯罪嫌疑人、被告人会见和通信”,“辩护律师执律师执业证书、律师事务所证明和委托书或法律援助公函要求会见在押的犯罪嫌疑人、被告人的,看守所应当及时安排会见,至迟不得超过四十八小时”,“辩护律师会见犯罪嫌疑人、被告人不被监听”。相较于 1996 年刑事诉讼法,此次修法的规定显然是扩大了律师在侦查期间的案件知情权,明确了辩护律师持三证无障碍会见权、可以与在押犯罪嫌疑人核实案情、核实证据、会见过程不被监听。公安部《规定》第 52 条特别强调,辩护律师会见犯罪嫌疑人,公安机关不得监听,不得派员在场。从这些方面看来,上述规定对解决实践中的会见时间、会见次数、会谈内容、会见过程中的监听情况均有所裨益。[②]这一系列

---

① 田文昌、陈瑞华主编:《刑事辩护的中国经验》,北京大学出版社 2012 年版,第 333 页。

② 孙长永:《侦查阶段律师辩护制度立法的三大疑难问题管见》,载《法学》2008 年第 7 期。

程序性保障无疑得益于律师辩护人身份的确立，同时在立法上基本实现了与 2007 年《律师法》第 33 条规定的律师会见权的衔接。

　　然而，两个例外条款的设定，却使会见权的实现呈现扑朔迷离的状态。一个是看守所 48 小时安排会见，这表明看守所在 48 小时内安排都是合法的，显然这与律师法中对律师会见权的保障相悖。实践中也极有可能异化为侦查机关、检察机关利用法律表述的漏洞限制律师的辩护权利，将 48 小时才能够会见犯罪嫌疑人变为常态、常规性。[①] 此外，此次修法中的 "48 小时内" 会见并未区分诉讼阶段。根据以往司法实践，阻碍律师会见犯罪嫌疑人的情况通常发生在侦查阶段，审判阶段和审查起诉阶段较为少见。新刑事诉讼法未在此问题上作出明确区分，不排除阻挠会见状况会由此扩展至审查起诉与审判阶段，那必将成为修法的一大败笔。[②] 幸而，公安部《规定》第 50 条的出台在部分层面上解决了前述担忧，其规定 "辩护律师要求会见在押的犯罪嫌疑人"，看守所应当在查验其三证后，"在四十八小时以内安排律师会见到犯罪嫌疑人，同时通知办案部门"。六部委规定第 7 条也出现了类似表述。[③] 其中 "会见到" 三个字的表述，将 "四十八小时" 承担何种功能的猜测明晰化，也防止了办案机关对 48 小时作多种解读，避免对律师行使会见权的延误。另外，关于危害国家安全犯罪案件、恐怖活动犯罪案件，公安部《规定》要求对辩护律师提出的会见申请，办案部门应当在收到申请后 48 小时以内，报经县级以上公安机关负责人批准，作出许可或者不许可的决定。笔者认为，针对这两类案件，48 小时只能被解释为作出是否许可会见决定的时间限制。关于特别重大贿赂犯罪案件，最高人民检察院《规则》设定了 "三日以内" 的报检察长决定并答复

---

　　① 田文昌、陈瑞华主编：《刑事辩护的中国经验》，北京大学出版社 2012 年版，第 356 页。

　　② 田文昌、陈瑞华主编：《刑事辩护的中国经验》，北京大学出版社 2012 年版，第 356 页。

　　③ 最高人民法院、最高人民检察院、公安部、国家安全部、司法部、全国人大常委会法制工作委员会《关于实施刑事诉讼法若干问题的规定》第 7 条："辩护律师要求会见在押的犯罪嫌疑人、被告人的，看守所应当及时安排会见，保证辩护律师在四十八小时以内见到在押的犯罪嫌疑人、被告人。"

辩护律师的时间。①该"三日"应理解为答复辩护律师是否许可会见的时间限制，而安排辩护律师会见犯罪嫌疑人的时间，在逻辑上推算，应更长于该"三日以内"的时间设定。上述规定明确了三类特殊案件安排会见的具体时间，防止无限期的拖延，从而实现了对被羁押人权利的保障。另一个例外是针对三类特殊案件（危害国家安全犯罪、恐怖活动犯罪、特别重大贿赂犯罪），由侦查机关许可会见。其中，对于"特别重大"的解读，在《规则》第45条中得以明确，"有下列情形之一的，属于特别重大贿赂犯罪：（一）涉嫌贿赂犯罪数额在五十万元以上，犯罪情节恶劣的；（二）有重大社会影响的；（三）涉及国家重大利益的"。在侦查期间辩护律师会见犯罪嫌疑人的应当经人民检察院许可。然而，根据我国目前的经济发展状况，以及贿赂犯罪案件的数额判断，将会有大量案件被列入"特别重大"的范围，律师在侦查阶段均有可能因案件冠以"数额特别重大"而被拒绝会见犯罪嫌疑人。此外，关于何谓"重大社会影响"、"涉及国家重大利益"，《规则》以"重大"解释"特别重大"，决定权仍由检察机关控制，侦查阶段的律师欲行使其会见权恐仍面临着被异化的风险。

诉讼法学研究（第十八卷）

关于辩护人会见权的救济措施问题，在《规则》第57条第2款第7项规定中有所体现，"违法限制辩护律师同在押、被监视居住的犯罪嫌疑人、被告人会见和通信的"，辩护人可向同级或者上一级人民检察院申诉或者控告，检察部门应当接受并依法办理"。公安部《规定》中则仅要求公安机关作出不许可会见决定的，应当书面通知辩护律师，并说明理由，并未给予辩护律师对不许可会见决定进行申诉或控告的权利。为此，笔者对于这种缺少法律后果的救济措施，能否对辩护人会见权产生实质性的保障不无担忧。

（四）关于审查批捕阶段律师的作用

律师的辩护人地位确立后，可以在审查批捕阶段参与到批捕程序中。《刑事诉讼法》第86条规定："检察机关在审查批捕过程中，辩护律师提出要求的，检察机关应当听取律师的意见。"《规则》第309条规定，在审查逮捕过程中，犯罪嫌疑人已经委托辩护律师的，

---

① 《规则》第46条规定："对于特别重大贿赂犯罪案件，辩护律师在侦查期间提出会见在押或者被监视居住的犯罪嫌疑人的，人民检察院侦查部门应当提出是否许可的意见，在三日以内报检察长决定并答复辩护律师。"

辩护律师提出要求的，应当听取辩护律师的意见，并且对辩护律师的意见应当制作笔录附卷。"应当"听取辩护律师的意见，表明律师在批捕阶段可以进行有效辩护。相对于侦查阶段提出的辩护意见，这个环节的作用意义更显重大。①律师可以从三个方面为犯罪嫌疑人进行辩护：首先，可以论证逮捕不符合法定条件，由于新刑事诉讼法赋予律师会见、调查等活动的权利，由此辩护律师有可能拿出证据来论证逮捕的违法性。其次，律师还可以论证逮捕缺少必要性。新刑事诉讼法规定了应当逮捕的五种情况，如律师能够通过证据证明犯罪嫌疑人的行为不在这五种情形之内，逮捕就缺少必要性。最后，律师还可以论证逮捕有可能带来的负面后果。很显然，律师辩护在审查批捕阶段的空间比以往扩大许多，这种辩护范围的扩大与辩护人的身份和地位也是相互促进的。最高人民检察院《规则》第309条第2款的规定对辩护律师可以充分发挥辩护功能的方面进行了列举，包括"不构成犯罪、无社会危险性、不适宜羁押、侦查活动有违法犯罪情形等"，对于上述书面意见，办案人员应当审查，并在审查逮捕意见书中说明是否采纳的情况和理由。此外，该《规则》第314条还对辩护人在变更强制措施时可发挥的作用加以规定，对于人民检察院正在侦查的案件，被逮捕的犯罪嫌疑人的辩护人认为羁押期限届满，向人民检察院提出释放犯罪嫌疑人或者变更逮捕措施要求的，人民检察院应当在3日以内审查决定。可见，在侦查阶段辩护律师可以提供的辩护内容，包括实体辩护与程序辩护，从而确保了侦查阶段辩护权的充分行使。然而，过于详述地列举存在着导致辩护律师在其他可能为犯罪嫌疑人提供有效辩护的层面受到束缚的风险。

　　然而，立法中相关配套制度的疏漏与司法实践中的执行异化，也有可能使律师在审批程序中的参与程度大打折扣。首先，《刑事诉讼法》第89条规定："人民检察院应当自接到公安机关提请批准逮捕书后的7日以内，作出批准逮捕或者不批准逮捕的决定。"第165条规定："人民检察院对直接受理的案件中被拘留的人，认为需要逮捕的，应当在14日以内作出决定。"不难看出，律师在批捕环节的应对时间非常有限，一般情况为7日，未被拘留的为15日，重大复

---

① 田文昌、陈瑞华主编：《刑事辩护的中国经验》，北京大学出版社2012年版，第345页。

杂案件的不超过 20 日，检察机关的自侦案件为 14 日。① 因此，仅在极少数案情简单明确的案件中，律师在此环节方能较有作为。其次，司法实践中，被逮捕的犯罪嫌疑人通常在逮捕发生时并未委托辩护律师，逮捕行为具有"突发性"，欲使辩护律师在审查批捕阶段发挥功能，成为"时间倒置"上的不能。最后，律师在侦查最初阶段通过行使会见和调查嫌疑人的权利，论证批捕条件成立与否的过程，很可能带来犯罪嫌疑人的翻供、串供，使相关证据的获取变得更加困难。侦查机关也会因此将律师的辩护活动视为侦查成功的障碍，并进一步激化侦查机关与辩护律师之间的矛盾。

因此，对于律师在批捕环节的辩护方面，从立法角度看较之前有了更大的作为空间，然而这对现在的律师还是一项新的内容，能否真正发挥作用，还取决于相关配套制度的完善，以及侦查机关、检察机关的配合。

总体看来，过去那种开庭前简单的会见、阅卷、调查，毫无悬念地为庭审辩护作准备的传统辩护观念在新刑诉法实施后的某些案件中将会不合时宜。某些情形下，侦查阶段的辩护直接进入实质性辩护。但从近年司法实践来看，律师在这个阶段，特别是会见嫌疑人和调查证据时，如果只是为了追逐巨额的诉讼利益，放弃了对行业纪律和职业道德规范的恪守，即有可能在某些边缘地带制造风险。而这种违规将直接导致辩护活动在侦查阶段与侦查机关、检察机关之间的矛盾对立的激化。届时，刑事辩护活动在侦查阶段再度被压制为"有名无份"的状态，将是立法者和业界人士不希望看到的。

三、律师作为辩护人在侦查阶段的权利完善

从"为犯罪嫌疑人提供法律帮助的'律师'"到"辩护人"，侦查阶段的律师身份历经 16 年方得以正名。但如若仅是名分或称呼的变更，那么所谓"辩护人"身份的获得不免落入与之前"为犯罪嫌疑人提供法律帮助的律师"抑或"法律帮助人"等相同的名称诡辩

---

① 《人民检察院刑事诉讼规则（试行）》对于审查批准逮捕的时间进一步细化，"对公安机关提请批准逮捕的犯罪嫌疑人，已被拘留的，人民检察院应当在收到提请批准逮捕书后的七日以内作出是否批准逮捕的决定；未被拘留的，应当在收到提请批准逮捕书后的十五日以内作出是否批准逮捕的决定，重大、复杂的案件，不得超过二十日"。

的嫌疑。笔者曾对"身份"一词作出探究，依据辞海释义，身份为"人在社会上或法律上的地位、资格"。[①]所谓资格即为"从事某种活动所应具备的条件"。[②]可见，身份存在的实质乃为人在社会中从事某种活动的过程中所呈现出的地位与资格。在本文语境下，身份可指，在侦查程序中律师从事相关诉讼行为过程中的地位与资格。简单表述为在侦查阶段，律师能够从事哪些行为或律师享有哪些诉讼权利。至此，此次修正案赋予侦查阶段辩护律师的诉讼权利能否令其辩护人身份"实至名归"，方为探讨的焦点。否则，修法只可谓徒有虚名的进步。基于前述分析，笔者建议在新刑诉法及相关解释的基础上，完善律师在侦查阶段的如下诉讼权利：

（一）亟待"实至名归"的调查取证权

辩护律师的调查取证权，是指辩护律师有权向有关单位、个人进行调查，收集有利于犯罪嫌疑人的证据。这是制约侦查机关滥用职权，充分发挥辩护人作用的保障。在刑事诉讼中，有意义的权利应当具备如下特点：第一，权利的行使应当自由主张，不受无端限制；第二，权利一旦被剥夺，能够及时通过程序得到救济；第三，权利不建立在他人意志之上，不因他人特别是对方的意志而改变。[③]以此分析我国律师在侦查阶段被赋予的调查取证权是否符合有意义的权利之标准呢？首先，律师行使调查取证权的身份是非官方的，即"民间身份"，不具有任何强制力；其次，根据新刑诉法第41条规定，辩护律师行使调查取证权须经被调查人、检察院或法院同意，《规则》与《解释》更加强化了这种批准权，将调查取证权置于被"虚化"的危险境地；最后，此次刑诉法未对辩护律师行使申请调查取证权遭到拒绝后的救济措施加以充分规定。最高人民检察院《规则》第57条第2款第9项赋予"被违法限制收集、核实有关证据材料"的辩护律师以申诉或控告权。六部委《规定》第10条明确了，该申诉、控告申请应当在十日内由检察机关作出答复。然而，当该申诉、控告权被侵犯时，导致的法律后果为何，司法解释未加以明确。综上，律师在刑诉法语境下的侦查阶段的调查取证权尚不具备

① 《辞海》，上海辞书出版社2009版，第1008页。
② 《辞海》，上海辞书出版社2009版，第1514页。
③ 王楷：《律师调查取证权的定性与保障》，载《湖北警官学院学报》2011年第2期。

"有意义"权利的典型特征。① 与此同时，规定辩护律师的证据提交义务，有可能会给律师执业带来新的风险：一方面，律师不履行提交义务可能会成为被追诉的新借口；另一方面，律师如何防止有利证据告知侦查机关后的灭失风险，也将成为新的研究课题。综上，律师在刑事诉讼法语境下的侦查阶段享有的调查取证权尚不具备"有意义"的权利的典型特征。② 樊崇义教授曾评价其为"受限制的权利"。

联合国《关于律师作用的基本原则》第 21 条规定："主管当局有义务确保律师能有充分的时间查阅当局所拥有或管理的有关资料、档案和文件，以便使律师能向其委托人提供有效的法律协助。应该尽早在适当时机提供这种查阅的机会。"侦查从某种意义上说是一种依靠国家强制力，对证据进行保全的程序。侦查人员拥有广泛的权力，可是由于侦查机关处于追诉者地位，他们往往容易忽略对于犯罪嫌疑人有利的证据的发现和收集。③ 赋予律师调查取证权，不断增强诉讼的对抗性是解决这一问题的关键。这是保障律师履行职责的最低条件，是当代文明社会律师所享有的最基本的权利。欲使辩护律师的调查取证权真正发挥实质的作用，我国的现行规定仍有待改进：首先，明确调查取证权的权利属性，并赋予权利行使的救济措施。"无救济即无权利"，现行法律规定中缺少明确的救济手段，使得调查取证权实难担当权利的称谓。因此，针对检察机关对申诉与控告加以阻碍的行为，应当明确其消极法律后果，如对相关人员进行行政处罚、可作出对控方不利的推定，若涉及调查取证权对案件定罪量刑有重大影响的，严重侵犯了辩方利益的，可导致控方的指控无效。其次，加强律师职业保障，赋予律师执业豁免权。刑事案件风险大、收益低，成为近年来导致刑辩率下降的主要原因。调查取证权是确保律师能够在侦查阶段提出实质性法律意见的前提基础

诉讼法学研究（第十八卷）

---

① 王楷：《律师调查取证权的定性与保障》，载《湖北警官学院学报》2011 年第 2 期。

② 王楷：《律师调查取证权的定性与保障》，载《湖北警官学院学报》2011 年第 2 期。

③ 张仲麟：《刑事诉讼法新论》，中国人民大学出版社 1993 年版，第196 页。

和有效保障，但也增加了律师的执业风险。① 这种压力，一方面源自于当事人的素质尚待提高；另一方面与司法机关的考核机制也有密切关联。因此，只有创造健康、良好的职业环境，解决律师的后顾之忧，方为确保律师事业发展的法宝。

（二）被"48小时"与"三个例外"拖累的律师会见权

文章前已述及，新刑事诉讼法赋予律师在侦查阶段的会见权，在实践中潜在着被异化的风险。原因即在于"不得超过四十八小时安排会见"以及三类特殊案件中，"律师在侦查阶段会见犯罪嫌疑人要经过检察机关、侦查机关的批准"这两项例外规定的设置。

侦查权与会见权的冲突是"与生俱来"的。法国著名侦查学家艾德蒙·费加尔曾说"侦查工作的头几个小时，其重要性是不可估量的，因为失掉了时间，就等于蒸发了真理"②。侦查权的快速、有效行使，对于控制犯罪进而维护社会秩序具有极其重要的秩序。会见权是犯罪嫌疑人与辩护律师共有的基本权利。只有通过与犯罪嫌疑人会见，律师才能了解案件信息与侦查情况，以决定是否为犯罪嫌疑人申请取保候审，发现侦查活动是否存在违法行为并提出控告等。③然而，律师会见与侦查讯问的对象均指向犯罪嫌疑人，同一主体是无法在同一时间接受双方的质询，因此讯问与会见必然有先后顺序。但单纯地只强调任何一方，将会导致另一方在发挥功能时大打折扣。理性地平衡侦查权和会见权，并不是让一方优于另一方，而是"既要确认犯罪嫌疑人原则上享有与辩护律师自由的会见权，又允许对此合理的限制"④。

因此，这几个对律师会见权的例外规定，应当在相关的司法解释中加以明确或限制，以防滥用。笔者认为，主要包括以下几个方面：首先，明确列举不许可律师会见的情形，并明确当不许可事由消失后，应当允许会见；其次，律师对于不许可会见决定持异议的，

---

① 顾玉彬：《刑事辩护方申请调查取证权论——评刑事诉讼法修正案（草案）第8条》，载《中国人民公安大学学报》（社会科学版）2011年第6期。

② 拉·别尔金：《刑事侦查学随笔》，李瑞勤译，北京群众出版社1986年版，第69页。

③ 陈学权：《侦查期间合理限制律师会见权研究》，载《现代法学》2011年第5期。

④ 陈学权：《侦查期间合理限制律师会见权研究》，载《现代法学》2011年第5期。

应给予有效的救济途径，如申请抗告或向法院请求非法证据排除等手段，否则，权力与权利之间势必出现不均衡的态势。

（三）在审查批捕阶段争取更大"话语权"

如前所述，在审查批捕阶段，新刑诉法赋予律师以参与权与话语权，具有重大意义。但配套机制与司法实践中的漏洞也极易导致律师正常发挥辩护功能的异化。究其本源，我国"逮捕"概念的异化及其在司法实践中发挥功能的特殊性，是导致律师辩护难以在审查批捕阶段发挥更大作用的根源。理论上讲，"逮捕"是一种剥夺人身自由的强制措施，具有暂时性、程序性的特点。在西方法治发达国家，逮捕是一个行为，逮捕后应立即交付预审法官审查是否符合羁押条件，不符合的应当立即释放。但在我国的司法实践中，逮捕扮演着相当于羁押的角色。一旦逮捕就有两个月的羁押期，甚至"逮捕就是定罪的前奏、刑罚的预演"①。有个别地方的检察机关内部规定—批捕后被判缓刑或非监禁刑的，均可能面临在考核中被判失误的风险。为此，作为本应各自独立的逮捕与羁押在我国实际上被合而为一。审查批捕对检察机关具有"特殊意义"，律师难以有所作为也就不足为奇了。欲为律师辩护在审查批捕阶段争取更大空间，逮捕概念回归原位势在必行。

（四）有待填补空白的讯问在场权

辩护律师在场权是基于辩护律师在刑事诉讼中的独立主体地位所拥有的独立权利。律师在场权的实行可以使律师及时介入刑事诉讼，为被追诉人提供法律帮助，有效地监督追诉权的行使，保障被追诉人人权。②犯罪嫌疑人在侦查阶段的供述，是确定犯罪嫌疑人有罪与否及罪行轻重的重要证据。侦查机关在讯问犯罪嫌疑人时，由于各种因素的影响，在讯问方式上容易采取法律所禁止的刑讯逼供、骗供、诱供等方法，在制作讯问笔录时，有的只记录犯罪嫌疑人参与犯罪的主要事实，对其辩解只做简略的记录，甚至不记录。如果侦查机关讯问犯罪嫌疑人时有律师在场，可以有效防止侦查人员采取非法手段取得犯罪嫌疑人供述，也有利于保证讯问笔录等言词证

---

① 田文昌、陈瑞华主编：《刑事辩护的中国经验》，北京大学出版社 2012 年版，第 345 页。

② 屈新：《论辩护律师在场权的确立》，载《中国刑事法杂志》2011 年第 1 期。

据的真实可靠，合法有效。① 在美国的侦查程序中，律师具有广泛的在场权。包括调查、讯问、传讯等阶段，律师均可申请在场。只要一个人处于羁押之中或被采取了剥夺自由的措施，获得律师帮助的要求将是自然的，除非一个人自愿地、知情地和有理智地放弃这一权利。② 英国原则上允许律师在讯问犯罪嫌疑人时在场。然而，我国此次新刑事诉讼法仍未赋予律师享有侦查机关讯问犯罪嫌疑人时的在场权。

在我国，由于各种原因，刑事诉讼极为重视口供的作用，甚至形成了没有口供就无法定案的惯性思维。对口供的极力追求容易导致刑讯逼供的泛滥，针对这种危害性，有的学者指出"刑讯逼供是司法落后的主要标志之一，时至今日，我国仍无法消除这一历史上的恶劣传统，实在与我国所处的时代格格不入"。③而赋予律师在侦查机关讯问犯罪嫌疑人时在场权是防止刑讯逼供，杜绝侦查机关非法取得口供的有力措施之一，在我国刑事诉讼人权保障尚不十分发达的今天，在立法中吸取这一制度显得弥足珍贵。

当然，实行律师讯问在场制度，侦查人员最初会感觉不适应，但这是推行一项新制度时必然经历的阵痛。律师在场制度一旦确立，将为中国的刑事诉讼制度带来一场革命：它将推动侦查技术的进步，改善侦查方法，促进优秀法律人才的培养，完善法律援助制度，优化律师职业体系。④ 为了落实律师在场权，还要建立其他的配套措施，如扩大法律援助范围，建立律师值班制度等。否则，该项制度即使被法律确认，也有可能仅停留在纸面上。与此同时，为了防止律师在场给侦查活动带来的负面影响，律师在场可以用"看得见，但听不见"的方式进行。即采纳形式上的律师在场权，将律师的作用仅限于防止侦查机关以不法手段获取口供，从而可以排除律师在

---

① 郑芳芳、智世勇：《讯问时律师在场权问题探讨》，载《神州》2012 年第 15 期。

② 李心鉴：《刑事诉讼构造论》，中国政法大学出版社 1998 年版，第 174 页。

③ 周永胜：《论刑事侦查阶段侦查权与辩护权的动态平衡》，载《法学杂志》2012 年第 5 期。

④ 屈新：《论辩护律师在场权的确立》，载《中国刑事法杂志》2011 年第 1 期。

讯问中与犯罪嫌疑人进行交谈或提供法律意见的权利。①

（五）恪守职业道德、提高执业素养是律师规避风险的"法宝"

由于侦查阶段律师辩护人身份的确立，律师在原本基本无所作为的阶段渐有发挥的空间，工作量的增加也成为必然。诸如，在侦查阶段，可以做调查，批捕时，可以发表意见。然而权利加大的同时，风险也随之而来。毕竟，侦查阶段是案件侦破最敏感的时期。但律师唯有通过调查，方能提出有实质作用的意见，与犯罪嫌疑人讨论案情是不可避免的，办案的风险在这个过程中加大。"李庄案件"揭示的可怕后果就是犯罪嫌疑人、被告人可以通过检举揭发自己的辩护律师获得立功减刑。② 与此同时，律师在侦查阶段向侦查机关或批捕机关表达意见，虽然能够起到一定的积极作用，却不排除非正常司法环境下，可能导致对方根据律师观点采取措施，改变、修补侦查策略，这无疑也增加了律师的工作难度和风险。

在目前我国的法治环境尚不完善的情况下，律师必须严格恪守职业道德。在会见当事人或进行相关调查时，不能做有违职业伦理、职业纪律的事情同时要善于保护自己。律师是专业人士，相较于非专业的当事人而言，更应当清楚自己该如何行为及其后果。律师对当事人可以说明的是不同行为的法律后果，但不能替当事人做选择，也不能鼓励当事人做某种选择。

（六）风险控制的根本——司法审查机制的引入

现代刑事诉讼的基本构造是控、辩、审三方权能实际运作情况决定的。司法机关和诉讼参与人相应的是这三种权能的承担者。无论是侦查阶段的辩护还是审查批捕阶段辩护的独立价值的实现都要受到审前构造的制约。西方许多国家都有预审法官、治安法官这样的角色参与到开庭前的诉讼过程中，律师则将自己的辩护意见向第三方裁判者表达。但是，我国尚未建立审批前的司法审查制度，没有中立的第三方，缺少裁判者，律师独自面对侦查机关和检察机关。此种情景下，辩护律师将面临着被侦查机关、检察机关视作扰乱侦查破案成功的风险，辩护效果越好，越容易引发侦查机关的反感，

---

① 屈新：《论辩护律师在场权的确立》，载《中国刑事法杂志》2011 年第 1 期。

② 田文昌、陈瑞华主编：《刑事辩护的中国经验》，北京大学出版社 2012 年版，第 358 页。

从而引发职业上、利益上的重大冲突，甚至是职业报复。[①]

法治国家和地区的经验告诉我们，当法治化到达一定程度后都会有预审法官的出现。[②] 这些法官在侦查阶段不从事侦查活动，主要从事的是在侦查过程最终对所有涉及公民权利自由的事项发布许可令状，并接受律师的投诉。如律师依法申请会见，侦查机关不予批准，律师便可向法官请求发布批准会见的令状。持法官发布的令状，看守所也会无条件服从。可见，律师获得辩护人身份后，若没有第三方的授权许可给予必要的救济，律师的许多辩护权恐将难以实现，美好的立法旨意也只能流于形式。但就目前我国的状况来看，或许只能寄希望于再次的刑诉法修改中，看到司法审查制度的出现了。

四、结语

在侦查阶段，侦查机关的活动具有主动性和强制性两个基本特点。与此相对，犯罪嫌疑人处于被动地位。这种不平衡状态需要通过辩护职能的加强来得以矫正。确立律师是侦查阶段的刑事辩护人的诉讼地位，有利于保障律师的权利，从而更好地保护犯罪嫌疑人的正当利益，同时监督侦查机关的侦查活动，促进控辩双方的平衡，实现刑事诉讼打击犯罪和保障人权两个方面的目的。修改后的刑事诉讼法和近期公布的《人民检察院刑事诉讼规则（试行）》、《最高人民法院关于适用〈中华人民共和国刑事诉讼法〉的解释》以及《公安机关办理刑事案件程序规定》，将我国侦查阶段刑事辩护活动的范围与质量向前推进了一大步，明确了辩护律师在侦查阶段介入刑事诉讼，有利于加强、充实辩护职能，促进控辩双方的平衡，实现刑事诉讼实体正义和程序正义的双重效果。然而，如何将侦查阶段律师的辩护权的进一步优化配置并不会因"辩护人"身份的确立而告终，这仅是侦辩关系在侦查阶段走向动态平衡的开端，仍须进一步改革相关立法，完善司法救济机制。

---

① 田文昌、陈瑞华主编：《刑事辩护的中国经验》，北京大学出版社 2012 年版，第 338 页。

② 周永胜：《论刑事侦查阶段侦查权与辩护权的动态平衡》，载《法学杂志》2012 年第 5 期。

外国法译评

法官、陪审团与科学证据*

［美］瓦莱莉·P. 汉斯著　张　中译**

引　言

随着法院规则要求法官参与到评估科学证据合理性的事务中去，科学证据在美国陪审团审判的兴起，对法官和陪审团产生了同样的挑战。① 很多法官通过参加法官研习班如法官科学研讨会担当起了

＊　本文发表于《法律与政策杂志》（Journal of Law and Policy）2007 年第 16 卷。译者非常感谢原著作者瓦莱莉·P. 汉斯教授提供授权和《法律与政策杂志》主编 Beccah Golubock Watson 提供的版权。本文的翻译得到了教育部新世纪优秀人才计划项目和中国政法大学青年教师学术创新团队项目基金的资助。

＊＊　瓦莱莉·P. 汉斯（Valerie P. Hans），美国康乃尔大学法学院教授。张中，中国政法大学证据科学教育部重点实验室副教授。

①　Samuel R. Gross, Expert Evidence, 1991 Wis. L. Rev. 1113 (1991)（为专家证人的大量存在提供了证明）；Margaret A. Berger, The Supreme Court's Trilogy on the Admissibility of Expert Testimony, in 9 Federal Judicial Center, Reference Manual on Scientific Evidence (2d ed. 2000)［hereinafter Federal Judicial Center］。导致联邦法官逐渐成为守门人角色的案例三部曲，在时间顺序上依次包括："道伯特诉梅里尔·道制药公司案"（Daubert v. Merrill Dow Pharms., Inc.），509 U. S. 579 (1993)，"通用电气公司诉乔伊纳"（General Elec. Co. v. Joiner），522 U. S. 136 (1997)，"锦湖轮胎公司诉卡迈克尔"（Kumho Tire Co. v. Carmichael），526 U. S. 137 (1999)。See also Margaret A. Berger, Science for Judges I: Papers on Toxicology and Epidemiology, 12 J. L. & Pol'y 1 (2003)．

"业余科学家" （amateur scientists） 的职责，① 或多或少地了解了一些科学方法和科学原理。② 法官也可以利用背景知识资源，如联邦司法中心的《科学证据参考手册》（Reference Manual on Scientific Evidence），它包括了关于科学领域的精湛综述和技术知识。③ 具有科学头脑的法官助手也可以提供宝贵的支持，特别是在复杂案件中，法官可以雇用特殊专家或者法院指定的专家。④

但是，陪审员又怎样呢？当然，在审判过程中，当他们想要掌握和使用科学专家的复杂证词时，他们也能够从这种帮助中受益。在复杂审判中，当作出决定的时候，由于担心陪审团对于科学证据的理解能力以及批判性评估和使用科学证据的能力，致使人们提出了很多改革的建议，尽管如此，大多数陪审员开庭审理的只是单独的个案，他们不会因科学背景知识而被筛选掉，并且在对抗制下，作为事实认定者，他们主要扮演着一种被动角色。在这种对抗制背景下，外行如何理解提交给法庭的那些复杂的科学和技术证据呢？如果他们需要帮助，陪审团的助手怎样才能融入陪审团审判这种独特设置之中呢？在审判中，他们评价科学专家证词之前，毕竟我们不可能要求陪审团都去阅读背景知识，或者送他们去研习班学习，或者雇用教员教他们，以便马上能够满足评价科学证据的需要。

本文从总结我们当前对于陪审团如何看待科学证据开始。然后讲述我和我的合作研究人员进行的一项模拟陪审团的试验，以审查庭审改革是否能够提高陪审员理解和适当使用科学证据的能力，尤

---

① 在道伯特案中，威廉·伦奎斯特（William Rehnquist）大法官阐述了他的不同意见："我确信在联邦法院法官中不会有人……但我不认为［规则 702 强加给法官］成为业余科学家的义务或者权力……" 509 U. S. at 600 – 01。

② 布鲁克林法学院玛格丽特·博格教授很出色地组织了九次法官科学会议。会议的文集可以在法官科学网站上找到，见 http：//www. brooklaw. edu/centers/scienceforjudges/（last visited Nov. 30, 2007）。

③ Federal Judicial Center, supra note 2.

④ Joe S. Cecil & Thomas E. Willging, Accepting Daubert's Invitation：Defining a Role for Court – Appointed Experts in Assessing Scientific Validity, 43 Emory L. J. 995 (1994). （研究发现，法官很少指定专家，因为很多案件不需要法院指定的专家，以及法官认为，这种做法在根本上侵犯了对抗制。）

其是线粒体 DNA（mtDNA）证据。① 本文还描述了一项有趣的涉及州和联邦法官的最新研究成果，这些法官在模拟审判中观察了相同的 mtDNA 片段，并像陪审员一样回答了一些相同的问题。② 通过对法官和陪审团在 mtDNA 研究上的深刻思考，本文得出三种主要的改善方法，可普遍用于处理比较复杂案件的陪审团审判：（1）让法官而不是陪审团裁决案件；（2）挑选受过高等教育的公民组成"一流的"（blue ribbon）陪审团；（3）推行审判改革措施。③

① The study is reported in B. Michael Dann, Valerie P. Hans & David H. Kaye, Testing the Effects of Selected Jury Trial Innovations on Juror Comprehension of Contested mtDNA Evidence, Final Technical Report（2004）, available at http：//www. ncjrs. gov/ pdffiles1/nij/grants/211000. pdf［hereinafter Testing the Effects］. The findings regarding jury innovations are summarized in B. Michael Dann, Valerie P. Hans & David H. Kaye, Can Jury Trial Innovations Improve Juror Understanding of DNA Evidence?, 90 Judicature 152（2007）［hereinafter Jury Trial Innovations and Juror Understanding］. Analysis of the jurors´treatment of statistics and probability may be found in David H. Kaye, Valerie P. Hans, B. Michael Dann, Erin J. Farley & Stephanie Albertson, Statistics in the Jury Box：How Jurors Respond to Mitochondrial DNA Match Probabilities, 4 J. Empirical Legal Stud. 797（2007）［hereinafter Statistics in the Jury Box］. Analysis of jurors´treatment of the biological science may be found in Valerie P. Hans, David H. Kaye, B. Michael Dann, Erin J. Farley & Stephanie Albertson, Science in the Jury Box：Jurors´Views and Understanding of Mitochondrial DNA Evidence（October 29, 2007）（Cornell Legal Studies Research Paper No 07 – 021）, available at http：//ssrn. com/abstract = 1025582［hereinafter Science in the Jury Box］.

② 这些法官参加了第九届法官科学研讨会，作为我讲述的陪审团研究方法和陪审员对科学证据的回答的一部分，他们参与了这项研究。See supra note 1, and infra Part IV, The Judge MtDNA Study.

③ 关于陪审团在复杂案件中的能力的话题以及关于这些改革的讨论，这方面的文献有很多。关于这种争论的综述，参见 Neil Vidmar & Valerie P. Hans, American Juries：The Verdict, ch. 7 & 8（2007）。关于特殊陪审团的历史发展与现状的资料，参见 James C. Oldham, Trial by Jury：The Seventh Amendment and Anglo – American Special Juries（2006）. See also Michael A. Fisher, Going for the Blue Ribbon：The Legality of Expert Juries in Patent Litigation, 2 Colum. Sci. & Tech. L. Rev. 1（2000 – 2001）。

一、复杂的科学证据与陪审团的事实认定能力

研究人员对于陪审员在刑事和民事审判中的行为已经研究了50多年。[1] 采用多种方法探讨了陪审团的能力，包括运用司法评价比较陪审团的裁决，对裁决模式和趋势的分析，对陪审员和其他审判参与者的问卷调查和访谈，以及模拟陪审团研究。[2] 其中每种方法都有其特定的优点和不足。[3] 然而，从整体上看，学术研究表明，在对大多数庭审证据的理解上，陪审团做得都挺好。

研究要求法官对陪审团裁决作出评价，并对他们可能接触到的陪审团已经判决的案件进行裁决。[4] 这些项目研究经常发现，法官与陪审团的裁决实质上是一致的。[5] 对于影响陪审团裁决的因素进行分析后发现，庭审证据的说服力，不论是法官还是陪审团评价的，对

---

① See Vidmar & Hans, supra note 9 （对陪审团研究作了总结，并得出陪审团通常能够胜任事实认定者的结论）。

② Shari Seidman Diamond, How Jurors Deal with Expert Testimony and How Judges Can Help, J. L. & Polÿ （forthcoming Jan. 2008）; Valerie P. Hans & Stephanie Albertson, Empirical Research and Civil Jury Reform, 78 Notre Dame L. Rev. 1497, 1500 – 03 （2003）.

③ Hans & Albertson, supra note 11, at 1500 – 03.

④ Paula L. Hannaford – Agor, Valerie P. Hans, Nicole L. Mott & G. Thomas Munsterman, Are Hung Juries a Problem? （National Center for State Courts 2002）, available at http: //www. ncsconline. org/WC/ Publications/Res Juries HungJuriesProblemPub. pdf （讲述在美国四个州法院进行的一项研究，即法官和陪审团对于重罪审判包括优先的裁决填写庭审后调查问卷）; Larry Heuer & Steven D. Penrod, Trial Complexity: A Field Investigation of Its Meaning and Its Effects, 18 Law & Hum. Behav. 29 （1994） （讲述对陪审团改革包括司法评估的研究）; Harry Kalven, Jr. & Hans Zeisel, The American Jury （Little, Brown 1966） （讲述法官评价陪审团审判并提供假定的裁决的研究）。

⑤ Hannaford – Agor et al. , supra note 13, at 55 – 56 （研究结果表明，在大多数案件中是一致的）; Heuer & Penrod, supra note 13, at 46 – 48 （研究结果表明，在实质上是一致的）; Kalven & Zeisel, supra note 13, at 58 （研究结果表明，在刑事陪审团审判中，78%是一致的），63 （研究结果表明，在民事陪审团审判中，78%是一致的）。

于陪审团裁决都具有非常重要的决定作用。① 此外，无论是在简单还是在复杂审判中，法官与陪审团作出一致裁决的比率很接近，这表明，没有理解证据不是法官与陪审团产生分歧的主要决定因素。② 相反的，许多分歧可以用这样的事实进行解释，即与法官相比，陪审团似乎需要控方更有力的起诉来判决被告人有罪；或者可以用这样的事实进行解释，即陪审团把司法的集体观念灌输到判决中了。③

尽管陪审团交出的一般"成绩单"能够让大多数先辈们满意，但陪审员自己把解释科学和技术证据以及专家证词的任务当作了一种特殊的挑战。④ 通过审查陪审员对科学证据理解的案例研究和一些实验研究，发现专家证据的类型可能会给陪审团造成麻烦。⑤ 例如，

---

① Theodore Eisenberg, Paula L. Hannaford – Agor, Valerie P. Hans, Nicole L. Mott, G. Thomas Munsterman, Stewart J. Schwab & Martin T. Wells, Judge – jury Agreement in Criminal Cases: A Partial Replication of Kalven & Zeisel's The American Jury, 2 J. Empirical Legal Stud. 171, 196 – 98 (2005) （研究结果表明，不管是陪审团评价的还是法官评价的，在解释一项裁决时，证据的说服力都是最有力的因素）; Steven P. Garvey, Paula L. Hannaford – Agor, Valerie P. Hans, Nicole L. Mott, G. T. Munsterman & Martin T. Wells, Juror First Votes in Criminal Trials, 1 J. Empirical Legal Stud. 371, 380 (2004) （研究结果表明，证据的说服力在陪审团第一次投票时是最重要的决定因素）。

② Eisenberg et al. , supra note 15, at 190 – 92 （法官与陪审团的分歧比率跟案件的复杂性没有密切的联系）; Heuer & Penrod, supra note 13, at 46 – 48 （no effect of case complexity on judge – jury agreement）; Kalven & Zeisel, supra note 13, at 157 （在简单和复杂案件中，法官与陪审团的分歧具有相似性）。

③ Eisenberg et al. , supra note 15, at 185 – 89; Kalven & Zeisel, supra note 13, at 111 – 17.

④ See summaries of the research by Joseph S. Cecil, Valerie P. Hans & Elizabeth C. Wiggins, Citizen Comprehension of Difficult Issues: Lessons from Civil Jury Trials, 40 Am. U. L. Rev. 727, 728 – 29 (1991); Neil Vidmar & Shari Seidman Diamond, Juries and Expert Evidence, 66 Brook. L. Rev. 1121, 1126 (2001); Sanja Kutnjak Ivkovic & Valerie P. Hans, Jurors'Evaluations of Expert Testimony: Judging the Messenger and the Message, 28 Law & Soc. Inquiry 441, 442 (2003) .

⑤ 关于陪审团对科学和技术证据的理解，有两个案例研究得出了重要结论: Molly Selvin & Larry Picus, The Debate over Jury Performance: Observations from a Recent Asbestos Case (1987); and Joseph Sanders, Bendectin on Trial 117 – 42 (1998)。

统计学和经济学上的证据对于陪审员们具有特别的挑战性。[①] DNA证据，尤其是统计学上的论证和推论，它们可以从犯罪现场发现的DNA与嫌疑人的 DNA 相匹配的证据中推断出来，也可能给陪审团造成麻烦。[②] 但是，由于跟法律专家的一致率与案件复杂性有着不同的作用，我们相信陪审团对于复杂证据可能遇到的困难似乎并不是不合理裁判的主要原因。[③] 为支持这一观点，理查德·兰伯特（Richard Lempert）考察了 13 例复杂审判，得出了以下结论：即使陪审团没有完全理解科学和技术证据的全部细节，陪审员通常也能够对证据充分理解，并据此作出合理判决。[④]

对于法官是如何处理类似复杂的科学材料的，还没有进行广泛的研究。虽然政治科学家和其他学者对司法判决和司法鉴定进行了

---

① Statistics in the Jury Box, supra note 7; Michael J. Saks & Robert F. Kidd, Human Information Processing and Adjudication: Trial by Heuristics, 15 Law & Soc'y Rev. 123, 149 (1981); David H. Kaye & Jonathan J. Koehler, Can Jurors Understand Probabilistic Evidence?, 154 J. Royal Stat. Soc'y Ann. 75 (1991); William C. Thompson, Are Juries Competent to Evaluate Statistical Evidence?, 52 Law & Contemp. Probs. 9 (1989).

② Dale A. Nance & Scott B. Morris, An Empirical Assessment of Presentation Formats for Trace Evidence with a Relatively Large and Quantifiable Random Match Probability, 42 Jurimetrics J. 403 (2002); Dale A. Nance & Scott B. Morris, Juror Understanding of DNA Evidence: An Empirical Assessment of Presentation Formats for Trace Evidence with a Relatively Small Random Match Probability, 34 J. Legal Stud. 395 (2005); Jason Schklar & Shari Seidman Diamond, Juror Reactions to DNA Evidence: Errors and Expectancies, 23 Law & Hum. Behav. 159 (1999); Brian C. Smith et al. , Jurors'Use of Probabilistic Evidence, 20 Law & Hum. Behav. 49 (1996); William C. Thompson & Edward L. Schumann, Interpretation of Statistical Evidence in Criminal Trials: The Prosecutor's Fallacy and the Defense Attorney's Fallacy, 11 Law & Hum. Behav. 167, 180 (1987).

③ See Eisenberg et al. , supra note 15, at 190 – 92; Heuer & Penrod, supra note 13, at 46 – 48; Kalven & Zeisel, supra note 13, at 157.

④ Richard Lempert, Civil Juries and Complex Cases: Taking Stock After Twelve Years, in Verdict: Assessing the Civil Jury System 181 (Robert Litan ed. , 1993). 兰伯特教授根据判决的合理性，把陪审团的判决分为高、中、低三等，并认为，尽管在 13 例陪审团判决中有 11 例判决具有高等或者中等的合理性，还有 2 例判决的合理性属于低等的。同上。

大量分析，但对科学证据作出司法反应的研究文献还是不太多。[1] 到目前为止，最全面的项目是调查了 400 名法官对道伯特案（Daubert）的看法，并就相关的科学概念提了一些问题，包括可证伪性（falsifiability）、误差率（error rate）、同行评审（peer review）、出版物（publication）和普遍接受（general acceptance）。[2] 在这项调查中，法官表现出对同行评审、出版物和普遍接受有很好的理解；但他们不太理解可证伪性和误差率的概念。[3] 其他研究表明，法官像其他外行人一样，可能容易受到各种认知过程误差和偏见的影响，这反过来可能损害他们根据科学证据和统计证据作出合理推论的能力。[4] 总之，尽管一些研究的主题是法官和陪审团的判决，但很少对法官和陪审团就相同的科学问题作出的回答进行比较研究。

在某个具体案件场合，研究法官对科学证据的回答是有价值的。首先，法官的看法本身就是有价值的，就像他们在刑事案件和民事案件中经常遇到科学证据那样，在确定其可采性时，现在必须对这种证据的科学合理性作出评价。他们主持庭审，并拥有很大的权力。其次，法官与陪审团具有明显的互斥性。比较法官和陪审团对于同一材料的回答可以看出二者之间的态度、技术和能力的差异，这反过来又可能影响到他们的裁判和职能分工。在 2005 年进行的一项关于法官和陪审团的裁判的调查研究中，詹妮弗·罗本诺特（Jennifer

---

[1] 学者们发现"对于现有的司法判决几乎没有系统的研究"。Chris Guthrie, Jeffrey J. Rachlinski & Andrew J. Wistrich, Inside the Judicial Mind, 86 Cornell L. Rev. 777, 781 (2001) (报告的是司法判决的实证研究)。学术研究集中在其他问题上，如法官的政治观点、个人品质和书面意见动态分析的作用。See Lawrence Baum, The Puzzle of Judicial Behavior (1997).

[2] Sophia I. Gatowski, Shirley A. Dobbin, James T. Richardson, Gerald P. Ginsburg, Mara L. Merlino & Veronica Dahir, Asking the Gatekeepers: A National Survey of Judges on Judging Expert Evidence in a Post – Daubert World, 25 Law & Hum. Behav. 433 (2001).

[3] Id. at 444 – 48.

[4] Guthrie et al., supra note 24; Andrew J. Wistrich, Chris Guthrie & Jeffrey J. Rachlinski, Can Judges Ignore Inadmissible Information? The Difficulty of Deliberately Disregarding, 153 U. Pa. L. Rev. 1251 (2005) (发现法官容易受到几种认知偏见的影响)。For a summary of this literature, see Joseph Sanders, Michael J. Saks & N. J. Schweitzer, Trial Factfinders and Expert Evidence, in David Faigman et al., Modern Scientific Evidence (forthcoming 2008).

Robbennolt）教授得出结论，认为，虽然直接比较法官和陪审团的回答还比较少见，但这种比较对于"确定法官和陪审团的相同点和不同点以及报告机制"而言还是有价值的，"通过这种机制，可以改善作出判决的过程"。① 该项目是我们能够获得关于法官和陪审员对在法庭上提供的科学材料作出回答进行比较的信息。

二、陪审团 mtDNA 研究

模拟陪审团研究使用了一个涉及科学证据的案例，以便对陪审员关于科学材料的回答进行分析。② 该项研究还探讨了陪审团审判改革建议是否能够改善陪审员对科学证据的理解和使用。根据"州诉帕帕斯案"（State v. Pappas）提供的事实和证据，③ 模拟审判有意识地包括了模糊的非科学证据，这些证据与关于线粒体 DNA 证据的专家证词存在冲突，而专家证词认为，在逃抢劫犯衬衫上的头发与本案被告人有关。

在通常情况下，法医 DNA 检测使用核 DNA（nuclear DNA）链，但当核 DNA 的质或量不适合进行分析时，就可以使用线粒体 DNA（mtDNA）分析。④ 由于每个细胞中有成百上千条线粒体，因而有必要进行 mtDNA 分析，而不是进行核 DNA 分析。⑤ 在所有的细胞中，

---

① Jennifer K. Robbennolt, Evaluating Juries by Comparison to Judges: A Benchmark for Judging? 32 Fla. St. U. L. Rev. 469, 509 (2005)（考察法官和陪审团作出判决的比较研究）。

② Testing the Effects, supra note 7.

③ 776 A. 2d 1091 (Conn. 2001); see also Marlan D. Walker, Note, Mito-chondrial DNA Evidence in State v. Pappas, 43 Jurimetrics J. 427 (2003)（讨论了帕帕斯案）。

④ U. S. Dept. of Justice, Lessons Learned from 9/11: DNA Identification in Mass Fatality Incidents 66 – 65 (2006), available at http://www.ncjrs.gov/pdffiles1/nij/214781.pdf（讲述了自"9·11"灾难以来在尸体辨认中使用的 DNA 技术）。

⑤ Julian Adams, Nuclear and Mitochondrial DNA in the Courtroom, 13 J. L. & Polý 69 (2005); David H. Kaye & George F. Sensabaugh, Jr., Reference Guide on DNA Evidence, in Reference Manual on Scientific Evidence 485, 495 (2d ed. 2000), available at http://www.fjc.gov/public/pdf.nsf/lookup /sciman09.pdf/MYM file/sciman09.pdf（提供了关于 DNA 方面的基本的和尖端参考资料）。

线粒体全都是从母体的受精卵细胞的线粒体复制而来的。① 因此，个体在同一母系血统中都有相同的 mtDNA 序列。由于母系遗传问题，以及相对于核 DNA 分析，mtDNA 中的碱基对（base pairs）的数量很小，mtDNA 匹配并不像核 DNA 匹配那样确定。② 尽管如此，在有些法庭科学语境中，它仍然是有价值的，并且在美国法院已经被作为证据采纳。③

陪审团研究使用了来自特拉华州纽卡斯尔县（New Castle County, Delaware）候选陪审团中当天不需要出席审判的志愿者。陪审员们被分成八组，并观看了模拟审判的录像。研究包括模拟陪审员是否能够使用诸如做笔记、询问专家、采用备忘录以及使用包含有专家幻灯片和 DNA 术语词典的手册等具体审判改革措施。我们评估了对科学证据的整体理解，然后进一步比较了被允许使用不同改革措施的陪审员是怎样理解 mtDNA 的。

该研究使用了很多方法来评估陪审员的理解。陪审员对于他们关于证据的理解究竟怎样进行了评价，提供了他们自己对 mtDNA 的定义，并回答了一系列关于 mtDNA 证据以及根据该证据可以得出的推论的对错题。根据艾琳·法利（Erin Farley）的专题研究，进一步考察了在模拟陪审团评议时是怎样讨论 mtDNA 证据的。④ 其研究结果在一系列的文章中都已经发表了。⑤ 本文就所挑选的陪审员和法官对相同模拟庭审材料的回答进行了整合。

三、法官 mtDNA 研究

在我出席"第九届法官科学研讨会"期间，我请求法官同意参加研究项目，以提高他们自己的科学教育。有 65 位法官同意参加模拟审判研究，该研究使用了大量与陪审员 mtDNA 研究相同的材料。

---

① Adams, supra note 32, at 73 - 74; Kaye & Sensabaugh, supra note 32, at 495.

② Kaye & Sensabaugh, supra note 32, at 495.

③ Adams, supra note 32; Edward K. Cheng, Mitochondrial DNA: Emerging Legal Issues, 13 J. L. & Polý 99 (2005).

④ Erin Jennifer Farley, Deliberating Science: Juries, Scientific Evidence and Commonsense Justice (2006) (unpublished Ph. D. dissertation, University of Delaware) (on file with author).

⑤ See sources cited supra note 7.

"法官 mtDNA 研究"实现了以下几个目的。首先，它使用了自主学习方式，借鉴了模拟陪审团研究方法上的细节。它允许法官去观察陪审员是怎样完成对被测科学证据的理解的。[①] 通过他们自己作为主体参与研究，法官们能够充分理解模拟陪审团试验的长处和局限性。

"法官 mtDNA 研究"就像一项科学项目一样也具有重要价值。它使得在法官与陪审团对 mtDNA 证据的回答进行直接对比成为可能。我们能够把法官的回答与陪审团的回答进行比较，让我们来观察二者的异同。在模拟审判的情况下，比较法官和陪审团对相同的科学证据反应的能力是这个项目的新贡献。

从科学的角度看，理想的做法是让法官像陪审员那样观看同一盘录像带。但现实的原因是，该项目没有足够的时间，"第九届法官科学会议"的日程表是很满的，他们不可能像陪审员那样观看录像。因此，法官只阅读了一个关于该案背景资料的简短概述，以此代替观看模拟审判录像中对外行证人的询问和交叉询问。然后，法官观看了控方专家、辩方专家、双方律师的结案陈词和法官对陪审团指示的录像剪辑。法官完成了两次问卷调查，一个是在观看模拟审判之前，另一个是在观看之后，这两份问卷包含了很多与模拟陪审员回答的相同问题。第二天上午，向法官提供的初步研究结果，凸显了他们与观看模拟审判的陪审员们的相同部分和不同部分。

四、法官和陪审员：一些背景知识的差异

关注法官与陪审员的某些背景知识差异是很重要的，他们对科学证据的不同回答是有背景的。最突出的差异是他们的教育经历。参与研究的陪审员的学历参差不齐，其中包括 2% 没有高中毕业，24% 高中毕业，30% 修了一些大学课程，29% 有大学文凭，14% 在 4 年大学毕业后读了研究生。法官处于这个图谱顶端，拥有大学文凭和法律硕士学位的比重很大。

但是，法官究竟有多少科学背景知识呢？有些学者推测，很多

---

① 科学研究证明了在教育体制下自主学习的优点。有关评论参见 Dee Fink, Creating Significant Learning Experiences (2003)。有关陪审团裁判的学习理论的应用，参见 B. Michael Dann, "Learning Lessons" and "Speaking Rights": Creating Educated and Democratic Juries, 68 Ind. L. J. 1229 (1993)。

法官对数学和科学几乎没有情趣或者缺少天分。[1] 虽然陪审员们来自单一司法辖区，法官们都是参加"法官科学研讨会"的法官，但对于法官与陪审员的数学和科学背景知识，双胞胎 mtDNA 研究仍然提供了第一手的比较研究。这些法官与他们那些没有参加研讨会的同事说不定在某些方面可能有所不同。看起来他们天生的就比他们的法官同行对科学更感兴趣，也可能更具科学背景知识（但事实可能相反，如果他们参加研讨会是因为他们认为他们缺乏足够的科学背景知识去处理他们的案子）。

陪审员和法官均表明他们在高中和大学修了一定的科学和数学课程。作为法官，据说从高中到大学平均修了 10.29 门课程。在统计学上，这个数字与陪审员平均修的（9.72 门）科学和数学课程数并没有什么差别。

在技术上要求的情况下，由于政策制定者们通常赞同高学历或者一流的陪审团，对于该小组的陪审员来说，比较两者的这些平均数字是有益的，在全部陪审员抽样中，33%的拥有大学文凭，因而他们最有可能被挑选为陪审员。据说该组在高中和大学平均修了 14.04 门科学和数学课程——平均修的课程显然多于法官。[2] 如果科学和数学课程为他们在法庭上理解科学证据提供了重要的背景知识，那么，受过大学教育的一流陪审员则比候选法官或者全部候选陪审员拥有更多这方面的背景知识。

在候选法官中，有 5 人报告说有过数学或者科学方面的工作经历。毫不奇怪，这些法官也报告说他们修的课程（平均 18.6 门课程）远远多于那些没有工作经历的（平均 9.39 门课程）法官。[3] 16%的陪审员和 52%受过大学教育的一流陪审员报告说有数学或者科学方面的工作经历。和法官一样，具有数学和科学工作经历的陪审员往往修有更多的数学和科学课程。例如，受过大学教育具有相关工作经历的陪审员报告说在高中和大学修了 16.88 门数学和科学课程，与之相比，那些没有这方面工作经历的陪审员，仅修了 11.11

---

① See Sanders et al., supra note 27, at 2 (manuscript page).

② $F(1, 241) = 8.35$, $p = .004$.

③ $F(1, 49) = 9.65$, $p = .003$.

门数学和科学课程。[1]

当被问到他们作为法官在工作中遇到多少科学证据问题时，会上的大多数法官报告说，他们在法庭上至少都会或多或少地碰到科学证据。13%的报告说只有少量的，66%的报告说是适量的，21%的说他们碰到大量的科学证据。值得注意的是，那些说他们在司法工作中碰到"大量"科学证据的法官并没有报告说他们拥有更多的科学和数学背景知识。这些法官平均修了7.9门课程——略微而不是明显低于所有法官所修的科学和数学课程的平均数。

五、对模拟审判录像和 mtDNA 证据的反馈

在调查法官对问卷和模拟审判录像剪辑的回答时，你会对他们与陪审团的一般回答具有大体的相似性感到惊奇。在出现差异的场合，相对于陪审员，法官也往往是更倾向于相信专家证据和 mtDNA 证据。受过大学教育的陪审员与其他陪审员相似，比法官更倾向于相信专家证据和 mtDNA 证据。

DNA 证据作为一种证据种类，在观看录像片断之前，陪审员和法官被要求就其可靠性给出他们的看法。在一个 1 到 5 的积分量表中，5 等于非常可靠，而法官平均给了 4.49 分。陪审员和受过大学教育的陪审员给的平均分数分别是 4.56 和 4.59，这些研究结果具有很大的可比性。因此，在研究之初，法官和陪审员对于 DNA 证据的一般可靠性的评价大体相同，都给予了高度评价。

我们问了法官和陪审员，在他们参与研究之前，他们听说过多少关于 mtDNA 分析的问题。在所有陪审员中，有 52% 参与研究的人从未听说过 mtDNA，与之相比，有 25% 的法官是如此。毫无疑问，这种情况至少在一定程度上可以通过以下事实进行解释，即上述陪审团研究是 2003 年进行的，当时在法庭上才刚开始大范围地使用 mtDNA 证据。[2] 另外，对于法官的调查是在 2007 年，当时法庭科学

---

[1] 受过大学教育的陪审员显然比法官更可能具有数学和科学方面的工作经历。$F_{(1, 265)} = 38.91$, $p < .0001$。反过来，受过大学教育具有数学和科学工作经历的陪审员修有更多的相关课程。$F_{(1, 189)} = 24.41$, $p < .0001$。

[2] Adams, supra note 32；Cheng, supra note 35（讲述了 mtDNA 证据被采纳的时世变迁）。

用 mtDNA 证据已非常普遍，并在法律案例中被广泛采纳。①

大多数法官报告说很容易听懂并能充分理解专家的证词。他们报告说他们比陪审员更加支持专家证词。有 40% 的陪审员、50% 受过大学教育的陪审员和 62% 的法官说很容易理解专家关于 mtDNA 证据的证词。② 在所有这三组当中，少数人承认在理解这种证词上存在一些问题，并且他们在这三组当中所占的比例很相似：21% 的陪审员、19% 受过大学教育的陪审员和 17% 的法官说很难理解这种证词。47% 的陪审员、54% 受过大学教育的陪审员和 55% 的法官相信他们能够充分理解 mtDNA 或者在询问专家证人后能够完全理解 mtDNA。③

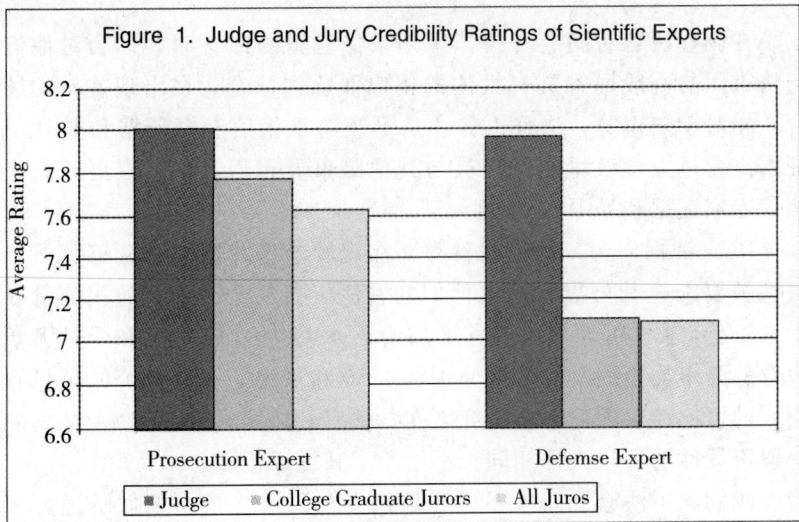

Figure 1. Judge and Jury Credibility Ratings of Sientific Experts

■ Judge　■ College Graduate Jurors　■ All Juros

图 1　法官和陪审员对专家证人信任程度评分表

图 1 显示的是法官和陪审员对控辩双方的专家证人的评分情况。对控方专家的信用评级具有可比性（法官的评分是 8.01，陪审员的评分是 7.62）。但是，法官对辩方专家信用评级明显高于陪审员所做

———————

① Adams, supra note 32 讲述了 mtDNA 证据日益被法官采纳的情况；Cheng, supra note 35（讨论了 mtDNA 证据使用引起的法律问题）。

② 相对于全部陪审员抽样，法官明显表现出更容易听懂这种专家证词（$F(1, 542) = 5.12$, $p = .024$）；但相对于受过大学教育的陪审员，法官则没有这个优势（$F < 1$, ns）。

③ 在这一问题上，法官和陪审员的反应没有明显的差别。

的评级（法官的评分是 7.98；陪审员的评分是 7.10）。[1] 受过大学教育的陪审员对专家的信用评级几乎与其他陪审员完全相同（对控方专家的评分是 7.78，对辩方专家的评分是 7.11）。推测为什么法官和陪审团对辩方专家的评分存在差异是很有意思的。法官可能更了解专家证词的对抗性和具有反复性的特征，或者法官可能已经认识到了某些辩方专家观点的正确性，而陪审员却没有认识到。

法官只观看了审判录像的部分内容，而陪审员则观看了整个审判录像，包括警官、目击证人和被告人的证词。因此，呈现给他们的案件事实是不同的。但有意思的是，法官对被告人是抢劫犯的可能性的判断明显高于那些陪审员（法官是 85% 的概率，而所有的陪审员作出被告人是抢劫犯的判断的概率是 69%，受过大学教育的陪审员作出这种判断的概率是 73%）。法官也更可能作出有罪判决。这一结果集中体现在法官与陪审团意见一致的研究其代表性成果上，即法官更愿意判决有罪，而陪审团则更可能作出无罪判决。[2]

此外，对于案件中使用的 mtDNA 证据的可靠性和真实性，法官表现得更为积极。图 2 比较了法官和陪审员对问这样一个问题的回答，即"在本案中提出的 mtDNA 证据的可靠性有多大"。更多的法官认为它很可靠或者非常可靠。受过大学教育的陪审员的观点在法官和其余的陪审员之间。

---

① 法官和全部陪审员抽样对控方专家所做的信用评级没有明显差别，但对辩方专家的信用评级则有明显的差别：$F_{(1, 539)} = 11.38$，$p = .001$。

② 法官与所有的陪审员相比较，认为被告人是抢劫犯的概率为 $F_{(1, 541)} = 14.72$，$p < .0001$；法官与受过大学教育的陪审员比较，其概率是 $F_{(1, 268)} = 8.03$，$p < .005$。关于法官与陪审团作出不同裁决的其他研究结果，参见 Kalven & Zeisel, supra note 13, at 58（证明法官更有可能判决有罪，而陪审团则可能判决无罪）；Eisenberg et al., supra note 15, at 181（证明法官比陪审团更愿意作出有罪判决）。

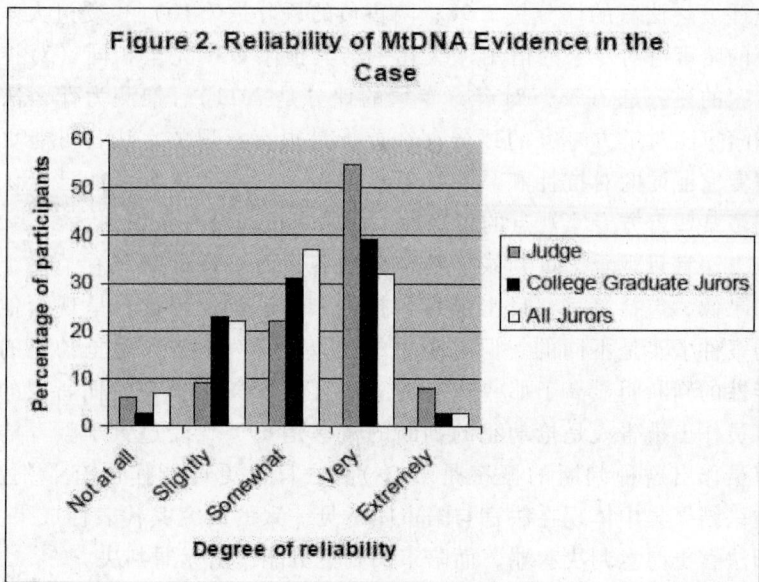

Figure 2. Reliability of MtDNA Evidence in the Case

图 2　mtDNA 证据的可靠性

　　法官和陪审员都认为控方提供的 mtDNA 证据不会受到污染。①
如图 3 所示，在这两组中，最普遍的回答是，它根本不可能会受到
污染。法官非常自信，90% 的法官对于受到污染的可能性的评价是，
根本不可能或者只有很小的可能性。大多数陪审员（76%）对此的
回答与之相同。但是，有非常少数的法官（9%）和陪审员（24%）
认为，至少存在一些污染的可能性。受过大学教育的陪审员的看法
在法官和整个陪审员抽样之间。

---

　　① Testing the Effects, supra note 7, at 52 - 54（提供了关于判决的可靠性和
受到污染的研究结果）；Science in the Jury Box, supra note 7（分析了判决的可靠
性和受到污染的判决）。关于判决的可靠性问题，对法官和全部的陪审员进行
了比较：F（1，541）= 13. 27，p < . 0001；对法官和受过大学教育的陪审员的
比较是：F（1，269）= 6. 18，p = . 01。关于判决受到污染问题，法官和全部陪
审员比较的结果是：F（1，542）= 6. 17，p = . 01。法官和受过大学教育的陪审
员对于受到污染的判决的反应并没有明显差别。

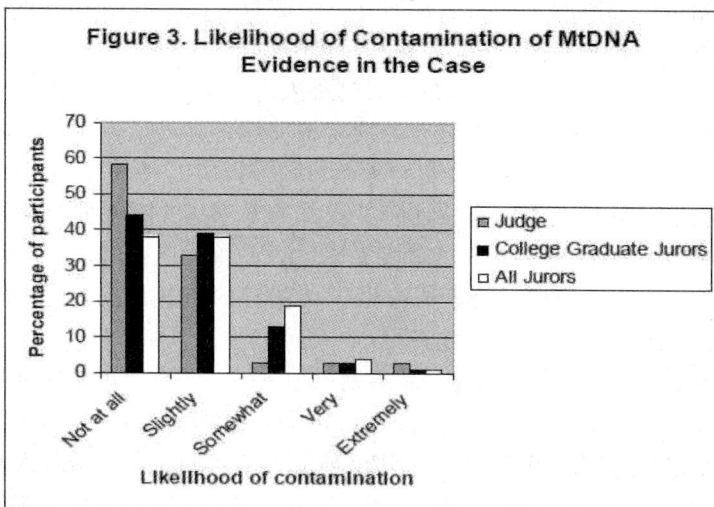

Figure 3. Likelihood of Contamination of MtDNA Evidence in the Case

图 3　mtDNA 证据的污染可能性

六、法官和陪审团对科学证据的理解

用 11 道对错题对参与研究的人员就 mtDNA 以及根据 mtDNA 证据能够得出的推论背后的科学基本知识的理解进行了测试。这些问题包括对有关 mtDNA 生物学事实的提问，其中有细胞内线粒体的位置、碱基对序列的重要性、mtDNA 的母体遗传以及异质性的概念。这些问题还包括根据 mtDNA 匹配能够得出的推论问题。[①] 在陪审员评议之前和之后，这些问题大多数均被问到了。既然陪审团评议是陪审团认定事实的一个必不可少的重要组成部分，为了比较陪审员与法官对每个题目的回答，我使用了陪审员的事后评议法（post - deliberation measures）。

对于所测试的关于 mtDNA 证据的知识和推论的大多数单个题目，所有法官和陪审员的回答基本相似，甚至完全相同。在所有 11 个题目中，明显存在差异的回答有 3 个题目，对于剩下的 8 个题目的回答，在统计学上，基本上没有什么差别。

值得注意的是，对于每个对错题目回答异同的检查显示，在法

---

① Testing the Effects, supra note 7, at 47（列举的是有关对 mtDNA 具体知识的探讨）。

官和陪审员之间产生最大差别的有一个题目。法官和陪审员被问到下面的主张是对还是错："本案中 mtDNA 证据没有任何相关性，因为这些头发也可能是其他人的，且这种人的数量非常大。"作为一个科学问题，mtDNA 证据不是完全没有相关性，应当结合那些指向被告人是抢劫犯的证据对之权衡和考虑。[①] 尽管如此，辩护律师仍然就那些头发是其他人的可能性询问了双方的专家，并在他的结案陈词中（错误地）认为完全不具有相关性。法官和陪审团对这个题目的回答存在差别：51% 的陪审员和 85% 的法官的答案是正确的，即该 mtDNA 材料确实具有相关性。[②]

对其他两个题目的回答显示差别更小——一个是陪审员提供的答案可能更准确，而另一个是法官的答案可能更准确。当问到如果被告人的兄弟与其是同母异父时，mtDNA 证据是否有可能来自被告人的兄弟，90% 的陪审员和 82 % 的法官作出了正确的回答：是。[③] 有意思的是，陪审员在这个题目上表现得非常好。艾琳·法利（Erin Farley）对于模拟陪审团评议的分析显示，大多数的陪审团评议都包含有对 mtDNA 母系遗传的讨论。[④] 在这个问题上，陪审员比法官做得好的理由可能是基于这样一个事实，即他们对问题进行了评议和讨论。

从统计上看，最后的题目表明，在这样一个基本问题上，法官和陪审员之间存在重大差别，即对于同一性，核 DNA 与 mtDNA 是否具有相同的证明能力，或者其中一个比另一个更具优势。正确的答案是，核 DNA 更具优势。大多数陪审员（89%）对这个问题的回答是正确的，而在所有的法官中，只有一名法官回答错了。从统计上看，法官的表现显然要好得多。[⑤] 毫不奇怪，在这些对错题上，受过大学教育的陪审员、在高中和大学修过多门数学和科学课程的陪审员以及在数学和科学方面有丰富工作经历的陪审员，要比那些受教育程度低、修的相关科学较少或者缺少相关工作经历的陪审员，表现得更好。[⑥] 在这 11 个问题的 3 个题目中，该组陪审员的表现也

[①] See Statistics in the Jury Box, supra note 7, at 804.

[②] x^2 (1, N = 545) = 26. 38, p < .001.

[③] x^2 (1, N = 545) =4. 46, p = .04.

[④] Farley, supra note 36, at 166 – 68.

[⑤] x^2 (1, N = 545) =5. 63, p = .02.

[⑥] Testing the Effects, supra note 7, at 50 – 52（分析教育对陪审员行为的影响）; Science in the Jury Box, supra note 7（分析教育对陪审员行为的影响）。

明显好于法官。有关 mtDNA 母系遗传的 3 个题目——对于 mtDNA 匹配而言，mtDNA 是否既来自母亲也来自父亲（否）、是否只要同父就够了（否）以及是否只要同母就够了（是）——受过大学教育的陪审员对这三个题目的回答都比法官更准确。[1] 法官比受过大学教育的陪审员表现得更好的唯一的题目是关于 mtDNA 证据"完全不具有相关性"的问题。像他们的同行一样，受过大学教育的陪审员对于这个问题的回答存在分歧；法官回答的似乎更加正确，且优势明显。[2]

为了证明陪审员和法官比其他决策者表现出相对的优势，甚至在其他问题上，这两类决策者大多数都作出了正确的回答。一个例外是"完全不具有相关性"的问题，在这个问题上，只有微弱多数的陪审员的回答是正确的（51%）。

这些答案被整合到一个含有 11 个题目的 mtDNA 理解量表（mtDNA Comprehension Scale）中。每个正确的答案在这个量表中得一分。这样，量表的范围就从 0（对所有问题的答案都是错误的）排到 11（对所有问题的答案都是正确的）。按照这个量表的测量结果，法官和陪审员做的都不错，平均得分在 8 到 9 之间。所有的陪审员抽样答对的问题平均是 8.26 个，而法官答对的问题略微高些，平均是 8.69 个。受过大学教育的陪审员平均有 8.80 个问题回答是正确的。[3]

到目前为止，本文比较了法官和陪审员单个人的情况。但是，陪审团是作为一个团体作出判决的。考虑到陪审团决策的团体性质，

---

① 关于 mtDNA 是否是既来自母亲也来自父亲的问题：95% 受过大学教育的陪审员的回答是正确的，而在法官中，回答正确的占 88%，x^2（1，N = 272）= 4.48，p = .03；关于 mtDNA 是否来自父亲的问题：94% 受过大学教育的陪审员的回答是正确的，而在法官中，回答正确的占 86%，x^2（1，N = 545）= 4.50，p = .03；关于 mtDNA 是否来自母亲的问题：93% 受过大学教育的陪审员的回答是正确的，而在法官中，回答正确的占 82%，x^2（1，N = 545）= 7.83，p = .005。

② 55% 受过大学教育的陪审员对 85% 的法官；x^2（1，N = 545）= 18.35，p < .001。

③ 在所有陪审员抽样和法官之间进行对比，其差别不太明显：F（1，543）= 2.69，p = .101。在受过大学教育的陪审员抽样和法官之间进行对比，从统计上看，没有差别，F < 1，ns。为了避免给读者造成困惑，我提到了前注 7 中其他两个关于这些陪审员资料的报告，即《效果测试》（Testing the Effects）和《陪审席中的科学》（Science in the Jury Box），在理解量表中使用一套不同的题目，有 8 个题目在陪审团评议前和评议后均被问到了。

把每个陪审团每个陪审员回答的平均值与每个法官回答的平均值进行比较是有意义的。由于陪审团能够从他们当中知识更加渊博的成员那里受益，因此，对于每个陪审团中得分最高的成员进行比较也是有意义的。

图 4 是关于法官的回答、取得平均数陪审团评议后的回答（即每个陪审团内陪审员回答的方式）和每个陪审团中做得最好的陪审员的回答进行的比较。[①] 该图使用圆锥体来表示每组正确回答问题的数量比例。圆锥体的高度反映的是每组正确回答问题的具体数量的相对比例。该图强化了上面提出的单个数值的对比，表明所有类型的裁判者中，绝大多数做的都相当不错。陪审团正确答案的平均峰值是 8 和 9，每个点上的陪审团分别占 44% 和 30%。每个陪审团最优秀陪审员的得分处于该量表的最高端，可以理解的是，他们回答正确的问题分别是 10 个和 11 个，各占 42% 和 47%。法官个人得分跨的范围更加宽些，回答正确的问题 5 个到 11 个，其中 9 个和 10 个正确答案所占的比例最高（分别是 22% 和 26%）。

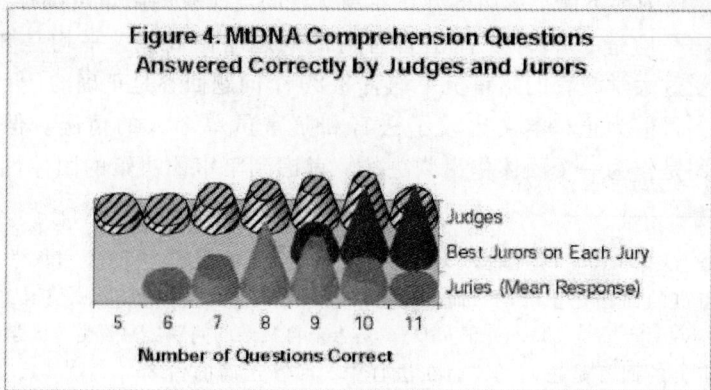

图 4 被法官和陪审员正确回答的 mtDNA 理解量表

七、为改善陪审团对科学证据的理解和使用而进行的陪审团审判改革

本文的重点是比较法官与陪审员以及思考教育程度与科学和数学背景知识跟科学证据的判断是怎样的关系。关注陪审团在复杂审判中的行为的政策制定者，提倡使用一系列的审判改革措施，来提

---

① 为了便于画图，每个陪审团回答的平均值都四舍五入到最接近的整数。

高陪审员理解科学证据的能力，并将之适用于诉讼案件中。在州法院国家中心（National Center for State Courts）最近修改的陪审团审判改革纲要、2005年美国律师协会的刊物以及陪审员和陪审团审判原则（"原则"）中，总结了很多这样的改革和一系列关于陪审团审判行为的指导思想。[1] 为了提升陪审员对事实和法律的理解，该原则鼓励使用一些技术手段，包括陪审员做笔记、在适当的情况下使用陪审团手册、认真考虑使用陪审员提问以及选择允许陪审员们在案件过程中而不是等到最终评议时讨论证据。[2]

为了比较和对比陪审团审判改革在帮助陪审员们掌握科学证据的细节上有何不同，"陪审团 mtDNA 研究"改变了模拟陪审员是否可以做笔记的做法，问了关于科学专家证据的问题，使用了备忘录，使用了一个含有专家幻灯片和 DNA 术语词典的陪审团手册，或者使用多重改革措施。陪审员们报告说，他们从这些改革措施的使用中受益匪浅。[3] 通过本文对部分对错题的分析，我们对这些改革措施的使用对陪审员科学理解力的影响进行了评估。其结果是复杂的，但有两项改革措施在统计学意义上对陪审团的理解力产生了不大但很重要的积极意义。那些被允许使用备忘录和陪审团手册的陪审员，相对于那些没有被允许使用这些审判改革措施的陪审员来说，他们的对错题做得更好些。尽管在其他陪审团研究中，陪审员做笔记与其获得更好的成绩有关。[4] 但在这个 mtDNA 项目中，做笔记与取得

① 美国律师协会（American Bar Association），2005年陪审团和陪审团审判原则（Principles for Juries and Jury Trials）［hereinafter Principles for Juries and Jury Trials］；陪审团审判改革（Jury Trial Innovations）（G. Thomas Munsterman, Paula L. Hannaford - Agor & G. Marc Whitehead eds., National Center for State Courts 2d ed. 2006）。

② Principles for Juries and Jury Trials, supra note 61, at 91 - 105（为提升陪审员的理解能力，推荐具体的陪审团改革措施）。

③ Testing the Effects, supra note 7, at 55 - 74（在技术细节上描述陪审员对审判改革的回答）；Jury Trial Innovations and Juror Understanding, supra note 7, at 155（总结陪审员对改革措施的回答）。

④ B. Michael Dann & Valerie P. Hans, Recent Evaluative Research on Jury Trial Innovations, 41 Ct. Rev. 12, 13 - 14（2004）（回顾了陪审员做笔记的研究）；Lynne Forster Lee & Irwin Horowitz, The Effects of Jury - Aid Innovations on Juror Performance in Complex Civil Trials, 86 Judicature 184（2003）（所讲的研究项目成果是，陪审员做笔记提高了陪审团的效率）。

更高的分数没有什么关系。对于这种背离的一种可能的解释是，陪审员做笔记最大益处是作为一种记忆辅助工具，并且陪审团 mtDNA 研究从开始到结束只有短短的几个钟头的时间。[①] 同样地，问问题也不可能提高他们的成绩，因为在 mtDNA 研究中，陪审员向专家提问题几乎不可能给他们自己带来什么帮助。[②]

结　论

作为普通的科学研究，"陪审团 mtDNA 研究"有优点，也有缺点。优点包括它使用了一个候选陪审团的陪审员，采用了一个真实的案例，以及很多细节都是按照实际审判的样式进行的。为了便于控制，审判虽然是以录像的方式提供的，但在录制的审判中包括了一位真实的法官、真实的律师和真实的科学专家，并且陪审员们通过集体评议达成了一个判决。尽管如此，它仍然是一个录制的模拟审判，而不是一个真实的审判——审判时间较短，包含的证据较少，并且使用的是演员，而不是真实的证人。陪审员来自单一的司法辖区。陪审员都是从志愿者中随机选出来的，因此，对于陪审团的挑选，律师的作用和司法判例对模拟陪审团的组成没有产生什么影响。这种情况是有重大关系的，因为在复杂的审判中，如果律师们认为"淘汰"那些受过高等教育的陪审员将对本方有利时，他们会尽可能地这样做。就像一位参与本研究的州法官所说的："在允许双方使用大量无因回避的司法辖区，通过这种方式挑选陪审员，几乎把所有'受过教育的'人都排除掉了。"[③]

同样地，"法官 mtDNA 研究"以及对法官和陪审团回答的比较分析也有一些优点和不足。因为被选入参加"法官科学会议"的那组法官与科学发生关系的方式很有可能与其他法官是不同的。会议的设施和环境可能比法庭更容易分散人的注意。如上所述，从 2003 年到 2007 年，法官和一般公众在某种程度上对法庭科学 mtDNA 证据的使用更加了解，法官与陪审团在理解上的差异可能源于知识的

----

① See Jury Trial Innovations, supra note 61, at 126 – 27（讲了陪审团作笔记的多重好处）；Principles for Juries and Jury Trials, supra note 61, at 94 – 95（评论了陪审员做笔记的好处）。

② 对于陪审员向专家提问的进一步讨论，参见 Diamond, supra note 11。

③ Written comment by state judge, Judge MtDNA Study, Science for Judges conference, Brooklyn Law School, Brooklyn NY (2007) (on file with author).

膨胀，而不是裁判者的不同身份。此外，对于那些在真实生活中能够从大量的判决制作资源中获得帮助的法官们来说，在参与评议的陪审员与单独回答的法官之间进行严格的比较并不是很公平。[1] 尽管如此，对于对比法官和陪审员就相同的科学材料的回答以及对于更多地了解他们在判决中可能作出不同或者相同决定的领域而言，这种比较研究仍然是一个很难得的机会。

对于法官的研究结果证明，尽管每种类型的裁判者都表现出了不同的品质，但法官和陪审团对案件中的科学证据作出的判断则是基本相似的。法官更相信辩方专家的证词，与此同时，对 mtDNA 证据的可靠性更是深信不疑，认为这种证据不会受到污染。而陪审员们，包括受过大学教育的陪审员，尽管像法官一样，对于科学证据，他们通常都是持有充分肯定的态度，但他们比法官更担心这类证据的可靠性以及可能受到污染。另一个明显的差别是，法官更倾向于认为案件对被告人不利，并且在该证据基础上更可能作出有罪判决。因为法官读了关于非科学证据的摘要，而陪审员却在录像上观看了这些证据，在案件评判中，一个人不能作太大的差别，但其他研究发现，相对于陪审团，法官根据同样的证据在某种程度上更可能作出有罪判决。[2] 大多数法官和陪审员表现出了对 mtDNA 证据有很好的运用能力，就像通过对错题对两组答案的评估那样。陪审员中很少有人在关于统计推断（能够根据科学证据得出推论）的推理过程中容易犯错误。模拟陪审团的教育程度以及他们在科学和数学方面的知识背景与更好地理解科学证据是有关系的。两项特定的陪审团改革措施——陪审团手册的使用和备忘录的使用——也提升了陪审团的理解力，但其效果不是很明显。

对于在法官与陪审团之间能够产生统计上的重大差别的三个具体对错题，法官在两个问题上做得更好，而陪审员只有一个问题做得好些。法官在两个推理性问题上具有优势——在证明身份时，是优先选择 mtDNA 还是选择核 DNA，以及 mtDNA 证据是否不具相关

---

[1] 例如，法官可以利用参考手册和其他背景资料、能够给予帮助的法官助手、专业人员和法庭指定的专家。

[2] Kalven & Zeisel, supra note 13, at 58（表明法官更有可能判决有罪，而陪审团则更可能判决无罪）；Eisenberg et al., supra note 15, at 181（表明法官比陪审团更倾向于判决有罪）。

性，因为头发可能不是被告人的而是其他人的。除了专家讨论这两个问题外，该推论也是检察官和辩护律师辩论的部分内容。也许是法官更广泛地接触对抗性陈述和庭审质问，这些促使他们对有关专家证据的对抗性陈述进行了更严格的评价。

在关于 mtDNA 母系遗传的科学性问题上，陪审员比法官更准确，并且在绝大多数评审团评议中都讨论了这个问题。这一研究结果强调了陪审团评议在提升陪审团事实认定能力上的重要性和价值。除了陪审团评议的好处以外，有些被推荐为事实认定的辅助手段的审判改革措施似乎是有帮助的，但"陪审团 mtDNA 研究"结果显示，在推行陪审团改革方面，特别是当它有助于陪审员根据在对抗场合下提出的科学证据得出合理的推论的时候，需要我们更具创造力。

单独地看待受过大学教育的陪审员并分析他们的科学知识背景和对对错题目的回答，这一研究发现，相对于受教育程度低的陪审员，甚至在有些情况下，相对于法官，受过大学教育的陪审员拥有一些事实认定的优势，这种受教育因素的重要性促使人们考虑在极其复杂的审判中利用一流陪审团的这种可能的优势。在进行这种模拟陪审团试验的特拉华州，是仍然实行从受过高的教育的候选陪审员或者经过特别训练的可能成为陪审员的陪审员中挑选特殊陪审团的几个州之一。①

虽然在过去经常使用一流陪审团，但近年来，随着更加注重陪审团是否能够全面代表社区的经验和看法，一流陪审团受到了冷落。② 其他集中在复杂审判的研究发现，具有相关背景知识的陪审员倾向于在集体讨论中起带头作用。③ 具有不同性格特征的各种决策主

① Oldham, supra note 9, at 207–09.

② Vidmar & Hans, supra note 9, at ch. 3（讲述了特殊陪审团和一流陪审团使用的历史变迁）。

③ 迪蒙（Shari S. Diamond）和卡斯珀（Jonathan D. Casper）进行了一项包含复杂专家证词的模拟陪审团研究。模拟陪审员更喜欢选择那些修有相关课程（一门统计学课程）的陪审员作为陪审团的团长，而修有统计学课程的陪审团团长更具有影响力。Shari Seidman Diamond & Jonathan D. Casper, Blindfolding the Jury to Verdict Consequences: Damages, Experts, and the Civil Jury, 26 Law & Soc'y Rev. 513, 552–53 (1992).

体的积极讨论也有助于事实认定。① 完全由拥有大学文凭的陪审员组成的陪审团其事实认定的能力比那些由混合教育背景的陪审员组成的陪审团更强，使用特殊陪审团的价值是不是比使用具有广泛代表性的陪审团事实认定（和其他）的价值更重要呢？对于将来的研究来说，这是一个很有意思的问题。有科学技能的成员在候选陪审团的存在至少表明，对于陪审团不能胜任处理科学证据的顾虑被夸大了，这种顾虑在道伯特案（Daubert）三部曲中尤其明显，②

　　总而言之，这项研究强化了其他研究者的结论，即法官和陪审员具有很大的共性，但在某些特定方面也有差别。③ 记住法官和陪审员之间的这种特定比较的局限性虽然很重要，但这种关于相同点和不同点的研究结果为我们提供了这样一种意识，即法官、陪审团或者一流陪审团在相同情况下可能会作出什么样的决定。

---

　　① Phoebe Ellsworth, Are Twelve Heads Better than One?, 52 Law & Contemporary Problems 205（1989）（提供了多样化的陪审团经过健康的评议更有助于查明真相的证据）；Samuel R. Sommers, On Racial Diversity and Group Decision Making: Identifying Multiple Effects of Racial Composition on Jury Deliberations, 90 J. Personality & Soc. Psychol. 597（2006）（发现多种族组成的陪审团能够作出更好的判决）。

　　② 案件三部曲始于"道伯特诉梅里尔·道制药公司"（Daubert v. Merrill Dow Pharms., Inc.），509 U. S. 579（1993），续曲是"通用电气公司诉乔伊纳"（General Elec. Co. v. Joiner），522 U. S. 136（1997），"锦湖轮胎公司诉卡迈克尔"（Kumho Tire Co. v. Carmichae），526 U. S. 137（1999）。

　　③ See supra text accompanying notes 13 – 17.

● 学术资料建设

重点研究基地专业文献
资源建设原则与实施策略
——以诉讼法学专业文献资源建设为视角

何　锋*

一、重点研究基地专业资料机构的产生与定位

普通高等学校人文社会科学重点研究基地（以下简称重点研究基地）是教育部为繁荣发展人文社会科学的重大举措，从 1999 年开始在普通高等学校中建立，目前全国已有 151 个重点研究基地，依据重点研究基地管理办法的要求，大多数已建立了自己本学科的专业资料机构，这是高校科研体制创新的重要成果。是聚集和培养优秀学术人才，围绕国家发展战略，针对学科前沿和社会经济发展中的重大理论与实践问题，组织高水平研究的新型科研组织，在产出创新成果，形成学术交流开放平台，带动高校哲学社会科学发展创新等方面发挥着重要作用。依托高校要在巩固前期成绩的基础上，更加注重质量提高、注重内涵发展，加大支持重点研究基地建设的力度，使重点研究基地成为 "211"、"985" 工程平台建设的核心和支撑，成为国家哲学社会科学创新体系的重要组成部分。[1]

在人文社会科学快速发展的战略背景下，教育部在中国政法大学建立了国家重点学科诉讼法学重点研究基地：教育部人文社会科学百所重点研究基地中国政法大学诉讼法学研究院。诉讼法学研究

---

* 中国政法大学诉讼法学研究院副研究员。

① 《普通高等学校人文社会科学重点研究基地管理办法》。

院依托中国政法大学雄厚的法学专业基础，以国家级重点学科诉讼法学为中心，涵盖刑事诉讼、民事诉讼、行政诉讼这三大诉讼和证据制度、司法制度等多个研究领域，开展重点研究，在全国诉讼法学行业中起着学科发展的引领作用。为全面提升科研整体水平和国际学术影响力。专业资料的建设是不可或缺的重要保障。为此，本文以诉讼法学专业资料为视角，阐述重点研究基地专业资料文献资源建设原则与实施策略，进一步做好重点学科发展的资料保障工作。

二、重点研究基地专业文献资源建设原则确立的必要性

教育部虽然在 1999 年就开始设立人文社会科学重点研究基地，但是十多年过去了仍有一些基地在专业资料建设方面存在缺憾，这无疑严重影响国家重点学科的繁荣和发展。如有的基地自己没有专门的专业资料室或中心，而是挂靠在大学图书馆。大学图书馆在文献资源建设方面有它自己的原则，即便是关注到你这个学科，也不会面面俱到，也会存有缺憾，所以还是应该按照教育部重点研究基地管理办法的要求，建立自己本学科的专业资料机构，这样依据重点研究基地专业文献资源建设原则，发展本学科专业文献资源，才能更好地做好专业文献资源的保障。有的虽有自己的学科专业资料机构，但缺少专业文献资源建设原则作指导，对学科专业文献资源的建设存在盲目性，这样，既浪费了有限的资料购置资金，又造成了专业文献资源的短缺，造成专业文献资源建设工作的滞后，这会严重影响本学科的教学科研工作顺利发展。重点研究基地在行业中起着行业龙头的作用，为使重点研究基地带动学科快速发展，本文提出重点研究基地专业文献资料建设原则，来提醒全国各重点研究基地学科专业资料文献建设的规范。

为实现上述目标，保障重点研究基地专业文献资料的需求，提出以下专业资料文献建设原则，需要在坚持以下原则的基础上进行专业文献资源建设规划，以提高专业文献资源的质量和利用率，更好地保障国家重点学科的繁荣与发展。

三、重点研究基地专业文献资源建设总体原则

文献资源建设原则是文献资源建设客观规律的反映，是文献资

源建设实践的科学概括和总结。① 文献资源建设的实践是随着社会的发展、学术环境的变化、图书馆事业的发展而发展的，同时也会受到经济、科技、教育、文化等发展状况的影响，因此，文献资源建设原则的内涵，同样是在不断丰富和发展的。根据我国的国情和当前文献资料管理事业所处的社会环境，重点研究基地文献资源建设中应考虑关注如下原则：应具有专业特色的原则；应与学科发展水平相适应原则；以学科专业文献为主并关注相关学科为支持文献的原则；灵活机动密切联系专业科研需求的原则；尊重教育部重点研究基地发展规划与要求的原则；采集本专业学术成果与关注文献层次原则；资源共享原则。

下面分别论述重点研究基地文献资源建设原则的意义与实施策略。

（一）重点研究基地专业文献资源建设应具有专业特色的原则

所谓文献资源专业特色，就是指一个文献资源机构的文献资料应该具有自己独特的风格，具有与其他机构的文献资源不同的特点。

不同的学科其专业领域和研究任务各不相同，对文献采访的要求也有区别。围绕自己所服务的科学领域形成学科特色资源。因此，专业文献采访具有较强的目的性和针对性。它要求严格按照本学科专业特色，为本学科的教学科研的发展建立文献资料收藏体系。其收藏特点是有关某一特定科学领域的特定学科的文献资料。文献采访一般紧密结合所在机构的学科专业、科研任务和科研方向来进行，为学科的教学科研和科学创新服务，满足教学科研人员的特定研究需求。学科专业文献资源在学科研究方面起着"耳目"、"参谋"的重大作用。在资源建设中充分彰显着学科专业特色，且目标明确，为专门的学科发展提供专业特色文献。

以诉讼法学专业文献资料为视角来具体阐述专业特色的原则：

中国政法大学诉讼法学研究院，是教育部普通高校人文社会科学重点研究基地。其诉讼法学科是国家级重点学科。它所包含的研究方向主要有：民事诉讼法、刑事诉讼法、行政诉讼法、证据制度、司法制度等多个研究领域，为此，要建立诉讼法专业文献资料中心的专业文献资源库，首先要注重其专业特色文献资源的发展。在这里主要应体现民事诉讼法、刑事诉讼法、行政诉讼法、证据制度、

① 肖希明主编：《信息资源建设》，武汉大学出版社 2008 年版，第 56 页。

司法制度等的专业文献资料的采集。而对其他法学的专业文献资料就可以作为补充，有的放矢的去采集，而不去面面俱到全面采集。这样，对浩瀚如烟的法学文献资料来说，凸显了诉讼法学专业特性，这样可以节约资金，将有限的经费用于本学科的专业特色文献的购置。

（二）重点研究基地专业文献资源建设应与学科发展水平相适应原则

专业文献资源的建立要适应学科的发展水平，这一点很重要，它区别于大学图书馆文献资源建设中全面性原则，在重点研究基地专业文献资源建设中，要重点考虑与本学科发展水平相适应的文献资料，而不去追求全面采购本学科文献资料，文献资源要求具有一定的专业深度。只有通过高质量的文献资源建设，才能使其藏书体系反映学科领域的先进的学术水平和学术动向。首先专业文献采集要注重科学性和研究性，要符合科学研究需要，在这里并不是凡是本专业的资料都要采集，而是有选择地采集那些具有学科专业研究水平的资料，并且要与学科发展水平相适应的文献资料。因为，教育部设立的人文社会科学重点研究基地，本来就是选择那些全国搞的最好的重点学科和单位，本意是要让这些重点研究基地以行业龙头的地位，带动本学科快速发展，全面提升科研整体水平和综合实力，重点提升国际学术影响力，提升国际学术话语权。所以，这些重点研究基地本身科研水平就国内领先，给他们配备专业文献资料当然要注重高水平，只有这样才能适应重点研究基地学科的发展。而且，文献资料的采集不仅要适应当前的科研水平需要，而且还要关注学科的前瞻性，采访人员要走在科学研究工作的前面，通过调研国内外学科发展情况和发展趋势，要了解本专业的国内和国际发展水平，要注重前瞻性文献资料的采集与发展。

以诉讼法学专业文献资料为视角来阐述专业文献资源建设应与学科发展水平相适应原则的实施策略。中国政法大学诉讼法学研究院在诉讼法学学科中，起着学科发展的龙头作用，诉讼法学研究院具有全国一流的专家教授，他们的科研水平与科研成果具有国内领先的学术地位，参与国家的立法工作，参与国家重大策略的咨询工作，中华人民共和国民事诉讼法、刑事诉讼法、行政诉讼法的立法工作都有诉讼法学研究基地的教授专家的参与，诉讼法学研究基地的教授专家为我国立法撰写立法建议稿，为立法工作开展学术宣讲等。这一切都说明诉讼法学研究基地的科研水平与科研地位已经在一个国内领先的层次上。由此可见，针对诉讼法学研究基地，建立与之相适应的专业文献资源，就必须选择高水平的文献资料，不然，不但不能帮助他们的科研，反而会影响他们的先进性，束缚他们的学科发展。

其具体策略是：首先，选购国内本学科知名学者的学术论著和具有最新科学理论的经典著作，必须重点采集反映国内外创新理论的优秀文献资料和优秀学术成果，避免收藏陈旧资料。其次，要积极订阅国内法学类核心期刊和重要部门的与专业相关的非出版物，这些刊物会给学者带来时代性强的学术观点，具有很高的参考价值。最后，要注重订阅国外法学领域的重要刊物，采购外国本领域的先进文献资料。这样做可以让专家们实时了解与借鉴国外先进学术观念和学术水平。从而保持高水平的学术地位，不断带领本行业快速发展。这才是教育部建立重点研究基地的初衷。

（三）以学科专业文献为主并关注相关学科为支持文献的原则

众所周知，任何科学都不是孤立存在的，是相互联系共同发展的，并且随着科学的不断发展，其学科交叉现象趋于明显，基于这些事实，我们在重点研究基地专业文献资源建设方面要遵守以学科专业文献为主并关注相关学科为支持文献的原则。这样才能使专业文献资源建设具有完整性，才能更好地补充学科专业特色文献资源的建设。如果只采集本学科的专业文献，必将疏漏那些支持本学科发展的其他相关学科的文献资料，没有相关学科的文献资料支持，必然影响学科向深层的发展。所以，在重点研究基地文献资源建设中要遵守以学科专业文献为主并关注相关学科为支持文献的原则。

具体到诉讼法学专业上来阐述本原则的实施策略。在诉讼法学重点研究基地中，所涵盖的主要研究方向有：民事诉讼法、刑事诉讼法、行政诉讼法、证据制度、司法制度等。在文献资源建设中无疑要以这些研究方向为主，积极采集以上主要研究方向的专业文献资料。但是，同时要考虑到相关学科的资料支持，如与之相关的法理学、法哲学等相关法学理论资料的采集。还有与之相关的实体法方面的资料，如刑法学、民法学、宪法学、行政法学以及相关部分社会学方面的资料都要考虑到。只有注意到这些相关学科资料的支持作用，才能真正做到文献资源的系统性和统一性，才能真正适应学科的发展，做好重点研究基地专业文献资源建设工作。

（四）灵活机动密切联系专业科研需求原则

所谓密切联系专业科研需求是指从本专业研究人员实际使用需要出发来规划、选择、收集文献资源，以最大限度地满足读者对文献信息的需求①。

任何事物都不是一成不变的，都是随着时间和条件的变化而变化。科学研究也是如此，随着时代的变迁社会的发展，人们需要研究解决的问题也在不断地变化发展。这就要求我们在重点研究基地文献资源建设中，遵循灵活机动密切联系专业科研需求原则。只有这样才能更好地为本专业研究人员做好文献资料的服务和文献资源建设工作。

以诉讼法学研究院文献资源建设实践阐述灵活机动密切联系专业科研需求原则的实施策略如下：

诉讼法学研究院在诉讼法学专业中承担着重大的科研任务，每年都有新的科研项目需要研究，经常会因为一个新项目的研究而涉及新的学科领域，或者随着新人的调入和年轻学者的增加，他们都会带来新的关注点和研究方向，都会有对专业文献资料新的需求，甚至同样会需要跨学科的专业资料。这就要求我们不能固守着原有的本学科专业文献特色资源的建设原则，而是需要灵活机动地按照科研人员的需求购置和订阅相关所需文献资料。只有这样才能更加贴切地做好科研人员资料服务工作，才能更好地做好科研所需资料的保障工作。因此遵循这一原则，能够更好地协调做好重点研究基地专业文献资源建设工作。

（五）尊重教育部重点研究基地发展规划与要求的原则

教育部《普通高等学校人文社会科学重点研究基地建设计划》对重点研究基地的信息资料建设的主要要求：重点研究基地应建立独立于高校图书馆的专门图书资料室，要拥有种类齐全的专业书刊资料，特别应注意购置必要的专业外文图书及期刊资料，还应注意最新书刊资料和非出版物的收藏，图书资料室应配备具有图书馆员或相应职称的专职资料员，资料室的建筑面积应不少于 200 平方米

---

① 冉曙光：《应用型本科院校重点学科文献资源保障研究》，载《中国科教创新导刊》2008 年第 3 期。

等具体要求。① 依据以上要求，重点研究基地专业文献资源在保证要拥有种类齐全的专业书刊资料的同时，要特别应注意购置必要的专业外文图书及期刊资料，还应注意最新书刊资料和非出版物的收藏。教育部的这一要求对基地文献资源建设发展有重要的指导意义，我们必须遵守。

诉讼法学研究院具体实施本原则的策略如下：建院以来，我院认真落实教育部人文社科重点研究基地管理办法，认真按照重点研究基地建设计划中的要求去做，特别注意购置必要的专业外文图书及期刊资料，我院每年的资料经费的大头都用于科研人员的专业外文图书资料的购置上，由于外文资料费用较高，我们在选购资料时，特别注意科研人员的需求，每一本书都是科研人员所选，这样既能充分满足科研需要又不会购置无用的书造成有限经费的浪费。同时我们注意最新书刊资料和非出版物的收藏，依据学者的需要随时购置科研人员所需资料，随时接受专家学者的建议订阅所需要的专业学术期刊。并且注意收集与我们教学科研相关的非出版物，这些相关的非出版物有时会很大程度上扩展研究人员的科研信息，很好地促进科研工作的进步，进而推进学科的发展。例如，诉讼法学研究院长期收集由人民日报社主管的内部刊物有《思想理论动态参阅》、《思想理论动态参阅——法治参阅》和司法部司法鉴定管理局编的内部资料，等等。实践证明，这些资料都有力地帮助并支持了诉讼法学专业学科的发展。

（六）采集本专业学术成果与关注文献层次原则

采集本专业的学术成果是：重点研究基地专业文献资源建设中的一个重要内容，这也是作为一个专业文献资料机构应该具有的重要职能。因为将本专业的学术成果收集上来，一方面可以作为专业参考资料来利用；另一方面可使本专业的学生学习利用，从而得到进一步推广和发展。还有，收集典藏本专业的科研成果，可以让后人看到专业发展的历史和脚步，为整个社会文献资源保障体系做好发展准备，如果我们把各行各业的科研成果都认真地收集到本专业或本系统的文献机构里，然后随着社会的发展，时代的进步，把各个专业系统的文献机构中的文献资料整合起来，可作为整个人类文明的文化资源保障体系。

---

① 《普通高等学校人文社会科学重点研究基地管理办法》。

另外，关注文献层次，是指重点研究基地专业文献资源建设必须注意从不同的读者需求差别出发，合理地购置专业文献资料，不能盲目只关注高深的前瞻性专业资料，也要适当关注适合本专业研究生的学习参考用书。因为，这些不同需求类型的读者，对文献信息的需求在内容形式方面、文献信息所涉及的范围与重点方面，都有着不同的要求。①

本原则在诉讼法学研究院具体实施的策略如下：在诉讼法学研究院有明确的规定，只要是本单位专职或兼职的科研人员，出版的任何科研成果，都要上交本专业资料中心一份留存，另外，诉讼法学研究院是本专业的龙头单位，有专业学术委员会，学术委员会每两年在全国范围内对本专业科研成果进行一次评选活动。活动结束后，参加评选活动全国各地邮寄过来的科研成果都被留存在专业资料中心，成为文献资源建设的一部分。同时还需要资料管理人员每年认真采集缺少的相关学术成果。

作为关注文献层次原则在实践中，主要注意了专业学者专家用书和专业研究生用书的层次区别，对专家用书多关注国内外前沿问题研究性资料，特别是外文资料，对学生我们也会推选读者学生代表参加选书。还有，现在教科书种类繁多，层次不一，我们会有所选择购置较有权威的教科书，这样既注意到了文献层次又把握了文献质量。

（七）资源共享原则

这里讲的资源共享原则主要指两层含义：一是指重点研究基地诉讼法学研究院专业文献资源面向全国同行开放，为全国的同行学者提供专业文献资料服务。二是指以节约为目的，考虑到利用率及资金占用等方面原因，与学校图书馆实现资源共享，特别是在电子资源方面，我们可以通过校园网进入校图书馆，在校图书馆里我们可以方便地利用丰富的数据库来为我院的教学科研服务。因为作为重点研究基地毕竟是新兴的科研单位，虽然发展很快，但是比起大学图书馆或社会文献资源机构来说，不及他们的资源雄厚，但其特色性更显著一些。所以在电子信息文献资源方面更多地借助于外部资源，但是，重点研究基地也有或正在建设自己的数据库，只是需

---

① 游丽华编著：《图书馆信息资源建设》，中国社会科学出版社 2008 年版，第 57 页。

要一个慢慢发展和逐渐强大的过程。

四、结语

普通高等学校人文社会科学重点研究基地虽然在全国各地目前已有一百五十多所，并且以后还会增加，但是，国家对其要求配套的专业资料机构的专业文献资源建设原则还没有具体的提出，只是对发展方向做出过指导。本文以诉讼法学专业重点研究基地为视角，从实际工作经验出发，总结并阐述了重点研究基地文献资源建设需遵守的主要原则，意在全国各重点研究基地的文献资源建设中起到一定的指导作用，并抛砖引玉，与同行讨论进一步完善重点研究基地文献资源建设的原则，使重点研究基地文献资源的发展更加完善和规范。

通过以上论述不难看出重点研究基地文献资源建设是一个长期的系统工作。不应从单独的收集与选择入手，不能只注意量的积累，或只注意某一单独原则，而要系统考虑重点研究基地专业文献资源建设应具有的专业特色原则、文献质量要与基地专业科研水平相适应原则、以学科专业文献为主并关注相关学科为支持文献的原则、灵活机动密切联系专业科研需求原则、尊重教育部重点研究基地发展规划与要求的原则、采集本专业学术成果与关注文献层次原则以及资源共享原则，只有系统考虑全面关注总体原则，才能以读者利益和需求为中心，真正做到以服务读者服务科研作为出发点和归宿，进行重点研究基地文献资源建设需要详细的规划和实施，才能做好重点研究基地文献资源的建设。诉讼法学研究院的学科馆员在工作中，通过主动积极密切与学者专家联系，随时了解科研发展状况和科研人员的需要。了解学科专业内容构成、专业特色体系及发展方向，制定适合重点研究基地文献资源建设的总体原则，并以诉讼法学研究院文献资源建设为视角，具体阐述了文献采集的实施策略。希望全国的重点研究基地文献资源都得到规范建设，为保障重点研究基地的教学科研工作顺利发展，做好重点研究基地专业文献资源建设，为学科发展奠定坚实的文献资料保障。

● 学术回顾与展望

刑事诉讼法学研究的回顾与展望[*]
——为庆祝中国法学会恢复重建30周年而作

陈光中　罗海敏

今年 7 月，我们迎来了中国法学会恢复重建 30 周年的喜庆日子。中国法学会恢复重建以来的 30 年，是我们国家解放思想、改革开放，建设中国特色社会主义取得辉煌成绩的 30 年，是我国社会主义法治建设和法学研究取得显著成绩的 30 年，也是我国刑事诉讼法学研究和刑事诉讼法制建设在互动中取得令人鼓舞的成就的 30 年。

现就 1982 年中国法学会恢复重建以来刑事诉讼法学研究所取得的成就作一概括性的回顾。

一、刑事诉讼法学研究成果丰硕

30 年来，刑事诉讼法学领域出版了一大批框架比较定型、内容比较成熟的教材。据粗略统计，中国法学会恢复重建以来公开出版的中国刑事诉讼法学教材近 250 个版本，其中影响较大的有张子培主编的《刑事诉讼法教程》、严端主编的《刑事诉讼法教程》、王国枢主编的《刑事诉讼法学》、程荣斌主编的《中国刑事诉讼法教程》、徐静村主编的《刑事诉讼法学》、陈光中主编的《刑事诉讼法》、樊崇义主编的《刑事诉讼法学》、崔敏主编的《刑事诉讼法教程》、张建伟著的《刑事诉讼法通义》、陈卫东主编的《刑事诉讼

---

* 本文系在陈光中、罗海敏合著的《改革开放三十年的刑事诉讼法学》（载《现代法学》2009 年第 1 期）一文基础上修改而成。刑事诉讼法学研究会会长卞建林教授、副会长兼秘书长顾永忠教授参加了本文的讨论。

法》等①。除了中国刑事诉讼法学教材以外，外国刑事诉讼法教材也多有问世，其中王以真主编的《外国刑事诉讼法学》、程味秋主编的《外国刑事诉讼法概论》、卞建林和刘玫所著的《外国刑事诉讼法》以及宋英辉、孙长永、刘新魁等著的《外国刑事诉讼法》较具代表性。② 在证据法学教材方面，先后出版逾 60 部。其中较有代表性的有巫宇甦主编的《证据学》、陈一云主编的《证据学》、卞建林主编的《证据法学》、樊崇义主编的《证据法学》、裴苍龄所著的《新证据学论纲》、刘金友主编的《证据法学新编》、何家弘和刘品新所著的《证据法学》、张保生主编的《证据法学》、陈光中主编的《证据法学》等。③ 从内容上来看，刑事诉讼法学教材经历了从单一性到多元化，从偏重法条注释到强调学理阐述的逐步发展过程。在形式上，刑事诉讼、证据方面的教材版本众多、风格各异，既有集体合作完成的，也有个人独立完成的；既有结合实际案例的，也有图文并茂的。这些教材不仅很好地满足了高等院校的教学之需，而且对理论及司法实务部门的研究工作具有相当重要的参考价值。

诉讼法学研究（第十八卷）

---

① 所列教材按出版时间顺序排列。张子培：《刑事诉讼法教程》，群众出版社 1982 年版；严端：《刑事诉讼法教程》，中国政法大学出版社，1986 年版；王国枢：《刑事诉讼法学》，北京大学出版社 1989 年版；程荣斌：《中国刑事诉讼法教程》，中国人民大学出版社 1993 年版；徐静村：《刑事诉讼法学》上下册，法律出版社 1997 年版；陈光中：《刑事诉讼法》，北京大学出版社、高等教育出版社 2002 年版；樊崇义：《刑事诉讼法学》，中国政法大学出版社 2002 年版；崔敏：《刑事诉讼法教程》，中国人民公安大学出版社 2002 年版；张建伟：《刑事诉讼法通义》，清华大学出版社 2007 年版；陈卫东：《刑事诉讼法》，中国人民大学出版社 2008 年版。

② 按出版时间顺序排列。王以真：《外国刑事诉讼法学》，北京大学出版社 1994 年版；程味秋：《外国刑事诉讼法概论》，中国政法大学出版社 1994 年版；卞建林、刘玫：《外国刑事诉讼法》，人民法院出版社、中国社会科学出版社 2002 年版；宋英辉、孙长永、刘新魁：《外国刑事诉讼法》，法律出版社 2006 年版。

③ 按出版时间顺序排列。巫宇甦：《证据学》，群众出版社 1983 年版；陈一云：《证据学》，中国人民大学出版社 1991 年版；卞建林：《证据法学》，中国政法大学出版社 2000 年版；樊崇义：《证据法学》，法律出版社 2001 年版；裴苍龄：《新证据学论纲》，中国法制出版社 2002 年版；刘金友：《证据法学新编》，中国政法大学出版社 2003 年版；何家弘、刘品新：《证据法学》，法律出版社 2004 年版；张保生：《证据法学》，中国政法大学出版社 2009 年版；陈光中：《证据法学》，法律出版社 2011 年版。

在专著方面，30 年来出版的刑事诉讼法学专著呈逐年递增之势，从一开始的每年出版几部、十几部逐渐发展到现在每年出版几十部专著，其中不乏具有一定质量、一定深度的学术精品。据粗略统计，2005 年以后每年出版的刑事诉讼法学专著数量均接近或超过 100 部。从内容来看，这些专著题材丰富、涉猎广泛，其中代表性专著包括：张子培等著的《刑事证据理论》，陈光中、沈国峰著的《中国古代司法制度》，程荣斌主编的《检察制度的理论与实践》，王桂五著的《中华人民共和国检察制度研究》，李建明著的《冤假错案》，崔敏、张文清主编的《刑事证据的理论与实践》，李心鉴著的《刑事诉讼构造论》，卞建林著的《刑事起诉制度的理论与实践》，左卫民著的《价值与结构——刑事程序的双重分析》，宋英辉著的《刑事诉讼目的论》，陈瑞华著的《刑事审判原理论》，熊秋红著的《刑事辩护论》，张懋、蒋惠玲著的《法院独立审判问题研究》，龙宗智著的《相对合理主义》，王敏远著的《刑事司法理论与实践检讨》，孙长永著的《侦查程序与人权——比较法考察》，孙谦著的《逮捕论》，谢佑平、万毅著的《刑事诉讼法原则——程序正义的基石》，陈光中主编的《〈公民权利和政治权利国际公约〉批准与实施问题研究》，锁正杰著的《刑事程序的法哲学原理》，杨宇冠著的《非法证据排除规则研究》，徐静村著的《21 世纪中国刑事诉讼程序改革研究》，樊崇义主编的《诉讼原理》，谭世贵著的《中国司法原理》，顾永忠著的《刑事上诉程序研究》，叶青著的《刑事诉讼证据问题研究》，卞建林主编的《刑事证明理论》，朱孝清著的《职务犯罪侦查学》，陈瑞华著的《程序性制裁理论》，杨宇冠、吴高庆主编的《〈联合国反腐败公约〉解读》，汪海燕著的《刑事诉讼模式的演进》，张毅著的《刑事诉讼中的禁止双重危险规则论》，陈卫东著的《程序正义之路》，张建伟著的《司法竞技主义》，姚莉著的《反思与重构——中国法制现代化进程中的审判组织改革研究》，宋世杰著的《刑事审判制度研究》，汪建成著的《理想与现实——刑事证据理论的新探索》，崔敏、陈存仪主编的《毒品犯罪证据研究》，冀祥德著的《控辩平等论》，沈德咏著的《中国特色社会主义司法制度论纲》，陈光中等著的《中国司法制度的基础理论问题研究》等。① 在论文方面，发表数量也呈逐年增加的趋势。据不完全统计，《中国社会科学》、《法学研究》、《中国法学》等近 40 种有代表性的学术刊物在 1982 年至 1991 年共刊载刑事诉讼法学论文近 1000 篇；1982 年至 2001 年共刊载刑事诉讼法学论文 3500 余篇；2002 年至 2011 年月共刊载刑事诉讼法学论文逾 5000 篇。② 在内容上，这些论文既有专门论述刑事诉讼法学、证据法学主题的，也有涉及检察学、律师学等其他学科的交叉研究成果。在形式上，除了公开发行的法学期刊外，一些学术单位还定期出版"以书代刊"的刊物，用以专门登载诉讼法学乃至刑事诉讼法学、证据制度方面的研究成果，如《诉讼法论丛》、《诉

---

① 所列专著按出版时间顺序排列。张子培、陈光中、张玲元等：《刑事证据理论》，群众出版社 1982 年版；陈光中、沈国峰：《中国古代司法制度》，群众出版社 1984 年版；程荣斌：《检察制度的理论与实践》，中国人民大学出版社 1990 年版；王桂五：《中华人民共和国检察制度研究》，法律出版社 1991 年版；李建明：《冤假错案》，法律出版社 1991 年版；崔敏、张文清：《刑事证据的理论与实践》，中国人民公安大学出版社 1992 年版；李心鉴：《刑事诉讼构造论》，中国政法大学出版社 1992 年版；卞建林：《刑事起诉制度的理论与实践》，中国检察出版社 1993 年版；左卫民：《价值与结构——刑事程序的双重分析》，四川大学出版社 1994 年版；宋英辉：《刑事诉讼目的论》，中国人民公安大学出版社 1995 年版；陈瑞华：《刑事审判原理论》，北京大学出版社 1997 年版；熊秋红：《刑事辩护论》，法律出版社 1998 年版；张慜、蒋惠玲：《法院独立审判问题研究》，人民法院出版社 1998 年版；龙宗智：《相对合理主义》，中国政法大学出版社 1999 年版；王敏远：《刑事司法理论与实践检讨》，中国政法大学出版社 1999 年版；孙长永：《侦查程序与人权——比较法考察》，中国方正出版社 2000 年版；孙谦：《逮捕论》，法律出版社 2001 年版；谢佑平、万毅：《刑事诉讼法原则——程序正义的基石》，法律出版社 2002 年版；陈光中：《〈公民权利和政治权利国际公约〉批准与实施问题研究》，中国法制出版社 2002 年版；锁正杰：《刑事程序的法哲学原理》，中国人民公安大学出版社 2002 年版；杨宇冠：《非法证据排除规则研究》，中国人民公安大学出版社 2002 年版；徐静村：《21 世纪中国刑事诉讼程序改革研究》，法律出版社 2003 年版；樊崇义：《诉讼原理》，法律出版社 2003 年版；谭世贵：《中国司法原理》，高等教育出版社 2003 年版；顾永忠：《刑事上诉程序研究》，中国人民公安大学出版社 2003 年版；叶青：《刑事诉讼证据问题研究》，中国法制出版社 2003 年版；卞建林：《刑事证明理论》，中国人民公安大学出版社 2004 年版；朱孝清：《职务犯罪侦查学》，中国检察出版社 2004 年版；陈瑞华：《程序性制裁理论》，中国法制出版社 2004 年版；杨宇冠、吴高庆：《〈联合国反腐败公约〉解读》，中 （转下页）

讼法学研究》、《证据学论坛》等，这些刊物为刑事诉讼法学者交流学术观点、展示最新研究成果提供了更为广阔的平台。

二、刑事诉讼法学研究理论成就突出

（一）刑事诉讼法学基础理论研究不断突破创新

20 世纪 80 年代以来，刑事诉讼法学基础理论研究逐渐得到恢复，并不断取得突破和创新。学界对刑事诉讼法学诸多基本理论范畴进行了大胆而富有成效的研究，视野不断扩展，探索日益深入，理念不断更新，对立法、司法实务界的影响也日益彰显。30 年来，刑事诉讼法学基础理论研究集中于目的论、构造论、公正论、真实论、效率论以及刑事和解理论等范畴。

关于刑事诉讼目的，学界最初根据刑事诉讼法"惩罚犯罪，保护人民"的规定，认为刑事诉讼的目的就是准确、及时地查明案件事实，打击罪犯。随着人权保障意识的不断提高，一些学者提出了刑事诉讼应具有"惩罚犯罪"和"保障人权"双重目的的新论断，

（接上页）国人民公安大学出版社 2004 年版；汪海燕：《刑事诉讼模式的演进》，中国人民公安大学出版社 2004 年版；张毅：《刑事诉讼中的禁止双重危险规则论》，中国人民公安大学出版社 2004 年版；陈卫东：《程序正义之路》，法律出版社 2005 年版；张建伟：《司法竞技主义》，北京大学出版社 2005 年版；姚莉：《反思与重构——中国法制现代化进程中的审判组织改革研究》，中国政法大学出版社 2005 年版；宋世杰：《刑事审判制度研究》，中国法制出版社 2005 年版；汪建成：《理想与现实——刑事证据理论的新探索》，北京大学出版社 2006 年版；崔敏、陈存仪：《毒品犯罪证据研究》，中国人民公安大学出版社 2007 年版；冀祥德：《控辩平等论》，法律出版社 2007 年版；沈德咏：《中国特色社会主义司法制度论纲》，人民法院出版社 2009 年版；陈光中等：《中国司法制度的基础理论问题研究》，经济科学出版社 2010 年版。

② 刊物范围包括《中国社会科学》、《法学研究》、《中国法学》、《政法论坛》、《人民司法》、《人民检察》、《中外法学》、《中国司法》、《比较法研究》、《法制与社会发展》、《法学》、《法学评论》、《法学家》、《法律科学》、《法律适用》、《法商研究》、《现代法学》、《政治与法律》、《环球法律评论》、《法学杂志》、《河北法学》、《当代法学》、《中国刑事法杂志》、《金陵法律评论》、《北京大学学报》、《中国人民大学学报》、《华东政法学院学报》、《中国人民公安大学学报》、《国家检察官学院学报》、《甘肃政法学院学报》、《政法论丛》、《法学论坛》、《刑事法评论》、《诉讼法学研究》、《证据学论坛》、《诉讼法论丛》、《刑事诉讼法与证据运用》、《刑事诉讼前沿研究》等。

并在如何阐释"人权保障"的内涵方面进行了探索，也有学者主张刑事诉讼目的就是或主要是保障人权。总体而言，刑事诉讼双重目的性理论被学界和实务界多数人接受，单纯的犯罪惩治论已经无人主张。不过，人权保障的对象主要指被追诉人，抑或被追诉人与被害人并重，认识并不一致。

关于刑事诉讼构造，多数学者对我国过去采用所谓"超职权主义"诉讼构造进行了反思与批判，认为应当同时吸收职权主义和对抗主义的合理因素，在此基础上才能建筑适合我国国情的刑事诉讼构造。学者们还认为，在完善我国刑事诉讼构造的过程中既要传承历史积淀下来的精华，例如马锡五审判方式，也要积极引进国外的有益经验，这样才能形成既具中国特色又符合世界潮流的刑事诉讼构造。

司法公正，是刑事诉讼法学界持续关注的重要议题之一。通过不断的探索、反思、争鸣，过去"重实体、轻程序"的主张在理论上已不复存在，而代之以"实体公正与程序公正并重"、"程序优先"、"程序本位"等不同学说，其中"实体公正与程序公正并重"已被政法领导机关文件所确认。通过对公正问题的讨论，"程序公正的价值不仅仅限于保障实体公正、为实体公正服务，同时还具有独立的价值"以及"根据我国的实际情况，应当在观念上更加重视程序公正"等观点，已经成为学界共识。同时，为了确保诉讼程序公正，学界进一步开展了对程序性违法、程序性裁判和程序性制裁等新课题的研究，从而推进了正当程序理论的研究深度。

围绕诉讼真实问题，刑事诉讼法学界掀起了参与人数众多、各派观点林立的热烈争鸣。传统的"客观真实论"受到了广泛质疑和挑战，形成了"客观真实论"、"实质真实论"、"法律真实论"、"客观真实与法律真实结合论"、"相对真实论"等多家学说。随着讨论的深入，在理论上逐步深入到了本体论、认识论、价值论等基础理论范畴，在制度规则上直接涉及证明标准的改革。在争鸣中，刑事证明标准具有层次性的观点得到较多学者认同。

关于"诉讼效率"，多数观点认为诉讼效率是诉讼中投入的司法资源与所取得成效之间的比例，而有别于"诉讼效益"（包括对结果社会效益的追求）。在司法公正与诉讼效率的关系上，则形成了"公正优先说"和"两者并重说"等不同观点。在如何提高诉讼效率的问题上，学者们就刑事简易程序、辩诉交易、普通程序简化审等程序完善与建构问题进行了广泛探索。虽然在具体问题上观点不一，但通过讨论，当代刑事诉讼要重视效率价值的追求已经成为学界的共识。

在构建和谐社会背景下，刑事和解理论近年来受到学界的高度关注并开展了广泛的学术研讨，在多个地区进行了刑事和解的实证性试点研究工作。学者们一致认为，对于符合一定条件的刑事案件进行和解是实现宽严相济刑事司法政策的具体体现，有利于平衡刑事诉讼多元价值，也反映了和谐社会的内在要求，并主张从立法上将刑事和解作为一项刑事诉讼制度或程序予以明确规定。

刑事诉讼法学者们围绕"目的论"、"构造论"、"公正论"、"真实论"、"效率论"以及"刑事和解理论"等范畴展开的深入研究，很大程度上丰富、发展了我国刑事诉讼法学基础理论，同时对立法和司法实践产生了积极影响，有助于提高人权保障、司法公正特别是程序公正的意识，有助于促进在刑事司法改革和刑事诉讼法修改中进一步合理改革诉讼构造，正确处理"客观事实"与"法律事实"、公正与效率的关系，也积极顺应了使我国刑事诉讼法制朝更加符合和谐社会构建目标推进的时代要求。

（二）刑事诉讼制度民主化、法治化研究日益深入

改革和完善符合我国国情的刑事诉讼制度，使之进一步民主化、法治化，一直是学界研究的主要内容之一。其中，侦查程序、起诉程序、审判程序、辩护制度、证据制度等是研究较为深入、成果较为集中的几个领域。

在我国，侦查程序不仅对案件终局形成起着基础性的作用，其中追究犯罪与人权保障的关系也体现得最集中、最尖锐，而且我国侦查实践中存在的问题比较突出，因而，侦查程序中的授权与限权问题成为学界讨论的热点。学者们普遍认为，一方面应当通过立法授权的方式进一步完善侦查机关的侦查手段，如明确规定技术侦查等特殊侦查手段的适用；另一方面，更应当强调对侦查权行使的规范与制约，特别是对刑讯逼供等非法取证的遏制。

起诉方式和起诉裁量权是起诉程序研究中的重要内容。学界多数观点认为应当对我国1996年刑事诉讼法修改后采用的移送有限证据资料的起诉方式予以改革，并提出了实行起诉书一本主义、卷宗移送等诸多改革路径。在起诉裁量问题上，多数学者主张扩大检察

机关的起诉裁量权，提出了建立附条件起诉制度等建议。此外，学者们也围绕公诉审查方式、警检关系等其他有关起诉程序完善的热点问题展开了广泛探讨。这些研究，不仅为立法完善提供了理论支持，也直接推动了宽严相济刑事司法政策在起诉实践中的贯彻与落实。

刑事审判程序在整个刑事诉讼程序中居于中心地位，刑事审判程序的改革与完善是刑事诉讼法学界长期关注的焦点，刑事一审程序与死刑复核程序是其中研究较为深入、成果较为突出的重要领域。其中，证人出庭难这一实践中存在的突出问题成为学界研究热点，学者们通过深入研究，提出了完善我国证人作证制度的许多具体主张。在有关死刑复核程序的研究中，如何通过程序来控制死刑以落实我国"慎杀"和宽严相济的刑事政策，是广大刑事诉讼法学者研究的重点，由此形成的诸多研究成果，为我国死刑复核程序的完善提供了理论导向。

刑事辩护制度的发达与完善程度往往是衡量一个国家民主与法治程度的重要标志。与国际标准相比，我国刑事辩护制度仍然存在一定差距。针对刑事辩护实践中存在的各种问题，学者们通过著书立说、研讨交流等多种形式展开了深入研究，并形成了"必须强化对犯罪嫌疑人、被告人辩护权的保障"的共识。在理论研究的指导、推动下，我国 1996 年刑事诉讼法修改以及 2007 年律师法修改都对刑事辩护制度进行了一定程度的完善，而刑事辩护制度的进一步改革、完善也成为 2012 年 3 月通过《关于修改〈中华人民共和国刑事诉讼法〉的决定》（以下简称刑事诉讼法修正案》）的重要内容之一，并取得了重大的进步。

证据规则对于规范刑事诉讼证明活动、准确认定案件事实具有十分重要的作用，对证据规则的研究是学界有关证据制度研究的重点。面对我国现有证据规则在数量和质量上都难以满足司法实践需要的状况，应当构建中国特色的，包括关联性规则、非法证据排除规则、传闻证据规则、自白规则和推定规则等在内的刑事证据规则体系成为学界的共识。有关证据规则问题的研究，不仅有助于深化我国证据理论，也对立法、司法实践部门近年来确立证据规则的努力与成就起了重要的推动作用。在证据立法模式上，尽管坚持现行证据法统一于诉讼法典的大陆法模式占主流地位，但美国式的统一证据法典模式的学术主张也发出强音，并推出几部统一证据法典草案。

此外，刑事立案程序、执行程序等诉讼程序与制度的改革与完善，也是刑事诉讼法学者积极探讨、不断深入研究的重要内容。

（三）刑事诉讼法学研究方法不断创新

长期以来，我国学者在刑事诉讼法学研究方法的运用上偏重于采用概念推理、理论辨析等传统方法，缺乏实践调查与数据分析，以致产生理论设想与实践操作之间的偏离与脱节。基于对传统研究方法的反思，近年来，多位刑事诉讼法学者结合课题研究内容，不仅采用阅卷分析等定性定量相结合的方式，而且通过直接进行试点实验的方式，来回答和检验理论研究中的特定问题，其中樊崇义教授主持的"建立讯问犯罪嫌疑人时律师在场、录音、录像制度试验项目"、宋英辉教授在河北、江苏等地开展的未成年人取保候审、刑事和解试点研究以及陈卫东教授开展的遏制刑讯逼供等实证性研究的影响较为显著。实证研究方法的运用，不仅是对过去"座谈会"式调研方式的革新，也增加了学者理论主张对立法、司法界的说服力。

（四）外国刑事诉讼法学、联合国刑事司法准则研究成绩卓著

30 年来，刑事诉讼法学界在研究、探索外国刑事诉讼法学理论、司法实践经验以及联合国刑事司法准则等方面开拓进取、不懈努力，取得了卓越成绩。

在外国法典翻译方面，陈光中教授组织、翻译出版了法国、意大利、德国、美国、加拿大、俄罗斯、日本、英国、韩国等多个国家的刑事诉讼法典、诉讼规则和证据规则，为我国立法司法部门和

理论界了解外国刑事诉讼法制提供了丰富的资料。① 同时，学界也翻译出版了多部外国刑事诉讼法、证据法、执行法等方面的法典、规则②；翻译出版了近 20 部外国刑事诉讼法、证据法方面的经典著作、

① 主要有：《法国刑事诉讼法典》，方蔼如译，法律出版社 1987 年版；《意大利刑事诉讼法典》，黄风译，中国政法大学出版社 1994 年版；《德国刑事诉讼法典》，李昌珂译，中国政法大学出版社 1995 年版；《美国联邦刑事诉讼规则和证据规则》，卞建林译，中国政法大学出版社 1996 年版；《法国刑事诉讼法典》，谢朝华、余叔通译，中国政法大学出版社 1997 年版；《俄罗斯联邦刑事执行法典》，黄道秀、李国强译，中国政法大学出版社 1999 年版；《加拿大刑事法典》，卞建林等译，中国政法大学出版社 1999 年版；《俄罗斯联邦刑事诉讼法典》，苏方遒、徐鹤喃、白俊华译，中国政法大学出版社 1999 年版；《日本刑事诉讼法》，宋英辉译，中国政法大学出版社 2000 年版；《英国刑事诉讼法》，中国政法大学刑事法律研究中心编译，中国政法大学出版社 2001 年版；《俄罗斯联邦刑事诉讼法典》，黄道秀译，中国政法大学出版社 2003 年版；《韩国刑事诉讼法》，马相哲译，中国政法大学出版社 2004 年版。

② 主要包括：《法国刑事诉讼法典》，罗结珍译，中国法制出版社 2006 年版；《俄罗斯联邦刑事诉讼法典》（新版），黄道秀译，中国人民公安大学出版社 2006 年版；孙长永：《英国 2003 年〈刑事审判法〉及其释义》法律出版社 2005 年版；陈界融：《〈美国联邦证据规则（2004）〉译析》，中国人民大学出版社 2005 年版等。

教材及大量论文;① 出版、发表了 10 余部系统介绍、比较研究外国刑事诉讼、证据法学术理论、法制情况及新近司法改革趋势的著作、

---

① 著作和教材主要有：乔恩·R. 华尔兹：《刑事证据大全》，何家弘译，中国人民公安大学出版社 1993 年版；土本武司：《日本刑事诉讼法要义》，董璠舆、宋英辉译，五南图书出版公司 1997 年版；卡斯东·斯特法尼、乔治·勒瓦索、贝尔纳·布洛克：《法国刑事诉讼法精义》，罗结珍译，中国政法大学出版社 1999 年版；田口守一：《刑事诉讼法》，刘迪、张凌、穆津译，法律出版社 2000 年版；石井一正：《日本实用刑事证据法》，陈浩然，五南图书出版公司 2000 年版；爱伦·豪切斯泰勒·斯黛丽、南希·弗兰克：《美国刑事法院诉讼程序》，陈卫东等译，中国人民大学出版社 2002 年版；麦高伟、杰弗里·威尔逊：《英国刑事司法程序》，姚永吉译，法律出版社 2003 年版；伟恩·拉费弗、杰罗德·伊斯雷尔：《刑事诉讼法》，卞建林、沙丽金等译，中国政法大学出版社 2003 年版；米尔建·R. 达马斯卡：《漂移的证据法》，李学军、刘晓丹、姚永吉等译，中国政法大学出版社 2003 年版；托马斯·魏根特：《德国刑事诉讼程序》，岳礼玲、温小洁译，中国政法大学出版社 2004 年版；罗纳德·艾伦：《证据法》，张保生、王进喜译，高等教育出版社 2006 年版；米尔吉安·R. 达马斯卡：《比较法视野中的证据制度》，吴宏耀、魏晓娜等译，中国人民公安大学出版社 2006 年版；松尾浩也：《日本刑事诉讼法》，丁相顺、张凌译，中国人民大学出版社 2005 年版；K. 古岑科：《俄罗斯刑事诉讼教程》，黄道秀、黄志华、崔嬿等译，中国人民公安大学出版社 2007 年版；贝尔纳·布洛克：《法国刑事诉讼法》，罗结珍译，中国政法大学出版社 2009 年版；约翰·斯普莱克：《英国刑事诉讼程序》，徐美君、杨立涛译，中国人民大学出版社 2009 年版；约书亚·德雷斯勒、艾伦·C. 迈克尔斯：《美国刑事诉讼法精解（第 1 卷）：刑事侦查》，吴宏耀译，北京大学出版社 2009 年版；约书亚·德雷斯勒、艾伦·C. 迈克尔斯：《美国刑事诉讼法精解（第 2 卷）：刑事审判》，魏晓娜译，北京大学出版社 2009 年版；田口守一：《刑事诉讼法（第 5 版）》，张凌、于秀峰译，中国政法大学出版社 2010 年版；丹尼尔·J. 凯普罗：《美国联邦宪法第四修正案：非法证据排除规则》，吴宏耀等译，中国人民公安大学出版社 2010 年版等。

教材及数量可观的学术论文。① 此外，也形成了多部专门介绍我国香港特区、澳门特区及台湾地区刑事诉讼法、证据法理论及实践情况的学术成果。② 这些成果的问世，不仅大大开阔了刑事诉讼法学者的研究视野，拓展了我国刑事诉讼法学的研究空间，同时也对我们更好地吸收、借鉴外国法制建设文明成果提供了丰富的资料依据。

在我国和平崛起、日益融入全球的进程中，我国签署、加入的刑事司法国际公约越来越多。20 世纪 90 年代以来，刑事诉讼法学界开始系统、全面地研究联合国有关国际公约确立的刑事司法准则与我国刑事诉讼制度的完善问题，形成了多部有影响力的研究成果。③

① 在著作和教材中，除前文已提及的外，主要还有：欧阳涛：《英美刑法刑事诉讼法概论》，中国社会科学出版社 1984 年版；孙长永：《日本刑事诉讼法导论》，重庆大学出版社 1993 年版；汪建成、黄伟民：《欧盟成员国刑事诉讼概论》，中国人民大学出版社 2000 年版；江礼华、杨诚：《外国刑事诉讼制度探微》，法律出版社 2000 年版；彭勃：《日本刑事诉讼法通论》，中国政法大学出版社 2002 年版；最高人民检察院法律政策研究室编译：《支撑 21 世纪日本的司法制度——日本司法制度改革审议会意见书》，中国检察出版社 2003 年版；最高人民检察院法律政策研究室编译：《所有人的正义——英国司法改革报告》，中国检察出版社 2003 年版；宋英辉、孙长永、朴宗根：《外国刑事诉讼法》，北京大学出版社 2011 年版等。

② 著作类成果主要有：赵秉志：《香港刑事诉讼程序法》，北京大学出版社 1996 年版；徐京辉、程立福：《澳门刑事诉讼法》，澳门基金会 1996 年版；甄贞：《香港刑事诉讼法》，河南人民出版社 1997 年版；柯葛壮：《刑事诉讼法比较研究》，澳门基金会 1997 年版；赵秉志：《澳门刑法典、澳门刑事诉讼法典》，中国人民大学出版社 1999 年版；周伟：《中国大陆与台港澳刑事诉讼法比较研究》，中国人民公安大学出版社 2001 年版；刘玫：《香港与内地刑事诉讼制度比较研究》，中国政法大学出版社 2001 年版；周士敏：《澳门刑事诉讼制度论》，国家行政学院出版社 2001 年版等。

③ 除前文已提及的外，主要还有：陈光中、普瑞方廷：《联合国刑事司法准则与中国刑事法制》，法律出版社 1998 年版；杨宇冠：《人权法——〈公民权利和政治权利国际公约〉研究》，中国人民公安大学出版社 2003 年版；陈光中：《〈联合国反腐败公约〉与我国刑事诉讼法再修改》，中国人民公安大学出版社 2006 年版；陈光中：《联合国打击跨国有组织犯罪公约和反腐败公约程序问题研究》，中国政法大学出版社 2007 年版；慕平、甄贞：《联合国反腐败公约与国内法协调机制研究》，法律出版社 2007 年版；杨宇冠：《我国反腐败机制完善与联合国反腐败措施》，中国人民公安大学出版社 2007 年版；杨宇冠：《国际人权法对我国刑事司法改革的影响》，中国人民公安大学出版社 2008 年版。

这些研究成果的发表、出版，进一步加深了我们对国际刑事诉讼基本原则及发展趋势的了解，对于推进我国刑事司法改革具有重要意义，同时也为刑事司法准则国际公约在我国的生效做了积极准备。

此外，随着改革开放政策的逐步深入，在积极开展国内学术研讨活动的同时，我国刑事诉讼法学界组织的国际学术交流和海峡两岸学术交流活动也日益频繁，这为我们更好地了解外国刑事诉讼法制及国际刑事司法动态提供了良好契机。1994 年 11 月召开的"刑事诉讼制度的科学化与民主化——1994 北京刑事诉讼法学国际研讨会"是我国首次举办以刑诉法学为专题的、较大规模的国际性学术研讨会。此后，由我国刑事诉讼法学界主办的国际和港澳台地区学术研讨会逐年增加，规模不断扩大，学术交流形成了蓬勃发展之势。据粗略统计，2009 年至 2011 年 3 年间，由国内理论及实践部门主办的较大规模的刑事诉讼国际研讨会就超过 20 次。此外，赴外国及我国港澳台地区进行学术交流、考察与访问的刑事诉讼法学者人数也呈逐年上升的趋势。

（五）为国家立法作出重要贡献

积极为国家立法服务是刑事诉讼法学界深入贯彻"理论联系实际"这一指导方针的最重要方面。从 1979 年刑事诉讼法制定到 1996 年刑事诉讼法修改，再到 2012 年刑事诉讼法再修改，刑事诉讼法学者在各个阶段都热情参与，积极献计献策，在为国家立法活动服务方面取得了显著成绩。

1979 年刑事诉讼法制定时，陈一云、张子培、严端、王国枢等刑事诉讼法学者积极参与，为新中国第一部刑事诉讼法的制定作出了贡献。

1991 年以后，刑事诉讼法学者纷纷发表文章，并在诉讼法学年会上就刑事诉讼法修改的必要性及如何修改提出了许多真知灼见，有力地推动了刑事诉讼法修改的进程。1993 年 10 月，陈光中教授接受全国人大法工委的委托，组织中国政法大学多名刑事诉讼法学者研究并草拟了《中华人民共和国刑事诉讼法〈修改建议稿〉》。该修改建议稿提出的重要立法建议大部分被 1996 年 3 月第八届全国人民代表大会第四次会议通过的刑事诉讼法修正案采纳和吸收。

2003 年、2009 年，第十届全国人大常委会和第十一届全国人大常委会分别将刑事诉讼法的再修改列入了人大常委会五年立法规划，由此也掀起了学界探讨改革、完善刑事诉讼法的又一轮高潮，涌现了一大批研究成果。其中，陈光中主编的《中华人民共和国刑事诉讼法再修改专家建议稿与论证》、徐静村主编的《中国刑事诉讼法（第二修正案）学者拟制稿及立法理由》、陈卫东主编的《刑事诉讼法模范法典》、田文昌和陈瑞华编著的《〈中华人民共和国刑事诉讼法〉再修改律师建议稿与论证》等立法建议稿，对刑事诉讼法再修改问题进行了全局谋划和具体设计。在刑事诉讼法再修改过程中，陈光中、樊崇义、陈卫东等多位刑事诉讼法学者参与了全国人大常委会法制工作委员会召集的刑事诉讼法再修改座谈会，提出了许多修改建议，得到了立法部门的重视和采纳。2011 年 8 月 30 日，全国人大官方网站——中国人大网全文公布《刑事诉讼法修正案（草案）》并向社会公开征集意见后，得到了刑事诉讼法学界的高度关注，不仅向立法部门提交了为数众多的条文修改建议，也在报刊、杂志上发表了大量探讨修法热点、难点问题的学术文章。2012 年 3 月《刑事诉讼法修正案》通过以后，理论与实务界推出了十余部解释、论证或点评立法修改条文的著作和许多解读、评论文章，为更好地理解、适用修正案提供了丰富的参考资料。同时，卞建林、陈卫东、王敏远、顾永忠等多位教授在宣传、讲解刑事诉讼法修正案方面做了很大的努力。

近几年，学界也对证据立法给予了高度关注，形成了《中华人民共和国刑事证据法专家拟制稿（条文、释义与论证）》①、《中国证据法草案建议稿及论证》②、《〈人民法院统一证据规定〉司法解释建议稿及论证》③ 等成果。此外，有的学者参与了《人民法院组织法》、《人民检察院组织法》的修改工作，出版了《中华人民共和国人民检察院组织法修改专家意见稿》④ 等课题研究成果。在国家修改《律师法》、《国家赔偿法》等法律过程中，学者们通过发表文章、提供立法咨询等方式，积极阐述观点、提出建议，供立法决策

---

① 陈光中：《中华人民共和国刑事证据法专家拟制稿（条文、释义与论证）》，中国法制出版社 2004 年版。

② 毕玉谦、郑旭、刘善春：《中国证据法草案建议稿及论证》，法律出版社 2003 年版。

③ 张保生：《〈人民法院统一证据规定〉司法解释建议稿及论证》，中国政法大学出版社 2008 年版。

④ 卞建林：《中华人民共和国人民检察院组织法修改专家意见稿》，中国检察出版社 2006 年版。

部门参考，也有效地实现了理论研究成果的及时转化与应用。还值得一提的是，澳门特区《刑事诉讼法典》正在准备修改，内地刑事诉讼法教授应澳门法律改革办公室和澳门科技大学法学院之邀请组成了陈光中教授主持的专家组，就若干专题提出了《修改建议书》并赴澳门参加座谈。此举为澳门媒体广泛报道，其对澳门刑事诉讼法典的修改有一定助推力。

三、刑事诉讼法学研究组织发挥重要作用

1984 年，中国法学会诉讼法学研究会成立，它在中国法学会各直属研究会中处于重要地位。2006 年，诉讼法学研究会根据进一步繁荣诉讼法学的需要分立为刑事诉讼法学研究会和民事诉讼法学研究会。作为全国性的学术团体，诉讼法学研究会和刑事诉讼法学研究会组织全国刑事诉讼法学者开展了大量学术活动，为我国刑事诉讼法学研究提供了宽广的交流平台，在贯彻"理论与实际相结合"，倡导"百花齐放、百家争鸣"的学术方针以及促进学术交流与合作等方面均发挥了重要作用。从 1986 年起，诉讼法学研究会及刑事诉讼法学研究会每年都要召开一次全国性的年会，围绕理论与司法实践中的重点、热点问题进行探讨，在此基础上出版年会论文集，有时还将重要的理论研究成果和实务建议经中国法学会向中央领导和中央主管部门报送。同时，诉讼法学研究会及刑事诉讼法学研究会组织召开了多次有关刑事诉讼法修改与实施方面的学术研讨活动，使得学者们对改革刑事诉讼制度并使之朝民主化、法治化方向发展发挥更大作用。此外，根据中国法学会的委托，诉讼法学研究会及刑事诉讼法学研究会先后组织了 8 届全国中青年（刑事）诉讼法学优秀科研成果评奖活动，并组织了多次"全国十大杰出（中）青年法学家"初评活动。这些活动，促使一批又一批后起之秀脱颖而出，对整个刑事诉讼法学科研队伍的水平提升也起了推动作用。除了全国性的学术团体外，各省、自治区、直辖市也相继成立了诉讼法学研究会，组织开展了多项学术研讨、交流活动，也对我国刑事诉讼法学的发展作出了积极贡献。

2000 年，依托中国政法大学诉讼法学科这一国家重点学科成立的中国政法大学诉讼法学研究中心（现改名为中国政法大学诉讼法学研究院）成为第二批入选"教育部普通高等学校人文社会科学重点研究基地"的科研实体之一。2005 年，中国政法大学证据科学研

究院（证据科学教育部重点实验室）成为教育部迄今为止在文科院校设立的第一批两个综合实验室之一，也是我国唯一的法学与理科相结合的研究实体。在教育部的各项政策支持下，诉讼法学研究院和证据科学研究院在刑事诉讼法学和证据法学的学术研究、人才培养、提供立法服务以及组织学术交流活动等多方面起了良好的带头、推动作用。与此同时，全国政法高等院校成立了多个研究刑事诉讼、证据及司法体制问题的非在编科研机构，有代表性的有陈光中主持的中国政法大学刑事法律研究中心和陈卫东主持的中国人民大学诉讼制度与司法改革研究中心。这些研究机构的成立，也对推动我国刑事诉讼法学的繁荣发展起了积极作用。

四、刑事诉讼法学研究队伍不断发展壮大

改革开放伊始，刑事诉讼法学教学科研力量较为薄弱、单一，多数研究人员是"文化大革命"后归队的中老年刑事诉讼法学工作者。30年过去了，刑事诉讼法学研究力量不断扩大和成长，形成了一支数量可观、力量雄厚的教学、研究队伍，其中既有来自全国各法律院、校、系和科研机构的教学科研人员，也有从司法实际工作中涌现出来的刑事诉讼法学研究者。单从高等院校刑事诉讼法学教学科研人员来看，在我国设有法学本科的近600所高等院校里，一般至少有一二名刑事诉讼法学教师，多的如中国政法大学、西南政法大学，在职的刑事诉讼法学教师及科研人员就达20—30人。除了数量庞大，我国的刑事诉讼法学研究队伍也呈现了"老中青结合、理论与实务部门结合"的显著特征，其中，老一代研究者继续发光发热，一大批中年的研究者成名成家，还有很多青年研究者开始崭露头角。

刑事诉讼法学在专业人才的培养方面也取得了显著成绩，形成了较完善的博士、硕士研究生培养体系。1986年，国家首次批准在中国政法大学设立诉讼法学博士点。截至2011年4月，目前我国38所法学院校拥有法学一级博士点，有资格招收诉讼法学专业博士研究生。据不完全统计，截至2011年7月，我国刑事诉讼法学科累计培养了近500名刑事诉讼法、证据法方向博士研究生，每年公开出版多部博士学位论文，其中龙宗智著的《刑事庭审制度研究》、孙长永著的《沉默权制度研究》两篇博士学位论文先后获得国家优秀博士学位论文称号。通过博士、硕士研究生的培养，刑事诉讼法学科为社会输送了大量高层次的专业人才，他们中有的在实务界取得了

突出成绩，有的已经成为国内各大学及研究机构的学科带头人、学术骨干。其中陈卫东、陈瑞华获聘长江学者特聘教授，谭世贵、左卫民、陈瑞华、孙长永、熊秋红被中国法学会评为全国杰出青年法学家。

这 30 年以来，刑事诉讼法学研究取得了显著成绩，但也存在一些不足之处，例如，对某些热点选题存在重复研究的现象，而对某些基础性、规律性的内容关注不够；单学科的理论研究较多，交叉学科的研究较少；对现代刑事诉讼制度研究较多，对中外刑事诉讼制度史研究较少；对英美法系刑事诉讼理论和制度研究较多，对大陆法系刑事诉讼理论和制度研究较少等。这些不足之处，还需要我们在今后的研究中进一步改进、完善。

结语：刑事诉讼法学研究的经验与展望

（一）刑事诉讼法学研究的经验

总结 30 年来我国刑事诉讼法学发展繁荣的经验，我们认为可以归结为以下四条：

第一，坚持正确的政治方向和理论方向。发展、繁荣刑事诉讼法学研究，坚持正确的政治方向和理论方向是关键。坚持正确的政治方向，就是指要坚持中国特色社会主义的发展道路，建设中国特色社会主义刑事司法制度和刑事诉讼法学。坚持正确的理论方向，就是要以马克思主义的立场、世界观和方法论来指导刑事诉讼法学的研究。只有坚定不移地坚持正确的政治方向和理论方向，才能推动刑事诉讼法学研究不断健康地向前发展。

第二，坚持理论联系实际。作为强调应用性的部门法学，刑事诉讼法学一方面要开展基础理论研究，另一方面也要坚持理论研究直接、间接地为实践服务，为不断推动立法、司法发展，推进民主法治建设而服务。只有理论与实践相结合，才能不断推进实践，才能使理论研究不断深入。

第三，坚持解放思想、开拓创新和百家争鸣。我国社会主义法治 30 年的发展历程，就是不断解放思想的过程。在刑事诉讼法学今后的发展中，我们仍要坚持继续解放思想，只有解放思想，才能不断创新。所谓创新，就是要有新资料、新观点、新方法和新体系，而不能固守老套路，拘泥于现状。只有这样，才能把刑事诉讼法学科不断推向前进。而在解放思想、自主创新的探索过程中，必然会形成不同的学术观点和流派，这就要求我们必须营造"百家争鸣"、"各抒己见"的宽松氛围。

第四，坚持继承与借鉴。在刑事诉讼法学研究中，一方面我们要积极研究外国刑事诉讼立法和理论，吸收其进步成果，要了解联合国刑事司法准则，努力与其相协调、相对接。另一方面，我们必须要立足中国实际，不照搬外国；必须在自主创新中坚持传承历史文化、弘扬民族精华，从而在新的历史时期里形成具有中国特色、中国气派和中国风格的刑事诉讼法学，让中国特色刑事诉讼法学在世界法学中站得住、撑得起，不断增强自己的影响力。

（二）刑事诉讼法学研究的展望

展望今后几年我国刑事诉讼法学研究，我们认为应以下几个方面为重点：

第一，要重点研究刑事诉讼法的实施问题。2012 年 3 月 14 日通过的刑事诉讼法修正案即将于 2013 年 1 月 1 日开始施行。在新修正刑事诉讼法正式施行以前，最高人民法院、最高人民检察院、公安部等中央政法部门需要加紧制定相关司法解释和具体规定；在施行以后，也需要对新规定、新做法的落实情况、实践效果以及存在问题进行观察、检验，及时发现问题、解决问题。在这个过程中，刑事诉讼法学界应当对此高度关注，积极参与各部门规范性文件的咨询与论证工作，深入分析、探讨相关理论问题，为刑事诉讼法更好地贯彻实施提供有力的支持与服务。

第二，要深入研究如何建立公正、高效、权威的社会主义刑事司法制度，使其最大限度地实现社会公平和正义、促进社会和谐和安定。我们要认真研究"公正"、"高效"、"权威"本身丰富、深刻的内涵，还要深入研究三者之间的关系，探讨如何以公正为灵魂，构筑"公正"、"高效"与"权威"之间有机统一的关系。

第三，要进一步深化基础理论范畴的研究。基础理论研究的水平直接关系到刑事诉讼法学理论体系的成熟与完善。在今后的研究中，我们还有必要进一步从哲学、经济学、政治学和社会学等多学科的视角深化刑事诉讼法学基础理论问题的研究，特别是公正、人权保障、诉讼构造、诉讼真实等范畴的研究。

第四，要深入研究和谐社会语境下宽严相济政策与刑事和解原则在刑事诉讼具体程序及制度上的落实与体现。构建和谐社会的要求催生了宽严相济刑事政策和刑事和解原则，理论与实务部门就如何适用这两项政策和原则进行了积极的探索，新修正的刑事诉讼法也增加了有关刑事和解制度的相关规定，但相关内容仍有进一步探讨、完善的必要。今后，如何在刑事诉讼具体程序及制度中更好地贯彻、落实宽严相济刑事政策与刑事和解原则，仍然是我们需要研究的重点之一。

第五，要进一步研究如何处理构建中国特色刑事诉讼制度与适应世界潮流、借鉴外国经验之间的关系。我们认为，"中国特色"并非无视世界潮流，也不是拒绝借鉴外国先进经验，只是不能简单地照抄照搬、克隆移植。实际上，我国刑事诉讼法学与法制发展的30年也是结合中国国情、借鉴吸收外国经验的30年。在今后的研究中，我们仍有必要在探讨如何构建中国特色刑事诉讼制度的过程中合理借鉴、吸收外国的有益经验。

图书在版编目（CIP）数据

诉讼法学研究 . 第 18 卷/卞建林主编 . —北京：中国检察
出版社，2013. 9
ISBN 978 - 7 - 5102 - 0952 - 9

Ⅰ. ①诉…　Ⅱ. ①卞…　Ⅲ. ①诉讼法 - 法的理论 - 研究
Ⅳ. ①D915. 01

中国版本图书馆 CIP 数据核字（2013）第 176456 号

诉讼法学研究　（第十八卷）

主编　卞建林

出版发行：中国检察出版社

社　　址：北京市石景山区香山南路 111 号（100144）

网　　址：中国检察出版社（www. zgjccbs. com）

电　　话：(010)68682164（编辑）　68650015（发行）　68636518（门市）

经　　销：新华书店

印　　刷：河北省三河市燕山印刷有限公司

开　　本：720 mm×960 mm　16 开

印　　张：25 印张

字　　数：388 千字

版　　次：2013 年 9 月第一版　　2013 年 9 月第一次印刷

书　　号：ISBN 978 - 7 - 5102 - 0952 - 9

定　　价：52. 00 元